LES CHOUANS

Du même auteur
dans la même collection

ANNETTE ET LE CRIMINEL.
BÉATRIX. Préface de Julien Gracq.
CÉSAR BIROTTEAU.
LE CHEF-D'ŒUVRE INCONNU — GAMBARA — MASSIMILLA
   DONI.
LES CHOUANS.
LE COLONEL CHABERT.
LE COLONEL CHABERT suivi de L'INTERDICTION.
LE CONTRAT DE MARIAGE.
LA COUSINE BETTE.
LE COUSIN PONS.
LE CURÉ DE TOURS — LA GRENADIÈRE — L'ILLUSTRE
   GAUDISSART.
LA DUCHESSE DE LANGEAIS.
EUGÉNIE GRANDET (édition avec dossier).
LA FEMME DE TRENTE ANS.
FERRAGUS — LA FILLE AUX YEUX D'OR.
GOBSECK — UNE DOUBLE FAMILLE.
ILLUSIONS PERDUES.
LE LYS DANS LA VALLÉE.
LA MAISON DU CHAT-QUI-PELOTE — LE BAL DE SCEAUX —
   LA VENDETTA — LA BOURSE.
MÉMOIRES DE DEUX JEUNES MARIÉES.
NOUVELLES (El Verdugo. Un épisode sous la Terreur. Adieu.
   Une passion dans le désert. Le Réquisitionnaire. L'Auberge
   rouge. Madame Firmiani. Le Message. La Bourse. La Femme
   abandonnée. La Grenadière. Un drame au bord de la mer.
   La Messe de l'athée. Facino Cane. Pierre Grassou. Z. Marcas).
LES PAYSANS.
LA PEAU DE CHAGRIN.
PEINES DE CŒUR D'UNE CHATTE ANGLAISE.
LE PÈRE GORIOT.
PHYSIOLOGIE DU MARIAGE.
PIERRETTE.
LA RABOUILLEUSE.
LA RECHERCHE DE L'ABSOLU.
SARRASINE, suivi de Michel Serres, L'HERMAPHRODITE.
SPLENDEURS ET MISÈRES DES COURTISANES.
UN DÉBUT DANS LA VIE.
UNE FILLE D'ÈVE.
LA VIEILLE FILLE — LE CABINET DES ANTIQUES.

HONORÉ DE BALZAC

LES CHOUANS

Introduction, notes, dossier,
bibliographie, chronologie
par
Maurice MÉNARD

GF Flammarion

*On trouvera en fin de volume des documents
une bibliographie et une chronologie*

© 1988, FLAMMARION, Paris.
ISBN 978-2-0807-0459-7

INTRODUCTION

Le Dernier Chouan ou la Bretagne en 1800 fut le premier roman signé « Balzac ». L'œuvre bondissait alors, en 1829, comme un cheval sauvage, comme son héroïne, Marie de Verneuil, aventurière indomptée, qui s'y cabrait de façon parfois scabreuse. Le roman fut remanié en 1834 ; il changea de titre et devint *Les Chouans*. On n'y retrouve plus tout à fait la fougue et le grain de l'original, mais le livre fascine encore : guérilla et noces de sang envoûtent toujours et les énigmes subsistent.

L'œuvre défie les classements. Dernier des romans de jeunesse ou premier vrai *Balzac* ? Roman d'aventures ? Roman poétique ? Roman historique à la Walter Scott ou à la Lukács ? Roman politique peut-être ? Mais de quelle politique ? Encore libéral, conforme aux opinions prédominantes de Balzac avant 1830 ? ou bien anti-libéral, marqué par le tournant de 1832 ? Roman de l'idéologie centralisatrice, méprisant pour l'ethnie bretonne, ce ramassis de « sauvages » ? ou roman fasciné par la « barbarie » et donnant la parole, poignante, sans espoir, à ce Peuple habituellement muet ? Mais n'est-ce pas plutôt un roman d'amour ? Et, dès lors, quelle conciliation pour l'histoire d'amour et le récit de guerre ?

Avant même d'adopter une interprétation, il est au moins deux attitudes de lecture possibles pour aborder le roman : celle des lecteurs « balzaciens », qui cher-

chent, et trouvent, en ce premier livre les marques de
Balzac ; celle des « amateurs », qui découvrent *Les
Chouans* comme un grand livre solitaire. Parmi les
premiers, un Gaëtan Picon, qui percevait pour la
première fois dans la carrière de Balzac le ton, le
timbre, la partition, la voix romanesque du grand
auteur : *Les Chouans*, c'était pour Balzac l'équivalent
de l'incipit proustien, « Longtemps je me suis couché
de bonne heure », après quoi les choses ne seront plus
ce qu'elles étaient. Parmi les seconds, un Julien
Gracq, enchanté par *Les Chouans* comme il l'est par
Béatrix ou par *Le Lys dans la vallée* parce que ce sont
des « œuvres plus ou moins déviantes par rapport au
type », loin du « Balzac *standard* ». Mais, si *Les
Chouans* sont, comme le dit magnifiquement Julien
Gracq, un « livre surtendu et hagard, dont le voltage
d'un bout à l'autre reste sans égal » *(Les Eaux étroites)*,
n'est-ce pas que ce roman, comme presque tous les
romans de Balzac, invite à chercher le secret d'une
algèbre romanesque originale ? Poésie et combina-
toire, loin de se nuire, se renforcent l'une l'autre :
thèmes, mots et choses s'y ordonnent selon une
magnétique rigueur.

De l'espace poétique à l'espace marchand

La magie des *Chouans* naît de l'espace romanesque,
aire de fiction que balisent divers « noms de pays »,
lieux « réels », aux confins de la Bretagne, du Bas-
Maine et de la Basse-Normandie, qui deviennent
hauts lieux pour l'imaginaire. A l'ouest : Fougères ; à
l'est : Alençon ; au nord : Saint-James. Entre ces
pôles se tisse un réseau de parcours divers qui
s'impose à la mémoire : la route Fougères-Alençon,
via Ernée, et, au retour, la route Alençon-Fougères,
avec crochet à la Vivetière (lieu imaginaire) ; la route
Fougères-Saint-James et retour ; les trajets de haut en
bas et de bas en haut dans le site de Fougères. Balzac
tenait à inscrire son histoire dans une géographie

réelle : il écrit, le 1er septembre 1828, au général de
Pommereul, qui habite Fougères, non pas tant pour
obtenir des informations historiques que pour organiser son espace romanesque : « [...] un fait historique
de 1798 qui a rapport à la guerre des Chouans et des
Vendéens [lui fournit] un ouvrage facile à exécuter. Il
n'exige aucune recherche, si ce n'est celle des localités ». Balzac passe un mois à Fougères chez les
Pommereul. Le ruisseau bien réel, et bien modeste,
du Couesnon deviendra frontière symbolique. La
Pellerine, de colline, deviendra montagne, amer privi-
légié en cette épopée. Mais le repère essentiel du
roman, sa capitale poétique, sera Fougères. Dès
l'ouverture fameuse, au sommet de la côte de La
Pellerine, soldats et officiers se retournent, au soleil
levant, pour regarder, par delà la « grande vallée du
Couesnon », Fougères, qu'ils ont quittée dans la nuit.
La ville se dessine, à huit kilomètres, avec une
invraisemblable netteté ; son « château domine, en
haut du rocher où il est bâti, trois ou quatre routes
importantes ». Demi-réalité et demi-rêve, Fougères
est le lieu tragique et le point de mire dont on
s'éloigne, au début du roman, pour y revenir à la fin,
fermant le cercle. Marie de Verneuil, après le massacre de la Vivetière, repasse par La Pellerine. L'heure
est sensiblement la même qu'au début du roman ;
semblable est le point de vue. L'héroïne ignore sans
doute son destin, mais le romancier souligne pour le
lecteur toute la poésie tragique de ce Fougères dans le
lointain : « Marie de Verneuil traversa, dans le brouillard épais et blanchâtre du matin, la belle et large
vallée du Couesnon, où cette histoire a commencé, et
entrevit à peine, du haut de La Pellerine, le rocher de
schiste sur lequel est bâtie la ville de Fougères. » A
l'exception de l'aller et retour de Marie à Saint-James
(20 kilomètres au nord de Fougères), toute l'histoire
va se confiner dans Fougères, se centrer sur Fougères,
pour tout ce « jour sans lendemain », troisième chapitre, qui occupe presque la moitié du roman. Fougères
devient le *lieu* de Marie de Verneuil. Ce « nom de

pays » devient « nom de personne », comme Nancy
devient Mme de Chasteller pour Lucien Leuwen.
Venir à Fougères, pour Montauran, c'est retrouver
Marie ; c'est trouver, à Fougères, l'amour et la mort.
Mme du Gua le sait qui, à Saint-James, lance à
Montauran rêvant au lieu de l'écouter : « Vous êtes
sans doute à Fougères. »

En associant toponymie et topographie réelles,
Balzac construit à Fougères le lieu de l'amour et de la
mort. Ce lieu est intimement lié à Marie : il la reflète
et elle s'y reflète. La maison coïncide totalement avec
le destin de l'héroïne. Dès son arrivée, Marie s'y sent
chez elle : « Elle prit possession de cette maison
comme d'une chose qui lui aurait appartenu. » Elle
éprouve pour tous les meubles « une sympathie soudaine » ; elle se les « appropria tout à coup comme s'ils
eussent été connus depuis longtemps ». Confirmant
explicitement la valeur magique que Balzac confère au
lieu, une phrase, qui s'applique à Marie, énonce la
« familiarité » que le lecteur a, lui aussi, comme en
rêve, acquise depuis le début du roman avec *Fougères*,
avec la soulageante catastrophe, attendue, redoutée,
fascinante, tragique : « Il semblait qu'un rêve l'eût
familiarisée par avance avec cette demeure où elle
vécut de sa haine comme elle y aurait vécu de son
amour. » L'ambivalence de ce lieu intime se déploie
dans les pulsations conjuguées d'une intériorité et
d'une extériorité, d'un présent et d'un passé. En effet,
de cette maison, selon le mot de Corentin, on « jouit
d'une vue ravissante ». Balzac fait retrouver en contrechamp le panorama de la « grande vallée du Couesnon », ce lieu qui figurait, vu en champ, à l'orée du
roman et qu'une deuxième fois nous avions lu, à peine
entr'aperçu par Marie, mais toujours vu en champ,
quand elle était arrivée à Fougères. Voici donc,
premier contrechamp, l'évocation du paysage aperçu
depuis le rocher de Fougères : « La portion de rocher
qui regarde l'est a pour point de vue le paysage dont
on jouit au sommet de La Pellerine. » A peine installée
dans sa maison, Marie sort pour se promener, puis

s'arrête, clouée, apaisée par le spectacle : « La magnificence du spectacle rendit un instant ses passions muettes. » C'est que resurgit, image-souvenir, ce qui avait été, très confusément perçue, l'image-pressentiment : « Elle admira la vaste portion de la grande vallée du Couesnon que ses yeux embrassaient depuis le sommet de La Pellerine jusqu'au plateau par où passe le chemin de Vitré. » Écho, miroir et fermeture de l'espace : il ne s'agit plus que de construire, dans cette vaste clôture, le décor de l'action. A l'image d'une action ambivalente, la maison dans laquelle Marie est installée à Fougères est, dans un lieu maléfique, une extraordinaire maison perchée : fortin, mirador, nid d'amour, piège et prison. Ce lieu onirique est comparé par Balzac à une « immense » tour sarrasine. Lieu idéal du paroxysme et de l'ambivalence. En effet, on peut se reporter au détail de la description : c'est une sorte de « pain de sucre » escarpé, entouré, encerclé, sur trois plans superposés, de trois corniches. Ce sont des plates-formes où l'on rêve et d'où l'on regarde, où l'on se fait voir aussi, où l'on s'expose : lieux toujours surplombants, surplombés. Quant aux escarpements, ils sont faits pour l'escalade ou le dévalement, pour la conquête, la fuite ou la mort. Les termes dans lesquels est décrite la première sortie de Marie sur « la Promenade » sont pleinement significatifs : elle est « séduite » par le paysage, conduite par un « maléfice », et sa pensée est conçue sous « l'emprise » d'un « charme ».

Or cet espace magique est supplanté, à la fin du roman, par un espace prosaïque, puis mercantile. Au moment où Montauran va tomber sous les balles des républicains, ses paroles surprennent par leur platitude : « Jamais je ne pourrai passer par là, dit le marquis en examinant l'étroite baie de l'œil-de-bœuf. » De fait, la mort atteint Montauran dans un espace bâtard et quasiment vaudevillesque : « Le marquis dont les pieds atteignaient l'échelle libératrice, mais qui avait encore une partie du corps engagée dans l'œil-de-bœuf [...] » Écartelé entre le

dedans et le dehors, l'aristocrate est tué dans le dos.
Dans l'avant-dernier paragraphe du roman, qui fut
ajouté par Balzac en 1845, pour l'insertion des
Chouans dans *La Comédie humaine* éditée par Furne,
tout le poétique et tout le tragique sont définitivement
engloutis dans le prosaïsme de l'Histoire en marche.
Fougères est toujours présent, mais un Fougères tout
différent de celui de l'action passée. Fougères n'existe
plus, en 1827, date fixée par Balzac pour cette fin du
roman, sinon par son marché : l'espace poétique est
devenu marchand. Marche-à-terre n'y a plus que
l'allure d'un « bien brave homme »; personne ne
l'appelle plus par son surnom. Quant à la femme de
Marche-à-terre, qui l'accompagne au marché, c'est
bien Francine, la lucide, active, angélique suivante de
Marie, mais elle n'est pas même nommée; elle ne
survit que dans l'anonymat.

Rythmes et routes

La géographie imaginaire est géographie en mouvement : les lieux s'animent au rythme des personnages
qui les parcourent; ceux-ci vivent leur temps à
l'unisson des espaces qu'ils traversent. L'ensemble du
livre, campagne et ville, est occupé par deux masses de
personnages grouillants, les Blancs et les Bleus, fourmilière chouanne et alignements républicains. Mais la
mémoire retient surtout les schèmes rythmiques des
principaux personnages. Hulot, colonel des fantassins, impose à l'ouvrage, dont il parcourt tout le
chemin, son rythme propre, celui de la marche ou
celui de la faction, humain, mesuré, adapté aux
circonstances et au terrain. Pendant le premier chapitre et le début du deuxième, Hulot peut être considéré
comme l'homme du « compas ». Le compas est
devenu l'emblème de la République depuis le 18 Brumaire : il a remplacé le « niveau » de 1793 sur tous les
documents officiels. Les fantassins, experts en la
matière, en plaisantent à la fin du premier chapitre :

compas, dans leur langage, doit surtout être pris au sens qu'il a dans l'expression « ouvrir le compas », c'est-à-dire « presser le pas ». Hulot y recourt pour houspiller les conscrits : « Que diable ont donc tous ces muscadins-là ? s'écria-t-il d'une voix sonore. Nos conscrits ferment le compas au lieu de l'ouvrir, je crois ! » Au deuxième chapitre le narrateur reprend l'expression à son compte : « Pendant que chaque soldat ouvrait le compas, pour employer l'expression du commandant [...]. » Entre-temps, La clef-des-cœurs a commenté le sens du nouvel emblème : « Cela veut dire qu'il faudra que, nous autres troupiers, nous marchions ferme ! » Le colonel Hulot peut bien commander des « marches forcées », et il le fait deux fois dans le roman, il demeure, tel qu'en lui-même, l'homme de la marche, régulateur du mouvement, conscient, volontaire et placide. Pendant l'épisode de La Pellerine, toujours nous le verrons « march[ant] silencieusement, au milieu de cinq jeunes officiers qui, tous, respectaient la préoccupation de leur chef ». Le rythme du colonel Hulot est tenu, maîtrisé, pondéré. Image de calme et de raison, lorsqu'il est sur les routes, image qui s'accomplit aux heures de la faction : « Le commandant, les bras croisés, immobile, le nez en l'air, les lèvres retroussées, attentif et chagrin », fait face stoïquement à l'agitation, au bruit et à la fureur. Et, pour commencer, au rythme frénétique du monstre, pourtant froid et « impassible », Corentin, « qui allait et venait comme un chacal attendant sa proie ». Corentin entre, de surcroît, dans la série des cavaliers surgissants, apparitions fulgurantes, en opposition avec tous les rythmes piétonniers du roman. Corentin est souvent à cheval ; on le voit qui, mouche du coche, « caracolait tantôt en avant, tantôt en arrière de la voiture » ou qui, homme du destin, vient brusquement encadrer son visage dans la portière de la malle où se trouve Marie de Verneuil et, « sinistre personnage », lui adresser « un signe d'intelligence ». C'est par le son que s'était d'abord signalé ce cavalier de mauvais augure : « Ils entendirent un homme à cheval qui se dirigeait vers eux avec une excessive rapidité. » Mme du Gua surgit avec le même fracas : « le trot d'un cheval retentit au milieu du silence »; apparaît alors « une jeune femme assise en travers sur un petit cheval breton ». Apparition et disparition ont le même caractère de fulgurance, lorsque le chevalier de Valois vient prévenir Montauran de se défier de « la fille » rencontrée à l'hôtel des Trois-Maures : « Le chevalier de Valois qui montait un petit cheval breton disparut dans les genêts d'où il venait de sortir. » Ces chevaux de feu viennent trouer de leurs stridences le roman de la route. Le relais est pris, lorsque Fougères est devenu le centre des affrontements, par les courses éperdues et les bondissements électriques des deux héros, et tout particulièrement de Marie de Verneuil. Les mouvements ont une rapidité onirique, accordée au décor : Montauran poursuivi se sauve avec une « incroyable célérité », on le voit « redoubler de vitesse »; quant à Marie, elle rythme le récit en animant l'espace de ses bonds, de ses élans, de sa « marche précipitée » ou de sa « marche presque folle ». Tant de mouvements ponctuent le récit, lui donnent sa respiration haletante.

Cette rythmique de la représentation s'inscrit dans une plus large respiration, celle des séquences du récit, qui font systématiquement alterner la route et les haltes. C'est sur deux temps que progresse le récit depuis le début du chapitre second jusqu'au retour à Fougères de Marie de Verneuil, après le bal de Saint-James : cinq séquences de plein air ou de route alternent avec les séquences d'intérieur. Si nous spécifions « de plein air » ou « de route », c'est que la longue séquence du trajet Alençon-la Vivetière fait elle-même alterner les scènes de malle en mouvement et les scènes de halte, qui se scindent en haltes-promenades et haltes-embuscades. La haute tension qui traverse de bout en bout le roman doit beaucoup à ces phases alternées, dont le va-et-vient ne s'allume qu'après le long préambule de « L'embuscade » et ne s'éteint que pour laisser la place à un autre embrasement, celui de l'embuscade finale, dans les limites de l'unique Fougères.

La combinaison rythmique des espaces et des temps de la route joue à plein dans la longue séquence du trajet Alençon-la Vivetière, avec ses cinq volets. *PREMIER VOLET* : le tête-à-tête de la berline permet à Montauran d' « étudier » le visage de Marie de Verneuil, à Balzac de faire le « tableau », le portrait de Marie dans les termes et dans les tons où la voit le désir amoureux de Montauran. Ce portrait prend place dans la « lourde voiture » qui était partie « au grand trot » et c'est un portrait en mouvement. La grâce de Marie y est « éphémère », ses paupières sont animées d'un « mouvement répété », la respiration donne au corsage des « jeux séduisants », les idées viennent « agiter ces traits mobiles, ce ne sont que soudaines rougeurs ou tel sourire qui y « répandait la vie ». *DEUXIÈME VOLET* : une « longue côte » permet aux deux héros de descendre. On sait par la fin d'*Illusions perdues* quel profit les héros et le romancier tirent de côtes trop raides à monter. La marche des deux jeunes gens se poursuit sur un rythme si précipité que Mme du Gua est laissée en arrière : « Ils avaient insensiblement marché plus vite qu'elle et ils s'en trouvèrent bientôt séparés par une centaine de pas environ. » *TROISIÈME VOLET* : le rythme du voyage, accordé à la passion de Marie, se fait « fantasmagorie ». Le temps se fait espace et les « témoins » jugent que cette « passion naissante » avait pris une « marche effrayante ». L'arrivée à toutes guides de Corentin ne suffit pas à tuer le rêve. *QUATRIÈME VOLET* : nouvelle halte, halte-embuscade où l'intervention du chevalier de Valois tue le rêve amoureux. *CINQUIÈME VOLET* : nouvelle séquence-berline. La fin du trajet consacre la triste méditation de Marie sur sa destinée; l'essentiel est dit par une expression spatiale, vrai leitmotiv signalant la présence du destin dans les scènes de berline et de malle : Marie est « penchée *au fond de* la voiture ». Image angoissante présente dès le départ : « La Bretonne frémit en voyant sa maîtresse *au fond de* la voiture à côté de la femme qui venait d'en ordonner la mort. » Après le massacre de la Vivetière encore : « Marie se pencha toute abattue, et comme morte, *au fond de* la voiture, en donnant l'ordre d'aller à Fougères. » On retrouvera dans la suite, après le bal de Saint-James, Mlle de Verneuil et le marquis « *au fond d'*une berline attelée de quatre chevaux vigoureux ». Alors Marie se dit : « Je vais mourir. »

Temps et espace sont intégrés l'un à l'autre par la thématique amoureuse. La route est le lieu des instants que le souvenir éternisera. A peine installée à Fougères, Marie voit resurgir en elle l'image de la route Alençon-la Vivetière : « J'ai beau faire, mon enfant, je vois toujours ces deux lèvres délicieuses, ce menton court et légèrement relevé, ces yeux de feu, et j'entends encore le — hue ! — du postillon. » Après le bal de Saint-James, une nouvelle halte due à une côte permet aux jeunes gens de célébrer le souvenir de la première et bienheureuse halte entre Alençon et la Vivetière : « A la première montagne, les deux amants eurent à la fois la même pensée, ils descendirent de voiture et gravirent à pied la colline, comme en souvenir de leur première rencontre. » Si l'on fait précisément la chronologie des événements, c'était cinq jours avant. Cinq jours que le texte romanesque fait ici vivre au lecteur comme s'il y avait des années. Instant perdu, instant éternisé, que le récit, par ce retour, sacralise en ritualisant la halte de berline. Halte bienheureuse d'il y a cinq jours, qu'éternise une nouvelle halte, halte-reposoir.

Emplois du temps

L'espace de la route se met au service du temps romanesque. La « lourde voiture » des *Chouans* préfigure la « lourde machine », le fiacre qui tracera dans les rues de Rouen le temps endiablé de l'amour d'Emma Bovary et de Léon. L'instant lié à l'amour et à la route devient éternité. Lié à l'amour ou à la haine amoureuse, car l'une des plus fortes images de temps éternisé que laisse le roman est celle qui se fixe sur la rétine de l'ennemie, Mme du Gua. Elle sortait de la Vivetière pour voir le cadavre de sa rivale. Or, « le voile de Mlle de Verneuil, emporté par le vent, flottait hors de la calèche » : instant d'éternité dans la nuit. Le temps vécu par le personnage principal, Marie de Verneuil, offre une telle succession de dilatations et de contractions que l'appréciation du temps réel est difficile pour elle et pour le lecteur. Tantôt la pensée de Marie est dans l'avenir et c'est tout le futur qui se dilate : « Mlle de Verneuil resta plus longtemps pensive que ne le fut l'émigré ; peut-être son imagination lui faisait-elle franchir une plus grande étendue de l'avenir. » Tantôt, c'est l'instant présent qui est éternisé : « quelque rapides que soient les heures, elles sont pour moi comme des siècles de pensées ». Comme l'écrit le narrateur, dans le mouvement de Marie vivant sa passion naissante : « L'amour est la seule passion qui ne souffre ni passé ni avenir. »

Le temps réel est difficile à apprécier pour le lecteur des *Chouans ;* la chronologie inscrite dans le texte du roman se perçoit mal. Le roman avait commencé « dans les premiers jours de l'an VIII, au commencement de vendémiaire », soit vers la fin du mois de septembre 1799. Avant la fin du chapitre premier, on peut lire : « Le bruit du magique retour du général Bonaparte et des événements du Dix-huit Brumaire ne tarda pas à se répandre. » Il faut donc compter plusieurs jours après le 18 Brumaire, soit quelques jours après le 9 novembre 1799, approximativement autour du 15 novembre. L'incipit du deuxième chapitre se contente d'une formulation assez vague : « dans les derniers jours du mois de brumaire » : cela signifie quelques jours avant le 21 novembre. Il n'y a donc pas de rupture franche entre chapitre I et chapitre II : on peut considérer que l'action du chapitre II repart aux environs du 18 novembre. Toute l'action qui commence alors et qui va se terminer, après onze jours pleins, par la mort des deux héros est donc une histoire de novembre, une histoire d'automne, et non une histoire d'hiver, comme on a pu quelquefois s'y tromper. Cette durée de onze jours ne peut être décidée sans beaucoup de précautions, car les seuls repères sont les « le lendemain » ; or tel « lendemain » se cache quelquefois au cœur d'un paragraphe et il arrive qu'on l'y oublie, et tel autre « lendemain » ne doit pas être pris au pied de la lettre. Ainsi, après la Vivetière, Marie arrive à Fougères au petit matin : la veille à midi elle était encore à l'hôtel des Trois-Maures à Alençon ; la nuit qui a suivi a vu le massacre des soldats républicains à la Vivetière et l'humiliation publique de Marie. Celle-ci se couche, dès son arrivée à l'hôtel de la Poste à Fougères, « dans un lit bien chaud » et, de son lit, elle lance à Francine : « On nomme cela une journée [...] Je suis de dix ans plus vieille. » Quand nous lisons ensuite : « Le lendemain matin, à son lever, Corentin se présenta [...] », nous devons estimer que nous sommes le même jour et non au « lendemain » du calendrier. Hypothèse confirmée par l'indication de Corentin, qui fait des conjectures sur « les événements de la veille ».

Si le lecteur et Marie trouvent le temps plus long qu'il ne l'a été en réalité, c'est que les journées de Marie comptent double. Quand Balzac écrit que Marie « faisait tour à tour passer devant elle les scènes d'amour et de colère qui avaient si puissamment animé sa vie pendant les dix jours écoulés depuis sa première rencontre avec le marquis », il y a erreur : cela ne fait que huit jours. Mais les « jours » de Marie comportent aussi les nuits. Nuit du massacre de la Vivetière, nuit du bal de Saint-James, nuit du mariage à Fougères, toutes ces nuits que Montauran, lui aussi, passe blanches. A quoi il faut ajouter les nuits que Marie vit en dehors de Montauran, la nuit du cachot avec d'Orgemont, la nuit du voyage à âne qui mène de Fougères à Saint-James. Toutes les journées commencent au lever du soleil et se terminent avec le lever de soleil du lendemain. Sur la période de onze jours que dure l'action principale du roman, cinq « jours » ainsi comptés occupent plus des quatre cinquièmes de l'espace romanesque. La ponctuation temporelle des *Chouans*, en combinant les « quand la nuit fut venue » ou les levers de soleil et les divers « lendemains », superpose les divisions du calendrier et celles des jours et des nuits vécus, dans une « objectivité » haletante et dilatée, qui est celle de l'héroïne principale.

Blancheurs, silences, regards

A l'intérieur des axes croisés du temps et de l'espace, s'ordonnent des thèmes divers, dont certains sont modulés par Balzac à partir de l'héritage romantique, dont d'autres sont déjà spécifiques. Balzac construit avec des motifs en vogue le bel automne blanc de cette décade prodigieuse, entre brumaire et frimaire, enveloppé de silence. Automne lucide universellement troué d'yeux aux aguets, thématique apparemment obligée en une histoire d'espionnage et de guérilla, à moins que l'espionnage et la guérilla n'aient été le support nécessaire de cette *Spécialité* balzacienne, de ce besoin de connaissance extralucide et translucide, qui s'exprime dans toute *La Comédie humaine* et qui suscite déjà tant de regards en ce premier roman.

Symphonie lumineuse, ce roman qu'éclairent presque de bout en bout le soleil et la lune. Il n'est d'abord de nuages que de rosée, ou bien nuages « blancs et bruns » venus des combats. Au début du roman, le soleil levant fait se dissiper les « vapeurs blanches et légères » de septembre. Subsistent quelques horizons vaporeux, mais la route se poursuit sous un plein soleil. Soleil pâle d'automne, mais sans nuages. Quand l'action reprend en novembre, il y avait bien des « nuages gris », mais, au moment où Balzac fait son tableau, le soleil les « avait dissipés ». Si quelques nuages se placent ici ou là, ils sont un moyen de réverbérer la lumière, manteau de neige, mers de

glace, lacs d'argent fluide. Aux approches de la fin du
roman, la campagne est couverte de givre. Le vert des
genêts cède alors la place aux « riches arabesques » et
aux « reflets blanchâtres ». Si le soleil s'éclipse, le
givre forme une « vaste nappe de mousseline dont la
blancheur rendait plus terne encore un ciel gris chargé
de neige ». La valeur symbolique de cette blancheur
est alors précisée : « il y avait du malheur dans l'air ».
A l'aube du dernier jour, entre autres « mauvais
présages », le soleil « donnait au ciel la couleur
blafarde de l'argent terni », mais Marie en cet instant
est trop heureuse pour s'en apercevoir. Parallèlement,
pendant les onze nuits de l'action principale, la lune
est là. Ce qui, en soi, depuis Chateaubriand et la « nuit
américaine », présente assez peu d'originalité et le
XVIIIᵉ siècle en avait fait déjà une grande consomma-
tion. Ici, Balzac place la lune dans la ligne continue de
la froide blancheur, de la virginité blafarde des soleils
pâles, du givre et du brouillard. Car les heures
importantes et tragiques sont généralement marquées
d'un surcroît de brouillard, à la fois lumineux et
étouffant, protecteur et angoissant. Après la nuit de la
Vivetière, « la belle et large vallée du Couesnon » est
noyée dans « le brouillard épais et blanchâtre du
matin ». Non pas seulement décoratif et ossianesque,
mais incorporé à la trame du récit, le brouillard est
présent, redoublé, quadruplé aux approches de la
mort et de la fin de l'histoire. Corentin, dont le
triomphe est imminent, interprète mal le signe : « Le
brouillard que le soleil avait dissipé vers le milieu du
jour, reprenait insensiblement toute sa force et devint
si épais que Corentin n'apercevait plus les arbres,
même à faible distance. — Voilà un nouveau malheur,
se dit-il [...] Il est impossible d'y voir à six pas. Le
temps protège nos amants. » Or c'est l'instant où va
arriver entre les mains de Marie la fausse lettre de
Montauran à Mme du Gua, qui déclenche la catastrophe. Comme venait de le dire Marie de Verneuil,
devant le même brouillard : « Ce jour est le dernier de
mes jours nébuleux, il est gros de ma mort ou de notre

bonheur. Le brouillard est odieux, ajouta-t-elle en regardant de nouveau vers les sommets de Saint-Sulpice toujours voilés. » A minuit, « la lune se leva et donna au brouillard l'apparence d'une fumée blanche ». La mort est proche, apocalypse qui va chasser tous les brouillards.

Plus typique encore de la fusion du poétique et du narratif, le motif du silence. Le couple du silence et de la hulotte, venu de « la nuit américaine », devient celui du Chouan (de la chouette) et du silence. Plus généralement, le silence fait ressortir tous les bruits de la guerre : c'est sur le silence de la nuit que se détachent, lors de la scène finale, l'ordre de tirer lancé par Hulot, les décharges des fusils républicains, le bruit sourd de la « multitude armée ». Dès le premier chapitre, « silence solennel » ou « silence des nuits » confèrent à tout le roman sa gravité et sa transcendance tragiques ; Francine et Marie, dès le début de la passion de Marie et de Montauran, attendent « en silence quelque terrible dénouement ». Le silence unit dans le même fondu tragique la guerre et l'amour. L'amour s'étant, fût-ce « pendant un moment », montré « sans voile », telle la vérité, Marie et Montauran « se turent comme pour prolonger la douceur de ce moment ». « Muets acteurs », c'est en silence qu'ils se regardent, qu'ils cheminent. C'est à cause du silence et de l'obscurité de la nuit que Montauran, revenant en berline avec Marie, « ne put remarquer l'agitation de Mlle de Verneuil, à mesure qu'elle approchait de Fougères ». Et Marie remercie d'un sourire Montauran d'avoir su respecter son silence. Danger, mystère, secret, tout se fond dans la gravité religieuse du silence. Silence à la fois poétique et fonctionnel, où se rassemble toute l'ambivalence du roman. Silence, l'éternité de l'instant amoureux. Silence, le défi mortel : « en ce moment, Mlle de Verneuil et Corentin se contemplèrent en silence ».

Dès ce premier roman de Balzac, l'action est poème et le poème action. Une grande partie de l'action se passe en aguets, qui deviennent poème par l'accumu-

lation obsédante des regards qui épient. Le roman
tout entier est cet « épouvantable tableau d'yeux
jaunes et brillants » un instant aperçu par Marie de
Verneuil. Le soldat guette l'ombre, qui le guette.
L'amant et l'amante sont sous haute surveillance
mutuelle. Chacun d'eux a son observateur attitré :
Corentin, le roi des espions, espionne l'espionne et
Mme du Gua, fausse mère, estime avoir sans cesse
droit de regard sur son « fils ». Cependant que,
surveillant tout le monde, mais avec trop de bonhomie
et de naïveté, Hulot, bien souvent, n'y « voit que du
feu », comme le lui dit justement Corentin. Le moteur
universel, dans le monde des *Chouans*, est la curiosité,
« invincible », « générale », que doit affronter chacun
dès qu'il arrive en un lieu nouveau. Tout petit, le fils
de Galope-Chopine manifeste une curiosité « sauvage » ; il entre dans un monde où chacun « exa-
mine », « étudie », « épie », « sonde » et « scrute »,
espérant, parfois au terme d'une longue traque,
« surprendre le secret ». Rêve de Corentin : « surprendre peut-être d'un seul regard les secrets cachés
dans le panier de l'émissaire ». Souvent, grâce à ses
« yeux perçants », le personnage (Marie ou Corentin)
« distingue », « reconnaît », « devine ». Dès *Les
Chouans* se rencontre la *Spécialité* balzacienne, le don
de double vue : telle Marie de Verneuil entrant chez
Galope-Chopine et jetant dans la pièce « un de ces
regards qui embrassent tout ». Quand les amants sont
au faîte du bonheur, ils ne songent pas que « malheureusement au milieu d'eux Mme du Gua voyait tout ».
Cette *Spécialité* peut tout aussi bien coïncider avec la
sympathie : ainsi chez Francine, la servante aux
« couleurs pures » et à la « rustique franchise », qui
« connaît tout de Marie », qui est « seule à la connaître » ; mais, « ange terrestre », elle ne peut que voir et
souffrir, jamais agir. Il appartient au héros lui-même
de « tromper l'espion » : Marie y parvient quelquefois
face à Corentin, face à d'Orgemont : « Marie réussit à
dérober un coup d'œil à son argus ». Moyens de
défense : rester « impénétrable », parvenir à voir ce

qu'il faut voir sans être vu, plonger subrepticement son regard dans le regard de l'autre. Une des images fascinantes du roman est celle de Montauran saisi, capturé par le regard de Marie, au moment où il est captivé lui-même par ce qu'il regarde : « Le Gars était encore à la même place, mais seul. D'après la direction de sa longue-vue, il paraissait examiner les différents passages du Nançon. » Image d'autant plus onirique que Marie s'élance aussitôt follement jusque dans le « précipice » du Nançon, escalade les « dangereux escarpements des roches de Saint-Sulpice », mais quand elle atteint les sommets, Montauran a disparu. Balzac multiplie dans son roman les plans de regards fascinés, avant de nous faire partager le spectacle qui s'offre à son propre regard, lui-même fasciné. La fin du voyage en berline, avant l'arrivée à la Vivetière, nous propose un exemplaire quadrillage de ces regards extasiés. Après la phrase d'envoi (« A quoi dois-je maintenant l'honneur d'attirer vos regards ? dit-elle au jeune chef qui l'examinait attentivement »), champs et contrechamps se succèdent : « elle regarda », « le marquis [...] contempla », « Mlle de Verneuil [...] regarda ». Après quoi le récit prend du champ et écrit que le narrateur, se substituant à Montauran, peut « voir » de Marie à partir de son mirador idéal : « Elle était si belle ! Elle savait si bien triompher des obstacles en amour ! Elle était si fort habituée à se jouer de tout, à marcher au hasard ! Elle aimait tant l'imprévu et les orages de la vie ! »

Mélodrame, drame ou tragédie ?

La distance par rapport à l'histoire contée est à la fois maintenue et niée par l'écriture du regard fasciné, par cette possession à distance. Espace, rythmes, temps, thèmes divers mettent en œuvre une ambivalence propice à la poésie tragique, contrarient les tendances de l'œuvre au mélodrame, voire au drame. L'une des cellules matricielles du roman était un début de pièce de théâtre dont nous est conservé un fragment composé de deux scènes ou fragments de scènes. Madeleine Ambrière-Fargeaud a étudié[1] ce texte important, qui date de mai 1828. C'était l'histoire, plutôt mélodramatique, de Nathalie d'Hautefeuille contant à sa fidèle suivante, Fanchette, ses ambitions de luxe et de puissance, tous les rêves qu'elle caresse en cette année 1788, après avoir assisté aux infortunes de sa mère, morte à trente ans, abandonnée. On retrouve Nathalie d'Hautefeuille en 1799, « aussi sauvage que belle », s'entretenant avec le ministre de la Police, qui lui fait des offres de service pour l'aider en Vendée dans sa lutte contre les Chouans. Balzac a repris ce canevas, propice à un développement mélodramatique. Marie bafouée, calomniée, noircie, puis dupée par le stratagème d'une lettre apocryphe, c'est bien l'exploitation classique du schéma pathétique où le premier rôle semble joué par un sort vraiment trop noir, servi par des exécutants trop sinistres, comme l'espion Corentin, ou la très méchante Mme du Gua. Les personnages ont le sentiment de vivre un drame : « drame de bonheur », telle est la vie de Marie, décrite par elle-même. « Dramatiques » sont dites plusieurs scènes, le panorama de La Pellerine, les figures des soldats au moment de l'embuscade, la « scène muette » qui se joue entre Marie et Montauran. Tout ce qui est lutte peut être dit « drame » : la guerre, la Révolution. Dans la définition que Marie donne de sa mission se retrouvent les ingrédients du drame hugolien, la tension entre les forces affrontées, le contraste entre le « grotesque » et le « sublime ». Marie a « entrevu dans cette ignoble farce un mélange de terreur et d'amour qui [l'] a tentée ».

Or, en ce point, le vocabulaire bascule : cette « farce », Marie l'appelle aussitôt « une tragédie, car c'est une tragédie ». Non seulement, elle a accepté de

---

1. *L'Année balzacienne* 1962.

« jouer un rôle » dans cette tragédie, mais, si sa mission était décommandée, elle se jetterait dans la Sarthe : « et ce ne serait point un suicide, je n'ai pas encore vécu ». Il y a eu tentation, puis acceptation. Il y a donc « destin » de Marie, plutôt que « fatalité », pour reprendre la distinction de Balzac à propos de Fouché : « Il y a chez ces âmes terribles on ne sait quel partage entre le pouvoir de la fatalité et celui du destin. » Même partage chez Marie entre ce qui est pur *fatum* et ce qui est « destinée », sort à elle destiné, auquel elle adhère librement, dans une demi-lucidité. Tout l'art de Balzac consiste à ventiler, d'une part, les mots du lexique tragique, d'autre part, les signes du tragique, certains d'entre eux perçus et d'autres non perçus par les héros. La vie de Marie est considérée par elle comme « destinée » et même, vocable staëlien, comme « destinée incomplète ». Toute l'histoire est semée de signes prémonitoires, présages ou pressentiments. Le cri de la chouette entendu à l'hôtel des Trois-Maures, le clocher de Saint-Léonard aperçu de loin, au retour de Saint-James : autant de signes du destin que reconnaît Marie. Lorsque le héros ou l'héroïne sont aveugles, les seconds rôles de la tragédie se font chœur tragique : Francine ou Mme du Gua. Le romancier participe au rituel en jouant de l'incantation et du formulaire. Le « jour sans lendemain », dont l'idée avait peut-être été donnée à Balzac par le *Point de lendemain* de Vivant Denon, est modulé à quatre reprises dans la fable et choisi comme titre du chapitre III, rendant impossible dès le milieu de l'ouvrage toute autre lecture que tragique. Dieu, ou le destin, ne manquent pas de cruauté dans leur ironie. Le « sans lendemain », prononcé pour la première fois par Montauran à la fin du deuxième chapitre a été dûment enregistré par la divinité. La prière prononcée par Marie, avec « un incroyable enthousiasme » et dans l' « extase », avant le mariage, sera « exaucée », comme le promet le prêtre en une formule à l'amphibologie tragique. « Fais ici un miracle ou prends ma vie », avait supplié Marie. « Vous serez exaucée, dit le prêtre. » Les dernières paroles de Marie apportent la conclusion à ce mauvais rêve où rien n'est oublié des paroles prononcées, ni les plus lointaines ni les plus proches : « Un jour sans lendemain !... Dieu m'a trop bien exaucée. »

Le héros de roman est devenu héros tragique : la psychologie et les actes sont accordés au destin et les deux principaux personnages, placés l'un et l'autre dans une « singulière situation morale », se distinguent pareillement par leur sens du jeu et leur lucidité entremêlés, par le paroxysme de leurs passions, par leur aptitude au détachement, puis au dépassement, qui, après la crise, mène au sublime. « Comme un joueur aime à jouer sa fortune », Marie et Montauran se livrent « aux chances du hasard en poursuivant une entreprise, précisément parce qu'elle n'offre aucune issue et qu'on veut en voir le dénouement nécessaire ». Cette « effrayante liberté d'esprit » de Marie « jou[ant] sa vie » avec une telle gaieté a tout pour séduire Montauran et pour faire sourire tristement Francine. Montauran, aristocrate léger, mais épris de noblesse, s'accorde bien à cette jeune fille élevée dans les raffinements futiles du XVIIIe siècle et qui se trouve promue chef de guerre : comment n'aimerait-il pas ce qui fait le « secret de [la] gaieté » de Marie, l'amour du « renaissant péril », l'amour de ce « jeu qui se meut en [elle] », c'est-à-dire « la vie », et, plus que tout, cette alliance rare, si peu « romantique », entre la « profondeur des idées » et tant de charme, de légèreté et d'enjouement ? La démarche électrique des deux héros traduit le paroxysme égal de leurs passions. Ivresse et folie, au moment de la « crise » rendent Marie digne de l'antique : « Quand les passions arrivent à une catastrophe, elles nous soumettent à une puissance d'irritation bien supérieure aux mesquines irritations du vin et de l'opium. » Mais aussi, la conscience de l'inéluctable suscite en chacun des deux héros une grande sérénité. C'est comme en se jouant que Montauran accueille la catastrophe, avec un détachement souriant qui stupéfie Marie de Verneuil elle-même : « Elle vit le marquis souriant avec une si douce ironie, que les paroles expirèrent sur ses lèvres. » Après la nuit d'amour, à l'aube de la mort, Montauran garde son calme, et Marie, pareillement : « Une sérénité pareille à celle que les peintres se plaisent à donner aux martyrs inspirait à sa figure un caractère imposant. » Cette acceptation par chacun des deux héros de son destin tragique ne constitue pas la conclusion : la sérénité marque la conversion des deux héros à un autre ordre. Marie a tout organisé pour sauver Montauran en mourant à sa place : elle meurt après avoir revêtu le costume du chef chouan, « victime substituée », comme l'a justement souligné Arlette Michel. De son côté, Montauran dépasse, avant de mourir, les termes du conflit dans lequel il était engagé. C'est Hulot qui recueille ses dernières volontés et qu'il charge d'être son exécuteur testamentaire : dire à son jeune frère de ne pas porter « les armes contre la France, sans néanmoins abandonner le service du Roi ». Le dernier signe de Montauran est un signe de gratitude et d'estime à l'adresse du « Commandant » Hulot, loyal adversaire. La « gloire » du sublime final est figurée par la chaîne symbolique de Montauran serrant la main de Marie, tandis que Hulot serre la main de Montauran et que, non moins symboliquement, Hulot « prit l'espion par le bras, de manière à lui laisser l'empreinte de ses ongles dans la chair ». En cette mort des deux héros, il demeure une trace du drame : le « geste convulsif » par lequel Montauran prend la main de Marie, le frisson et la « secousse horrible » de Marie avant qu'elle prononce ses dernières paroles. Mais Marie a choisi la moitié de sa « double nature » à laquelle elle n'avait jamais consacré durant sa vie, son « désir de dévouement », seule valeur capable d'arracher sa mort au désespoir. Montauran, après toutes les étapes qui l'avaient mené du désir à l'amour vrai, puis à l'acceptation stoïque de la mort, découvre à cette dernière heure la communion dans les valeurs de l'honneur et de l'estime qu'il n'avait jamais pu encore partager au cours de ces journées de combat douteux, sordide, toujours mêlé, parfois barbare, et cette assomption se fait avec un ennemi, Hulot. *Les Chouans*, roman tragique, offrent une illustration de cette « vérité romanesque », aurore, qui « brille au-delà de la mort [1] ».

Le roman de la fin et des moyens

Mais ce roman romanesque a choisi pour cadre « la Bretagne en 1799 ». Balzac s'est expliqué à deux reprises sur ses intentions et sa méthode, dans l'Avertissement du *Gars*, mis au compte de l'auteur fictif du roman, Victor Morillon (texte de 1828), et dans la Préface du *Dernier Chouan* (1829). Comment ces déclarations théoriques éclairent-elles la pratique de Balzac dans son roman ? Comment l'analyse de l'histoire romanesque des *Chouans* peut-elle aider à analyser la Bretagne et la France en 1799, avec quelles possibilités de projection sur la France de 1829, moment de la publication du roman ?

Dans l'Introduction de 1829, Balzac écrit cette phrase, bien souvent citée depuis : « Ce ne sera pas sa faute [à l'auteur] si les choses parlent d'elles-mêmes et parlent si haut. » Ce roman est « un drame dans toute sa vérité » et Balzac ajoute : « Ici le pays est le pays, les hommes sont les hommes, les paroles sont les paroles mêmes », phrase dans laquelle il convient de ne pas omettre de lire « mêmes » si l'on veut éviter de la lire, à contresens, comme un exemple fâcheux de tautologie. Pays même, hommes mêmes, paroles mêmes. Ce « même » signifie : « en soi-même, ayant valeur représentative, *typique* ». Non pas reproduction vériste de quelques « choses vues », mais faits et détails capables d'atteindre à « une immense vérité », parce que concentrés et, mieux encore, triés. Balzac

cite Leibniz : tel Morillon, son double, il veut devenir
« un miroir concentrique de l'univers ». D'autres
nobles ont été tués dans leur château, par exemple le
chevalier de Boishardy dans son château de La Ville-
Herné, mais en 1795, et sans qu'une trahison en fût la
cause ; des femmes ont joué un rôle en diverses
aventures chouannes (autour de Charette, par exemple) ; une malle-poste a été attaquée en 1799 entre
Alençon et Mortagne, à Mesnil-Brout ; Lescure n'est
pas mort à l'endroit où Balzac l'a fait mourir dans son
roman ; enfin ni Fougères ni La Pellerine n'ont été
l'objet des combats qui se déroulent dans le roman.
Balzac concentre donc et recompose pour parvenir au
typique, mais surtout il a dû, pour que les détails du
roman atteignent une « immense vérité », faire un
choix dans le réel, pratiquer une analyse déjà porteuse
de synthèse. Les détails du roman impliquent une
analyse-synthèse préalable et provoquent le lecteur à
opérer sa propre synthèse à partir du détail isolé par la
lecture dans le tissu de l'œuvre. Balzac donne ici le
mode d'emploi : « Une imagination exercée peut,
d'après ces détails, concevoir le théâtre et les instruments de la guerre ; là en étaient les éléments. » Notre
« os de Cuvier », ce qui, entre maints détails exploités
par Balzac, nous permettrait de procéder à une
reconstruction de l'histoire des derniers soulèvements
chouans, ce pourrait être « les souliers ». La contradiction, dans les troupes chouannes, se révèle entre les
sabots et les souliers ferrés (fournis par l'Angleterre et
que Montauran porte lui aussi), l'opposition entre
Bleus et Blancs est visible entre les mauvais souliers
des premiers et les bons de la plupart des autres (aussi
le rêve des troupes républicaines après le 18 Brumaire
est-il d'avoir enfin des souliers et c'est le dernier mot
du chapitre premier) ; dans la troisième partie, l'action
doit beaucoup à cette « réalité » des chaussures : la
femme de Galope-chopine reconnaît sa méprise en
constatant que les prétendus Chouans auxquels elle
s'est confiée ont des souliers sans clous, donc sont
républicains ; l'épisode du soulier de Galope-chopine

que sa femme fait remplir du sang de son mari pour y
faire tremper ensuite le pied du fils s'intègre dans la
série des emblèmes et symboles et dans la problématique d'ensemble sur la valeur des images et des mythes
dans la vie des peuples... Tout doit se montrer, écrit
Balzac dans sa Préface de 1829 « en action et en
principe » : il avait écrit d'abord sur le manuscrit,
« implicitement ou explicitement ». La méthode et
l'épistémologie balzaciennes sont déjà à l'œuvre dans
ce premier roman. Ou bien le romancier montre les
« principes », les éléments moteurs *explicitement* dési-
gnés, ici, par exemple, l'honneur, la cupidité, la
volonté de puissance, les idées de liberté, de monarchie, etc. Ou bien il montre en action les divers
mécanismes du réel historique, il démontre en montrant, il appelle donc à retrouver dans le « réel » qu'il
raconte l'analyse *implicite* qui sous-tend le découpage
et préside au montage.

Lire, c'est tenter de retrouver cette structure
latente. Des armées républicaines, les Bleus, ont été
envoyées par le Directoire, quelque temps avant le
18 Brumaire (9 novembre 1799) pour réprimer une
des dernières insurrections chouannes dans une région
qui englobe des parties de trois provinces. A la tête des
insurgés chouans : Alphonse de Montauran, décrit,
dès sa première apparition, comme « une gracieuse
image de la noblesse française ». A la tête des troupes
républicaines, le colonel Hulot et ses officiers, le
capitaine Merle et l'adjudant-général Gérard. Hulot
« offrait à son tour une image vivante de cette
énergique République pour laquelle ce vieux soldat
combattait ». La scène d'ouverture du roman semble
préluder à un affrontement épique entre deux forces
qui vont se mesurer en des combats qui comporteront
maintes péripéties. Le lecteur, prévenu par le titre,
s'attend à un combat d'autant plus pittoresque qu'il
s'agit d'une lutte entre des « partisans » et des armées
« régulières ». Cet aspect militaire est prévisible,
puisque *Les Chouans* constituent, avec *Une passion
dans le désert*, toute la section de *La Comédie humaine*

qui porte le titre de « Scènes de la vie militaire ». De
fait, le premier chapitre s'intitule « L'Embuscade » et
pourrait même s'appeler « Les Embuscades », puisque le chapitre comporte une autre embuscade, dans
laquelle tombe la *turgotine*. Mais cet aspect western du
roman est parfaitement illusoire : *Les Chouans* sont
même un anti-western. L'heure n'est plus aux épo-
pées, ni au panache ni au grand souffle des soulèvements populaires. Aucune décision ne peut intervenir
en ce combat : Marie de Verneuil « comprit alors la
guerre des Chouans », en examinant la « physionomie
du pays ». Il suffit de regarder les *haies*, les *rotes* et les
échaliers pour comprendre que cinq cents hommes
peuvent défier les troupes d'un royaume. Aucune
conclusion donc, sinon antidramatique, antiromanes-
que : cette guerre est vouée à l'enlisement. Seul
moyen de remporter la victoire, l'idée politique,
machiavélique, de Fouché. Il suffit d'abattre la tête, le
Gars, parce qu'il est un emblème, un symbole. Marie
a bien compris la leçon, qu'elle expose à Hulot : « Je
livrerai à vos baïonnettes une famille entière : ses
aïeux et lui, son avenir, son passé. » Les premiers
titres auxquels Balzac avait songé pour son roman
étaient plus explicites : *Le Gars*, bien sûr ; *Le Dernier
Chouan* déjà plus subtil, impliquant qu'après Montauran la cause chouanne serait morte ; *Les Chouans*
disent cela aussi, mais en quelque sorte par anti-
phrase. L'*idée* de Fouché, c'est de faire faire le travail
par Marie de Verneuil. L'idée politique va être
exécutée grâce à deux agents : un « rouage », Corentin, « Machiavel subalterne », et un instrument,
Marie de Verneuil, « Judith des rues ». La dégrada-
tion, par le politique, du sublime et de l'épique, la fin
de « l'illusion lyrique », se lisent dans l'importance
conférée à des subalternes, des artisans obscurs.
L'idée du Génie (Fouché) ne peut s'accomplir que par
l'entremise des « petits », des obscurs, méprisables, et
pourtant puissants. Idée maintes fois exploitée par
Balzac et déjà mise en scène en ce premier roman.

Plus qu'un « roman de guerre », *Les Chouans* sont

un roman sur l'État, sur le débat de la fin et des moyens. Corentin propose à Hulot une justification de la tactique employée : « la grandeur du résultat absout la petitesse des moyens ». Ne s'affrontent donc pas seulement les Bleus et les Blancs. Roman politique, *Les Chouans* présentent une analyse des contradictions du réel. Chez les Bleus, deux partis sont en présence, celui du ministre de la Police, représenté par Corentin, et celui du ministre de la Guerre, représenté par Hulot. L'un ne parle que « ressorts », avec « détentes », « rouages » et « grande machine » du gouvernement, l'autre ne parle que de « se mettre en campagne » avec ses « lapins », que de « prendre en face [cet] ennemi » que Corentin, selon Hulot, « veut saisir par-derrière ». Marie de Verneuil est parfaitement convaincue, rationnellement, et de la nécessité de détruire le chef charismatique et de supprimer le chef compétent qu'est Montauran : « toute la force de ces paysans aveuglés résidait dans un chef habile et entreprenant ». Mais Marie amoureuse introduit une nouvelle contradiction : c'est le facteur individuel qui entre alors en jeu dans l'analyse générale. Le moyen politique (l'amour), s'il devient une fin, risque d'échouer ; mais la fureur jalouse devient un facteur supplémentaire de réussite. Même balancement avec Corentin : sa cupidité, le fait d'être alléché par la prime que lui offre Marie, est un facteur d'échec pour l'opération, mais le fait d'être amoureux, et jaloux, constitue un appoint décisif.

L'analyse de Balzac fait apparaître chez les Blancs un clivage parallèle à celui des Bleus. L'opposition se fait, dans le camp des Blancs, entre les partisans du « brigandage » et les partisans de « l'honneur militaire ». Mme du Gua joue dans son parti le même jeu que Corentin dans le sien, tandis que Montauran joue un jeu parallèle à celui de Hulot. Montauran, attaché aux valeurs aristocratiques, et en particulier à l'honneur (quitte à les trahir, comme Marie le dénonce d'un rire blessé, « affreux » : « La foi d'un gentilhomme ! ah ! ah ! ah ! ») méprise les attaques de diligence,

dénonce ce genre de brigandage comme le ferait
Hulot, « loyal soldat ». Mme du Gua, au contraire,
voit dans ce genre d'attaque une « action juste » ; elle
estime impossible de « faire une guerre régulière à la
République ». Ici, l'amour vient seconder la lutte
contre Marie de Verneuil : Mme du Gua, jalouse,
mène personnellement les opérations. Mais l'amour de
Montauran pour Marie compromet sa cause. La cause
déterminante de la mort de Montauran est pourtant
l'une des composantes fondamentales de la cause
chouanne, le sort réservé à ceux qui ne respectent pas
la loi du silence : Galope-chopine est exécuté, sa
femme, par vengeance, passe du côté des républicains
et c'est l'information donnée aux républicains par le
fils de Galope-chopine qui cause la perte de Montauran. L'opposition Bleus-Blancs ne suffit donc pas à
rendre compte du conflit ; il y a trop de contradictions, d'oppositions ou de regroupements de détail.
Comme l'écrit Pierre Barbéris, Balzac « rend impossible le noir et blanc des mécanistes [1] ».

Les intrications de l'amour et de l'Histoire interdi-
sent tout aussi bien la raideur des classifications.
Fouché, dieu caché et médiateur de l'analyse balzacienne, a compris comment l'amour allait servir
l'Histoire, parce que l'Histoire servait d'abord
l'amour. Pas de meilleur moyen de piquer le désir
d'un homme d'ancien régime, un homme léger, ce
« danseur d'opéra » dont Hulot déteste les manières,
que de mettre sur sa route une jeune femme qui a elle-
même des manières aristocratiques, façonnée par la
« philosophie moqueuse », « se moquant des sentiments », prometteuse de plaisirs raffinés. Le danger
renforce, et peut-être même crée, l'attirance. L'entreprise comporte assez de risques pour que Marie
satisfasse son goût des sensations fortes : elle est
séduite par « un mélange de terreur et d'amour ». Cela
se communique aussitôt à Montauran qui pourrait

1. Pierre Barbéris, *Balzac et le mal du siècle*, Paris, Gallimard,
1970, p. 786.

contresigner cette déclaration. Mais le danger ne
favorise pas seulement le goût des plaisirs passagers ; il
donne aux instants l'intensité de la passion. Montauran énonce la loi du moment : « les sentiments suivent
peu la route commune dans le temps de terreur où
nous vivons. Autour de nous, tout n'est-il pas frappé
d'une inexplicable soudaineté ? Aujourd'hui, nous
aimons, nous haïssons sur la foi d'un regard ». Dans
un temps où tout est périssable, mais aussi où
beaucoup de choses et de gens sont méprisables,
l'échange de l'absolu dans un regard devient l'essentiel : « honteux de s'être dit tant de choses en un seul
coup d'œil, ils n'osaient plus se regarder ». Le fait que
Marie soit l'objet de toutes les convoitises dans ce
roman contribue grandement à isoler Marie et Montauran dans leur *amour fou*. Marie est convoitée,
demandée en mariage, ou livrée à la lubricité ; elle est
le point de convergence de toutes les fascinations, du
comte de Bauvan et de Pille-Miche, du chevalier
d'Orgemont et du capitaine Merle, de Corentin et de
Hulot (« le Commandant s'éloigna, sans oser regarder
Mlle de Verneuil dont la dangereuse beauté lui
troublait déjà le cœur »). Une telle meute provoque à
la fuite. Quant aux affrontements sanglants, aux
humiliations subies en public par Marie, aux accès de
haine et aux désirs de vengeance après les trahisons, ils
créent le climat de paroxysme qui, de reniements en
expiations, fait peu à peu accéder les héros jusqu'au
sublime.

En un combat douteux

Au terme d'une évaluation des forces en présence
dans le roman, est-il possible de décider des opinions
propres de Balzac ? L'analyse a déjà révélé l'impossibi-
lité de trancher sans nuances en faveur d'un camp ou
de l'autre. En revanche, à l'intérieur de chaque camp
et à l'intérieur même de chaque personnage, on peut
déceler des sympathies, faire le bilan des valeurs qui

échappent au désenchantement, au scepticisme, à la confusion.

Dans la Préface de 1829, Balzac entonne le péan en l'honneur de la civilisation. Or, dans l'ensemble des pays traversés au cours de l'action romanesque, « la civilisation nouvelle » n'a pas pénétré. Se trouvent dénoncés « une incroyable férocité, un entêtement brutal », « l'immobilité d'une population vouée aux pratiques d'une immémoriale routine ». La population est « ignorante » et « livrée aux préjugés ». Aussi les populations restent-elles fermées à « notre moderne agriculture » et aux « bienfaits amenés par la comparaison, par l'échange des idées ». On entend bien dans toutes ces déclarations l'écho des Lumières et ce sont autant d'opinions qui placent l'auteur du côté des Bleus. Ne faut-il pas aussi verser à ce dossier les innombrables qualifications de « sauvage » que l'auteur appose aux combattants de la chouannerie ? Mais Marie de Verneuil est elle-même comparée à « un sauvage d'Amérique ». Comment du reste oublier les explosions d'enthousiasme de la lettre de Balzac à Victor Ratier le 21 juillet 1830, après l'excursion à Bourg-de-Batz et au Croisic : « Oh ! mener une vie de Mohican [...] Oh ! que j'ai conçu le sauvage » (*Correspondance*, T. I, p. 461). Le « sauvage » n'est donc pas toujours une condamnation. Une certaine fascination ne se fait-elle pas jour, en plusieurs circonstances, pour cet être tellurique, « singulier » qu'est Marche-à-terre ? Ce pays breton est dit, lui aussi, « singulier », et « singulière » Marie de Verneuil ! Il ne faut pas non plus oublier certaines des vertus chouannes, par exemple la foi au serment. Mais il est vrai que la cause chouanne est irrémédiablement vue par Marie comme perdue et que, même après quelques aménagements corrigeant en 1834 certaines sévérités de 1829 à l'adresse de la cause royaliste, la vision des gentilshommes bretons correspond pour Marie à la « perte de ses illusions » et les tares s'ajoutent aux tares : besoin d'intrigue, intérêt, mesquinerie, têtes rapetissées « par les formules et les

étiquettes de l'aristocratie ». Balzac a beau dire Marie
« injuste », comment ne pas lire l'adhésion de Balzac à
la valorisation par Marie « de cette simplicité, de ce
grandiose auquel les triomphes et les hommes de la
République l'habituaient » ? Mais il faut prendre en
compte les nombreuses formules qui tiennent la
balance égale entre les deux camps, soit pour les
exalter : « Bleus et Chouans déployaient une égale
valeur », soit pour les condamner : semblable était
leur « fureur », semblable la « cruauté de l'esprit de
parti ». Une même antipathie naît spontanément chez
Montauran et chez Hulot à l'égard de Corentin.
Marie, malgré sa haine, « épousa la cause des hommes
que commandait son amant ». Marie de Verneuil,
héroïne centrale, apparaît moins attachée à une cause
que prête à se passionner pour des valeurs, même en
dehors de la cause qu'elle sert officiellement. Les
déclarations proprement politiques faites par Marie
témoignent d'une très grande indifférence : « Eh ! que
me fait Bonaparte, votre République, les Chouans, le
Roi et le Gars ! » déclaration immédiatement corrigée,
en 1845, par Balzac : « s'écria-t-elle en réprimant
assez mal un emportement de mauvais goût », alors
que *Le Dernier Chouan* exprimait nettement, sans
jugement, le déchirement de la contradiction :
« s'écria-t-elle avec un emportement qui révéla une
lutte terrible dans son âme ». Ces propos tenus par
Marie devant Hulot trouvent un écho dans une
déclaration postérieure de Marie à Montauran :
« Républicaine ? Non, je ne le suis plus. » En
revanche, la passion de Marie ne se dément jamais,
fût-ce au détriment de la prudence nécessaire à la
clandestine envoyée de Fouché, quand elle défend la
cause de la France : « Pourquoi donc incendier la
France ?... » lance-t-elle à Mme du Gua en un « cri
généreux ». Position réaffirmée en présence de Montauran : « je ne voudrais pas non plus vous voir à la
tête de gens qui pillent un coin de la France au lieu
d'assaillir toute la République ». Le ralliement final
de Montauran à « la France » constitue bien le

ralliement à la ligne que Balzac défend avec le plus de continuité dans le roman, celle du patriotisme. C'est la France aussi que le caporal républicain Gudin avait juré de défendre, alors qu'au pire moment de sa fureur, Montauran « aurait voulu anéantir la France ». Parmi les valeurs dont la célébration ne s'est pas démentie tout au long de *La Comédie humaine* figure cet attachement à la Patrie, qui s'incarne en Hulot. En 1846, dans *La Cousine Bette*, Balzac fait mourir (en l'année 1841) Hulot, devenu maréchal de France. Aux funérailles assiste Nicolas de Montauran, frère d'Alphonse, qui a tenu à être présent pour honorer la mémoire de cet adversaire loyal de la cause royaliste. « Pour les républicains, le maréchal était l'idéal du patriotisme. » Les valeurs célébrées au terme de l'action tragique correspondent moins à un achèvement qu'à un avènement. Les valeurs durement conquises et toujours menacées apparaissent comme la limite vers laquelle tendent les tensions et les affrontements du roman.

Une tension vers la vérité se manifeste incessamment au travers de combats douteux, non que la visée d'ensemble manque de force et de netteté, mais parce que la recherche de la vérité est particulièrement ardue, et d'autant plus urgente, en ce royaume de Faux-Semblant. Une théâtralité poétique du double donne aux *Chouans* une forme baroque, digne de Genet. Dominant le tout, Fouché, ministre de la Police et prince du double jeu. Corentin, principal agent de l'entreprise, ne refuse pas *a priori* l'idée de servir les éventuels desseins de trahison de Marie. Galope-chopine, Chouan cupide, avertit M. d'Orgemont, menacé par Pille-Miche, autre Chouan, que ce dernier est parti et il reçoit dans sa cabane Marie de Verneuil : c'est lui que Coupiau, conducteur de la *turgotine*, appelle « le Patriote ». Lequel Coupiau, à la question de l'abbé Gudin (« Es-tu patriote, es-tu Chouan ? »), répond : « Ni l'un ni l'autre. » De la même façon, d'Orgemont sera condamné par Marche-à-terre pour n'être « ni un bon Chouan, ni un vrai

Bleu ». On passe facilement alors du double à l'indé-
cis : monde double ou monde équivoque ? Marche-
à-terre appartient au genre des herbivores, il est un
demi-dieu barbare, quand il n'est pas une chèvre ou
un gros chien de roulier. Un Chouan est aussi bien
végétal ou minéral : animaux ou végétaux au début du
roman, ils sont pris, dans la scène terminale, pour des
« fragments de rocher ». Combien, en ce roman, de
fausses identités, de déguisements et de masques !
Marie est-elle bien Mlle de Verneuil ? et quelle Mlle de
Verneuil ? Le « chevalier du Gua » devient, selon son
propre aveu, M. de Bauvan, avant de se révéler
comme le vrai *Gars*. Le chevalier d'Orgemont prend
un moment le surnom de Jacques Pinaud et Mme du
Gua usurpe l'identidé de Mme du Gua-Saint-Cyr.
Celle-ci est-elle mère ou amante ? Marie, changeante,
« sirène », se donne, selon l'heure et le moment,
cinquante ans ou quinze ans. Elle parle avec Montauran de masque à masque, mais, lui dit-elle, « mon
masque est mieux mis que le vôtre ». Même souffrante, elle garde un « masque riant », masque passe-
partout du rire, puisque c'est aussi celui de Mme du
Gua. Le déguisement n'est pas seulement moral ou
métaphorique : on ne cesse de se déguiser vraiment,
les Chouans en conscrits, les Républicains (et même
Hulot, si « loyal » et véridique !) en contre-Chouans et
Marie en Montauran. Les paroles, elles aussi, sont
mensongères : Marie est publiquement calomniée,
Mme du Gua prétend que Montauran est fiancé à
Diane d'Uxelles, Corentin écrit une fausse lettre de
Montauran à Mme du Gua. Tout le monde se
travestit, tout est feint, tout est fait pour cacher ou
pour tromper. D'Orgemont cache de l'argent dans ses
chaussures, cache son frère mort dans un mur et
soustrait Marie aux regards indiscrets. D'où une série
de méprises, parfois comiques, comme celle de Marche-à-terre prenant Marie de Verneuil pour le fantôme
de Lambrequin, parfois tragiques, comme cette fausse
lettre qui mène à la catastrophe finale. Quelques
notations de grotesque viennent du reste compléter

cette instabilité des tons, des couleurs et des genres.

Dans l'univers du flottement et du soupçon demeurent quelques îlots aux contours fermes et nets, quelques parcours dont le tracé et la destination échappent au problématique. Noyau de loyauté, le groupe constitué par M. du Guénic, acceptant de laver publiquement l'opprobre qu'il avait calomnieusement jeté sur Marie de Verneuil à la Vivetière ; Hulot et ses compagnons si gais, si francs, Merle et Gérard ; Francine, archange. Noyau de noirceur : Corentin et Mme du Gua ; encore convient-il de noter « les amers souvenirs » qui « firent désirer [à Mme du Gua] l'innocence de ses premières années ». Cette grâce de l'enfance, de l'innocence, de la naïveté, c'est ce qui ne manque jamais au rendez-vous des moments heureux. Non pas mièvrerie d'une innocence de convention, nostalgique, élégiaque, mais vitalité joyeuse, plénitude de la joie, de la confiance et de l'espoir. Les deux amants marchant ensemble pendant le voyage Alençon-la Vivetière sont « emportés par le charme enfantin d'unir le léger retentissement de leurs pas ». Dans l'amour naissant, Marie s'est retrouvée « jeune enfant simple et naïve ». Cette naïveté ne manque jamais aux rendez-vous de l'innocence retrouvée, quand le comte de Bauvan présente à Marie ses excuses ou, après Saint-James, de la passion rééprouvée, ou bien de la contemplation, après la nuit nuptiale, d'un Montauran dormant comme un enfant. Cette naïveté recréée par l'amour est un signe qui ne trompe pas ; c'est un signe de vérité. Après chaque orage, après chaque enfoncement dans l'inéluctable, cette naïveté ressort comme approfondie, mieux trempée, sublime en devenant plus véritable.

Car Marie de Verneuil poursuit le vrai, en ce combat douteux. Le *vrai* est pris en deux sens par Marie : il est ce qui s'oppose à la tromperie et au mensonge ; il est, mieux encore, ce qui résiste au temps. Amour et vérité naissent ensemble, accueillis avec une joie enfantine. Découvrir la trahison de l'aimé entraîne la révolte, le désespoir, la conversion au mal. « Autant j'ai été bonne et vraie, confie Marie à Hulot, autant je serai perfide et fausse. » Un moment coexistent, après Saint-James, passion et décision de tuer. Mais chaque dépassement du mal fait ressortir l'amour plus profond et plus vrai. A la fin du trajet Alençon-la Vivetière, Marie « aimait réellement et pour la première fois ». La passion de Montauran lui est apparue comme vraie. Après l'humiliation de la Vivetière, elle souhaite encore « [se] repaître de [ses] illusions ». Dans le délire de la passion paraît sauve-gardée la possibilité d'un « amour passager, mais vrai ». Peu à peu, elle vient à oublier tous ses doutes. La chute arrive, parce que Montauran s'est dégradé jusqu'à mentir : « Mais mentir, lui que j'avais tant grandi ! » Avant que la vérité éclate, Marie ne parle qu'avec une « fausse gaieté ». Dehors, la lune, « ayant dissipé le brouillard, éclairait de sa blanche lumière les habits, les fusils ». C'est l'heure de la vérité, tragique, que couronne la sérénité, l'expression « joyeuse et calme » et, pour finir, le sacrifice. A cette paix dans la vérité correspond celle de Montauran, dont le roman a marqué avec précision l'évolution, résumée lors de la dernière entrevue dans la cabane de Galope-chopine : « Va, si mon premier désir est devenu de la passion, ma passion est devenue de l'amour. »

Les valeurs ne sont réalisées, ou du moins ne se révèlent à plein, que dans la lueur aveuglante de la mort. Mais elles ne sont pas mises en question ; elles échappent à toute ambiguïté, puisque leur réalité naît en opposition avec la multitude des ambiguïtés qui ont parsemé l'univers du roman. Une rhétorique lanci-nante de la disjonction quadrille le roman ; à quoi tend à se substituer la conjonction, la coordination, la réunion impossible des contraires, que toute la tension romanesque vise à réconcilier. Marie est-elle ange ou démon ? La vie est-elle paradis ou enfer ? Qui triom-phera en cette rencontre : la vie ou la mort ? Le dialogue humoristique entre La clef-des-cœurs et

Beau-pied, à la fin du premier chapitre prend valeur de symbole. Après le 18 Brumaire, les circulaires du gouvernement ayant adopté comme vignette un compas, le dialogue s'engage entre La clef-des-cœurs et Beau-pied : « C'est un emblème. — C'est un problème. » On parie. Gérard est interrogé et répond : « C'est l'un et l'autre. » Ce dialogue, dans la forme des jeux de mots et calembours aimés de Balzac, pose de façon cocasse une question fondamentale : celle de l'exclusion ou de la conciliation. Comment vivre les valeurs, dans le monde tel qu'il est, sans les dégrader, mais aussi sans choix mutilants ? *Les Chouans* montrent que ces valeurs de la naïveté, de la joie, de la vérité des cœurs, qui défient l'usure du temps et la mort, ne restent elles-mêmes que si elles sont animées par tout ce qui en compromet la survie, par le « renaissant péril » qui en fait un « vivant univers ». L'éternité vit dans l'instant, la coexistence visée dans la perspective de la totalité est réalisée par le roman, mais dans une contradiction mortelle : il n'est ici d'autre conciliation que tragique. « Pourquoi donc avoir tiré sur Marie avec tant d'adresse ? demande Montauran à Mme du Gua. — Parce que je la voudrais morte ou dans vos bras. » Marie sera morte *et* dans les bras de Montauran. Tableau symbolique, pour finir : Marie, promise à la mort, est « joyeuse et calme », tandis que Francine, sa suivante, a la terreur « empreinte sur tous ses traits », si bien « qu'il semblait aux convives voir dans ces deux figures un tableau bizarre où l'extravagant pinceau de Salvator Rosa aurait représenté la vie et la mort se tenant par la main ».

Maurice MÉNARD

NOTE SUR LA PRÉSENTE ÉDITION

Le texte de cette édition est celui qu'adoptent la plupart des éditions modernes de Balzac, l'édition dite *Furne corrigé* c'est-à-dire l'édition Furne de *La Comédie humaine* de 1845 avec les corrections portées par Balzac sur son exemplaire personnel.

Pour plusieurs noms de lieux ou de personnes a été adoptée l'orthographe moderne la plus courante.
Ainsi :
Couesnon, au lieu de *Couësnon*.
La Pellerine, au lieu de *la Pèlerine*.
Sées, au lieu de *Séez*.
Souvarov, au lieu de *Suwarow*.
Trois Maures, au lieu de *Trois Mores*.

LES CHOUANS
ou
LA BRETAGNE EN 1799[1]

À MONSIEUR THÉODORE DABLIN[2],
NÉGOCIANT

Au premier ami, le premier ouvrage.
DE BALZAC.

CHAPITRE PREMIER

L'EMBUSCADE

Dans les premiers jours de l'an VIII, au commencement de vendémiaire, ou, pour se conformer au calendrier actuel, vers la fin du mois de septembre 1799, une centaine de paysans et un assez grand nombre de bourgeois, partis le matin de Fougères pour se rendre à Mayenne, gravissaient la montagne de La Pellerine[3] située à mi-chemin environ de Fougères à Ernée, petite ville où les voyageurs ont coutume de se reposer. Ce détachement, divisé en groupes plus ou moins nombreux, offrait une collection de costumes si bizarres et une réunion d'individus appartenant à des localités ou à des professions si diverses, qu'il ne sera pas inutile de décrire leurs différences caractéristiques pour donner à cette histoire les couleurs vives auxquelles on met tant de prix aujourd'hui ; quoique, selon certains critiques, elles nuisent à la peinture des sentiments.

Quelques-uns des paysans, et c'était le plus grand nombre, allaient pieds nus, ayant pour tout vêtement une grande peau de chèvre qui les couvrait depuis le col jusqu'aux genoux, et un pantalon de toile blanche très grossière, dont le fil mal tondu accusait l'incurie industrielle du pays. Les mèches plates de leurs longs cheveux s'unissaient si habituellement aux poils de la peau de chèvre et cachaient si complètement leurs visages baissés vers la terre, qu'on pouvait facilement prendre cette peau pour la leur, et confondre, à la

première vue, ces malheureux avec les animaux dont
les dépouilles leur servaient de vêtement. Mais à
travers ces cheveux l'on voyait bientôt briller leurs
yeux comme des gouttes de rosée dans une épaisse
verdure ; et leurs regards, tout en annonçant l'intelligence humaine, causaient certainement plus de terreur que de plaisir. Leurs têtes étaient surmontées
d'une sale toque en laine rouge, semblable à ce bonnet
phrygien que la République adoptait alors comme
emblème de la liberté. Tous avaient sur l'épaule un
gros bâton de chêne noueux, au bout duquel pendait
un long bissac de toile, peu garni. D'autres portaient,
par-dessus leur bonnet, un grossier chapeau de feutre
à larges bords et orné d'une espèce de chenille en laine
de diverses couleurs qui en entourait la forme. Ceux-
ci, entièrement vêtus de la même toile dont étaient
faits les pantalons et les bissacs des premiers, n'offraient presque rien dans leur costume qui appartînt à
la civilisation nouvelle. Leurs longs cheveux retom-
baient sur le collet d'une veste ronde à petites poches
latérales et carrées qui n'allait que jusqu'aux hanches,
vêtement particulier aux paysans de l'Ouest. Sous
cette veste ouverte on distinguait un gilet de même
toile, à gros boutons. Quelques-uns d'entre eux marchaient avec des sabots ; tandis que, par économie,
d'autres tenaient leurs souliers à la main. Ce costume,
sali par un long usage, noirci par la sueur ou par la
poussière, et moins original que le précédent, avait
pour mérite historique de servir de transition à
l'habillement presque somptueux de quelques
hommes qui, dispersés çà et là, au milieu de la troupe,
y brillaient comme des fleurs. En effet, leurs pantalons de toile bleue, leurs gilets rouges ou jaunes ornés
de deux rangées de boutons de cuivre parallèles, et
semblables à des cuirasses carrées, tranchaient aussi
vivement sur les vêtements blancs et les peaux de leurs
compagnons, que des bleuets et des coquelicots dans
un champ de blé. Quelques-uns étaient chaussés avec
ces sabots que les paysans de la Bretagne savent faire
eux-mêmes ; mais presque tous avaient de gros sou-

liers ferrés et des habits de drap fort grossier, taillés
comme les anciens habits français, dont la forme est
encore religieusement gardée par nos paysans. Le col
de leur chemise était attaché par des boutons d'argent
qui figuraient ou des cœurs ou des ancres. Enfin, leurs
bissacs paraissaient mieux fournis que ne l'étaient
ceux de leurs compagnons ; puis, plusieurs d'entre eux
joignaient à leur équipage de route une gourde sans
doute pleine d'eau-de-vie, et suspendue par une ficelle
à leur cou. Quelques citadins apparaissaient au milieu
de ces hommes à demi sauvages, comme pour marquer le dernier terme de la civilisation de ces contrées.
Coiffés de chapeaux ronds, de claques ou de cas-
quettes, ayant des bottes à revers ou des souliers
maintenus par des guêtres, ils présentaient comme les
paysans des différences remarquables dans leurs costumes. Une dizaine d'entre eux portaient cette veste
républicaine connue sous le nom de carmagnole [4].
D'autres, de riches artisans sans doute, étaient vêtus
de la tête aux pieds en drap de la même couleur. Les
plus recherchés dans leur mise se distinguaient par des
fracs et des redingotes de drap bleu ou vert plus ou
moins râpé. Ceux-là, véritables personnages, portaient
des bottes de diverses formes, et badinaient avec de
grosses cannes en gens qui font contre fortune bon
cœur. Quelques têtes soigneusement poudrées, des
queues assez bien tressées annonçaient cette espèce de
recherche que nous inspire un commencement de
fortune ou d'éducation. En considérant ces hommes
étonnés de se voir ensemble, et ramassés comme au
hasard, on eût dit la population d'un bourg chassée de
ses foyers par un incendie. Mais l'époque et les lieux
donnaient un tout autre intérêt à cette masse
d'hommes. Un observateur initié au secret des discordes civiles qui agitaient alors la France aurait pu
facilement reconnaître le petit nombre de citoyens sur
la fidélité desquels la République devait compter dans
cette troupe, presque entièrement composée de gens
qui, quatre ans auparavant, avaient guerroyé contre
elle. Un dernier trait assez saillant ne laissait aucun

doute sur les opinions qui divisaient ce rassemblement. Les républicains seuls marchaient avec une
sorte de gaieté. Quant aux autres individus de la
troupe, s'ils offraient des différences sensibles dans
leurs costumes, ils montraient sur leurs figures et dans
leurs attitudes cette expression uniforme que donne le
malheur. Bourgeois et paysans, tous gardaient l'empreinte d'une mélancolie profonde ; leur silence avait
quelque chose de farouche, et ils semblaient courbés
sous le joug d'une même pensée, terrible sans doute,
mais soigneusement cachée, car leurs figures étaient
impénétrables ; seulement, la lenteur peu ordinaire de
leur marche pouvait trahir de secrets calculs. De
temps en temps, quelques-uns d'entre eux, remarquables par des chapelets suspendus à leur cou, malgré le
danger qu'ils couraient à conserver ce signe d'une
religion plutôt supprimée que détruite, secouaient
leurs cheveux et relevaient la tête avec défiance. Ils
examinaient alors à la dérobée les bois, les sentiers et
les rochers qui encaissaient la route, mais de l'air avec
lequel un chien, mettant le nez au vent, essaie de
subodorer le gibier ; puis, en n'entendant que le bruit
monotone des pas de leurs silencieux compagnons, ils
baissaient de nouveau leurs têtes et reprenaient leur
contenance de désespoir, semblables à des criminels
emmenés au bagne pour y vivre, pour y mourir.

La marche de cette colonne sur Mayenne, les
éléments hétérogènes qui la composaient et les divers
sentiments qu'elle exprimait s'expliquaient assez naturellement par la présence d'une autre troupe formant
la tête du détachement. Cent cinquante soldats environ marchaient en avant avec armes et bagages, sous le
commandement d'un *chef de demi-brigade*. Il n'est pas
inutile de faire observer à ceux qui n'ont pas assisté au
drame de la Révolution, que cette dénomination
remplaçait le titre de colonel, proscrit par les patriotes
comme trop aristocratique. Ces soldats appartenaient
au dépôt d'une demi-brigade d'infanterie en séjour à
Mayenne. Dans ces temps de discordes, les habitants
de l'Ouest avaient appelé tous les soldats de la

République, des *Bleus*. Ce surnom était dû à ces premiers uniformes bleus et rouges dont le souvenir est encore assez frais pour rendre leur description superflue. Le détachement des Bleus servait donc d'escorte à ce rassemblement d'hommes presque tous mécontents d'être dirigés sur Mayenne, où la discipline militaire devait promptement leur donner un même esprit, une même livrée et l'uniformité d'allure qui leur manquait alors si complètement.

Cette colonne était le contingent péniblement obtenu du district de Fougères, et dû par lui dans la levée que le Directoire exécutif de la République française avait ordonnée par une loi du 10 messidor précédent[5]. Le gouvernement avait demandé cent millions et cent mille hommes, afin d'envoyer de prompts secours à ses armées, alors battues par les Autrichiens en Italie, par les Prussiens en Allemagne, et menacées en Suisse par les Russes, auxquels Souvarov faisait espérer la conquête de la France. Les départements de l'Ouest, connus sous le nom de Vendée, la Bretagne et une portion de la Basse-Normandie, pacifiés depuis trois ans par les soins du général Hoche[6] après une guerre de quatre années, paraissaient avoir saisi ce moment pour recommencer la lutte. En présence de tant d'agressions, la République retrouva sa primitive énergie. Elle avait d'abord pourvu à la défense des départements attaqués, en en remettant le soin aux habitants patriotes par un des articles de cette loi de messidor. En effet, le gouvernement, n'ayant ni troupes ni argent dont il pût disposer à l'intérieur, éluda la difficulté par une gasconnade législative : ne pouvant rien envoyer aux départements insurgés, il leur donnait sa confiance. Peut-être espérait-il aussi que cette mesure, en armant les citoyens les uns contre les autres, étoufferait l'insurrection dans son principe. Cet article, source de funestes représailles, était ainsi conçu : *Il sera organisé des compagnies franches dans les départements de l'Ouest.* Cette disposition impolitique fit prendre à l'Ouest une attitude si hostile, que le Directoire désespéra d'en triompher de prime abord. Aussi, peu de jours après, demanda-t-il aux Assemblées des mesures particulières relativement aux légers contingents dus en vertu de l'article qui autorisait les compagnies franches. Donc, une nouvelle loi promulguée quelques jours avant le commencement de cette histoire, et rendue le troisième jour complémentaire de l'an VII[7], ordonnait d'organiser en légions ces faibles levées d'hommes. Les légions devaient porter le nom des départements de la Sarthe, de l'Orne, de la Mayenne, d'Ille-et-Vilaine, du Morbihan, de la Loire-Inférieure et de Maine-et-Loire. *Ces légions*, disait la loi, *spécialement employées à combattre les Chouans, ne pourraient, sous aucun prétexte, être portées aux frontières.* Ces détails fastidieux, mais ignorés, expliquent à la fois l'état de faiblesse où se trouva le Directoire et la marche de ce troupeau d'hommes conduit par les Bleus. Aussi, peut-être n'est-il pas superflu d'ajouter que ces belles et patriotiques déterminations directoriales n'ont jamais reçu d'autre exécution que leur insertion au Bulletin des Lois. N'étant plus soutenus par de grandes idées morales, par le patriotisme ou par la terreur, qui les rendait naguère exécutoires, les décrets de la République créaient des millions et des soldats dont rien n'entrait ni au trésor ni à l'armée. Le ressort de la Révolution s'était usé en des mains inhabiles, et les lois recevaient dans leur application l'empreinte des circonstances au lieu de les dominer.

Les départements de la Mayenne et d'Ille-et-Vilaine étaient alors commandés par un vieil officier qui, jugeant sur les lieux de l'opportunité des mesures à prendre, voulut essayer d'arracher à la Bretagne ses contingents, et surtout celui de Fougères, l'un des plus redoutables foyers de la chouannerie. Il espérait ainsi affaiblir les forces de ces districts menaçants. Ce militaire dévoué profita des prévisions illusoires de la loi pour affirmer qu'il équiperait et armerait sur-le-champ les *réquisitionnaires*[8] et qu'il tenait à leur disposition un mois de la solde promise par le gouvernement à ces troupes d'exception. Quoique la

Bretagne se refusât alors à toute espèce de service
militaire, l'opération réussit tout d'abord sur la foi de
ces promesses, et avec tant de promptitude que cet
officier s'en alarma. Mais c'était un de ces vieux chiens
de guérite difficiles à surprendre. Aussitôt qu'il vit
accourir au district une partie des contingents, il
soupçonna quelque motif secret à cette prompte
réunion d'hommes, et peut-être devina-t-il bien en
croyant qu'ils voulaient se procurer des armes. Sans
attendre les retardataires, il prit alors des mesures
pour tâcher d'effectuer sa retraite sur Alençon, afin de
se rapprocher des pays soumis ; quoique l'insurrection
croissante de ces contrées rendît le succès de ce projet
très problématique. Cet officier, qui, selon ses instructions, gardait le plus profond secret sur les malheurs
de nos armées et sur les nouvelles peu rassurantes
parvenues de la Vendée, avait donc tenté, dans la
matinée où commence cette histoire, d'arriver par une
marche forcée à Mayenne, où il se promettait bien
d'exécuter la loi suivant son bon vouloir, en remplis-
sant les cadres de sa demi-brigade avec ses *conscrits*
bretons. Ce mot de conscrit, devenu plus tard si
célèbre, avait remplacé pour la première fois, dans les
lois, le nom de réquisitionnaires, primitivement donné
aux recrues républicaines. Avant de quitter Fougères,
le commandant avait fait prendre secrètement à ses
soldats les cartouches et les rations de pain nécessaires
à tout son monde, afin de ne pas éveiller l'attention
des conscrits sur la longueur de la route ; et il comptait
bien ne pas s'arrêter à l'étape d'Ernée où, revenus de
leur étonnement, les hommes du contingent auraient
pu s'entendre avec les Chouans, sans doute répandus
dans les campagnes voisines. Le morne silence qui
régnait dans la troupe des réquisitionnaires surpris par
la manœuvre du vieux républicain, et la lenteur de
leur marche sur cette montagne, excitaient au plus
haut degré la défiance de ce chef de demi-brigade,
nommé Hulot ; les traits les plus saillants de la
description qui précède étaient pour lui d'un vif
intérêt ; aussi marchait-il silencieusement, au milieu

de cinq jeunes officiers qui, tous, respectaient la préoccupation de leur chef. Mais au moment où Hulot parvint au faîte de La Pellerine, il tourna tout à coup la tête, comme par instinct, pour inspecter les visages inquiets des réquisitionnaires, et ne tarda pas à rompre le silence. En effet, le retard progressif de ces Bretons avait déjà mis entre eux et leur escorte une distance d'environ deux cents pas. Hulot fit alors une grimace qui lui était particulière.

— Que diable ont donc tous ces muscadins-là [9] ? s'écria-t-il d'une voix sonore. Nos conscrits ferment le compas [10] au lieu de l'ouvrir, je crois !

A ces mots, les officiers qui l'accompagnaient se retournèrent par un mouvement spontané assez semblable au réveil en sursaut que cause un bruit soudain. Les sergents, les caporaux les imitèrent, et la compagnie s'arrêta sans avoir entendu le mot souhaité de :

— Halte ! Si d'abord les officiers jetèrent un regard sur le détachement qui, semblable à une longue tortue, gravissait la montagne de La Pellerine, ces jeunes gens, que la défense de la patrie avait arrachés, comme tant d'autres, à des études distinguées, et chez lesquels la guerre n'avait pas encore éteint le sentiment des arts, furent assez frappés du spectacle qui s'offrit à leurs regards pour laisser sans réponse une observation dont l'importance leur était inconnue. Quoiqu'ils vinssent de Fougères, où le tableau qui se présentait alors à leurs yeux se voit également, mais avec les différences que le changement de perspective lui fait subir, ils ne purent se refuser à l'admirer une dernière fois, semblables à ces *dilettanti* auxquels une musique donne d'autant plus de jouissances qu'ils en connaissent mieux les détails.

Du sommet de La Pellerine apparaît aux yeux du voyageur la grande vallée du Couesnon, dont l'un des points culminants est occupé à l'horizon par la ville de Fougères. Son château domine, en haut du rocher où il est bâti, trois au quatre routes importantes, position qui la rendait jadis une des clés de la Bretagne. De là les officiers découvrirent, dans toute son étendue, ce

bassin aussi remarquable par la prodigieuse fertilité de
son sol que par la variété de ses aspects. De toutes
parts, des montagnes de schiste s'élèvent en
amphithéâtre, elles déguisent leurs flancs rougeâtres
sous des forêts de chênes, et recèlent dans leurs
versants des vallons pleins de fraîcheur. Ces rochers
décrivent une vaste enceinte, circulaire en apparence,
au fond de laquelle s'étend avec mollesse une immence
prairie dessinée comme un jardin anglais. La multitude de haies vives qui entourent d'irréguliers et de
nombreux héritages, tous plantés d'arbres, donnent à
ce tapis de verdure une physionomie rare parmi les
paysages de la France, et il enferme de féconds secrets
de beauté dans ses contrastes multipliés dont les effets
sont assez larges pour saisir les âmes les plus froides.
En ce moment, la vue de ce pays était animée de cet
éclat fugitif par lequel la nature se plaît à rehausser
parfois ses impérissables créations. Pendant que le
détachement traversait la vallée, le soleil levant avait
lentement dissipé ces vapeurs blanches et légères qui,
dans les matinées de septembre, voltigent sur les
prairies. A l'instant où les soldats se retournèrent, une
invisible main semblait enlever à ce paysage le dernier
des voiles dont elle l'aurait enveloppé, nuées fines,
semblables à ce linceul de gaze diaphane qui couvre les
bijoux précieux et à travers lequel ils excitent la
curiosité. Dans le vaste horizon que les officiers
embrassèrent, le ciel n'offrait pas le plus léger nuage
qui pût faire croire, par sa clarté d'argent, que cette
immense voûte bleue fût le firmament. C'était plutôt
un dais de soie supporté par les cimes inégales des
montagnes, et, placé dans les airs pour protéger cette
magnifique réunion de champs, de prairies, de ruisseaux et de bocages. Les officiers ne se lassaient pas
d'examiner cet espace où jaillissent tant de beautés
champêtres. Les uns hésitaient longtemps avant d'arrêter leurs regards parmi l'étonnante multiplicité de
ces bosquets que les teintes sévères de quelques
touffes jaunies enrichissaient des couleurs du bronze,
et que le vert émeraude des prés irrégulièrement

coupés faisait encore ressortir. Les autres s'attachaient aux contrastes offerts par des champs rougeâtres où le sarrasin récolté se dressait en gerbes coniques semblables aux faisceaux d'armes que le soldat amoncèle au bivouac, et séparés par d'autres champs que doraient les guérets des seigles moissonnés. Çà et là, l'ardoise sombre de quelques toits d'où sortaient de blanches fumées ; puis les tranchées vives et argentées que produisaient les ruisseaux tortueux du Couesnon, attiraient l'œil par quelques-uns de ces pièges d'optique qui rendent, sans qu'on sache pourquoi, l'âme indécise et rêveuse. La fraîcheur embaumée des brises d'automne, la forte senteur des forêts, s'élevaient comme un nuage d'encens et enivraient les admirateurs de ce beau pays, qui contemplaient avec ravissement ses fleurs inconnues, sa végétation vigoureuse, sa verdure rivale de celle d'Angleterre, sa voisine dont le nom est commun aux deux pays. Quelques bestiaux animaient cette scène déjà si dramatique. Les oiseaux chantaient, et faisaient ainsi rendre à la vallée une suave, une sourde mélodie qui frémissait dans les airs. Si l'imagination recueillie veut apercevoir pleinement les riches accidents d'ombre et de lumière, les horizons vaporeux des montagnes, les fantastiques perspectives qui naissaient des places où manquaient les arbres, où s'étendaient les eaux, où fuyaient de coquettes sinuosités ; si le souvenir colorie, pour ainsi dire, ce dessin aussi fugace que le moment où il est pris, les personnes pour lesquelles ces tableaux ne sont pas sans mérite auront une image imparfaite du magique spectacle par lequel l'âme encore impressionnable des jeunes officiers fut comme surprise.

Pensant alors que ces pauvres gens abandonnaient à regret leur pays et leurs chères coutumes pour aller mourir peut-être en des terres étrangères, ils leur pardonnèrent involontairement un retard qu'ils comprirent. Puis, avec cette générosité naturelle aux soldats, ils déguisèrent leur condescendance sous un feint désir d'examiner les positions militaires de cette belle contrée. Mais Hulot, qu'il est nécessaire d'appe-

ler le Commandant, pour éviter de lui donner le nom
peu harmonieux de Chef de demi-brigade, était un de
ces militaires qui, dans un danger pressant, ne sont
pas hommes à se laisser prendre aux charmes des
paysages, quand même ce seraient ceux du paradis
terrestre. Il secoua donc la tête par un geste négatif, et
contracta deux gros sourcils noirs qui donnaient une
expression sévère à sa physionomie.

— Pourquoi diable ne viennent-ils pas ? demanda-
t-il pour la seconde fois de sa voix grossie par les
fatigues de la guerre. Se trouve-t-il dans le village
quelque bonne Vierge à laquelle ils donnent une
poignée de main ?

— Tu demandes pourquoi ? répondit une voix.

En entendant des sons qui semblaient partir de la
corne avec laquelle les paysans de ces vallons rassem-
blent leurs troupeaux, le commandant se retourna
brusquement comme s'il eût senti la pointe d'une
épée, et vit à deux pas un personnage encore plus
bizarre qu'aucun de ceux emmenés à Mayenne pour
servir la République. Cet inconnu, homme trapu,
large des épaules, lui montrait une tête presque aussi
grosse que celle d'un bœuf, avec laquelle elle avait
plus d'une ressemblance. Des narines épaisses faisaient paraître son nez encore plus court qu'il ne
l'était. Ses larges lèvres retroussées par des dents
blanches comme de la neige, ses grands et ronds yeux
noirs garnis de sourcils menaçants, ses oreilles pendantes et ses cheveux roux appartenaient moins à
notre belle race caucasienne qu'au genre des herbivores. Enfin l'absence complète des autres caractères
de l'homme social rendait cette tête nue plus remarquable encore. La face, comme bronzée par le soleil et
dont les anguleux contours offraient une vague analogie avec le granit qui forme le sol de ces contrées, était
la seule partie visible du corps de cet être singulier. A
partir du cou, il était enveloppé d'un sarreau, espèce
de blouse en toile rousse plus grossière encore que
celle des pantalons des conscrits les moins fortunés.
Ce sarreau, dans lequel un antiquaire [11] aurait reconnu

la *saye* (*saga*) ou le *sayon* des Gaulois, finissait à mi-corps, en se rattachant à deux fourreaux de peau de chèvre par des morceaux de bois grossièrement travaillés et dont quelques-uns gardaient leur écorce. Les peaux de bique, pour parler la langue du pays, qui lui garnissaient les jambes et les cuisses, ne laissaient distinguer aucune forme humaine. Des sabots énormes lui cachaient les pieds. Ses longs cheveux luisants, semblables aux poils de ses peaux de chèvres, tombaient de chaque côté de sa figure, séparés en deux parties égales, et pareils aux chevelures de ces statues du Moyen Age qu'on voit encore dans quelques cathédrales. Au lieu du bâton noueux que les conscrits portaient sur leurs épaules, il tenait appuyé sur sa poitrine, en guise de fusil, un gros fouet dont le cuir habilement tressé paraissait avoir une longueur double de celle des fouets ordinaires. La brusque apparition de cet être bizarre semblait facile à expliquer. Au premier aspect, quelques officiers supposèrent que l'inconnu était un réquisitionnaire ou conscrit (l'un se disait encore pour l'autre) qui se repliait sur la colonne en la voyant arrêtée. Néanmoins, l'arrivée de cet homme étonna singulièrement le commandant; s'il n'en parut pas le moins du monde intimidé, son front devint soucieux; et, après avoir toisé l'étranger, il répéta machinalement et comme occupé de pensées sinistres : — Oui, pourquoi ne viennent-ils pas ? le sais-tu, toi ?

— C'est que, répondit le sombre interlocuteur avec un accent qui prouvait une assez grande difficulté de parler français, c'est que là, dit-il en étendant sa rude et large main vers Ernée, là est le Maine, et là finit la Bretagne.

Puis il frappa fortement le sol en jetant le pesant manche de son fouet aux pieds du commandant. L'impression produite sur les spectateurs de cette scène par la harangue laconique de l'inconnu, ressemblait assez à celle que donnerait un coup de tam-tam frappé au milieu d'une musique. Le mot de harangue suffit à peine pour rendre la haine, les désirs de vengeance qu'exprimèrent un geste hautain, une parole brève et la contenance empreinte d'une énergie farouche et froide. La grossièreté de cet homme taillé comme à coups de hache, sa noueuse écorce, la stupide ignorance gravée sur ses traits, en faisaient une sorte de demi-dieu barbare. Il gardait une attitude prophétique et apparaissait là comme le génie même de la Bretagne, qui se relevait d'un sommeil de trois années, pour recommencer une guerre où la victoire ne se montra jamais sans de doubles crêpes.

— Voilà un joli coco, dit Hulot en se parlant à lui-même. Il m'a l'air d'être l'ambassadeur de gens qui s'apprêtent à parlementer à coups de fusil.

Après avoir grommelé ces paroles entre ses dents, le commandant promena successivement ses regards de cet homme au paysage, du paysage au détachement, du détachement sur les talus abrupts de la route, dont les crêtes étaient ombragées par les hauts genêts de la Bretagne ; puis il les reporta tout à coup sur l'inconnu, auquel il fit subir comme un muet interrogatoire qu'il termina en lui demandant brusquement : — D'où viens-tu ?

Son œil avide et perçant cherchait à deviner les secrets de ce visage impénétrable qui, pendant cet intervalle, avait pris la niaise expression de torpeur dont s'enveloppe un paysan au repos.

— Du pays des *Gars*, répondit l'homme sans manifester aucun trouble.

— Ton nom ?

— *Marche-à-terre*.

— Pourquoi portes-tu, malgré la loi, ton surnom de Chouan ?

Marche-à-terre, puisqu'il se donnait ce nom, regarda le commandant d'un air d'imbécillité si profondément vraie, que le militaire crut n'avoir pas été compris.

— Fais-tu partie de la réquisition de Fougères ?

A cette demande, Marche-à-terre répondit par un de ces *je ne sais pas*, dont l'inflexion désespérante arrête tout entretien. Il s'assit tranquillement sur le

bord du chemin, tira de son sarrau quelques morceaux
d'une mince et noire galette de sarrasin, repas national
dont les tristes délices ne peuvent être comprises que
des Bretons, et se mit à manger avec une indifférence
stupide. Il faisait croire à une absence si complète de
toute intelligence, que les officiers le comparèrent tour
à tour, dans cette situation, à un des animaux qui
broutaient les gras pâturages de la vallée, aux sauvages
de l'Amérique [12] ou à quelque naturel du cap de
Bonne-Espérance. Trompé par cette attitude, le
commandant lui-même n'écoutait déjà plus ses inquiétudes, lorsque, jetant un dernier regard de prudence à
l'homme qu'il soupçonnait d'être le héraut d'un
prochain carnage, il en vit les cheveux, le sarrau, les
peaux de chèvre couverts d'épines, de débris de
feuilles, de brins de bois et de broussailles, comme si
ce Chouan eût fait une longue route à travers les
halliers. Il lança un coup d'œil significatif à son
adjudant Gérard, près duquel il se trouvait, lui serra
fortement la main et dit à voix basse : — Nous
sommes allés chercher de la laine, et nous allons
revenir tondus.

Les officiers étonnés se regardèrent en silence.

Il convient de placer ici une digression pour faire
partager les craintes du commandant Hulot à certaines
personnes casanières habituées à douter de tout, parce
qu'elles ne voient rien, et qui pourraient contredire
l'existence de Marche-à-terre et des paysans de l'Ouest
dont alors la conduite fut sublime.

Le mot *gars*, que l'on prononce *gâ*, est un débris de
la langue celtique. Il a passé du bas-breton dans le
français, et ce mot est, de notre langage actuel, celui
qui contient le plus de souvenirs antiques. Le *gais* était
l'arme principale des Gaëls ou Gaulois ; *gaisde* signi-
fiait armé ; *gais*, bravoure ; *gas*, force. Ces rapproche-
ments prouvent la parenté du mot *gars* avec ces
expressions de la langue de nos ancêtres. Ce mot a de
l'analogie avec le mot latin *vir*, homme, racine de
virtus, force, courage. Cette dissertation trouve son
excuse dans sa nationalité ; puis, peut-être, servira-

t-elle à réhabiliter, dans l'esprit de quelques personnes, les mots : *gars, garçon, garçonnette, garce,
garcette,* généralement proscrits du discours comme
mal séants, mais dont l'origine est si guerrière et qui se
montreront çà et là dans le cours de cette histoire. —
« C'est une fameuse garce ! » est un éloge peu compris
que recueillit madame de Staël dans un petit canton de
Vendômois où elle passa quelques jours d'exil. La
Bretagne est, de toute la France, le pays où les mœurs
gauloises ont laissé les plus fortes empreintes. Les
parties de cette province où, de nos jours encore, la vie
sauvage et l'esprit superstitieux de nos rudes aïeux
sont restés, pour ainsi dire, flagrants, se nomment le
pays des Gars. Lorsqu'un canton est habité par
nombre de Sauvages semblables à celui qui vient de
comparaître dans cette Scène, les gens de la contrée
disent : Les Gars de telle paroisse ; et ce nom classique
est comme une récompense de la fidélité avec laquelle
ils s'efforcent de conserver les traditions du langage et
des mœurs gaëliques ; aussi leur vie garde-t-elle de
profonds vestiges des croyances et des pratiques
superstitieuses des anciens temps. Là, les coutumes
féodales sont encore respectées. Là, les antiquaires
retrouvent debout les monuments des Druides. Là, le
génie de la civilisation moderne s'effraie de pénétrer à
travers d'immenses forêts primordiales. Une incroyable férocité, un entêtement brutal, mais aussi la foi du
serment ; l'absence complète de nos lois, de nos
mœurs, de notre habillement, de nos monnaies nouvelles, de notre langage, mais aussi la simplicité
patriarcale et d'héroïques vertus s'accordent à rendre
les habitants de ces campagnes plus pauvres de
combinaisons intellectuelles que ne le sont les Mohicans et les Peaux rouges de l'Amérique septentrionale,
mais aussi grands, aussi rusés, aussi durs qu'eux. La
place que la Bretagne occupe au centre de l'Europe la
rend beaucoup plus curieuse à observer que ne l'est le
Canada. Entouré de lumières dont la bienfaisante
chaleur ne l'atteint pas, ce pays ressemble à un
charbon glacé qui resterait obscur et noir au sein d'un

brillant foyer. Les efforts tentés par quelques grands
esprits pour conquérir à la vie sociale et à la prospérité
cette belle partie de la France, si riche de trésors
ignorés, tout, même les tentatives du gouvernement,
meurt au sein de l'immobilité d'une population vouée
aux pratiques d'une immémoriale routine. Ce malheur
s'explique assez par la nature d'un sol encore sillonné
de ravins, de torrents, de lacs et de marais ; hérissé de
haies, espèces de bastions en terre qui font, de chaque
champ, une citadelle ; privé de routes et de canaux ;
puis, par l'esprit d'une population ignorante, livrée à
des préjugés dont les dangers seront accusés par les
détails de cette histoire, et qui ne veut pas de notre
moderne agriculture. La disposition pittoresque de ce
pays, les superstitions de ses habitants excluent et la
concentration des individus et les bienfaits amenés par
la comparaison, par l'échange des idées. Là point de
villages. Les constructions précaires que l'on nomme
des logis sont clairsemées à travers la contrée. Chaque
famille y vit comme dans un désert. Les seules
réunions connues sont les assemblées éphémères que
le dimanche ou les fêtes de la religion consacrent à la
paroisse. Ces réunions silencieuses, dominées par le
Recteur, le seul maître de ces esprits grossiers, ne
durent que quelques heures. Après avoir entendu la
voix terrible de ce prêtre, le paysan retourne pour une
semaine dans sa demeure insalubre ; il en sort pour le
travail, il y rentre pour dormir. S'il y est visité, c'est
par ce recteur, l'âme de la contrée. Aussi, fut-ce à la
voix de ce prêtre que des milliers d'hommes se ruèrent
sur la République, et que ces parties de la Bretagne
fournirent cinq ans avant l'époque à laquelle
commence cette histoire, des masses de soldats à la
première chouannerie. Les frères Cottereau [13], hardis
contrebandiers qui donnèrent leur nom à cette guerre,
exerçaient leur périlleux métier de Laval à Fougères.
Mais les insurrections de ces campagnes n'eurent rien
de noble et l'on peut dire avec assurance que si la
Vendée fit du brigandage une guerre, la Bretagne fit
de la guerre un brigandage. La proscription des

princes, la religion détruite ne furent pour les Chouans que des prétextes de pillage, et les événements de cette lutte intestine contractèrent quelque chose de la sauvage âpreté qu'ont les mœurs en ces contrées. Quand de vrais défenseurs de la monarchie vinrent recruter des soldats parmi ces populations ignorantes et belliqueuses, ils essayèrent mais en vain, de donner, sous le drapeau blanc, quelque grandeur à ces entreprises qui avaient rendu la chouannerie odieuse et les Chouans sont restés comme un mémorable exemple du danger de remuer les masses peu civilisées d'un pays. Le tableau de la première vallée offerte par la Bretagne aux yeux du voyageur, la peinture des hommes qui composaient le détachement des réquisitionnaires, la description du gars apparu sur le sommet de La Pellerine, donnent en raccourci une fidèle image de la province et de ses habitants. Une imagination exercée peut, d'après ces détails, concevoir le théâtre et les instruments de la guerre ; là en étaient les éléments. Les haies si fleuries de ces belles vallées cachaient alors d'invisibles agresseurs. Chaque champ était alors une forteresse, chaque arbre méditait un piège, chaque vieux tronc de saule creux gardait un stratagème. Le lieu du combat était partout. Les fusils attendaient au coin des routes les Bleus que de jeunes filles attiraient en riant sous le feu des canons, sans croire être perfides ; elles allaient en pèlerinage avec leurs pères et leurs frères demander des ruses et des absolutions à des vierges de bois vermoulu. La religion ou plutôt le fétichisme de ces créatures ignorantes désarmait le meurtre de ses remords. Aussi une fois cette lutte engagée, tout dans le pays devenait-il dangereux : le bruit comme le silence, la grâce comme la terreur, le foyer domestique comme le grand chemin. Il y avait de la conviction dans ces trahisons. C'était des Sauvages qui servaient Dieu et le roi, à la manière dont les Mohicans font la guerre. Mais pour rendre exacte et vraie en tout point la peinture de cette lutte, l'historien doit ajouter qu'au moment où la paix de Hoche fut signée, la contrée

entière redevint et riante et amie. Les familles, qui, la
veille, se déchiraient encore, le lendemain soupèrent
sans danger sous le même toit.

A l'instant où Hulot reconnut les perfidies secrètes
que trahissait la peau de chèvre de Marche-à-terre, il
resta convaincu de la rupture de cette heureuse paix
due au génie de Hoche et dont le maintien lui parut
impossible. Ainsi la guerre renaissait sans doute plus
terrible qu'autrefois, à la suite d'une inaction de trois
années [14]. La Révolution, adoucie depuis le 9 thermidor, allait peut-être reprendre le caractère de terreur
qui la rendit haïssable aux bons esprits. L'or des
Anglais avait donc, comme toujours, aidé aux discordes de la France. La République, abandonnée du
jeune Bonaparte, qui semblait en être le génie tuté-
laire, semblait hors d'état de résister à tant d'ennemis,
et le plus cruel se montrait le dernier. La guerre civile,
annoncée par mille petits soulèvements partiels, prenait un caractère de gravité tout nouveau, du moment
où les Chouans concevaient le dessein d'attaquer une
si forte escorte. Telles étaient les réflexions qui se
déroulèrent dans l'esprit de Hulot, quoique d'une
manière beaucoup moins succincte, dès qu'il crut
apercevoir, dans l'apparition de Marche-à-terre, l'indice d'une embuscade habilement préparée, car lui
seul fut d'abord dans le secret de son danger.

Le silence qui suivit la phrase prophétique du
commandant à Gérard, et qui termine la scène précédente, servit à Hulot pour recouvrer son sang-froid.
Le vieux soldat avait presque chancelé. Il ne put
chasser les nuages qui couvrirent son front quand il
vint à penser qu'il était environné déjà des horreurs
d'une guerre dont les atrocités eussent été peut-être
reniées par les Cannibales. Le capitaine Merle et
l'adjudant Gérard, ses deux amis, cherchaient à s'expliquer la crainte, si nouvelle pour eux, dont témoignait la figure de leur chef, et contemplaient Marche-
à-terre mangeant sa galette au bord du chemin, sans
pouvoir établir le moindre rapport entre cette espèce
d'animal et l'inquiétude de leur intrépide comman-

dant. Mais le visage de Hulot s'éclaircit bientôt. Tout en déplorant les malheurs de la République, il se réjouit d'avoir à combattre pour elle, il se promit joyeusement de ne pas être la dupe des Chouans et de pénétrer l'homme si ténébreusement rusé qu'ils lui faisaient l'honneur d'employer contre lui. Avant de prendre aucune résolution, il se mit à examiner la position dans laquelle ses ennemis voulaient le surprendre. En voyant que le chemin au milieu duquel il se trouvait engagé passait dans une espèce de gorge peu profonde à la vérité, mais flanquée de bois, et où aboutissaient plusieurs sentiers, il fronça fortement ses gros sourcils noirs, puis il dit à ses amis d'une voix sourde et très émue : — Nous sommes dans un drôle de guêpier.

— Et de quoi donc avez-vous peur ? demanda Gérard.

— Peur ?... reprit le commandant, oui, peur. J'ai toujours eu peur d'être fusillé comme un chien au détour d'un bois sans qu'on vous crie : Qui vive !

— Bah ! dit Merle en riant, qui vive ! est aussi un abus.

— Nous sommes donc vraiment en danger ? demanda Gérard aussi étonné du sang-froid de Hulot qu'il l'avait été de sa passagère terreur.

— Chut ! dit le commandant, nous sommes dans la gueule du loup, il y fait noir comme dans un four, et il faut y allumer une chandelle. Heureusement, reprit-il, que nous tenons le haut de cette côte ? il la décora d'une épithète énergique, et ajouta : — Je finirai peut-être bien par y voir clair. Le commandant, attirant à lui les deux officiers, cerna Marche-à-terre ; le Gars feignit de croire qu'il les gênait, il se leva promptement. — Reste là, chenapan ! lui cria Hulot en le poussant et le faisant retomber sur le talus où il s'était assis. Dès ce moment, le chef de demi-brigade ne cessa de regarder attentivement l'insouciant Breton.

— Mes amis, reprit-il alors en parlant à voix basse aux deux officiers, il est temps de vous dire que la boutique est enfoncée là-bas. Le Directoire, par suite

d'un remue-ménage qui a eu lieu aux Assemblées, a
encore donné un coup de balai à nos affaires. Ces
pentarques, ou pantins, c'est plus français, de directeurs [15] viennent de perdre une bonne lame, Bernadotte n'en veut plus.

— Qui le remplace? demanda vivement Gérard.

— Milet-Mureau, une vieille perruque. On choisit
là un bien mauvais temps pour laisser naviguer des
mâchoires! Voilà des fusées anglaises qui partent sur
les côtes. Tous ces hannetons de Vendéens et de
Chouans sont en l'air, et ceux qui sont derrière ces
marionnettes-là ont bien su prendre le moment où
nous succombons.

— Comment! dit Merle.

— Nos armées sont battues sur tous les points,
reprit Hulot en étouffant sa voix de plus en plus. Les
Chouans ont déjà intercepté deux fois les courriers, et
je n'ai reçu mes dépêches et les derniers décrets qu'au
moyen d'un exprès envoyé par Bernadotte au moment
où il quittait le Ministère. Des amis m'ont heureusement écrit confidentiellement sur cette débâcle. Fouché a découvert que le tyran Louis XVIII a été averti
par des traîtres de Paris d'envoyer un chef à ses
canards de l'intérieur. On pense que Barras trahit la
République. Bref, Pitt et les princes ont envoyé, ici,
un ci-devant, homme vigoureux, plein de talent, qui
voudrait, en réunissant les efforts des Vendéens à ceux
des Chouans, abattre le bonnet de la République. Ce
camarade-là a débarqué dans le Morbihan, je l'ai su le
premier, je l'ai appris aux malins de Paris, le *Gars* est
le nom qu'il s'est donné. Tous ces animaux-là, dit-il
en montrant Marche-à-terre, chaussent des noms qui
donneraient la colique à un honnête patriote s'il les
portait. Or, notre homme est dans ce district. L'arrivée de ce Chouan-là, et il indiqua de nouveau Marche-
à-terre, m'annonce qu'il est sur notre dos. Mais on
n'apprend pas à un vieux singe à faire la grimace, et
vous allez m'aider à ramener mes linottes à la cage *et
pus vite que ça* [16]! Je serais un joli coco si je me laissais
engluer comme une corneille par ce ci-devant qui

arrive de Londres sous prétexte d'avoir à épousseter
nos chapeaux !

En apprenant ces circonstances secrètes et critiques,
les deux officiers, sachant que leur commandant ne
s'alarmait jamais en vain, prirent alors cette contenance grave qu'ont les militaires au fort du danger,
lorsqu'ils sont fortement trempés et habitués à voir un
peu loin dans les affaires humaines. Gérard que son
grade, supprimé depuis, rapprochait de son chef,
voulut répondre, et demander toutes les nouvelles
politiques dont une partie était évidemment passée
sous silence ; mais un signe de Hulot lui imposa
silence ; et tous les trois ils se mirent à regarder
Marche-à-terre. Ce Chouan ne donna pas la moindre
marque d'émotion en se voyant sous la surveillance de
ces hommes aussi redoutables par leur intelligence que
par leur force corporelle. La curiosité des deux
officiers, pour lesquels cette sorte de guerre était
nouvelle, fut vivement excitée par le commencement
d'une affaire qui offrait un intérêt presque romanesque ; aussi voulurent-ils en plaisanter ; mais, au premier mot qui leur échappa, Hulot les regarda gravement et leur dit : — Tonnerre de Dieu ! n'allons pas
fumer sur le tonneau de poudre, citoyens. C'est
s'amuser à porter de l'eau dans un panier que d'avoir
du courage hors de propos. — Gérard, dit-il ensuite en
se penchant à l'oreille de son adjudant, approchez-
vous insensiblement de ce brigand ; et au moindre
mouvement suspect, soyez prêt à lui passer votre épée
au travers du corps. Quant à moi, je vais prendre des
mesures pour soutenir la conversation, si nos inconnus
veulent bien l'entamer.

Gérard inclina légèrement la tête en signe d'obéis-
sance, puis il se mit à contempler les points de vue de
cette vallée avec laquelle on a pu se familiariser ; il
parut vouloir les examiner plus attentivement et
marcha pour ainsi dire sur lui-même et sans affectation ; mais on pense bien que le paysage était la
dernière chose qu'il observa. De son côté, Marche-
à-terre laissa complètement ignorer si la manœuvre de

l'officier le mettait en péril ; à la manière dont il jouait avec le bout de son fouet, on eût dit qu'il pêchait à la ligne dans le fossé.

Pendant que Gérard essayait ainsi de prendre position devant le Chouan, le commandant dit tout bas à Merle : — Donnez dix hommes d'élite à un sergent et allez les poster vous-même au-dessus de nous, à l'endroit du sommet de cette côte où le chemin s'élargit en formant un plateau, et d'où vous apercevrez un bon ruban de queue de la route d'Ernée. Choisissez une place où le chemin ne soit pas flanqué de bois et d'où le sergent puisse surveiller la campagne. Appelez La-clef-des-cœurs, il est intelligent. Il n'y a point de quoi rire, je ne donnerai pas un décime de notre peau, si nous ne prenons pas notre bisque [17].

Pendant que le capitaine Merle exécutait cet ordre avec une promptitude dont l'importance fut comprise, le commandant agita la main droite pour réclamer un profond silence des soldats qui l'entouraient et causaient en jouant. Il ordonna, par un autre geste, de reprendre les armes. Lorsque le calme fut établi, il porta les yeux d'un côté de la route à l'autre, écoutant avec une attention inquiète, comme s'il espérait surprendre quelque bruit étouffé, quelques sons d'armes ou des pas précurseurs de la lutte attendue. Son œil noir et perçant semblait sonder les bois à des profondeurs extraordinaires ; mais ne recueillant aucun indice, il consulta le sable de la route, à la manière des Sauvages, pour tâcher de découvrir quelques traces de ces invisibles ennemis dont l'audace lui était connue. Désespéré de ne rien apercevoir qui justifiât ses craintes, il s'avança vers les côtés de la route, en gravit les légères collines avec peine, puis il en parcourut lentement les sommets. Tout à coup, il sentit combien son expérience était utile au salut de sa troupe, et descendit. Son visage devint plus sombre ; car, dans ces temps-là, les chefs regrettaient toujours de ne pas garder pour eux seuls la tâche la plus périlleuse. Les autres officiers et les soldats, ayant remarqué la préoccupation d'un chef dont le caractère leur plaisait et dont la valeur était connue, pensèrent alors que son extrême attention annonçait un danger ; mais incapables d'en soupçonner la gravité, s'ils restèrent immobiles et retinrent presque leur respiration, ce fut par instinct. Semblables à ces chiens qui cherchent à deviner les intentions de l'habile chasseur dont l'ordre est incompréhensible, mais qui lui obéissent ponctuellement, ces soldats regardèrent alternativement la vallée du Couesnon, les bois de la route et la figure sévère de leur commandant, en tâchant d'y lire leur sort. Ils se consultaient des yeux, et plus d'un sourire se répétait de bouche en bouche.

Quand Hulot fit la grimace, Beau-pied, jeune sergent qui passait pour le bel esprit de la compagnie, dit à voix basse : — Où diable nous sommes-nous donc fourrés pour que ce vieux troupier de Hulot nous fasse une mine si marécageuse, il a l'air d'un conseil de guerre.

Hulot ayant jeté sur Beau-pied un regard sévère, le silence exigé sous les armes régna tout à coup. Au milieu de ce silence solennel, les pas tardifs des conscrits, sous les pieds desquels le sable criait sourdement, rendaient un son régulier qui ajoutait une vague émotion à cette anxiété générale. Ce sentiment indéfinissable sera compris seulement de ceux qui, en proie à une attente cruelle, ont senti dans le silence des nuits les larges battements de leur cœur, redoublés par quelque bruit dont le retour monotone semblait leur verser la terreur, goutte à goutte. En se replaçant au milieu de la route, le commandant commençait à se demander : — Me trompé-je ? Il regardait déjà avec une colère concentrée, qui lui sortait en éclairs par les yeux, le tranquille et stupide Marche-à-terre ; mais l'ironie sauvage qu'il sut démêler dans le regard terne du Chouan lui persuada de ne pas discontinuer de prendre ses mesures salutaires. En ce moment, après avoir accompli les ordres de Hulot, le capitaine Merle revint auprès de lui. Les muets acteurs de cette scène, semblable à mille autres qui rendirent cette guerre la plus dramatique de toutes, attendirent alors avec impatience de nouvelles impressions, curieux de voir s'illuminer par d'autres manœuvres les points obscurs de leur situation militaire.

— Nous avons bien fait, capitaine, dit le commandant, de mettre à la queue du détachement le petit nombre de patriotes que nous comptons parmi ces réquisitionnaires. Prenez encore une douzaine de bons lurons, à la tête desquels vous mettrez le sous-lieutenant Lebrun, et vous les conduirez rapidement à la queue du détachement ; ils appuieront les patriotes qui s'y trouvent, et feront avancer, et vivement, toute la troupe de ces oiseaux-là, afin de la ramasser en deux temps vers la hauteur occupée par les camarades. Je vous attends.

Le capitaine disparut au milieu de la troupe. Le commandant regarda tour à tour quatre hommes intrépides dont l'adresse et l'agilité lui étaient connues, il les appela silencieusement en les désignant du doigt et leur faisant ce signe amical qui consiste à ramener l'index vers le nez, par un mouvement rapide et répété ; ils vinrent.

— Vous avez servi avec moi sous Hoche, leur dit-il, quand nous avons mis à la raison ces brigands qui s'appellent *les Chasseurs du Roi ;* vous savez comment ils se cachaient pour canarder les Bleus.

A cet éloge de leur savoir-faire, les quatre soldats hochèrent la tête en faisant une moue significative. Ils montraient de ces figures héroïquement martiales dont l'insouciante résignation annonçait que, depuis la lutte commencée entre la France et l'Europe, leurs idées n'avaient pas dépassé leur giberne en arrière et leur baïonnette en avant. Les lèvres ramassées comme une bourse dont on serre les cordons, ils regardaient leur commandant d'un air attentif et curieux.

— Eh ! bien, reprit Hulot, qui possédait éminemment l'art de parler la langue pittoresque du soldat, il ne faut pas que de bons lapins comme nous se laissent embêter par des Chouans, et il y en a ici, ou je ne me nomme pas Hulot. Vous allez, à vous quatre, battre les deux côtés de cette route. Le détachement va filer le câble[18]. Ainsi, suivez ferme, tâchez de ne pas descendre la garde, et éclairez-moi cela vivement !

Puis il leur montra les dangereux sommets du chemin. Tous, en guise de remerciement, portèrent le revers de la main devant leurs vieux chapeaux à trois cornes dont le haut bord, battu par la pluie et affaibli par l'âge, se courbait sur la forme. L'un d'eux, nommé Larose, caporal connu de Hulot, lui dit en faisant sonner son fusil : — On va leur siffler un air de clarinette, mon commandant.

Ils partirent les uns à droite, les autres à gauche. Ce ne fut pas sans une émotion secrète que la compagnie les vit disparaître des deux côtés de la route. Cette anxiété fut partagée par le commandant, qui croyait les envoyer à une mort certaine. Il eut même un frisson involontaire lorsqu'il ne vit plus la pointe de leurs chapeaux. Officiers et soldats écoutèrent le bruit graduellement affaibli des pas dans les feuilles sèches, avec un sentiment d'autant plus aigu qu'il était caché plus profondément. Il se rencontre à la guerre des scènes où quatre hommes risqués causent plus d'effroi que les milliers de morts étendus à Jemmapes[19]. Ces physionomies militaires ont des expressions si multipliées, si fugitives, que leurs peintres sont obligés d'en appeler aux souvenirs des soldats, et de laisser les esprits pacifiques étudier ces figures si dramatiques, car ces orages si riches en détails ne pourraient être complètement décrits sans d'interminables longueurs.

Au moment où les baïonnettes des quatre soldats ne brillèrent plus, le capitaine Merle revenait, après avoir accompli les ordres du commandant avec la rapidité de l'éclair. Hulot, par deux ou trois commandements, mit alors le reste de sa troupe en bataille au milieu du chemin ; puis il ordonna de regagner le sommet de La Pellerine où stationnait sa petite avant-garde ; mais il marcha le dernier et à reculons, afin d'observer les plus légers changements qui surviendraient sur tous les points de cette scène que la nature avait faite si ravissante, et que l'homme rendait si terrible. Il atteignit l'endroit où Gérard gardait Marche-à-terre,

lorsque ce dernier, qui avait suivi, d'un œil indifférent
en apparence, toutes les manœuvres du commandant,
mais qui regardait alors avec une incroyable intelligence les deux soldats engagés dans les bois situés sur
la droite de la route, se mit à siffler trois ou quatre fois
de manière à produire le cri clair et perçant de la
chouette. Les trois célèbres contrebandiers dont les
noms ont déjà été cités employaient ainsi, pendant la
nuit, certaines intonations de ce cri pour s'avertir des
embuscades, de leurs dangers et de tout ce qui les
intéressait. De là leur était venu le surnom de *Chuin*,
qui signifie chouette ou hibou dans le patois de ce
pays. Ce mot corrompu servit à nommer ceux qui dans
la première guerre imitèrent les allures et les signaux
de ces trois frères. En entendant ce sifflement suspect,
le commandant s'arrêta pour regarder fixement Marche-à-terre. Il feignit d'être la dupe de la niaise
attitude du Chouan, afin de le garder près de lui
comme un baromètre qui lui indiquât les mouvements
de l'ennemi. Aussi arrêta-t-il la main de Gérard qui
s'apprêtait à dépêcher le Chouan. Puis il plaça deux
soldats à quelques pas de l'espion, et leur ordonna, à
haute et intelligible voix, de se tenir prêts à le fusiller
au moindre signe qui lui échapperait. Malgré son
imminent danger, Marche-à-terre ne laissa paraître
aucune émotion et le commandant, qui l'étudiait,
s'aperçut de cette insensibilité. — Le serin n'en sait
pas long, dit-il à Gérard. Ah ! Ah ! il n'est pas facile de
lire sur la figure d'un Chouan ; mais celui-ci s'est trahi
par le désir de montrer son intrépidité. Vois-tu,
Gérard, s'il avait joué la terreur, j'allais le prendre
pour un imbécile. Lui et moi nous aurions fait la
paire. J'étais au bout de ma gamme. Oh ! nous allons
être attaqués ! Mais qu'ils viennent, maintenant je suis
prêt.

Après avoir prononcé ces paroles à voix basse et
d'un air de triomphe, le vieux militaire se frotta les
mains, regarda Marche-à-terre d'un air goguenard ;
puis il se croisa les bras sur la poitrine, resta au milieu
du chemin entre ses deux officiers favoris, et attendit

le résultat de ses dispositions. Sûr du combat, il contempla ses soldats d'un air calme.

— Oh ! il va y avoir du foutreau [20], dit Beau-pied à voix basse, le commandant s'est frotté les mains.

La situation critique dans laquelle se trouvaient placés le commandant Hulot et son détachement est une de celles où la vie est si réellement mise au jeu que les hommes d'énergie tiennent à honneur de s'y montrer pleins de sang-froid et libres d'esprit. Là se jugent les hommes en dernier ressort. Aussi le commandant, plus instruit du danger que ses deux officiers, mit-il de l'amour-propre à paraître le plus tranquille. Les yeux tour à tour fixés sur Marche-à-terre, sur le chemin et sur les bois, il n'attendait pas sans angoisse le bruit de la décharge générale des Chouans qu'il croyait cachés, comme des lutins, autour de lui ; mais sa figure restait impassible. Au moment où tous les yeux des soldats étaient attachés sur les siens, il plissa légèrement ses joues brunes marquées de petite vérole, retroussa fortement sa lèvre droite, cligna des yeux, grimace toujours prise pour un sourire par ses soldats ; puis, il frappa Gérard sur l'épaule en lui disant : — Maintenant nous voilà calmes, que vouliez-vous me dire tout à l'heure ?

— Dans quelle crise nouvelle sommes-nous donc, mon commandant ?

— La chose n'est pas neuve, reprit-il à voix basse. L'Europe est toute contre nous, et cette fois elle a beau jeu. Pendant que les Directeurs se battent entre eux comme des chevaux sans avoine dans une écurie, et que tout tombe par lambeaux dans leur gouvernement, ils laissent les armées sans secours. Nous sommes abîmés en Italie ! Oui, mes amis, nous avons évacué Mantoue à la suite des désastres de la Trébia, et Joubert vient de perdre la bataille de Novi. J'espère que Masséna gardera les défilés de la Suisse envahie par Souvarov [21]. Nous sommes enfoncés sur le Rhin. Le Directoire y a envoyé Moreau. Ce lapin défendra-t-il les frontières ?... je le veux bien ; mais la coalition finira par nous écraser, et malheureusement le seul

général qui puisse nous sauver est au diable, là-bas, en
Egypte ! Comment reviendrait-il, au surplus ? l'Angleterre est maîtresse de la mer.

— L'absence de Bonaparte ne m'inquiète pas,
commandant, répondit le jeune adjudant Gérard chez
qui une éducation soignée avait développé un esprit
supérieur. Notre révolution s'arrêterait donc ? Ah !
nous ne sommes pas seulement chargés de défendre le
territoire de la France, nous avons une double mission. Ne devons-nous pas aussi conserver l'âme du
pays, ces principes généreux de liberté, d'indépen-
dance, cette raison humaine, réveillée par nos Assemblées, et qui gagnera, j'espère, de proche en proche ?
La France est comme un voyageur chargé de porter
une lumière, elle la garde d'une main et se défend de
l'autre ; si vos nouvelles sont vraies, jamais, depuis dix
ans, nous n'aurions été entourés de plus de gens qui
cherchent à la souffler. Doctrines et pays, tout est près
de périr.

— Hélas oui ! dit en soupirant le commandant
Hulot. Ces polichinelles de Directeurs ont su se
brouiller avec tous les hommes qui pouvaient bien
mener la barque. Bernadotte, Carnot, tout, jusqu'au
citoyen Talleyrand, nous a quittés. Bref, il ne reste
plus qu'un seul bon patriote, l'ami Fouché qui tient
tout par la police ; voilà un homme ! Aussi est-ce lui
qui m'a fait prévenir à temps de cette insurrection.
Encore nous voilà pris, j'en suis sûr, dans quelque
traquenard.

— Oh ! si l'armée ne se mêle pas un peu de notre
gouvernement, dit Gérard, les avocats nous remet-
tront plus mal que nous ne l'étions avant la Révolution. Est-ce que ces chafouins-là s'entendent à
commander !

— J'ai toujours peur, reprit Hulot, d'apprendre
qu'ils traitent avec les Bourbons. Tonnerre de Dieu !
s'ils s'entendaient, dans quelle passe nous serions ici,
nous autres ?

— Non, non, commandant, nous n'en viendrons
pas là, dit Gérard. L'armée, comme vous le dites,

élèvera la voix, et, pourvu qu'elle ne prenne pas ses expressions dans le vocabulaire de Pichegru [22] j'espère que nous ne nous serons pas hachés pendant dix ans pour, après tout, faire pousser du lin et le voir filer à d'autres.

— Oh! oui, s'écria le commandant, il nous en a furieusement coûté pour changer de costume.

— Eh! bien, dit le capitaine Merle, agissons toujours ici en bons patriotes, et tâchons d'empêcher nos Chouans de communiquer avec la Vendée; car s'ils s'entendent et que l'Angleterre s'en mêle, cette fois je ne répondrais pas du bonnet de la République, une et indivisible.

Là, le cri de la chouette, qui se fit entendre à une distance assez éloignée, interrompit la conversation. Le commandant, plus inquiet, examina derechef Marche-à-terre, dont la figure impassible ne donnait, pour ainsi dire, pas signe de vie. Les conscrits, rassemblés par un officier, étaient réunis comme un troupeau de bétail au milieu de la route, à trente pas environ de la compagnie en bataille. Puis derrière eux, à dix pas, se trouvaient les soldats et les patriotes commandés par le lieutenant Lebrun. Le commandant jeta les yeux sur cet ordre de bataille et regarda une dernière fois le piquet d'hommes postés en avant sur la route. Content de ses dispositions, il se retournait pour ordonner de se mettre en marche, lorsqu'il aperçut les cocardes tricolores des deux soldats qui revenaient après avoir fouillé les bois situés sur la gauche. Le commandant, ne voyant point reparaître les deux éclaireurs de droite, voulut attendre leur retour.

— Peut-être, est-ce de là que la bombe va partir, dit-il à ses deux officiers en leur montrant le bois où ses deux enfants perdus étaient comme ensevelis.

Pendant que les deux tirailleurs lui faisaient une espèce de rapport, Hulot cessa de regarder Marche-à-terre. Le Chouan se mit alors à siffler vivement, de manière à faire retentir son cri à une distance prodigieuse; puis, avant qu'aucun de ses surveillants ne l'eût même couché en joue, il leur avait appliqué un coup de fouet qui les renversa sur la berme. Aussitôt, des cris ou plutôt des hurlements sauvages surprirent les Républicains. Une décharge terrible, partie du bois qui surmontait le talus où le Chouan s'était assis, abattit sept ou huit soldats. Marche-à-terre, sur lequel cinq ou six hommes tirèrent sans l'atteindre, disparut dans le bois après avoir grimpé le talus avec la rapidité d'un chat sauvage ; ses sabots roulèrent dans le fossé, et il fut aisé de lui voir alors aux pieds les gros souliers ferrés que portaient habituellement les Chasseurs du Roi. Aux premiers cris jetés par les Chouans, tous les conscrits sautèrent dans le bois à droite, semblables à ces troupes d'oiseaux qui s'envolent à l'approche d'un voyageur.

— Feu sur ces mâtins-là ! cria le commandant.

La compagnie tira sur eux, mais les conscrits avaient su se mettre tous à l'abri de cette fusillade en s'adossant à des arbres ; et, avant que les armes eussent été rechargées, ils avaient disparu.

— Décrétez donc des légions départementales ! hein ? dit Hulot à Gérard. Il faut être bête comme un Directoire pour vouloir compter sur la réquisition de ce pays-ci. Les Assemblées feraient mieux de ne pas nous voter tant d'habits, d'argent, de munitions, et de nous en donner.

— Voilà des crapauds qui aiment mieux leurs galettes que le pain de munition, dit Beau-pied, le *malin* de la compagnie.

A ces mots, des huées et des éclats de rire partis du sein de la troupe républicaine honnirent les déserteurs, mais le silence se rétablit tout à coup. Les soldats virent descendre péniblement du talus les deux chasseurs que le commandant avait envoyés battre les bois de la droite. Le moins blessé des deux soutenait son camarade, qui abreuvait le terrain de son sang. Les deux pauvres soldats étaient parvenus à moitié de la pente lorsque Marche-à-terre montra sa face hideuse, il ajusta si bien les deux Bleus qu'il les acheva d'un seul coup, et ils roulèrent pesamment dans le

fossé. A peine avait-on vu sa grosse tête que trente
canons de fusils se levèrent ; mais semblable à une
figure fantasmagorique, il avait disparu derrière les
fatales touffes de genêts. Ces événements, qui exigent
tant de mots, se passèrent en un moment ; puis, en un
moment aussi, les patriotes et les soldats de l'arrière-
garde rejoignirent le reste de l'escorte.

— En avant ! s'écria Hulot.

La compagnie se porta rapidement à l'endroit élevé
et découvert où le piquet avait été placé. Là, le
commandant mit la compagnie en bataille ; mais il
n'aperçut aucune démonstration hostile de la part des
Chouans, et crut que la délivrance des conscrits était le
seul but de cette embuscade.

— Leurs cris, dit-il à ses deux amis, m'annoncent
qu'ils ne sont pas nombreux. Marchons au pas
accéléré, nous atteindrons peut-être Ernée sans les
avoir sur le dos.

Ces mots furent entendus d'un conscrit patriote qui
sortit des rangs et se présenta devant Hulot.

— Mon général, dit-il, j'ai déjà fait cette guerre-là
en contre-chouan. Peut-on vous toucher deux mots ?

— C'est un avocat, cela se croit toujours à l'au-
dience, dit le commandant à l'oreille de Merle.
— Allons, plaide, répondit-il au jeune Fougerais.

— Mon commandant, les Chouans ont sans doute
apporté des armes aux hommes avec lesquels ils
viennent de se recruter. Or, si nous levons la semelle
devant eux, ils iront nous attendre à chaque coin de
bois, et nous tueront jusqu'au dernier avant que nous
arrivions à Ernée. Il faut plaider, comme tu le dis,
mais avec des cartouches. Pendant l'escarmouche, qui
durera encore plus de temps que tu ne le crois, l'un de
mes camarades ira chercher la garde nationale et les
compagnies franches de Fougères. Quoique nous ne
soyons que des conscrits, tu verras alors si nous
sommes de la race des corbeaux.

— Tu crois donc les Chouans bien nombreux ?
— Juges-en toi-même, citoyen commandant !

Il amena Hulot à un endroit du plateau où le sable

avait été remué comme avec un râteau ; puis, après le lui avoir fait remarquer, il le conduisit assez avant dans un sentier où ils virent les vestiges du passage d'un grand nombre d'hommes. Les feuilles y étaient empreintes dans la terre battue.

— Ceux-là sont les Gars de Vitré, dit le Fougerais, ils sont allés se joindre aux Bas-Normands.

— Comment te nommes-tu, citoyen ? demanda Hulot.

— Gudin, mon commandant.

— Eh ! bien, Gudin, je te fais caporal de tes bourgeois. Tu m'as l'air d'un homme solide. Je te charge de choisir celui de tes camarades qu'il faut envoyer à Fougères. Tu te tiendras à côté de moi. D'abord, va avec tes réquisitionnaires prendre les fusils, les gibernes et les habits de nos pauvres camarades que ces brigands viennent de coucher dans le chemin. Vous ne resterez pas ici à manger des coups de fusil sans en rendre.

Les intrépides Fougerais allèrent chercher la dépouille des morts, et la compagnie entière les protégea par un feu bien nourri dirigé sur le bois de manière qu'ils réussirent à dépouiller les morts sans perdre un seul homme.

— Ces Bretons-là, dit Hulot à Gérard, feront de fameux fantassins, si jamais la gamelle leur va.

L'émissaire de Gudin partit en courant par un sentier détourné dans les bois de gauche. Les soldats, occupés à visiter leurs armes, s'apprêtèrent au combat, le commandant les passa en revue, leur sourit, alla se planter à quelques pas en avant avec ses deux officiers favoris, et attendit de pied ferme l'attaque des Chouans. Le silence régna de nouveau pendant un instant, mais il ne fut pas de longue durée. Trois cents Chouans, dont les costumes étaient identiques avec ceux des réquisitionnaires, débouchèrent par les bois de la droite et vinrent sans ordre, en poussant de véritables hurlements, occuper toute la route devant le faible bataillon des Bleus. Le commandant rangea ses soldats en deux parties égales qui

présentaient chacune un front de dix hommes. Il plaça
au milieu de ces deux troupes ses douze réquisitionnaires équipés en toute hâte, et se mit à leur tête. Cette
petite armée était protégée par deux ailes de vingt-cinq
hommes chacune, qui manœuvrèrent sur les deux
côtés du chemin sous les ordres de Gérard et de Merle.
Ces deux officiers devaient prendre à propos les
Chouans en flanc et les empêcher de *s'égailler*. Ce mot
du patois de ces contrées exprime l'action de se
répandre dans la campagne, où chaque paysan allait se
poster de manière à tirer les Bleus sans danger ; les
troupes républicaines ne savaient plus alors où prendre leurs ennemis.

Ces dispositions, ordonnées par le commandant
avec la rapidité voulue en cette circonstance, communiquèrent sa confiance aux soldats, et tous marchèrent
en silence sur les Chouans. Au bout de quelques
minutes exigées par la marche des deux corps l'un vers
l'autre, il se fit une décharge à bout portant qui
répandit la mort dans les deux troupes. En ce
moment, les deux ailes républicaines auxquelles les
Chouans n'avaient pu rien opposer, arrivèrent sur
leurs flancs, et par une fusillade vive et serrée,
semèrent la mort et le désordre au milieu de leurs
ennemis. Cette manœuvre rétablit presque l'équilibre
numérique entre les deux partis. Mais le caractère des
Chouans comportait une intrépidité et une constance à
toute épreuve ; ils ne bougèrent pas, leur perte ne les
ébranla point, ils se serrèrent et tâchèrent d'envelopper la petite troupe noire et bien alignée des Bleus, qui
tenait si peu d'espace qu'elle ressemblait à une reine
d'abeilles au milieu d'un essaim. Il s'engagea donc un
de ces combats horribles où le bruit de la mousqueterie, rarement entendu, est remplacé par le cliquetis de
ces luttes à armes blanches pendant lesquelles on se
bat corps à corps, et où, à courage égal, le nombre
décide de la victoire. Les Chouans l'auraient emporté
de prime abord si les deux ailes, commandées par
Merle et Gérard, n'avaient réussi à opérer deux ou
trois décharges qui prirent en écharpe la queue de

leurs ennemis. Les Bleus de ces deux ailes auraient dû
rester dans leurs positions et continuer ainsi d'ajuster
avec adresse leurs terribles adversaires ; mais, animés
par la vue des dangers que courait cet héroïque
bataillon de soldats alors complètement entouré par
les Chasseurs du Roi, ils se jetèrent sur la route
comme des furieux, la baïonnette en avant, et rendirent la partie plus égale pour quelques instants. Les
deux troupes se livrèrent alors à un acharnement
aiguisé par toute la fureur et la cruauté de l'esprit de
parti qui firent de cette guerre une exception. Chacun,
attentif à son danger, devint silencieux. La scène fut
sombre et froide comme la mort. Au milieu de ce
silence, on n'entendait, à travers le cliquetis des armes
et le grincement du sable sous les pieds, que les
exclamations sourdes et graves échappées à ceux qui,
blessés grièvement ou mourants, tombaient à terre.
Au sein du parti républicain, les douze réquisitionnaires défendaient avec un tel courage le commandant, occupé à donner des avis et des ordres multipliés, que plus d'une fois deux ou trois soldats
crièrent : — Bravo ! les recrues.

Hulot, impassible et l'œil à tout, remarqua bientôt
parmi les Chouans un homme qui, entouré comme lui
d'une troupe d'élite, devait être le chef. Il lui parut
nécessaire de bien connaître cet officier ; mais il fit à
plusieurs reprises de vains efforts pour en distinguer
les traits que lui dérobaient toujours les bonnets
rouges et les chapeaux à grands bords. Seulement, il
aperçut Marche-à-terre qui, placé à côté de son
général, répétait les ordres d'une voix rauque, et dont
la carabine ne restait jamais inactive. Le commandant
s'impatienta de cette contrariété renaissante. Il mit
l'épée à la main, anima ses réquisitionnaires, chargea
sur le centre des Chouans avec une telle furie qu'il
troua leur masse et put entrevoir le chef, dont
malheureusement la figure était entièrement cachée
par un grand feutre à cocarde blanche. Mais l'inconnu, surpris d'une si audacieuse attaque, fit un
mouvement rétrograde en relevant son chapeau avec

brusquerie ; alors il fut permis à Hulot de prendre à la
hâte le signalement de ce personnage. Ce jeune chef,
auquel Hulot ne donna pas plus de vingt-cinq ans,
portait une veste de chasse en drap vert. Sa ceinture
blanche contenait des pistolets. Ses gros souliers
étaient ferrés comme ceux des Chouans. Des guêtres
de chasseur montant jusqu'aux genoux et s'adaptant à
une culotte de coutil très grossier complétaient ce
costume qui laissait voir une taille moyenne, mais
svelte et bien prise. Furieux de voir les Bleus arrivés
jusqu'à sa personne, il abaissa son chapeau et s'avança
vers eux ; mais il fut promptement entouré par
Marche-à-terre et par quelques Chouans alarmés.
Hulot crut apercevoir, à travers les intervalles laissés
par les têtes qui se pressaient autour de ce jeune
homme, un large cordon rouge[23] sur une veste
entrouverte. Les yeux du commandant, attirés
d'abord par cette royale décoration, alors complètement oubliée, se portèrent soudain sur un visage qu'il
perdit bientôt de vue, forcé par les accidents du
combat de veiller à la sûreté et aux évolutions de sa
petite troupe. Aussi, à peine vit-il des yeux étincelants
dont la couleur lui échappa, des cheveux blonds et des
traits assez délicats, brunis par le soleil. Cependant il
fut frappé de l'éclat d'un cou nu dont la blancheur
était rehaussée par une cravate noire, lâche et négligemment nouée. L'attitude fougueuse et animée du
jeune chef était militaire, à la manière de ceux qui
veulent dans un combat une certaine poésie de
convention. Sa main bien gantée agitait en l'air une
épée qui flamboyait au soleil. Sa contenance accusait
tout à la fois de l'élégance et de la force. Son exaltation
consciencieuse, relevée encore par les charmes de la
jeunesse, par des manières distinguées, faisait de cet
émigré une gracieuse image de la noblesse française ; il
contrastait vivement avec Hulot, qui, à quatre pas de
lui, offrait à son tour une image vivante de cette
énergique République pour laquelle ce vieux soldat
combattait, et dont la figure sévère, l'uniforme bleu à
revers rouges usés, les épaulettes noircies et pendant

derrière les épaules, peignaient si bien les besoins et le caractère.

La pose gracieuse et l'expression du jeune homme n'échappèrent pas à Hulot, qui s'écria en voulant le joindre : — Allons, danseur d'Opéra, avance donc que je te démolisse.

Le chef royaliste, courroucé de son désavantage momentané, s'avança par un mouvement de désespoir ; mais au moment où ses gens le virent se hasardant ainsi, tous se ruèrent sur les Bleus. Soudain une voix douce et claire domina le bruit du combat : — Ici saint Lescure [24] est mort ! Ne le vengerez-vous pas ?

A ces mots magiques, l'effort des Chouans devint terrible, et les soldats de la République eurent grande peine à se maintenir, sans rompre leur petit ordre de bataille.

— Si ce n'était pas un jeune homme, se disait Hulot en rétrogradant pied à pied, nous n'aurions pas été attaqués. A-t-on jamais vu les Chouans livrant bataille ? Mais tant mieux, on ne nous tuera pas comme des chiens le long de la route. Puis, élevant la voix de manière à faire retentir les bois : — Allons, vivement, mes lapins ! Allons-nous nous laisser *embêter* par des brigands ?

Le verbe par lequel nous remplaçons ici l'expression dont se servit le brave commandant, n'en est qu'un faible équivalent ; mais les vétérans sauront y substituer le véritable, qui certes est d'un plus haut goût soldatesque.

— Gérard, Merle, reprit le commandant, rappelez vos hommes, formez-les en bataillon, reformez-vous en arrière, tirez sur ces chiens-là et finissons-en.

L'ordre de Hulot fut difficilement exécuté ; car en entendant la voix de son adversaire, le jeune chef s'écria : — Par sainte Anne d'Auray, ne les lâchez pas ! égaillez-vous, mes gars.

Quand les deux ailes commandées par Merle et Gérard se séparèrent du gros de la mêlée, chaque petit bataillon fut alors suivi par des Chouans obstinés et bien supérieurs en nombre. Ces vieilles peaux de biques entourèrent de toutes parts les soldats de Merle et de Gérard, en poussant de nouveau leurs cris sinistres et pareils à des hurlements.

— Taisez-vous donc, *messieurs*, on ne s'entend pas tuer ! s'écria Beau-pied.

Cette plaisanterie ranima le courage des Bleus. Au lieu de se battre sur un seul point, les Républicains se défendirent sur trois endroits différents du plateau de La Pellerine, et le bruit de la fusillade éveilla tous les échos de ces vallées naguère si paisibles. La victoire aurait pu rester indécise des heures entières, ou la lutte se serait terminée faute de combattants. Bleus et Chouans déployaient une égale valeur. La furie allait croissant de part et d'autre, lorsque dans le lointain un tambour résonna faiblement, et, d'après la direction du bruit, le corps qu'il annonçait devait traverser la vallée du Couesnon.

— C'est la garde nationale de Fougères ! s'écria Gudin d'une voix forte, Vannier l'aura rencontrée.

A cette exclamation qui parvint à l'oreille du jeune chef des Chouans et de son féroce aide de camp, les royalistes firent un mouvement rétrograde, que réprima bientôt un cri bestial jeté par Marche-à-terre. Sur deux ou trois ordres donnés à voix basse par le chef et transmis par Marche-à-terre aux Chouans en bas-breton [25], ils opérèrent leur retraite avec une habileté qui déconcerta les Républicains et même leur commandant. Au premier ordre, les plus valides des Chouans se mirent en ligne et présentèrent un front respectable, derrière lequel les blessés et le reste des leurs se retirèrent pour charger leurs fusils. Puis tout à coup, avec cette agilité dont l'exemple a déjà été donné par Marche-à-terre, les blessés gagnèrent le haut de l'éminence qui flanquait la route à droite, et y furent suivis par la moitié des Chouans qui la gravirent lestement pour en occuper le sommet, en ne montrant plus aux Bleus que leurs têtes énergiques. Là, ils se firent un rempart des arbres, et dirigèrent les canons de leurs fusils sur le reste de l'escorte qui, d'après les

commandements réitérés de Hulot, s'était rapidement
mis en ligne, afin d'opposer sur la route un front égal à
celui des Chouans. Ceux-ci reculèrent lentement et
défendirent le terrain en pivotant de manière à se
ranger sous le feu de leurs camarades. Quand ils
atteignirent le fossé qui bordait la route, ils grimpè-
rent à leur tour le talus élevé dont la lisière était
occupée par les leurs, et les rejoignirent en essuyant
bravement le feu des Républicains qui les fusillèrent
avec assez d'adresse pour joncher de corps le fossé.
Les gens qui couronnaient l'escarpement répondirent
par un feu non moins meurtrier. En ce moment, la
garde nationale de Fougères arriva sur le lieu du
combat au pas de course, et sa présence termina
l'affaire. Les gardes nationaux et quelques soldats
échauffés dépassaient déjà la berme de la route pour
s'engager dans les bois ; mais le commandant leur cria
de sa voix martiale : — Voulez-vous vous faire
démolir là-bas !

Ils rejoignirent alors le bataillon de la République, à
qui le champ de bataille était resté non sans de grandes
pertes. Tous les vieux chapeaux furent mis au bout
des baïonnettes, les fusils se hissèrent, et les soldats
crièrent unanimement, à deux reprises : Vive la
République ! Les blessés eux-mêmes, assis sur l'accotement de la route, partagèrent cet enthousiasme, et
Hulot pressa la main de Gérard en lui disant :
— Hein ! voilà ce qui s'appelle des lapins ?

Merle fut chargé d'ensevelir les morts dans un ravin
de la route. D'autres soldats s'occupèrent du transport
des blessés. Les charrettes et les chevaux des fermes
voisines furent mis en réquisition, et l'on s'empressa
d'y placer les camarades souffrants sur les dépouilles
des morts. Avant de partir, la garde nationale de
Fougères remit à Hulot un Chouan dangereusement
blessé qu'elle avait pris au bas de la côte abrupte par
où s'échappèrent les Chouans, et où il avait roulé,
trahi par ses forces expirantes.

— Merci de votre coup de main, citoyens, dit le
commandant. Tonnerre de Dieu ! sans vous, nous

pouvions passer un rude quart d'heure. Prenez garde à
vous ! la guerre est commencée. Adieu, mes braves.
Puis, Hulot se tournant vers le prisonnier. — Quel est
le nom de ton général ? lui demanda-t-il.

— Le Gars.

— Qui ? Marche-à-terre.

— Non, le Gars.

— D'où le Gars est-il venu ?

A cette question, le Chasseur du Roi, dont la figure
rude et sauvage était abattue par la douleur, garda le
silence, prit son chapelet et se mit à réciter des prières.

— Le Gars est sans doute ce jeune ci-devant à
cravate noire ? Il a été envoyé par le tyran [26] et ses alliés
Pitt et Cobourg.

A ces mots, le Chouan, qui n'en savait pas si long,
releva fièrement la tête : — Envoyé par Dieu et le
Roi ! Il prononça ces paroles avec une énergie qui
épuisa ses forces. Le commandant vit qu'il était
difficile de questionner un homme mourant dont toute
la contenance trahissait un fanatisme obscur, et
détourna la tête en fronçant le sourcil. Deux soldats,
amis de ceux que Marche-à-terre avait si brutalement
dépêchés d'un coup de fouet sur l'accotement de la
route, car ils y étaient morts, se reculèrent de quelques
pas, ajustèrent le Chouan, dont les yeux fixes ne se
baissèrent pas devant les canons dirigés sur lui, le
tirèrent à bout portant, et il tomba. Lorsque les
soldats s'approchèrent pour dépouiller le mort, il cria
fortement encore. — Vive le Roi !

— Oui, oui, sournois, dit La-clef-des-cœurs, va-
t'en manger de la galette chez ta bonne Vierge. Ne
vient-il pas nous crier au nez vive le tyran, quand on le
croit frit !

— Tenez, mon commandant, dit Beau-pied, voici
les papiers du brigand.

— Oh ! oh ! s'écria La-clef-des-cœurs, venez donc
voir ce fantassin du bon Dieu qui a des couleurs sur
l'estomac ?

Hulot et quelques soldats vinrent entourer le corps
entièrement nu du Chouan, et ils aperçurent sur sa

poitrine une espèce de tatouage de couleur bleuâtre qui représentait un cœur enflammé. C'était le signe de ralliement des initiés de la confrérie du *Sacré-Cœur*. Au-dessous de cette image Hulot put lire : *Marie Lambrequin*, sans doute le nom du Chouan.

— Tu vois bien, La-clef-des-cœurs ! dit Beau-pied. Eh ! bien, tu resterais cent décades sans deviner à quoi sert ce fourniment-là.

— Est-ce que je me connais aux uniformes du pape ! répliqua La-clef-des-cœurs.

— Méchant pousse-caillou, tu ne t'instruiras donc jamais ! reprit Beau-pied. Comment ne vois-tu pas qu'on a promis à ce coco-là qu'il ressusciterait, et qu'il s'est peint le gésier pour se reconnaître.

A cette saillie, qui n'était pas sans fondement, Hulot lui-même ne put s'empêcher de partager l'hilarité générale. En ce moment Merle avait achevé de faire ensevelir les morts, et les blessés avaient été, tant bien que mal, arrangés dans deux charrettes par leurs camarades. Les autres soldats, rangés d'eux-mêmes sur deux files le long de ces ambulances improvisées, descendaient le revers de la montagne qui regarde le Maine, et d'où l'on aperçoit la belle vallée de La Pellerine, rivale de celle du Couesnon. Hulot, accompagné de ses deux amis, Merle et Gérard, suivit alors lentement ses soldats, en souhaitant d'arriver sans malheur à Ernée, où les blessés devaient trouver des secours. Ce combat, presque ignoré au milieu des grands événements qui se préparaient en France, prit le nom du lieu où il fut livré. Cependant il obtint quelque attention dans l'Ouest, dont les habitants occupés de cette seconde prise d'armes y remarquèrent un changement dans la manière dont les Chouans recommençaient la guerre. Autrefois ces gens-là n'eussent pas attaqué des détachements si considérables. Selon les conjectures de Hulot, le jeune royaliste qu'il avait aperçu devait être le Gars, nouveau général envoyé en France par les princes, et qui, selon la coutume des chefs royalistes, cachait son titre et son nom sous un de ces sobriquets appelés *noms de guerre*.

Cette circonstance rendait le commandant aussi inquiet après sa victoire qu'au moment où il soupçonna l'embuscade, il se retourna à plusieurs reprises pour contempler le plateau de La Pellerine qu'il laissait derrière lui, et d'où arrivait encore, par intervalles, le son étouffé des tambours de la garde nationale qui descendait dans la vallée de Couesnon en même temps que les Bleus descendaient dans la vallée de La Pellerine.

— Y a-t-il un de vous, dit-il brusquement à ses deux amis, qui puisse deviner le motif de l'attaque des Chouans ? Pour eux, les coups de fusil sont un commerce, et je ne vois pas encore ce qu'ils gagnent à ceux-ci. Ils auront au moins perdu cent hommes, et nous, ajouta-t-il en retroussant sa joue droite et clignant des yeux pour sourire, nous n'en avons pas perdu soixante. Tonnerre de Dieu ! je ne comprends pas la spéculation. Les drôles pouvaient bien se dispenser de nous attaquer, nous aurions passé comme des lettres à la poste, et je ne vois pas à quoi leur a servi de trouer nos hommes. Et il montra par un geste triste les deux charrettes de blessés. — Ils auront peut-être voulu nous dire bonjour, ajouta-t-il.

— Mais, mon commandant, ils y ont gagné nos cent cinquante serins, répondit Merle.

— Les réquisitionnaires auraient sauté comme des grenouilles dans le bois que nous ne serions pas allés les y repêcher, surtout après avoir essuyé une bordée, répliqua Hulot. — Non, non, reprit-il, il y a quelque chose là-dessous. Il se retourna encore vers La Pellerine.

— Tenez, s'écria-t-il, voyez ?

Quoique les trois officiers fussent déjà éloignés de ce fatal plateau, leurs yeux exercés reconnurent facilement Marche-à-terre et quelques Chouans qui l'occupaient de nouveau.

— Allez au pas accéléré ! cria Hulot à sa troupe, ouvrez le compas et faites marcher vos chevaux plus vite que ça. Ont-ils les jambes gelées ? Ces bêtes-là seraient-elles aussi des Pitt et Cobourg ?

Ces paroles imprimèrent à la petite troupe un mouvement rapide.

— Quant au mystère dont l'obscurité me paraît difficile à percer, Dieu veuille, mes amis, dit-il aux deux officiers, qu'il ne se débrouille point par des coups de fusil à Ernée. J'ai bien peur d'apprendre que la route de Mayenne nous est encore coupée par les sujets du roi.

Le problème de stratégie qui hérissait la moustache du commandant Hulot ne causait pas, en ce moment, une moins vive inquiétude aux gens qu'il avait aperçus sur le sommet de La Pellerine. Aussitôt que le bruit du tambour de la garde nationale fougeraise n'y retentit plus, et que Marche-à-terre eut aperçu les Bleus au bas de la longue rampe qu'ils avaient descendue, il fit entendre gaiement le cri de la chouette et les Chouans reparurent, mais moins nombreux. Plusieurs d'entre eux étaient sans doute occupés à placer les blessés dans le village de La Pellerine, situé sur le revers de la montagne qui regarde la vallée de Couesnon. Deux ou trois chefs des Chasseurs du Roi vinrent auprès de Marche-à-terre. A quatre pas d'eux, le jeune noble, assis sur une roche de granit, semblait absorbé dans les nombreuses pensées excitées par les difficultés que son entreprise présentait déjà. Marche-à-terre fit avec sa main une espèce d'auvent au-dessus de son front pour se garantir les yeux de l'éclat du soleil, et contempla tristement la route que suivaient les Républicains à travers la vallée de La Pellerine. Ses petits yeux noirs et perçants essayaient de découvrir ce qui se passait sur l'autre rampe, à l'horizon de la vallée.

— Les Bleus vont intercepter le courrier, dit d'une voix farouche celui des chefs qui se trouvait le plus près de Marche-à-terre.

— Par sainte Anne d'Auray ! reprit un autre, pourquoi nous as-tu fait battre ? Était-ce pour sauver ta peau ?

Marche-à-terre lança sur le questionneur un regard comme venimeux et frappa le sol de sa lourde carabine.

— Suis-je le chef ? demanda-t-il. Puis après une pause : — Si vous vous étiez battus tous comme moi, pas un de ces Bleus-là n'aurait échappé, reprit-il en montrant les restes du détachement de Hulot. Peut-être, la voiture serait-elle alors arrivée jusqu'ici.

— Crois-tu, reprit un troisième, qu'ils penseraient à l'escorter ou à la retenir, si nous les avions laissé passer tranquillement ? Tu as voulu sauver ta peau de chien, parce que tu ne croyais pas les Bleus en route. — Pour la santé de son groin, ajouta l'orateur en se tournant vers les autres, il nous a fait saigner, et nous perdrons encore vingt mille francs de bon or...

— Groin toi-même ! s'écria Marche-à-terre en se reculant de trois pas et ajustant son agresseur. Ce n'est pas les Bleus que tu hais, c'est l'or que tu aimes. Tiens, tu mourras sans confession, vilain damné, qui n'as pas communié cette année.

Cette insulte irrita le Chouan au point de le faire pâlir, et un sourd grognement sortit de sa poitrine pendant qu'il se mit en mesure d'ajuster Marche-à-terre. Le jeune chef s'élança entre eux, il leur fit tomber les armes des mains en frappant leurs carabines avec le canon de la sienne ; puis il demanda l'explication de cette dispute, car la conversation avait été tenue en bas-breton, idiome qui ne lui était pas très familier.

— Monsieur le marquis, dit Marche-à-terre en achevant son discours, c'est d'autant plus mal à eux de m'en vouloir que j'ai laissé en arrière Pille-miche qui saura peut-être sauver la voiture des griffes des voleurs.

Et il montra les Bleus qui, pour ces fidèles serviteurs de l'Autel et du Trône étaient tous les assassins de Louis XVI et des brigands.

— Comment ! s'écria le jeune homme en colère, c'est donc pour arrêter une voiture que vous restez encore ici, lâches qui n'avez pu remporter une victoire dans le premier combat où j'ai commandé ! Mais comment triompherait-on avec de semblables intentions ? Les défenseurs de Dieu et du Roi sont-ils donc des pillards ? Par sainte Anne d'Auray ! nous avons à faire la guerre à la République et non aux diligences. Ceux qui désormais se rendront coupables d'attaques si honteuses ne recevront pas l'absolution et ne profiteront pas des faveurs réservées aux braves serviteurs du Roi.

Un sourd murmure s'éleva du sein de cette troupe. Il était facile de voir que l'autorité du nouveau chef, si difficile à établir sur ces hordes indisciplinées, allait être compromise. Le jeune homme, auquel ce mouvement n'avait pas échappé, cherchait déjà à sauver l'honneur du commandement, lorsque le trot d'un cheval retentit au milieu du silence. Toutes les têtes se tournèrent dans la direction présumée du personnage qui survenait. C'était une jeune femme assise en travers sur un petit cheval breton, qu'elle mit au galop pour arriver promptement auprès de la troupe des Chouans en y apercevant le jeune homme.

— Qu'avez-vous donc ? demanda-t-elle en regardant tour à tour les Chouans et leur chef.

— Croiriez-vous, madame, qu'ils attendent la correspondance de Mayenne à Fougères, dans l'intention de la piller, quand nous venons d'avoir, pour délivrer nos gars de Fougères, une escarmouche qui nous a coûté beaucoup d'hommes sans que nous ayons pu détruire les Bleus.

— Eh ! bien, où est le mal ? demanda la jeune dame à laquelle un tact naturel aux femmes révéla le secret de la scène. Vous avez perdu des hommes, nous n'en manquerons jamais. Le courrier porte de l'argent, et nous en manquerons toujours ! Nous enterrerons nos hommes qui iront au ciel, et nous prendrons l'argent qui ira dans les poches de tous ces braves gens. Où est la difficulté !

Les Chouans approuvèrent ce discours par des sourires unanimes.

— N'y a-t-il donc rien là-dedans qui vous fasse rougir ? demanda le jeune homme à voix basse. Êtes-vous donc dans un tel besoin d'argent qu'il vous faille en prendre sur les routes ?

— J'en suis tellement affamée, marquis, que je mettrais, je crois, mon cœur en gage s'il n'était pas pris, dit-elle en lui souriant avec coquetterie. Mais d'où venez-vous donc, pour croire que vous vous servirez des Chouans sans leur laisser piller par-ci par-là quelques Bleus ? Ne savez-vous pas le proverbe : *Voleur comme une chouette*. Or, qu'est-ce qu'un Chouan ? D'ailleurs, dit-elle en élevant la voix, n'est-ce pas une action juste ? Les Bleus n'ont-ils pas pris tous les biens de l'Église et les nôtres ?

Un autre murmure, bien différent du grognement par lequel les Chouans avaient répondu au marquis, accueillit ces paroles. Le jeune homme, dont le front se rembrunissait, prit alors la jeune dame à part et lui dit avec la vive bouderie d'un homme bien élevé :
— Ces messieurs viendront-ils à la Vivetière au jour fixé ?

— Oui, dit-elle, tous, l'Intimé, Grand-Jacques et peut-être Ferdinand.

— Permettez donc que j'y retourne ; car je ne saurais sanctionner de tels brigandages par ma présence. Oui, madame, j'ai dit brigandage. Il y a de la noblesse à être volé, mais...

— Eh ! bien, dit-elle en l'interrompant, j'aurai votre part, et je vous remercie de me l'abandonner. Ce surplus de prise me fera grand bien. Ma mère a tellement tardé à m'envoyer de l'argent que je suis au désespoir.

— Adieu, s'écria le marquis.

Et il disparut ; mais la jeune dame courut vivement après lui.

— Pourquoi ne restez-vous pas avec moi ? demanda-t-elle en lui lança le regard à demi despotique, à demi caressant par lequel les femmes qui ont des droits au respect d'un homme savent si bien exprimer leurs désirs.

— N'allez-vous pas piller la voiture ?

— Piller ? reprit-elle, quel singulier terme ! Laissez-moi vous expliquer...

— Rien, dit-il en lui prenant les mains et en les lui

baisant avec la galanterie superficielle d'un courtisan.
— Écoutez-moi, reprit-il après une pause, si je
demeurais là pendant la capture de cette diligence, nos
gens me tueraient, car je les...

— Vous ne les tueriez pas, reprit-elle vivement, car
ils vous lieraient les mains avec les égards dus à votre
rang ; et, après avoir levé sur les Républicains une
contribution nécessaire à leur équipement, à leur
subsistance, à des achats de poudre, ils vous obéiraient
aveuglément.

— Et vous voulez que je commande ici ? Si ma vie
est nécessaire à la cause que je défends, permettez-moi
de sauver l'honneur de mon pouvoir. En me retirant,
je puis ignorer cette lâcheté. Je reviendrai pour vous
accompagner.

Et il s'éloigna rapidement. La jeune dame écouta le
bruit des pas avec un sensible déplaisir. Quand le
bruissement des feuilles séchées eut insensiblement
cessé, elle resta comme interdite, puis elle revint en
grande hâte vers les Chouans. Elle laissa brusquement
échapper un geste de dédains, et dit à Marche-à-terre,
qui l'aidait à descendre de cheval : — Ce jeune
homme-là voudrait pouvoir faire une guerre régulière
à la République !... ah ! bien, encore quelques jours,
et il changera d'opinion. — Comme il m'a traitée, se
dit-elle après une pause.

Elle s'assit sur la roche qui avait servi de siège au
marquis, et attendit en silence l'arrivée de la voiture.
Ce n'était pas un des moindres phénomènes de
l'époque que cette jeune dame noble jetée par de
violentes passions dans la lutte des monarchies contre
l'esprit du siècle, et poussée par la vivacité de ses
sentiments à des actions dont pour ainsi dire elle
n'était pas complice ; semblable en cela à tant d'autres
qui furent entraînées par une exaltation souvent fertile
en grandes choses. Comme elle, beaucoup de femmes
jouèrent des rôles ou héroïques ou blâmables dans
cette tourmente. La cause royaliste ne trouva pas
d'émissaires ni plus dévoués ni plus actifs que ces
femmes, mais aucune des héroïnes de ce parti ne paya

les erreurs du dévouement, ou le malheur de ces situations interdites à leur sexe, par une expiation aussi terrible que le fut le désespoir de cette dame, lorsque, assise sur le granit de la route, elle ne put refuser son admiration au noble dédain et à la loyauté du jeune chef. Insensiblement, elle tomba dans une profonde rêverie. D'amers souvenirs lui firent désirer l'innocence de ses premières années et regretter de n'avoir pas été une victime de cette révolution dont la marche, alors victorieuse, ne pouvait pas être arrêtée par de si faibles mains.

La voiture qui entrait pour quelque chose dans l'attaque des Chouans avait quitté la petite ville d'Ernée quelques instants avant l'escarmouche des deux partis. Rien ne peint mieux un pays que l'état de son matériel social. Sous ce rapport, cette voiture mérite une mention honorable. La Révolution elle-même n'eut pas le pouvoir de la détruire, elle roule encore de nos jours. Lorsque Turgot remboursa le privilège qu'une compagnie obtint sous Louis XIV de transporter exclusivement les voyageurs par tout le royaume, et qu'il institua les entreprises nommées *les turgotines*, les vieux carrosses des sieurs de Vouges, Chanteclaire et veuve Lacombe refluèrent dans les provinces. Une de ces mauvaises voitures établissait donc la communication entre Mayenne et Fougères. Quelques entêtés l'avaient jadis nommée, par anti-phrase, *la turgotine*, pour singer Paris ou en haine d'un ministre qui tentait des innovations. Cette turgotine était un méchant cabriolet à deux roues très hautes, au fond duquel deux personnes un peu grasses auraient difficilement tenu. L'exiguïté de cette frêle machine ne permettant pas de la charger beaucoup, et le coffre qui formait le siège étant exclusivement réservé au service de la poste, si les voyageurs avaient quelque bagage, ils étaient obligés de le garder entre leurs jambes déjà torturées dans une petite caisse que sa forme faisait assez ressembler à un soufflet. Sa couleur primitive et celle des roues fournissait aux voyageurs une insoluble énigme. Deux rideaux de cuir, peu

maniables malgré de longs service, devaient protéger
les patients contre le froid et la pluie. Le conducteur,
assis sur une banquette semblable à celle des plus
mauvais coucous parisiens, participait forcément à la
conversation par la manière dont il était placé entre ses
victimes bipèdes et quadrupèdes. Cet équipage offrait
de fantastiques similitudes avec ces vieillards décrépits
qui ont essuyé bon nombre de catarrhes, d'apoplexies,
et que la mort semble respecter, il geignait en
marchant, il criait par moments. Semblable à un
voyageur pris par un lourd sommeil, il se penchait
alternativement en arrière et en avant, comme s'il eût
essayé de résister à l'action violente de deux petits
chevaux bretons qui le traînaient sur une route
passablement raboteuse. Ce monument d'un autre âge
contenait trois voyageurs qui, à la sortie d'Ernée, où
l'on avait relayé, continuèrent avec le conducteur une
conversation entamée avant le relais.

— Comment voulez-vous que les Chouans se soient
montrés par ici ? disait le conducteur. Ceux d'Ernée
viennent de me dire que le commandant Hulot n'a pas
encore quitté Fougères.

— Oh ! oh ! l'ami, lui répondit le moins âgé des
voyageurs, tu ne risques que ta carcasse ! Si tu avais,
comme moi, trois cents écus sur toi, et que tu fusses
connu pour être un bon patriote, tu ne serais pas si
tranquille.

— Vous êtes en tout cas bien bavard, répondit le
conducteur en hochant la tête.

— Brebis comptées, le loup les mange, reprit le
second personnage.

Ce dernier, vêtu de noir, paraissait avoir une
quarantaine d'années et devait être quelque recteur
des environs. Son menton s'appuyait sur un double
étage, et son teint fleuri devait appartenir à l'ordre
ecclésiastique. Quoique gros et court, il déployait une
certaine agilité chaque fois qu'il fallait descendre de
voiture ou y remonter.

— Seriez-vous des Chouans ? s'écria l'homme aux
trois cents écus dont l'opulente peau de bique couvrait

un pantalon de bon drap et une veste fort propre qui annonçaient quelque riche cultivateur. Par l'âme de saint Robespierre, je jure que vous seriez mal reçus.

Puis, il promena ses yeux gris du conducteur au voyageur, en leur montrant deux pistolets à sa ceinture.

— Les Bretons n'ont pas peur de cela, dit avec dédain le recteur. D'ailleurs avons-nous l'air d'en vouloir à votre argent ?

Chaque fois que le mot argent était prononcé, le conducteur devenait taciturne, et le recteur avait précisément assez d'esprit pour douter que le patriote eût des écus et pour croire que leur guide en portait.

— Es-tu chargé aujourd'hui, Coupiau ? demanda l'abbé.

— Oh ! monsieur Gudin, je n'ai quasiment *rin*, répondit le conducteur.

L'abbé Gudin ayant interrogé la figure du patriote et celle de Coupiau, les trouva, pendant cette réponse, également imperturbables.

— Tant mieux pour toi, répliqua le patriote, je pourrai prendre alors mes mesures pour sauver mon avoir en cas de malheur.

Une dictature si despotiquement réclamée révolta Coupiau, qui reprit brutalement : — Je suis le maître de ma voiture, et pourvu que je vous conduise...

— Es-tu patriote, es-tu Chouan ? lui demanda vivement son adversaire en l'interrompant.

— Ni l'un ni l'autre, lui répondit Coupiau. Je suis postillon, et Breton qui plus est ; partant, je ne crains ni les Bleus ni les gentilshommes.

— Tu veux dire les gens-pille-hommes, reprit le patriote avec ironie.

— Ils ne font que reprendre ce qu'on leur a ôté, dit vivement le recteur.

Les deux voyageurs se regardèrent, s'il est permis d'emprunter ce terme à la conversation, jusque dans le blanc des yeux. Il existait au fond de la voiture un troisième voyageur qui gardait, au milieu de ces débats, le plus profond silence. Le conducteur, le patriote et même Gudin ne faisaient aucune attention à ce muet personnage. C'était en effet un de ces voyageurs incommodes et peu sociables qui sont dans une voiture comme un veau résigné que l'on mène, les pattes liées, au marché voisin. Ils commencent par s'emparer de toute leur place légale, et finissent par dormir sans aucun respect humain sur les épaules de leurs voisins. Le patriote, Gudin et le conducteur l'avaient donc laissé à lui-même sur la foi de son sommeil, après s'être aperçus qu'il était inutile de parler à un homme dont la figure pétrifiée annonçait une vie passée à mesurer des aunes de toiles et une intelligence occupée à les vendre tout bonnement plus cher qu'elles ne coûtaient. Ce gros petit homme, pelotonné dans son coin, ouvrait de temps en temps ses petits yeux d'un bleu-faïence, et les avait successivement portés sur chaque interlocuteur avec des expressions d'effroi, de doute et de défiance pendant cette discussion. Mais il paraissait ne craindre que ses compagnons de voyage et se soucier fort peu des Chouans. Quand il regardait le conducteur, on eût dit de deux francs-maçons. En ce moment la fusillade de La Pellerine commença. Coupiau, déconcerté, arrêta sa voiture.

— Oh! oh! dit l'ecclésiastique qui paraissait s'y connaître, c'est un engagement sérieux, il y a beaucoup de monde.

— L'embarrassant, monsieur Gudin, est de savoir qui l'emportera? s'écria Coupiau.

Cette fois les figures furent unanimes dans leur anxiété.

— Entrons la voiture, dit le patriote, dans cette auberge là-bas, et nous l'y cacherons en attendant le résultat de la bataille.

Cet avis parut si sage que Coupiau s'y rendit. Le patriote aida le conducteur à cacher la voiture à tous les regards, derrière un tas de fagots. Le prétendu recteur saisit une occasion de dire tout bas à Coupiau :

— Est-ce qu'il aurait réellement de l'argent?

— Hé! monsieur Gudin, si ce qu'il en a entrait

dans les poches de Votre Révérence, elles ne seraient pas lourdes.

Les Républicains, pressés de gagner Ernée, passèrent devant l'auberge sans y entrer. Au bruit de leur marche précipitée, Gudin et l'aubergiste stimulés par la curiosité avancèrent sur la porte de la cour pour les voir. Tout à coup le gros ecclésiastique courut à un soldat qui restait en arrière.

— Eh! bien, Gudin! s'écria-t-il, entêté, tu vas donc avec les Bleus. Mon enfant, y penses-tu?

— Oui, mon oncle, répondit le caporal. J'ai juré de défendre la France.

— Eh! malheureux, tu perds ton âme! dit l'oncle en essayant de réveiller chez son neveu les sentiments religieux si puissants dans le cœur des Bretons.

— Mon oncle, si le Roi s'était mis à la tête de ses armées, je ne dis pas que...

— Eh! imbécile, qui te parle du Roi? Ta République donne-t-elle des abbayes? Elle a tout renversé. A quoi veux-tu parvenir? Reste avec nous, nous triompherons, un jour ou l'autre, et tu deviendras conseiller à quelque parlement.

— Des parlements [27]?... dit Gudin d'un ton moqueur. Adieu, mon oncle.

— Tu n'auras pas de moi trois louis vaillant, dit l'oncle en colère. Je te déshérite!

— Merci, dit le Républicain.

Ils se séparèrent. Les fumées du cidre versé par le patriote à Coupiau pendant le passage de la petite troupe avaient réussi à obscurcir l'intelligence du conducteur; mais il se réveilla tout joyeux quand l'aubergiste, après s'être informé du résultat de la lutte, annonça que les Bleus avaient eu l'avantage. Coupiau remit alors en route sa voiture qui ne tarda pas à se montrer au fond de la vallée de La Pellerine où il était facile de l'apercevoir et des plateaux du Maine et de ceux de la Bretagne, semblable à un débris de vaisseau qui nage sur les flots après une tempête.

Arrivé sur le sommet d'une côte que les Bleus gravissaient alors et d'où l'on apercevait encore La

Pellerine dans le lointain, Hulot se retourna pour voir
si les Chouans y séjournaient toujours ; le soleil, qui
faisait reluire les canons de leurs fusils, les lui indiqua
comme des points brillants. En jetant un dernier
regard sur la vallée qu'il allait quitter pour entrer dans
celle d'Ernée, il crut distinguer sur la grande route
l'équipage de Coupiau.

— N'est-ce pas la voiture de Mayenne ? demanda-
t-il à ses deux amis.

Les deux officiers, qui dirigèrent leurs regards sur
la vieille turgotine, la reconnurent parfaitement.

— Hé ! bien, dit Hulot, comment ne l'avons-nous
pas rencontrée ?

Ils se regardèrent en silence.

— Voilà encore une énigme ? s'écria le commandant. Je commence à entrevoir la vérité cependant.

En ce moment Marche-à-terre, qui reconnaissait
aussi la turgotine, la signala à ses camarades, et les
éclats d'une joie générale tirèrent la jeune dame de sa
rêverie. L'inconnue s'avança et vit la voiture qui
s'approchait du revers de La Pellerine avec une fatale
rapidité. La malheureuse turgotine arriva bientôt sur
le plateau. Les Chouans, qui s'y étaient cachés de
nouveau, fondirent alors sur leur proie avec une avide
célérité. Le voyageur muet se laissa couler au fond de
la voiture et se blottit soudain en cherchant à garder
l'apparence d'un ballot.

— Ah ! bien, s'écria Coupiau de dessus son siège en
leur désignant le paysan, vous avez senti le patriote
que voilà, car il a de l'or, un plein sac !

Les Chouans accueillirent ces paroles par un éclat
de rire général et s'écrièrent : — Pille-miche ! Pille-
miche ! Pille-miche !

Au milieu de ce rire, auquel Pille-miche lui-même
répondit comme un écho, Coupiau descendit tout
honteux de son siège. Lorsque le fameux Cibot, dit
Pille-miche, aida son voisin à quitter la voiture, il
s'éleva un murmure de respect.

— C'est l'abbé Gudin ! crièrent plusieurs hommes.

A ce nom respecté, tous les chapeaux furent ôtés,

les Chouans s'agenouillèrent devant le prêtre et lui demandèrent sa bénédiction, que l'abbé leur donna gravement.

— Il tromperait saint Pierre et lui volerait les clefs du paradis, dit le recteur en frappant sur l'épaule de Pille-miche. Sans lui, les Bleus nous interceptaient.

Mais, en apercevant la jeune dame, l'abbé Gudin alla s'entretenir avec elle à quelques pas de là. Marche-à-terre, qui avait ouvert lestement le coffre du cabriolet, fit voir avec une joie sauvage un sac dont la forme annonçait des rouleaux d'or. Il ne resta pas longtemps à faire les parts. Chaque Chouan reçut de lui son contingent avec une telle exactitude, que ce partage n'excita pas la moindre querelle. Puis il s'avança vers la jeune dame et le prêtre, en leur présentant six mille francs environ.

— Puis-je accepter en conscience, monsieur Gudin? dit-elle en sentant le besoin d'une approbation.

— Comment donc, madame? l'Eglise n'a-t-elle pas autrefois approuvé la confiscation du bien des Protestants; à plus forte raison, celles des Révolutionnaires qui renient Dieu, détruisent les chapelles et persécutent la religion. L'abbé Gudin joignit l'exemple à la prédication, en acceptant sans scrupule la dîme de nouvelle espèce que lui offrait Marche-à-terre. — Au reste, ajouta-t-il, je puis maintenant consacrer tout ce que je possède à la défense de Dieu et du Roi. Mon neveu part avec les Bleus!

Coupiau se lamentait et criait qu'il était ruiné.

— Viens avec nous, lui dit Marche-à-terre, tu auras ta part.

— Mais on croira que j'ai fait exprès de me laisser voler, si je reviens sans avoir essuyé de violence.

— N'est-ce que ça?... dit Marche-à-terre.

Il fit un signal, et une décharge cribla la turgotine. A cette fusillade imprévue, la vieille voiture poussa un cri si lamentable, que les Chouans, naturellement superstitieux, reculèrent d'effroi; mais Marche-à-terre avait vu sauter et retomber dans un coin de la caisse la figure pâle du voyageur taciturne.

— Tu as encore une volaille dans ton poulailler, dit tout bas Marche-à-terre à Coupiau.

Pille-miche, qui comprit la question, cligna des yeux en signe d'intelligence.

— Oui, répondit le conducteur ; mais je mets pour condition à mon enrôlement avec vous autres, que vous me laisserez conduire ce brave homme sain et sauf à Fougères. Je m'y suis engagé au nom de la sainte d'Auray.

— Qui est-ce ? demanda Pille-miche.

— Je ne puis pas vous le dire, répondit Coupiau.

— Laisse-le donc ! reprit Marche-à-terre en poussant Pille-miche par le coude, il a juré par Sainte-Anne d'Auray, faut qu'il tienne ses promesses.

— Mais, dit le Chouan en s'adressant à Coupiau, ne descends pas trop vite la montagne, nous allons te rejoindre, et pour cause. Je veux voir le museau de ton voyageur, et nous lui donnerons un passeport.

En ce moment on entendit le galop d'un cheval dont le bruit se rapprochait vivement de La Pellerine. Bientôt le jeune chef apparut. La dame cacha promptement le sac qu'elle tenait à la main.

— Vous pouvez garder cet argent sans scrupule, dit le jeune homme en ramenant en avant le bras de la dame. Voici une lettre que j'ai trouvée pour vous parmi celles qui m'attendaient à la Vivetière, elle est de madame votre mère. Après avoir tour à tour regardé les Chouans qui regagnaient le bois, et la voiture qui descendait la vallée du Couesnon, il ajouta : — Malgré ma diligence, je ne suis pas arrivé à temps. Fasse le ciel que je me sois trompé dans mes soupçons !

— C'est l'argent de ma pauvre mère, s'écria la dame après avoir décacheté la lettre dont les premières lignes lui arrachèrent cette exclamation.

Quelques rires étouffés retentirent dans le bois. Le jeune homme lui-même ne put s'empêcher de sourire en voyant la dame gardant à la main le sac qui renfermait sa part dans le pillage de son propre argent. Elle-même se mit à rire.

— Eh! bien, marquis, Dieu soit loué! pour cette fois je m'en tire sans blâme, dit-elle au chef.

— Vous mettez donc de la légèreté en toute chose, même dans vos remords?... dit le jeune homme.

Elle rougit et regarda le marquis avec une contrition si véritable, qu'il en fut désarmé. L'abbé rendit poliment, mais d'un air équivoque, la dîme qu'il venait d'accepter; puis il suivit le jeune chef qui se dirigeait vers le chemin détourné par lequel il était venu. Avant de les rejoindre, la jeune dame fit un signe à Marche-à-terre, qui vint près d'elle.

— Vous vous porterez en avant de Mortagne[28], lui dit-elle à voix basse. Je sais que les Bleus doivent envoyer incessamment à Alençon une forte somme en numéraire pour subvenir aux préparatifs de la guerre. Si j'abandonne à tes camarades la prise d'aujourd'hui, c'est à condition qu'ils sauront m'en indemniser. Surtout que le Gars ne sache rien du but de cette expédition, peut-être s'y opposerait-il; mais, en cas de malheur, je l'adoucirai.

— Madame, dit le marquis, sur le cheval duquel elle se mit en croupe en abandonnant le sien à l'abbé, nos amis de Paris m'écrivent de prendre garde à nous. La République veut essayer de nous combattre par la ruse et par la trahison.

— Ce n'est pas trop mal, répondit-elle. Ils ont d'assez bonnes idées, ces gens-là! Je pourrai prendre part à la guerre et trouver des adversaires.

— Je le crois, s'écria le marquis. Pichegru m'engage à être scrupuleux et circonspect dans mes amitiés de toute espèce. La République me fait l'honneur de me supposer plus dangereux que tous les Vendéens ensemble, et compte sur mes faiblesses pour s'emparer de ma personne.

— Vous défieriez-vous de moi? dit-elle en lui frappant le cœur avec la main par laquelle elle se cramponnait à lui.

— Seriez-vous là?... madame, dit-il en tournant vers elle son front qu'elle embrassa.

— Ainsi, reprit l'abbé, la police de Fouché sera

plus dangereuse pour nous que ne le sont les bataillons mobiles et les contre-Chouans.

— Comme vous le dites, mon révérend.

— Ha! ha! s'écria la dame, Fouché va donc envoyer des femmes contre vous?... je les attends, ajouta-t-elle d'un son de voix profond et après une légère pause.

A trois ou quatre portées de fusil du plateau désert que les chefs abandonnaient, il se passait une de ces scènes qui, pendant quelque temps encore, devinrent assez fréquentes sur les grandes routes. Au sortir du petit village de La Pellerine, Pille-miche et Marche-à-terre avaient arrêté de nouveau la voiture dans un enfoncement du chemin. Coupiau était descendu de son siège après une molle résistance. Le voyageur taciturne, exhumé de sa cachette par les deux Chouans, se trouvait agenouillé dans un genêt.

— Qui es-tu? lui demanda Marche-à-terre d'une voix sinistre.

Le voyageur gardait le silence, lorsque Pille-miche recommença la question en lui donnant un coup de crosse.

— Je suis, dit-il alors en jetant un regard sur Coupiau, Jacques Pinaud, un pauvre marchand de toile.

Coupiau fit un signe négatif, sans croire enfreindre ses promesses. Ce signe éclaira Pille-miche, qui ajusta le voyageur, pendant que Marche-à-terre lui signifia catégoriquement ce terrible ultimatum : — Tu es trop gras pour avoir les soucis des pauvres! Si tu te fais encore demander une fois ton véritable nom, voici mon ami Pille-miche qui par un seul coup de fusil acquerra l'estime et la reconnaissance de tes héritiers. — Qui es-tu? ajouta-t-il après une pause.

— Je suis d'Orgemont de Fougères.

— Ah! ah! s'écrièrent les deux Chouans.

— Ce n'est pas moi qui vous ai nommé, monsieur d'Orgemont, dit Coupiau. La sainte Vierge m'est témoin que je vous ai bien défendu.

— Puisque vous êtes monsieur d'Orgemont de

Fougères, reprit Marche-à-terre d'un air respectueusement ironique, nous allons vous laisser aller bien tranquillement. Mais comme vous n'êtes ni un bon Chouan, ni un vrai Bleu, quoique ce soit vous qui ayez acheté les biens de l'abbaye de Juvigny, vous nous payerez, ajouta le Chouan en ayant l'air de compter ses associés, trois cents écus de six francs pour votre rançon. La neutralité vaut bien cela.

— Trois cents écus de six francs! répétèrent en chœur le malheureux banquier, Pille-miche et Coupiau, mais avec des expressions diverses.

— Hélas! mon cher monsieur, continua d'Orgemont, je suis ruiné. L'emprunt forcé de cent millions fait par cette République du diable, qui me taxe à une somme énorme, m'a mis à sec.

— Combien t'a-t-elle donc demandé, ta République?

— Mille écus, mon cher monsieur, répondit le banquier d'un air piteux en croyant obtenir une remise.

— Si ta République t'arrache des emprunts forcés si considérables, tu vois bien qu'il y a tout à gagner avec nous autres, notre gouvernement est moins cher. Trois cents écus, est-ce donc trop pour ta peau?

— Où les prendrai-je?

— Dans ta caisse, dit Pille-miche. Et que tes écus ne soient pas rognés, ou nous te rognerons les ongles au feu.

— Où vous les paierai-je? demanda d'Orgemont.

— Ta maison de campagne de Fougères n'est pas loin de la ferme de Gibarry, où demeure mon cousin Galope-Chopine, autrement dit le grand Cibot, tu les lui remettras, dit Pille-miche.

— Ce n'est pas régulier, dit d'Orgemont.

— Qu'est-ce que cela nous fait? reprit Marche-à-terre. Songe que, s'ils ne sont pas remis à Galope-Chopine d'ici à quinze jours, nous te rendrons une petite visite qui te guérira de la goutte, si tu l'as aux pieds.

— Quant à toi, Coupiau, reprit Marche-à-terre, ton nom désormais sera *Mène-à-bien*.

A ces mots les deux Chouans s'éloignèrent. Le voyageur remonta dans la voiture, qui, grâce au fouet de Coupiau, se dirigea rapidement vers Fougères.

— Si vous aviez eu des armes, lui dit Coupiau, nous aurions pu nous défendre un peu mieux.

— Imbécile, j'ai dix mille francs là, reprit d'Orgemont en montrant ses gros souliers. Est-ce qu'on peut se défendre avec une si forte somme sur soi ?

Mène-à-bien se gratta l'oreille et regarda derrière lui, mais ses nouveaux camarades avaient complètement disparu.

Hulot et ses soldats s'arrêtèrent à Ernée pour déposer les blessés à l'hôpital de cette petite ville ; puis, sans que nul événement fâcheux interrompît la marche des troupes républicaines, elles arrivèrent à Mayenne. Là le commandant put, le lendemain, résoudre tous ses doutes relativement à la marche du messager ; car le lendemain, les habitants apprirent le pillage de la voiture. Peu de jours après, les autorités dirigèrent sur Mayenne assez de conscrits patriotes pour que Hulot pût y remplir le cadre de sa demi-brigade. Bientôt se succédèrent des ouï-dire peu rassurants sur l'insurrection. La révolte était complète sur tous les points où, pendant la dernière guerre, les Chouans et les Vendéens avaient établi les principaux foyers de cet incendie [29]. En Bretagne, les royalistes s'étaient rendus maîtres de Pontorson, afin de se mettre en communication avec la mer. La petite ville de Saint-James, située entre Pontorson et Fougères, avait été prise par eux, et ils paraissaient vouloir en faire momentanément leur place d'armes, le centre de leurs magasins ou de leurs opérations. De là, ils pouvaient correspondre sans danger avec la Normandie et le Morbihan. Les chefs subalternes parcouraient ces trois pays pour y soulever les partisans de la monarchie et arriver à mettre de l'ensemble dans leur entreprise. Ces menées coïncidaient avec les nouvelles de la Vendée, où des intrigues semblables agitaient la contrée, sous l'influence de quatre chefs célèbres, messieurs l'abbé Vernal, le comte de Fontaine, de

Châtillon et Suzannet. Le chevalier de Valois, le marquis d'Esgrignon et les Troisville[30] étaient, disait-on, leurs correspondants dans le département de l'Orne. Le chef du vaste plan d'opérations qui se déroulait lentement, mais d'une manière formidable, était réellement le Gars, surnom donné par les Chouans à monsieur le marquis de Montauran, lors de son débarquement. Les renseignements transmis aux ministres par Hulot se trouvaient exacts en tout point. L'autorité de ce chef envoyé du dehors avait été aussitôt reconnue. Le marquis prenait même assez d'empire sur les Chouans pour leur faire concevoir le véritable but de la guerre et leur persuader que les excès dont ils se rendaient coupables souillaient la cause généreuse qu'ils avaient embrassée. Le caractère hardi, la bravoure, le sang-froid, la capacité de ce jeune seigneur réveillaient les espérances des ennemis de la République et flattaient si vivement la sombre exaltation de ces contrées que les moins zélés coopéraient à y préparer des événements décisifs pour la monarchie abattue. Hulot ne recevait aucune réponse aux demandes et aux rapports réitérés qu'il adressait à Paris. Ce silence étonnant annonçait, sans doute, une nouvelle crise révolutionnaire.

— En serait-il maintenant, disait le vieux chef à ses amis, en fait de gouvernement comme en fait d'argent, met-on néant à toutes les pétitions ?

Mais le bruit du magique retour du général Bonaparte et des événements du Dix-huit Brumaire ne tarda pas à se répandre. Les commandants militaires de l'Ouest comprirent alors le silence des ministres. Néanmoins ces chefs n'en furent que plus impatients d'être délivrés de la responsabilité qui pesait sur eux, et devinrent assez curieux de connaître les mesures qu'allait prendre le nouveau gouvernement. En apprenant que le général Bonaparte avait été nommé premier consul de la République, les militaires éprouvèrent une joie très vive : ils voyaient, pour la première fois, un des leurs arrivant au maniement des affaires. La France, qui avait fait une idole de ce jeune

général, tressaillit d'espérance. L'énergie de la nation
se renouvela. La capitale, fatiguée de sa sombre
attitude, se livra aux fêtes et aux plaisirs desquels elle
était depuis si longtemps sevrée. Les premiers actes
du Consulat ne diminuèrent aucun espoir, et la
Liberté ne s'en effaroucha pas. Le premier consul fit
une proclamation aux habitants de l'Ouest. Les élo-
quentes allocutions adressées aux masses et que Bonaparte avait, pour ainsi dire, inventées, produisaient,
dans ces temps de patriotisme et de miracles, des
effets prodigieux. Sa voix retentissait dans le monde
comme la voix d'un prophète, car aucune de ses
proclamations n'avait encore été démentie par la
victoire.

« Habitants,

« Une guerre impie embrase une seconde fois les
départements de l'Ouest.

« Les artisans de ces troubles sont des traîtres
vendus à l'Anglais ou des brigands qui ne cherchent
dans les discordes civiles que l'aliment et l'impunité
de leurs forfaits.

« A de tels hommes le gouvernement ne doit ni
ménagements ni déclaration de ses principes.

« Mais il est des citoyens chers à la patrie qui ont été
séduits par leurs artifices ; c'est à ces citoyens que sont
dues les lumières et la vérité.

« Des lois injustes ont été promulguées et exécu-
tées ; des actes arbitraires ont alarmé la sécurité des
citoyens et la liberté des consciences ; partout des
inscriptions hasardées sur des listes d'émigrés ont
frappé des citoyens ; enfin de grands principes d'ordre
social ont été violés.

« Les consuls déclarent que la liberté des cultes
étant garantie par la Constitution, la loi du 11 prairial
an III, qui laisse aux citoyens l'usage des édifices
destinés aux cultes religieux, sera exécutée.

« Le gouvernement pardonnera : il fera grâce au
repentir, l'indulgence sera entière et absolue ; mais il

frappera quiconque, après cette déclaration, oserait encore résister à la souveraineté nationale. »

— Eh ! bien, disait Hulot après la lecture publique de ce discours consulaire, est-ce assez paternel ? Vous verrez cependant que pas un brigand royaliste ne changera d'opinion.

Le commandant avait raison. Cette proclamation ne servit qu'à raffermir chacun dans son parti. Quelques jours après, Hulot et ses collègues reçurent des renforts. Le nouveau ministre de la guerre leur manda que le général Brune était désigné pour aller prendre le commandement des troupes dans l'ouest de la France. Hulot, dont l'expérience était connue, eut provisoirement l'autorité dans les départements de l'Orne et de la Mayenne. Une activité inconnue anima bientôt tous les ressorts du gouvernement. Une circulaire du ministre de la Guerre et du ministre de la Police Générale annonça que des mesures vigoureuses confiées aux chefs des commandements militaires avaient été prises pour étouffer l'insurrection *dans son principe*. Mais les Chouans et les Vendéens avaient déjà profité de l'inaction de la République pour soulever les campagnes et s'en emparer entièrement. Aussi, une nouvelle proclamation consulaire fut-elle adressée [31]. Cette fois le général parlait aux troupes.

« Soldats,

« Il ne reste plus dans l'Ouest que des brigands, des émigrés, des stipendiés de l'Angleterre.

« L'armée est composée de plus de soixante mille braves ; que j'apprenne bientôt que les chefs des rebelles ont vécu. La gloire ne s'acquiert que par les fatigues ; si on pouvait l'acquérir en tenant son quartier général dans les grandes villes, qui n'en aurait pas ?...

« Soldats, quel que soit le rang que vous occupiez dans l'armée, la reconnaissance de la nation vous attend. Pour en être dignes, il faut braver l'intempérie des saisons, les glaces, les neiges, le froid excessif des nuits ; surprendre vos ennemis à la pointe du jour et exterminer ces misérables, le déshonneur du nom français.

« Faites une campagne courte et bonne ; soyez inexorables pour les brigands, mais observez une discipline sévère.

« Gardes nationales, joignez les efforts de vos bras à celui des troupes de ligne.

« Si vous connaissez parmi vous des hommes partisans des brigands, arrêtez-les ! Que nulle part ils ne trouvent d'asile contre le soldat qui va les poursuivre ; et s'il était des traîtres qui osassent les recevoir et les défendre, qu'ils périssent avec eux ! »

— Quel compère ! s'écria Hulot, c'est comme à l'armée d'Italie, il sonne la messe et il la dit. Est-ce parler, cela ?

— Oui, mais il parle tout seul et en son nom, dit Gérard, qui commençait à s'alarmer des suites du Dix-huit Brumaire.

— Hé ! sainte guérite, qu'est-ce que cela fait, puisque c'est un militaire, s'écria Merle.

A quelques pas de là, plusieurs soldats s'étaient attroupés devant la proclamation affichée sur le mur. Or, comme pas un d'eux ne savait lire, ils la contemplaient, les uns d'un air insouciant, les autres avec curiosité, pendant que deux ou trois cherchaient parmi les passants un citoyen qui eût la mine d'un savant.

— Vois donc, La-clef-des-cœurs, ce que c'est que ce chiffon de papier-là, dit Beau-pied d'un air goguenard à son camarade.

— C'est bien facile à deviner, répondit La-clef-des-cœurs.

A ces mots, tous regardèrent les deux camarades toujours prêts à jouer leurs rôles.

— Tiens, regarde, reprit La-clef-des-cœurs en montrant en tête de la proclamation une grossière vignette où, depuis peu de jours, un compas remplaçait le niveau de 1793. Cela veut dire qu'il faudra que, nous autres troupiers, nous marchions ferme ! Ils ont mis là un compas toujours ouvert, c'est un emblème.

— Mon garçon, ça ne te va pas de faire le savant, cela s'appelle un problème. J'ai servi d'abord dans l'artillerie, reprit Beau-pied, mes officiers ne mangeaient que de ça.

— C'est un emblème.

— C'est un problème.

— Gageons !

— Quoi !

— Ta pipe allemande !

— Tope !

— Sans vous commander, mon adjudant, n'est-ce pas que c'est un emblème, et non un problème, demanda La-clef-des-cœurs à Gérard, qui, tout pensif, suivait Hulot et Merle.

— C'est l'un et l'autre, répondit-il gravement.

— L'adjudant s'est moqué de nous, reprit Beaupied. Ce papier-là veut dire que notre général d'Italie est passé consul, ce qui est un fameux grade, et que nous allons avoir des capotes et des souliers.

CHAPITRE II

UNE IDÉE DE FOUCHÉ

Vers les derniers jours du mois de brumaire, au moment où, pendant la matinée, Hulot faisait manœuvrer sa demi-brigade, entièrement concentrée à Mayenne par des ordres supérieurs, un exprès venu d'Alençon lui remit des dépêches pendant la lecture desquelles une assez forte contrariété se peignit sur sa figure.

— Allons, en avant ! s'écria-t-il avec humeur en serrant les papiers au fond de son chapeau. Deux compagnies vont se mettre en marche avec moi et se diriger sur Mortagne. Les Chouans y sont.

— Vous m'accompagnerez, dit-il à Merle et à Gérard. Si je comprends un mot à ma dépêche, je veux être fait noble. Je ne suis peut-être qu'une bête, n'importe, en avant ! Il n'y a pas de temps à perdre.

— Mon commandant, qu'y a-t-il donc de si barbare dans cette carnassière-là ! dit Merle en montrant du bout de sa botte l'enveloppe ministérielle de la dépêche.

— Tonnerre de Dieu ! il n'y a rien si ce n'est qu'on nous embête.

Lorsque le commandant laissait échapper cette expression militaire, déjà l'objet d'une réserve, elle annonçait toujours quelque tempête. Les diverses intonations de cette phrase formaient des espèces de degrés qui, pour la demi-brigade, étaient un sûr thermomètre de la patience du chef ; et la franchise de ce vieux soldat en avait rendu la connaissance si facile, que le plus méchant tambour savait bientôt son Hulot par cœur, en observant les variations de la petite grimace par laquelle le commandant retroussait sa joue et clignait des yeux. Cette fois, le ton de la sourde colère par lequel il accompagna ce mot rendit les deux amis silencieux et circonspects. Les marques mêmes de petite vérole qui sillonnaient ce visage guerrier parurent plus profondes et le teint plus brun que de coutume. Sa large queue bordée de tresses étant revenue sur une des épaulettes quand il remit son chapeau à trois cornes, Hulot la rejeta avec tant de fureur que les cadenettes[32] en furent dérangées. Cependant comme il restait immobile, les poings fermés, les bras croisés avec force sur la poitrine, la moustache hérissée, Merle se hasarda à lui demander :

— Part-on sur l'heure ?

— Oui, si les gibernes sont garnies, répondit-il en grommelant.

— Elles le sont.

— Portez arme ! par file à gauche, en avant, marche ! dit Gérard à un geste de son chef.

Et les tambours se mirent en tête des deux compagnies désignées par Gérard. Au son du tambour, le commandant plongé dans ses réflexions parut se réveiller, et il sortit de la ville accompagné de ses deux amis, auxquels il ne dit pas un mot. Merle et Gérard se regardèrent silencieusement à plusieurs reprises comme pour se demander : — Nous tiendra-t-il longtemps rigueur ? Et, tout en marchant, ils jetèrent à la dérobée des regards observateurs sur Hulot qui continuait à dire entre ses dents de vagues paroles. Plusieurs fois ces phrases résonnèrent comme des juriments aux oreilles des soldats ; mais pas un d'eux n'osa souffler mot ; car, dans l'occasion, tous savaient garder la discipline sévère à laquelle étaient habitués les troupiers jadis commandés en Italie par Bonaparte. La plupart d'entre eux étaient comme Hulot, les restes de ces fameux bataillons qui capitulèrent à Mayence sous la promesse de ne pas être employés sur les

frontières, et l'armée les avait nommés les *Mayençais*.
Il était difficile de rencontrer des soldats et des chefs
qui se comprissent mieux.

Le lendemain de leur départ, Hulot et ses deux amis
se trouvaient de grand matin sur la route d'Alençon, à
une lieue environ de cette dernière ville, vers Mortagne, dans la partie du chemin qui côtoie les pâturages arrosés par la Sarthe. Les vues pittoresques de
ces prairies se déployent successivement sur la gauche,
tandis que la droite, flanquée des bois épais qui se
rattachent à la grande forêt de Menil-Broust, forme,
s'il est permis d'emprunter ce terme à la peinture, un
repoussoir aux délicieux aspects de la rivière. Les
bermes du chemin sont encaissées par des fossés dont
les terres sans cesse rejetées sur les champs y produisent de hauts talus couronnés d'*ajoncs*, nom donné
dans tout l'Ouest au genêt épineux. Cet arbuste, qui
s'étale en buissons épais, fournit pendant l'hiver une
excellente nourriture aux chevaux et aux bestiaux ;
mais tant qu'il n'était pas récolté, les Chouans se
cachaient derrière ses touffes d'un vert sombre. Ces
talus et ces ajoncs, qui annoncent au voyageur l'approche de la Bretagne, rendaient donc alors cette
partie de la route aussi dangereuse qu'elle est belle.
Les périls qui devaient se rencontrer dans le trajet de
Mortagne à Alençon et d'Alençon à Mayenne, étaient
la cause du départ de Hulot ; et là, le secret de sa
colère finit par lui échapper. Il escortait alors une
vieille malle traînée par des chevaux de poste que ses
soldats fatigués obligeaient à marcher lentement. Les
compagnies de Bleus appartenant à la garnison de
Mortagne et qui avaient accompagné cette horrible
voiture jusqu'aux limites de leur étape, où Hulot était
venu les remplacer dans ce service, à juste titre
nommé par ses soldats *une scie*[33] patriotique, retour-
naient à Mortagne et se voyaient dans le lointain
comme des points noirs. Une des deux compagnies du
vieux Républicain se tenait à quelques pas en arrière,
et l'autre en avant de cette calèche. Hulot, qui se
trouva entre Merle et Gérard, à moitié chemin de

l'avant-garde et de la voiture, leur dit, tout à coup :

— Mille tonnerres ! croiriez-vous que c'est pour accompagner les deux cotillons qui sont dans ce vieux fourgon que le général nous a détachés de Mayenne ?

— Mais, mon commandant, quand nous avons pris position tout à l'heure auprès des citoyennes, répondit Gérard, vous les avez saluées d'un air qui n'était pas déjà si gauche.

— Hé ! voilà l'infamie. Ces *muscadins* de Paris ne nous recommandent-ils pas les plus grands égards pour leurs damnées femelles ! Peut-on déshonorer de bons et braves patriotes comme nous, en les mettant à la suite d'une jupe. Oh ! moi, je vais droit mon chemin et n'aime pas les zigzags chez les autres. Quand j'ai vu à Danton des maîtresses, à Barras des maîtresses, je leur ai dit : — « Citoyens, quand la République vous a requis de la gouverner, ce n'était pas pour autoriser les amusements de l'ancien régime. » Vous me direz à cela que les femmes ? Oh ! on a des femmes ! c'est juste. A de bons lapins, voyez-vous, il faut des femmes et de bonnes femmes. Mais, assez causé quand vient le danger. A quoi donc aurait servi de balayer les abus de l'ancien temps si les patriotes les recommençaient. Voyez le premier consul, c'est là un homme : pas de femmes, toujours à son affaire. Je parierais ma moustache gauche qu'il ignore le sot métier qu'on nous fait faire ici.

— Ma foi, commandant, répondit Merle en riant, j'ai aperçu le bout du nez de la jeune dame cachée au fond de la malle, et j'avoue que tout le monde pourrait sans déshonneur se sentir, comme je l'éprouve, la démangeaison d'aller tourner autour de cette voiture pour nouer avec les voyageurs un petit bout de conversation.

— Gare à toi, Merle, dit Gérard. Les corneilles coiffées sont accompagnées d'un citoyen assez rusé pour te prendre dans un piège.

— Qui ? Cet *incroyable* [34] dont les petits yeux vont incessamment d'un côté du chemin à l'autre, comme s'il y voyait des Chouans ; ce muscadin à qui on aperçoit à peine les jambes ; et qui, dans le moment où celles de son cheval sont cachées par la voiture, a l'air d'un canard dont la tête sort d'un pâté ! Si ce dadais-là m'empêche jamais de caresser sa jolie fauvette...

— Canard, fauvette ! Oh ! mon pauvre Merle, tu es furieusement dans les volatiles. Mais ne te fie pas au canard ! Ses yeux verts me paraissent perfides comme ceux d'une vipère et fins comme ceux d'une femme qui pardonne à son mari. Je me défie moins des Chouans que de ces avocats dont les figures ressemblent à des carafes de limonade.

— Bah ! s'écria Merle gaiement, avec la permission du commandant, je me risque ! Cette femme-là a des yeux qui sont comme des étoiles, on peut tout mettre au jeu pour les voir.

— Il est pris le camarade, dit Gérard au commandant, il commence à dire des bêtises.

Hulot fit la grimace, haussa les épaules et répondit :

— Avant de prendre le potage, je lui conseille de le sentir.

— Brave Merle, reprit Gérard en jugeant à la lenteur de sa marche qu'il manœuvrait pour se laisser graduellement gagner par la malle, est-il gai ! C'est le seul homme qui puisse rire de la mort d'un camarade sans être taxé d'insensibilité.

— C'est le vrai soldat français, dit Hulot d'un ton grave.

— Oh ! le voici qui ramène ses épaulettes sur son épaule pour faire voir qu'il est capitaine, s'écria Gérard en riant, comme si le grade y faisait quelque chose.

La voiture vers laquelle pivotait l'officier renfermait en effet deux femmes, dont l'une semblait être la servante de l'autre.

— Ces femmes-là vont toujours deux par deux, disait Hulot.

Un petit homme sec et maigre caracolait, tantôt en avant, tantôt en arrière de la voiture ; mais quoiqu'il parût accompagner les deux voyageuses privilégiées, personne ne l'avait encore vu leur adressant la parole.

Ce silence, preuve de dédain ou de respect, les bagages nombreux, et les cartons de celle que le commandant appelait une *princesse*, tout, jusqu'au costume de son cavalier servant, avait encore irrité la bile de Hulot. Le costume de cet inconnu présentait un exact tableau de la mode qui valut en ce temps les caricatures des Incroyables [35]. Qu'on se figure ce personnage affublé d'un habit dont les basques étaient si courtes, qu'elles laissaient passer cinq à six pouces du gilet, et les pans si longs qu'ils ressemblaient à une queue de morue, terme alors employé pour les désigner. Une cravate énorme décrivait autour de son cou de si nombreux contours, que la petite tête qui sortait de ce labyrinthe de mousseline justifiait presque la comparaison gastronomique du capitaine Merle. L'inconnu portait un pantalon collant et des bottes à la Souvarov [36]. Un immense camée blanc et bleu servait d'épingle à sa chemise. Deux chaînes de montre s'échappaient parallèlement de sa ceinture ; puis ses cheveux, pendant en tire-bouchons de chaque côté des faces [37], lui couvraient presque tout le front. Enfin, pour dernier enjolivement, le col de sa chemise et celui de l'habit montaient si haut, que sa tête paraissait enveloppée comme un bouquet dans un cornet de papier. Ajoutez à ces grêles accessoires qui juraient entre eux sans produire d'ensemble, l'opposition burlesque des couleurs du pantalon jaune, du gilet rouge, de l'habit cannelle, et l'on aura une image fidèle du suprême bon ton auquel obéissaient les élégants au commencement du Consulat. Ce costume, tout à fait baroque, semblait avoir été inventé pour servir d'épreuve à la grâce, et montrer qu'il n'y a rien de si ridicule que la mode ne sache consacrer. Le cavalier paraissait avoir atteint l'âge de trente ans, mais il en avait à peine vingt-deux ; peut-être devait-il cette apparence soit à la débauche, soit aux périls de cette époque. Malgré cette toilette d'empirique [38], sa tournure accusait une certaine élégance de manières à laquelle on reconnaissait un homme bien élevé. Lorsque le capitaine se trouva près de la calèche, le muscadin parut deviner son dessein, et le favorisa en retardant le pas de son cheval ; Merle, qui lui avait jeté un regard sardonique, rencontra un de ces visages impénétrables, accoutumés par les vicissitudes de la Révolution à cacher toutes les émotions, même les moindres. Au moment où le bout recourbé du vieux chapeau triangulaire et l'épaulette du capitaine furent aperçus par les dames, une voix d'une angélique douceur lui demanda :

— Monsieur l'officier, auriez-vous la bonté de nous dire en quel endroit de la route nous nous trouvons ?

Il existe un charme inexprimable dans une question faite par une voyageuse inconnue, le moindre mot semble alors contenir toute une aventure ; mais si la femme sollicite quelque protection, en s'appuyant sur sa faiblesse et sur une certaine ignorance des choses, chaque homme n'est-il pas légèrement enclin à bâtir une fable impossible où il se fait heureux ? Aussi les mots de « Monsieur l'officier », la forme polie de la demande, portèrent-ils un trouble inconnu dans le cœur du capitaine. Il essaya d'examiner la voyageuse et fut singulièrement désappointé, car un voile jaloux lui en cachait les traits ; à peine même put-il en voir les yeux, qui, à travers la gaze, brillaient comme deux onyx frappés par le soleil.

— Vous êtes maintenant à une lieue d'Alençon, madame.

— Alençon, déjà ! Et la dame inconnue se rejeta, ou plutôt se laissa aller au fond de la voiture, sans plus rien répondre.

— Alençon, répéta l'autre femme en paraissant se réveiller. Vous allez revoir le pays.

Elle regarda le capitaine et se tut. Merle, trompé dans son espérance de voir la belle inconnue, se mit à en examiner la compagne. C'était une fille d'environ vingt-six ans, blonde, d'une jolie taille, et dont le teint avait cette fraîcheur de peau, cet éclat nourri qui distingue les femmes de Valognes, de Bayeux et des environs d'Alençon. Le regard de ses yeux bleus n'annonçait pas d'esprit, mais une certaine fermeté mêlée de tendresse. Elle portait une robe d'étoffe commune. Ses cheveux, relevés sous un petit bonnet à la mode cauchoise, et sans aucune prétention, rendaient sa figure charmante de simplicité. Son attitude, sans avoir la noblesse convenue des salons, n'était pas dénuée de cette dignité naturelle à une jeune fille modeste qui pouvait contempler le tableau de sa vie passée sans y trouver un seul sujet de repentir. D'un coup d'œil, Merle sut deviner en elle une de ces fleurs champêtres qui, transportée dans les serres parisiennes où se concentrent tant de rayons flétrissants, n'avait rien perdu de ses couleurs pures ni de sa rustique franchise. L'attitude naïve de la jeune fille et la modestie de son regard apprirent à Merle qu'elle ne voulait pas d'auditeur. En effet, quand il s'éloigna, les deux inconnues commencèrent à voix basse une conversation dont le murmure parvint à peine à son oreille.

— Vous êtes partie si précipitamment, dit la jeune campagnarde, que vous n'avez pas seulement pris le temps de vous habiller. Vous voilà belle ! Si nous allons plus loin qu'Alençon, il faudra nécessairement y faire une autre toilette...

— Oh ! oh ! Francine, s'écria l'inconnue.

— Plaît-il ?

— Voici la troisième tentative que tu fais pour apprendre le terme et la cause de ce voyage.

— Ai-je dit la moindre chose qui puisse me valoir ce reproche...

— Oh ! j'ai bien remarqué ton petit manège. De candide et simple que tu étais, tu as pris un peu de ruse à mon école. Tu commences à avoir les interrogations en horreur. Tu as bien raison, mon enfant. De toutes les manières connues d'arracher un secret, c'est, à mon avis, la plus niaise.

— Eh ! bien, reprit Francine, puisqu'on ne peut rien vous cacher, convenez-en, Marie ? votre conduite n'exciterait-elle pas la curiosité d'un saint. Hier matin sans ressources, aujourd'hui les mains pleines d'or, on vous donne à Mortagne la malle-poste pillée dont le conducteur a été tué, vous êtes protégée par les troupes du gouvernement, et suivie par un homme que je regarde comme votre mauvais génie...

— Qui, Corentin ?... demanda la jeune inconnue en accentuant ces deux mots par deux inflexions de voix pleines d'un mépris qui déborda même dans le geste par lequel elle montra le cavalier. Écoute, Francine, reprit-elle, te souviens-tu de *Patriote*, ce singe que j'avais habitué à contrefaire Danton, et qui nous amusait tant.

— Oui, mademoiselle.

— Eh ! bien, en avais-tu peur ?

— Il était enchaîné.

— Mais Corentin est muselé, mon enfant.

— Nous badinions avec Patriote pendant des heures entières, dit Francine, je le sais, mais il finissait toujours par nous jouer quelque mauvais tour. A ces mots, Francine se rejeta vivement au fond de la voiture, près de sa maîtresse, lui prit les mains pour les caresser avec des manières câlines, en lui disant d'une voix affectueuse : — Mais vous m'avez devinée, Marie, et vous ne me répondez pas. Comment, après ces tristesses qui m'ont fait tant de mal, oh ! bien du mal, pouvez-vous en vingt-quatre heures devenir d'une gaieté folle, comme lorsque vous parliez de vous tuer. D'où vient ce changement. J'ai le droit de vous demander un peu compte de votre âme. Elle est à moi avant d'être à qui que ce soit, car jamais vous ne serez mieux aimée que vous ne l'êtes par moi. Parlez, mademoiselle.

— Eh bien ! Francine, ne vois-tu pas autour de nous le secret de ma gaieté. Regarde les houppes jaunies de ces arbres lointains ? pas une ne se ressemble. A les contempler de loin, ne dirait-on pas une vieille tapisserie de château. Vois ces haies derrière lesquelles il peut se rencontrer des Chouans à chaque instant. Quand je regarde ces ajoncs, il me semble apercevoir des canons de fusil. J'aime ce renaissant péril qui nous environne. Toutes les fois que la route prend un aspect sombre, je suppose que nous allons entendre des détonations, alors mon cœur bat, une

sensation inconnue m'agite. Et ce n'est ni les tremble-
ments de la peur, ni les émotions du plaisir ; non, c'est
mieux, c'est le jeu de tout ce qui se meut en moi, c'est
la vie. Quand je ne serais joyeuse que d'avoir un peu
animé ma vie !

— Ah ! vous ne me dites rien, cruelle. Sainte
Vierge, ajouta Francine en levant les yeux au ciel avec
douleur, à qui se confessera-t-elle, si elle se tait avec
moi ?

— Francine, reprit l'inconnue d'un ton grave, je ne
peux pas t'avouer mon entreprise. Cette fois-ci, c'est
horrible.

— Pourquoi faire le mal en connaissance de cause ?

— Que veux-tu, je me surprends à penser comme si
j'avais cinquante ans, et à agir comme si j'en avais
encore quinze. Tu as toujours été ma raison, ma
pauvre fille ; mais dans cette affaire-ci, je dois étouffer
ma conscience. Et, dit-elle après une pause, en laissant
échapper un soupir, je n'y parviens pas. Or, comment
veux-tu que j'aille encore mettre après moi un confesseur aussi rigide que toi ? Et elle lui frappa doucement
dans la main.

— Hé ! quand vous ai-je reproché vos actions ?
s'écria Francine. Le mal en vous a de la grâce. Oui,
sainte Anne d'Auray, que je prie tant pour votre salut,
vous absoudrait de tout. Enfin ne suis-je pas à vos
côtés sur cette route, sans savoir où vous allez ? Et
dans son effusion, elle lui baisa les mains.

— Mais, reprit Marie, tu peux m'abandonner, si ta
conscience...

— Allons, taisez-vous, madame, reprit Francine en
faisant une petite moue chagrine. Oh ! ne me direz-
vous pas...

— Rien, dit la jeune demoiselle d'une voix ferme.
Seulement sache-le bien ! je hais cette entreprise
encore plus que celui dont la langue dorée me l'a
expliquée. Je veux être franche, je t'avouerai que je ne
me serais pas rendue à leurs désirs, si je n'avais
entrevu dans cette ignoble farce un mélange de terreur
et d'amour qui m'a tentée. Puis, je n'ai pas voulu m'en

aller de ce bas monde sans avoir essayé d'y cueillir les fleurs que j'en espère, dussé-je périr ! Mais souviens-toi, pour l'honneur de ma mémoire, que si j'avais été heureuse, l'aspect de leur gros couteau prêt à tomber sur ma tête ne m'aurait pas fait accepter un rôle dans cette tragédie, car c'est une tragédie. Maintenant, reprit-elle en laissant échapper un geste de dégoût, si elle était décommandée, je me jetterais à l'instant dans la Sarthe ; et ce ne serait point un suicide, je n'ai pas encore vécu.

— Oh ! sainte Vierge d'Auray, pardonnez-lui !

— De quoi t'effraies-tu ? Les plates vicissitudes de la vie domestique n'excitent pas mes passions, tu le sais. Cela est mal pour une femme ; mais mon âme s'est fait une sensibilité plus élevée, pour supporter de plus fortes épreuves. J'aurais été peut-être, comme toi, une douce créature. Pourquoi me suis-je élevée au-dessus ou abaissée au-dessous de mon sexe ? Ah ! que la femme du général Bonaparte est heureuse. Tiens, je mourrai jeune, puisque j'en suis déjà venue à ne pas m'effrayer d'une partie de plaisir où il y a du sang à boire, comme disait ce pauvre Danton. Mais oublie ce que je te dis ; c'est la femme de cinquante ans qui a parlé. Dieu merci ! la jeune fille de quinze ans va bientôt reparaître.

La jeune campagnarde frémit. Elle seule connaissait le caractère bouillant et impétueux de sa maîtresse. Elle seule était initiée aux mystères de cette âme riche d'exaltation, aux sentiments de cette créature qui, jusque-là, avait vu passer la vie comme une ombre insaisissable, en voulant toujours la saisir. Après avoir semé à pleines mains sans rien récolter, cette femme était restée vierge [39], mais irritée par une multitude de désirs trompés. Lassée d'une lutte sans adversaire, elle arrivait alors dans son désespoir à préférer le bien au mal quand il s'offrait comme une jouissance, le mal au bien quand il présentait quelque poésie, la misère à la médiocrité comme quelque chose de plus grand, l'avenir sombre et inconnu de la mort à une vie pauvre d'espérances ou même de souffrances. Jamais tant de poudre ne s'était amassée pour l'étincelle, jamais tant de richesses à dévorer pour l'amour, enfin jamais aucune fille d'Ève[40] n'avait été pétrie avec plus d'or dans son argile. Semblable à un ange terrestre, Francine veillait sur cet être en qui elle adorait la perfection, croyant accomplir un céleste message si elle le conservait au chœur des séraphins d'où il semblait banni en expiation d'un péché d'orgueil.

— Voici le clocher d'Alençon, dit le cavalier en s'approchant de la voiture.

— Je le vois, répondit sèchement la jeune dame.

— Ah ! bien, dit-il en s'éloignant avec les marques d'une soumission servile malgré son désappointement.

— Allez, allez plus vite, dit la dame au postillon. Maintenant il n'y a rien à craindre. Allez au grand trot ou au galop, si vous pouvez. Ne sommes-nous pas sur le pavé d'Alençon.

En passant devant le commandant elle lui cria d'une voix douce :

— Nous nous retrouverons à l'auberge, commandant. Venez m'y voir.

— C'est cela, répliqua le commandant. A l'auberge ! Venez me voir ! Comme ça vous parlerez à un chef de demi-brigade...

Et il montrait du poing la voiture qui roulait rapidement sur la route.

— Ne vous en plaignez pas, commandant, elle a votre grade de général dans sa manche, dit en riant Corentin qui essayait de mettre son cheval au galop pour rejoindre la voiture.

— Ah ! je ne me laisserai pas embêter par ces paroissiens-là, dit Hulot à ses deux amis en grognant. J'aimerais mieux jeter l'habit de général dans un fossé que de le gagner dans un lit. Que veulent-ils donc, ces canards-là ? Y comprenez-vous quelque chose, vous autres ?

— Oh ! oui, dit Merle, je sais que c'est la femme la plus belle que j'aie jamais vue ! Je crois que vous entendez mal la métaphore. C'est la femme du premier consul, peut-être ?

— Bah ! la femme du premier consul est vieille[41], et celle-ci est jeune, reprit Hulot. D'ailleurs, l'ordre que j'ai reçu du ministre m'apprend qu'elle se nomme mademoiselle de Verneuil. C'est une ci-devant. Est-ce que je ne connais pas ça ! Avant la révolution, elles faisaient toutes ce métier-là ; on devenait alors, en deux temps et six mouvements, chef de demi-brigade, il ne s'agissait que de leur bien dire deux ou trois fois : *Mon cœur !*

Pendant que chaque soldat ouvrait le compas, pour employer l'expression du commandant, la voiture horrible qui servait alors de malle avait promptement atteint l'hôtel des Trois-Maures, situé au milieu de la grande rue d'Alençon. Le bruit de ferraille que rendait cette informe voiture amena l'hôte sur le pas de la porte. C'était un hasard auquel personne dans Alençon ne devait s'attendre que la descente de la malle à l'auberge des Trois-Maures ; mais l'affreux événement de Mortagne la fit suivre par tant de monde, que les deux voyageuses, pour se dérober à la curiosité générale, entrèrent lestement dans la cuisine, inévitable antichambre des auberges dans tout l'Ouest ; et l'hôte se disposait à les suivre après avoir examiné la voiture, lorsque le postillon l'arrêta par le bras.

— Attention, citoyen Brutus, dit-il, il y a escorte de Bleus. Comme il n'y a ni conducteur ni dépêches, c'est moi qui t'amène les citoyennes, elles paieront sans doute comme de ci-devant princesses, ainsi...

— Ainsi, nous boirons un verre de vin ensemble tout à l'heure, mon garçon, lui dit l'hôte.

Après avoir jeté un coup d'œil sur cette cuisine noircie par la fumée et sur une table ensanglantée par des viandes crues, mademoiselle de Verneuil se sauva dans la salle voisine avec la légèreté d'un oiseau, car elle craignit l'aspect et l'odeur de cette cuisine, autant que la curiosité d'un chef malpropre et d'une petite femme grasse qui déjà l'examinaient avec attention.

— Comment allons-nous faire, ma femme ? dit l'hôte. Qui diable pouvait croire que nous aurions tant de monde par le temps qui court ? Avant que je puisse lui servir un déjeuner convenable, cette femme-là va s'impatienter. Ma foi, il me vient une bonne idée : puisque c'est des gens comme il faut, je vais leur proposer de se réunir à la personne que nous avons là-haut. Hein ?

Quand l'hôte chercha la nouvelle arrivée, il ne vit plus que Francine, à laquelle il dit à voix basse en l'emmenant au fond de la cuisine du côté de la cour pour l'éloigner de ceux qui pouvaient l'écouter : — Si ces dames désirent se faire servir à part, comme je n'en doute point, j'ai un repas très délicat tout préparé pour une dame et pour son fils. Ces voyageurs ne s'opposeront sans doute pas à partager leur déjeuner avec vous, ajouta-t-il d'un air mystérieux. C'est des personnes de condition.

A peine avait-il achevé sa dernière phrase, que l'hôte se sentit appliquer dans le dos un léger coup de manche de fouet, il se retourna brusquement, et vit derrière lui un petit homme trapu, sorti sans bruit d'un cabinet voisin, et dont l'apparition avait glacé de terreur la grosse femme, le chef et son marmiton. L'hôte pâlit en retournant la tête. Le petit homme secoua ses cheveux qui lui cachaient entièrement le front et les yeux, se dressa sur ses pieds pour atteindre à l'oreille de l'hôte, et lui dit : — Vous savez ce que vaut une imprudence, une dénonciation, et de quelle couleur est la monnaie avec laquelle nous les payons. Nous sommes généreux.

Il joignit à ses paroles un geste qui en fut un épouvantable commentaire. Quoique la vue de ce personnage fût dérobée à Francine par la rotondité de l'hôte, elle saisit quelques mots des phrases qu'il avait sourdement prononcées, et resta comme frappée par la foudre en entendant les sons rauques d'une voix bretonne. Au milieu de la terreur générale, elle s'élança vers le petit homme ; mais celui-ci, qui semblait se mouvoir avec l'agilité d'un animal sauvage, sortait déjà par une porte latérale donnant sur la cour. Francine crut s'être trompée dans ses conjec-

tures, car elle n'aperçut que la peau fauve et noire
d'un ours de moyenne taille. Étonnée, elle courut à la
fenêtre. A travers les vitres jaunies par la fumée, elle
regarda l'inconnu qui gagnait l'écurie d'un pas traî-
nant. Avant d'y entrer, il dirigea deux yeux noirs sur
le premier étage de l'auberge, et, de là, sur la malle,
comme s'il voulait faire part à un ami de quelque
importante observation relative à cette voiture. Malgré
les peaux de biques, et grâce à ce mouvement qui lui
permit de distinguer le visage de cet homme, Francine
reconnut alors à son énorme fouet et à sa démarche
rampante, quoique agile dans l'occasion, le Chouan
surnommé Marche-à-terre ; elle l'examina, mais indistinctement, à travers l'obscurité de l'écurie où il se
coucha dans la paille en prenant une position d'où il
pouvait observer tout ce qui se passerait dans l'auberge. Marche-à-terre était ramassé de telle sorte que,
de loin comme de près, l'espion le plus rusé l'aurait
facilement pris pour un de ces gros chiens de roulier,
tapis en rond et qui dorment, la gueule placée sur
leurs pattes. La conduite de Marche-à-terre prouvait à
Francine que le Chouan ne l'avait pas reconnue. Or,
dans les circonstances délicates où se trouvait sa
maîtresse, elle ne sut pas si elle devait s'en applaudir
ou s'en chagriner. Mais le mystérieux rapport qui
existait entre l'observation menaçante du Chouan et
l'offre de l'hôte, assez commune chez les aubergistes
qui cherchent toujours à tirer deux moutures du sac,
piqua sa curiosité ; elle quitta la vitre crasseuse d'où
elle regardait la masse informe et noire qui, dans
l'obscurité, lui indiquait la place occupée par Marche-
à-terre, se retourna vers l'aubergiste, et le vit dans
l'attitude d'un homme qui a fait un pas de clerc et ne
sait comment s'y prendre pour revenir en arrière. Le
geste du Chouan avait pétrifié ce pauvre homme.
Personne, dans l'Ouest, n'ignorait les cruels raffinements des supplices par lesquels les Chasseurs du Roi
punissaient les gens soupçonnés seulement d'indiscrétion, aussi l'hôte croyait-il déjà sentir leurs couteaux
sur son cou. Le chef regardait avec terreur l'âtre du

feu où souvent ils *chauffaient* [42] les pieds de leurs dénonciateurs. La grosse petite femme tenait un couteau de cuisine d'une main, de l'autre une pomme de terre à moitié coupée, et contemplait son mari d'un air hébété. Enfin le marmiton cherchait le secret, inconnu pour lui, de cette silencieuse terreur. La curiosité de Francine s'anima naturellement à cette scène muette, dont l'acteur principal était vu par tous, quoique absent. La jeune fille fut flattée de la terrible puissance du Chouan, et encore qu'il n'entrât guère dans son humble caractère de faire des malices de femme de chambre, elle était cette fois trop fortement intéressée à pénétrer ce mystère pour ne pas profiter de ses avantages.

— Eh ! bien, mademoiselle accepte votre proposition, dit-elle gravement à l'hôte, qui fut comme réveillé en sursaut par ces paroles.

— Laquelle ? demanda-t-il avec une surprise réelle.

— Laquelle ? demanda Corentin survenant.

— Laquelle ? demanda mademoiselle de Verneuil.

— Laquelle ? demanda un quatrième personnage qui se trouvait sur la dernière marche de l'escalier et qui sauta légèrement dans la cuisine.

— Eh bien ! de déjeuner avec vos personnes de distinction, répondit Francine impatiente.

— De distinction, reprit d'une voix mordante et ironique le personnage arrivé par l'escalier. Ceci, mon cher, me semble une mauvaise plaisanterie d'auberge ; mais si c'est cette jeune citoyenne que tu veux nous donner pour convive, il faudrait être fou pour s'y refuser, brave homme, dit-il en regardant mademoiselle de Verneuil. En l'absence de ma mère, j'accepte, ajouta-t-il en frappant sur l'épaule de l'aubergiste stupéfait.

La gracieuse étourderie de la jeunesse déguisa la hauteur insolente de ces paroles qui attira naturellement l'attention de tous les acteurs de cette scène sur ce nouveau personnage. L'hôte prit alors la contenance de Pilate cherchant à se laver les mains de la mort de Jésus-Christ, il rétrograda de deux pas vers sa

grosse femme, et lui dit à l'oreille : — Tu es témoin
que, s'il arrive quelque malheur, ce ne sera pas ma
faute. Mais au surplus, ajouta-t-il encore plus bas, va
prévenir de tout ça monsieur Marche-à-terre.

Le voyageur, jeune homme de moyenne taille,
portait un habit bleu et de grandes guêtres noires qui
lui montaient au-dessus du genou, sur une culotte de
drap également bleu. Cet uniforme simple et sans
épaulettes appartenait aux élèves de l'École polytechnique [43]. D'un seul regard, mademoiselle de Verneuil
sut distinguer sous ce costume sombre des formes
élégantes et *ce je ne sais quoi* qui annoncent une
noblesse native. Assez ordinaire au premier aspect, la
figure du jeune homme se faisait bientôt remarquer
par la conformation de quelques traits où se révélait
une âme capable de grandes choses. Un teint bruni,
des cheveux blonds et bouclés, des yeux bleus étincelants, un nez fin, des mouvements pleins d'aisance ; en
lui, tout décelait et une vie dirigée par des sentiments
élevés et l'habitude du commandement. Mais les
signes les plus caractéristiques de son génie se trouvaient dans un menton à la Bonaparte, et dans sa lèvre
inférieure qui se joignait à la supérieure en décrivant la
courbe gracieuse de la feuille d'acanthe sous le chapi-
teau corinthien. La nature avait mis dans ces deux
traits d'irrésistibles enchantements. — Ce jeune
homme est singulièrement distingué pour un républicain, se dit mademoiselle de Verneuil. Voir tout cela
d'un clin d'œil, s'animer par l'envie de plaire, pencher
mollement la tête de côté, sourire avec coquetterie,
lancer un de ces regards veloutés qui ranimeraient un
cœur mort à l'amour ; voiler ses longs yeux noirs sous
de larges paupières dont les cils fournis et recourbés
dessinèrent une ligne brune sur sa joue ; chercher les
sons les plus mélodieux de sa voix pour donner un
charme pénétrant à cette phrase banale : « — Nous
vous sommes bien obligées, monsieur ? » tout ce
manège n'employa pas le temps nécessaire à le décrire.
Puis mademoiselle de Verneuil, s'adressant à l'hôte,
demanda son appartement, vit l'escalier, et disparut

avec Francine en laissant à l'étranger le soin de
deviner si cette réponse contenait une acceptation ou
un refus.

— Quelle est cette femme-là? demanda lestement
l'élève de l'École polytechnique à l'hôte immobile et
de plus en plus stupéfait.

— C'est la citoyenne Verneuil, répondit aigrement
Corentin en toisant le jeune homme avec jalousie, une
ci-devant, qu'en veux-tu faire?

L'inconnu, qui fredonnait une chanson républicaine, leva la tête avec fierté vers Corentin. Les deux
jeunes gens se regardèrent alors pendant un moment
comme deux coqs prêts à se battre, et ce regard fit
éclore la haine entre eux pour toujours. Autant l'œil
bleu du militaire était franc, autant l'œil vert de
Corentin annonçait de malice et de fausseté; l'un
possédait nativement des manières nobles, l'autre
n'avait que des façons insinuantes; l'un s'élançait,
l'autre se courbait; l'un commandait le respect, l'autre
cherchait à l'obtenir; l'un devait dire : Conquérons!
l'autre : Partageons?

— Le citoyen du Gua-Saint-Cyr est-il ici? dit un
paysan en entrant.

— Que lui veux-tu? répondit le jeune homme en
s'avançant.

Le paysan salua profondément, et remit une lettre
que le jeune élève jeta dans le feu après l'avoir lue;
pour toute réponse, il inclina la tête, et l'homme
partit.

— Tu viens sans doute de Paris, citoyen? dit alors
Corentin en s'avançant vers l'étranger avec une certaine aisance de manières, avec un air souple et liant
qui parurent être insupportables au citoyen du Gua.

— Oui, répondit-il sèchement.

— Et tu es sans doute promu à quelque grade dans
l'artillerie?

— Non, citoyen, dans la marine.

— Ah! tu te rends à Brest? demanda Corentin
d'un ton insouciant.

Mais le jeune marin tourna lestement sur les talons

de ses souliers sans vouloir répondre, et démentit
bientôt les belles espérances que sa figure avait fait
concevoir à mademoiselle de Verneuil. Il s'occupa de
son déjeuner avec une légèreté enfantine, questionna
le chef et l'hôtesse sur leurs recettes, s'étonna des
habitudes de province en Parisien arraché à sa coque
enchantée, manifesta des répugnances de petite-maî-
tresse, et montra enfin d'autant moins de caractère
que sa figure et ses manières en annonçaient davantage ; Corentin sourit de pitié en lui voyant faire la
grimace quand il goûta le meilleur cidre de Normandie.

— Pouah ! s'écria-t-il, comment pouvez-vous avaler cela, vous autres ? Il y a là-dedans à boire et à
manger. La République a bien raison de se défier
d'une province où l'on vendange à coup de gaule et où
l'on fusille sournoisement les voyageurs sur les routes.
N'allez pas nous mettre sur la table une carafe de cette
médecine-là, mais de bon vin de Bordeaux blanc et
rouge. Allez voir surtout s'il y a bon feu là-haut. Ces
gens-là m'ont l'air d'être bien retardés en fait de
civilisation. — Ah ! reprit-il en soupirant, il n'y a
qu'un Paris au monde, et c'est grand dommage qu'on
ne puisse pas l'emmener en mer ! — Comment, gâte-
sauce, dit-il au chef, tu mets du vinaigre dans cette
fricassée de poulet, quand tu as là des citrons... —
Quant à vous, madame l'hôtesse, vous m'avez donné
des draps si gros que je n'ai pas fermé l'œil pendant
cette nuit. Puis il se mit à jouer avec une grosse canne
en exécutant avec un soin puéril des évolutions dont le
plus ou le moins de fini et d'habileté annonçaient le
degré plus ou moins honorable qu'un jeune homme
occupait dans la classe des Incroyables.

— Et c'est avec des muscadins comme ça, dit
confidentiellement Corentin à l'hôte en en épiant le
visage, qu'on espère relever la marine de la République ?

— Cet homme-là, disait le jeune marin à l'oreille de
l'hôtesse, est quelque espion de Fouché. Il a la police
gravée sur la figure, et je jurerais que la tache qu'il

conserve au menton est de la boue de Paris. Mais à bon chat, bon...

En ce moment une dame, vers laquelle le marin s'élança avec tous les signes d'un respect extérieur, entra dans la cuisine de l'auberge.

— Ma chère maman, lui dit-il, arrivez donc. Je crois avoir, en votre absence, recruté des convives.

— Des convives, lui répondit-elle, quelle folie !

— C'est mademoiselle de Verneuil, reprit-il à voix basse.

— Elle a péri sur l'échafaud après l'affaire de Savenay, elle était venue au Mans pour sauver son frère le prince de Loudon, lui dit brusquement sa mère.

— Vous vous trompez, madame, reprit avec douceur Corentin en appuyant sur le mot *madame*, il y a deux demoiselles de Verneuil, les grandes maisons ont toujours plusieurs branches.

L'étrangère, surprise de cette familiarité, se recula de quelques pas comme pour examiner cet interlocuteur inattendu ; elle arrêta sur lui ses yeux noirs pleins de cette vive sagacité si naturelle aux femmes, et parut chercher dans quel intérêt il venait affirmer l'existence de mademoiselle de Verneuil. En même temps Corentin, qui étudiait cette dame à la dérobée, la destitua de tous les plaisirs de la maternité pour lui accorder ceux de l'amour ; il refusa galamment le bonheur d'avoir un fils de vingt ans à une femme dont la peau éblouissante, les sourcils arqués, encore bien fournis, les cils peu dégarnis furent l'objet de son admiration, et dont les abondants cheveux noirs séparés en deux bandeaux sur le front, faisaient ressortir la jeunesse d'une tête spirituelle. Les faibles rides du front, loin d'annoncer les années, trahissaient des passions jeunes. Enfin, si les yeux perçants étaient un peu voilés, on ne savait si cette altération venait de la fatigue du voyage ou de la trop fréquente expression du plaisir. Enfin Corentin remarqua que l'inconnue était enveloppée dans une mante d'étoffe anglaise, et que la forme de son chapeau, sans doute étrangère, n'appartenait à aucune des modes dites à la grecque qui régissaient encore les toilettes parisiennes. Corentin était un de ces êtres portés par leur caractère à toujours soupçonner le mal plutôt que le bien, et il conçut à l'instant des doutes sur le civisme des deux voyageurs. De son côté, la dame, qui avait aussi fait avec une égale rapidité ses observations sur la personne de Corentin, se tourna vers son fils avec un air significatif assez fidèlement traduit par ces mots : — Quel est cet original-là ? Est-il de notre bord ? A cette mentale interrogation, le jeune marin répondit par une attitude, par un regard et par un geste de main qui disaient : — Je n'en sais, ma foi, rien, et il m'est encore plus suspect qu'à vous. Puis, laissant à sa mère le soin de deviner ce mystère, il se tourna vers l'hôtesse, à laquelle il dit à l'oreille :

— Tâchez donc de savoir ce qu'est ce drôle-là, s'il accompagne effectivement cette demoiselle et pourquoi.

— Ainsi, dit madame du Gua en regardant Corentin, tu es sûr, citoyen, que mademoiselle de Verneuil existe ?

— Elle existe aussi certainement en chair et en os, *madame*, que le citoyen du Gua Saint-Cyr.

Cette réponse renfermait une profonde ironie dont le secret n'était connu que de la dame et toute autre qu'elle en aurait été déconcertée. Son fils regarda tout à coup fixement Corentin qui tirait froidement sa montre sans paraître se douter du trouble que produisait sa réponse. La dame, inquiète et curieuse de savoir sur-le-champ si cette phrase couvrait une perfidie, ou si elle était seulement l'effet du hasard, dit à Corentin de l'air le plus naturel : — Mon Dieu ! combien les routes sont peu sûres ! Nous avons été attaqués au-delà de Mortagne par les Chouans. Mon fils a manqué de rester sur la place, il a reçu deux balles dans son chapeau en me défendant.

— Comment, madame, vous étiez dans le courrier que les brigands ont dévalisé malgré l'escorte, et qui vient de nous amener ? Vous devez connaître alors la voiture ! On m'a dit à mon passage à Mortagne, que les Chouans s'étaient trouvés au nombre de deux mille à l'attaque de la malle et que tout le monde avait péri, même les voyageurs. Voilà comme on écrit l'histoire ! Le ton musard [44] que prit Corentin et son air niais le firent en ce moment ressembler à un habitué de la petite Provence [45] qui reconnaîtrait avec douleur la fausseté d'une nouvelle politique. — Hélas ! madame, continua-t-il, si l'on assassine les voyageurs si près de Paris, jugez combien les routes de la Bretagne vont être dangereuses. Ma foi, je vais retourner à Paris sans vouloir aller plus loin.

— Mademoiselle de Verneuil est-elle belle et jeune ? demanda la dame frappée d'une idée soudaine et s'adressant à l'hôtesse.

En ce moment l'hôte interrompit cette conversation dont l'intérêt avait quelque chose de cruel pour ces trois personnages, en annonçant que le déjeuner était servi. Le jeune marin offrit la main à sa mère avec une fausse familiarité qui confirma les soupçons de Corentin, auquel il dit tout haut en se dirigeant vers l'escalier : — Citoyen, si tu accompagnes la citoyenne Verneuil et qu'elle accepte la proposition de l'hôte, ne te gêne pas...

Quoique ces paroles fussent prononcées d'un ton leste et peu engageant, Corentin monta. Le jeune homme serra vivement la main de la dame, et quand ils furent séparés du Parisien par sept à huit marches :

— Voilà, dit-il à voix basse, à quels dangers sans gloire nous exposent vos imprudentes entreprises. Si nous sommes découverts, comment pourrons-nous échapper ? Et quel rôle me faites-vous jouer !

Tous trois arrivèrent dans une chambre assez vaste. Il ne fallait pas avoir beaucoup cheminé dans l'Ouest pour reconnaître que l'aubergiste avait prodigué pour recevoir ses hôtes tous ses trésors et un luxe peu ordinaire. La table était soigneusement servie. La chaleur d'un grand feu avait chassé l'humidité de l'appartement. Enfin, le linge, les sièges, la vaisselle, n'étaient pas trop malpropres. Aussi Corentin s'aperçut-il que l'aubergiste s'était, pour nous servir d'une expression populaire, mis en quatre, afin de plaire aux étrangers. — Donc, se dit-il, ces gens ne sont pas ce qu'ils veulent paraître. Ce petit jeune homme est rusé ; je le prenais pour un sot, mais maintenant je le crois aussi fin que je puis l'être moi-même.

Le jeune marin, sa mère et Corentin attendirent mademoiselle de Verneuil que l'hôte alla prévenir. Mais la belle voyageuse ne parut pas. L'élève de l'École polytechnique se douta bien qu'elle devait faire des difficultés, il sortit en fredonnant *Veillons au salut de l'empire* [46], et se dirigea vers la chambre de mademoiselle de Verneuil, dominé par un piquant désir de vaincre ses scrupules et de l'amener avec lui. Peut-être voulait-il résoudre les doutes qui l'agitaient, ou peut-être essayer sur cette inconnue le pouvoir que tout homme a la prétention d'exercer sur une jolie femme.

— Si c'est là un républicain, se dit Corentin en le voyant sortir, je veux être pendu ! Il a dans les épaules le mouvement des gens de cour. Et si c'est là sa mère, se dit-il encore en regardant madame du Gua, je suis le pape ! Je tiens des Chouans. Assurons-nous de leur qualité ?

La porte s'ouvrit bientôt, et le jeune marin parut en tenant par la main mademoiselle de Verneuil, qu'il conduisit à table avec une suffisance pleine de courtoisie. L'heure qui venait de s'écouler n'avait pas été perdue pour le diable. Aidée par Francine, mademoiselle de Verneuil s'était armée d'une toilette de voyage plus redoutable peut-être que ne l'est une parure de bal. Sa simplicité avait cet attrait qui procède de l'art avec lequel une femme, assez belle pour se passer d'ornements, sait réduire la toilette à n'être plus qu'un agrément secondaire. Elle portait une robe verte dont la jolie coupe, dont le spencer orné de brandebourgs dessinaient ses formes avec une affectation peu convenable à une jeune fille, et laissaient voir sa taille souple, son corsage élégant et ses gracieux mouvements. Elle entra en souriant avec cette aménité naturelle aux femmes qui peuvent montrer, dans une bouche rose, des dents bien rangées aussi transpa-

rentes que la porcelaine, et sur leurs joues, deux
fossettes aussi fraîches que celles d'un enfant. Ayant
quitté la capote qui l'avait d'abord presque dérobée
aux regards du jeune marin, elle put employer aisément les mille petits artifices, si naïfs en apparence,
par lesquels une femme fait ressortir et admirer toutes
les beautés de son visage et les grâces de sa tête. Un
certain accord entre ses manières et sa toilette la
rejeunissait si bien que madame du Gua se crut
libérale en lui donnant vingt ans. La coquetterie de
cette toilette, évidemment faite pour plaire, devait
inspirer de l'espoir au jeune homme ; mais mademoiselle de Verneuil le salua par une molle inclinaison de
tête sans le regarder, et parut l'abandonner avec une
folâtre insouciance qui le déconcerta. Cette réserve
n'annonçait aux yeux des étrangers ni précaution ni
coquetterie, mais une indifférence naturelle ou feinte.
L'expression candide que la voyageuse sut donner à
son visage le rendit impénétrable. Elle ne laissa
paraître aucune préméditation de triomphe et sembla
douée de ces jolies petites manières qui séduisent, et
qui avaient dupé déjà l'amour-propre du jeune marin.
Aussi l'inconnu regagna-t-il sa place avec une sorte de
dépit.

Mademoiselle de Verneuil prit Francine par la
main, et s'adressant à madame du Gua : — Madame,
lui dit-elle d'une voix caressante, auriez-vous la bonté
de permettre que cette fille, en qui je vois plutôt une
amie qu'une servante, dîne avec nous ? Dans ces
temps d'orage, le dévouement ne peut se payer que
par le cœur, et d'ailleurs, n'est-ce pas tout ce qui nous
reste ?

Madame du Gua répondit à cette dernière phrase,
prononcée à voix basse, par une demi-révérence un
peu cérémonieuse, qui révélait son désappointement
de rencontrer une femme si jolie. Puis se penchant à
l'oreille de son fils : — Oh ! temps d'orage, dévouement, madame, et la servante ! dit-elle, ce ne doit pas
être mademoiselle de Verneuil, mais une fille envoyée
par Fouché [47].

Les convives allaient s'asseoir, lorsque mademoiselle de Verneuil aperçut Corentin, qui continuait de soumettre à une sévère analyse les deux inconnus, assez inquiets de ses regards.

— Citoyen, lui dit-elle, tu es sans doute trop bien élevé pour suivre ainsi mes pas. En envoyant mes parents à l'échafaud, la République n'a pas eu la magnanimité de me donner de tuteur. Si, par une galanterie chevaleresque, inouïe, tu m'as accompagnée malgré moi (et là elle laissa échapper un soupir), je suis décidée à ne pas souffrir que les soins protecteurs dont tu es si prodigue aillent jusqu'à te causer de la gêne. Je suis en sûreté ici, tu peux m'y laisser.

Elle lui lança un regard fixe et méprisant. Elle fut comprise, Corentin réprima un sourire qui fronçait presque les coins de ses lèvres rusées, et la salua d'une manière respectueuse.

— Citoyenne, dit-il, je me ferai toujours un honneur de t'obéir. La beauté est la seule reine qu'un vrai républicain puisse volontiers servir.

En le voyant partir, les yeux de mademoiselle de Verneuil brillèrent d'une joie si naïve, elle regarda Francine avec un sourire d'intelligence empreint de tant de bonheur, que madame du Gua, devenue prudente en devenant jalouse, se sentit disposée à abandonner les soupçons que la parfaite beauté de mademoiselle de Verneuil venait de lui faire concevoir.

— C'est peut-être mademoiselle de Verneuil, dit-elle à l'oreille de son fils.

— Et l'escorte ? lui répondit le jeune homme, que le dépit rendait sage. Est-elle prisonnière ou protégée, amie ou ennemie du gouvernement ?

Madame du Gua cligna des yeux comme pour dire qu'elle saurait bien éclaircir ce mystère. Cependant le départ de Corentin sembla tempérer la défiance du marin, dont la figure perdit son expression sévère, et il jeta sur mademoiselle de Verneuil des regards où se révélait un amour immodéré des femmes et non la respectueuse ardeur d'une passion naissante. La jeune fille n'en devint que plus circonspecte et réserva ses paroles affectueuses pour madame du Gua. Le jeune homme, se fâchant à lui tout seul, essaya, dans son amer dépit, de jouer aussi l'insensibilité. Mademoiselle de Verneuil ne parut pas s'apercevoir de ce manège, et se montra simple sans timidité, réservée sans pruderie. Cette rencontre de personnes qui ne paraissaient pas destinées à se lier, n'éveilla donc aucune sympathie bien vive. Il y eut même un embarras vulgaire, une gêne qui détruisirent tout le plaisir que mademoiselle de Verneuil et le jeune marin s'étaient promis un moment auparavant. Mais les femmes ont entre elles un si admirable tact des convenances, des liens si intimes ou de si vifs désirs d'émotions, qu'elles savent toujours rompre la glace dans ces occasions. Tout à coup, comme si les deux belles convives eussent eu la même pensée, elles se mirent à plaisanter innocemment leur unique cavalier, et rivalisèrent à son égard de moqueries, d'attentions et de soins; cette unanimité d'esprit les laissait libres. Un regard ou un mot qui, échappés dans la gêne, ont de la valeur, devenaient alors insignifiants. Bref, au bout d'une demi-heure, ces deux femmes, déjà secrètement ennemies, parurent être les meilleures amies du monde. Le jeune marin se surprit alors à en vouloir autant à mademoiselle de Verneuil de sa liberté d'esprit que de sa réserve. Il était tellement contrarié, qu'il regrettait avec une sourde colère d'avoir partagé son déjeuner avec elle.

— Madame, dit mademoiselle de Verneuil à madame du Gua, monsieur votre fils est-il toujours aussi triste qu'en ce moment?

— Mademoiselle, répondit-il, je me demandais à quoi sert un bonheur qui va s'enfuir. Le secret de ma tristesse est dans la vivacité de mon plaisir.

— Voilà des madrigaux, reprit-elle en riant, qui sentent plus la Cour que l'École polytechnique.

— Il n'a fait qu'exprimer une pensée bien naturelle, mademoiselle, dit madame du Gua, qui avait ses raisons pour apprivoiser l'inconnue.

— Allons, riez donc, reprit mademoiselle de Verneuil en souriant au jeune homme. Comment êtesvous donc quand vous pleurez, si ce qu'il vous plaît d'appeler un bonheur vous attriste ainsi ?

Ce sourire, accompagné d'un regard agressif qui détruisit l'harmonie de ce masque de candeur, rendit un peu d'espoir au marin. Mais inspirée par sa nature qui entraîne la femme à toujours faire trop ou trop peu, tantôt mademoiselle de Verneuil semblait s'emparer de ce jeune homme par un coup d'œil où brillaient les fécondes promesses de l'amour ; puis, tantôt elle opposait à ses galantes expressions une modestie froide et sévère ; vulgaire manège sous lequel les femmes cachent leurs véritables émotions. Un moment, un seul, où chacun d'eux crut trouver chez l'autre des paupières baissées, ils se communiquèrent leurs véritables pensées ; mais ils furent aussi prompts à voiler leurs regards qu'ils l'avaient été à confondre cette lumière qui bouleversa leurs cœurs en les éclairant. Honteux de s'être dit tant de choses en un seul coup d'œil, ils n'osèrent plus se regarder. Mademoiselle de Verneuil, jalouse de détromper l'inconnu, se renferma dans une froide politesse, et parut même attendre la fin du repas avec impatience.

— Mademoiselle, vous avez dû bien souffrir en prison ? lui demanda madame du Gua.

— Hélas ! madame, il me semble que je n'ai pas cessé d'y être.

— Votre escorte est-elle destinée à vous protéger, mademoiselle, ou à vous surveiller ? Êtes-vous précieuse ou suspecte à la République ?

Mademoiselle de Verneuil comprit instinctivement qu'elle inspirait peu d'intérêt à madame du Gua, et s'effaroucha de cette question.

— Madame, répondit-elle, je ne sais pas bien précisément quelle est en ce moment la nature de mes relations avec la République.

— Vous la faites peut-être trembler ? dit le jeune homme avec un peu d'ironie.

— Pourquoi ne pas respecter les secrets de mademoiselle ? reprit madame du Gua.

— Oh ! madame, les secrets d'une jeune personne
qui ne connaît encore de la vie que ses malheurs, ne
sont pas bien curieux.

— Mais, répondit madame du Gua pour continuer
une conversation qui pouvait lui apprendre ce qu'elle
voulait savoir, le premier consul paraît avoir des
intentions parfaites. Ne va-t-il pas, dit-on, arrêter
l'effet des lois contre les émigrés ?

— C'est vrai, madame, dit-elle avec trop de vivacité
peut-être ; mais alors pourquoi soulevons-nous la
Vendée et la Bretagne ? pourquoi donc incendier la
France ?...

Ce cri généreux, par lequel elle semblait se faire un
reproche à elle-même, causa un tressaillement au
marin. Il regarda fort attentivement mademoiselle de
Verneuil, mais il ne put découvrir sur sa figure ni
haine ni amour. Cette peau dont le coloris attestait la
finesse était impénétrable. Une curiosité invincible
l'attacha soudain à cette singulière créature vers
laquelle il était attiré déjà par de violents désirs.

— Mais, dit-elle en continuant après une pause,
madame, allez-vous à Mayenne ?

— Oui, mademoiselle, répondit le jeune homme
d'un air interrogateur.

— Eh ! bien, madame, continua mademoiselle de
Verneuil, puisque monsieur votre fils sert la République... Elle prononça ces paroles d'un air indifférent
en apparence, mais elle jeta sur les deux inconnus un
de ces regards furtifs qui n'appartiennent qu'aux
femmes et aux diplomates. — Vous devez redouter les
Chouans ? reprit-elle, une escorte n'est pas à dédai-
gner. Nous sommes devenus presque compagnons de
voyage, venez avec nous jusqu'à Mayenne.

Le fils et la mère hésitèrent et parurent se consulter.

— Je ne sais, mademoiselle, répondit le jeune
homme, s'il est bien prudent de vous avouer que des
intérêts d'une haute importance exigent pour cette
nuit notre présence aux environs de Fougères, et que

nous n'avons pas encore trouvé de moyens de transport ; mais les femmes sont si naturellement généreuses que j'aurais honte de ne pas me confier à vous.
Néanmoins, ajouta-t-il, avant de nous remettre entre
vos mains, au moins devons-nous savoir si nous
pourrons en sortir sains et saufs. Êtes-vous la reine ou
l'esclave de votre escorte républicaine ? excusez la
franchise d'un jeune marin, mais je ne vois dans votre
situation rien de bien naturel...

— Nous vivons dans un temps, monsieur, où rien
de ce qui se passe n'est naturel. Ainsi vous pouvez
accepter sans scrupule, croyez-le bien. Et surtout,
ajouta-t-elle en appuyant sur ses paroles, vous n'avez à
craindre aucune trahison dans une offre faite avec
simplicité par une personne qui n'épouse point les
haines politiques.

— Le voyage ainsi fait ne sera pas sans danger,
reprit-il en mettant dans son regard une finesse qui
donnait de l'esprit à cette vulgaire réponse.

— Que craignez-vous donc encore, demanda-t-elle
avec un sourire moqueur, je ne vois de périls pour
personne.

La femme qui parle ainsi est-elle la même dont le
regard partageait mes désirs, se disait le jeune homme.
Quel accent ! Elle me tend quelque piège.

En ce moment, le cri clair et perçant d'une chouette
qui semblait perchée sur le sommet de la cheminée,
vibra comme un sombre avis.

— Qu'est ceci ? dit mademoiselle de Verneuil.
Notre voyage ne commencera pas sous d'heureux
présages. Mais comment se trouve-t-il ici des
chouettes qui chantent en plein jour ? demanda-t-elle
en faisant un geste de surprise.

— Cela peut arriver quelquefois, dit le jeune
homme froidement. — Mademoiselle, reprit-il, nous
vous porterions peut-être malheur. N'est-ce pas là
votre pensée ? Ne voyageons donc pas ensemble.

Ces paroles furent dites avec un calme et une
réserve qui surprirent mademoiselle de Verneuil.

— Monsieur, dit-elle avec une impertinence tout

aristocratique, je suis loin de vouloir vous contraindre. Gardons le peu de liberté que nous laisse la République. Si madame était seule, j'insisterais...

Les pas pesants d'un militaire retentirent dans le corridor, et le commandant Hulot montra bientôt une mine renfrognée.

— Venez ici, mon colonel[48], dit en souriant mademoiselle de Verneuil qui lui indiqua de la main une chaise auprès d'elle. — Occupons-nous, puisqu'il le faut, des affaires de l'État. Mais riez donc ? Qu'avez-vous ? Y a-t-il des Chouans ici ?

Le commandant était resté béant à l'aspect du jeune inconnu qu'il contemplait avec une singulière attention.

— Ma mère, désirez-vous encore du lièvre ? Mademoiselle, vous ne mangez pas, disait à Francine le marin en s'occupant des convives.

Mais la surprise de Hulot et l'attention de mademoiselle de Verneuil avaient quelque chose de cruellement sérieux qu'il était dangereux de méconnaître.

— Qu'as-tu donc, commandant, est-ce que tu me connaîtrais ? reprit brusquement le jeune homme.

— Peut-être, répondit le républicain.

— En effet, je crois t'avoir vu venir à l'École.

— Je ne suis jamais allé à l'école, répliqua brusquement le commandant. Et de quelle école sors-tu donc, toi ?

— De l'École polytechnique.

— Ah ! ah ! oui, de cette caserne où l'on veut faire des militaires dans des dortoirs, répondit le commandant dont l'aversion était insurmontable pour les officiers sortis de cette savante pépinière. Mais dans quel corps sers-tu ?

— Dans la marine.

— Ah ! dit Hulot en riant avec malice. Connais-tu beaucoup d'élèves de cette École-là dans la marine. — Il n'en sort, reprit-il d'un accent grave, que des officiers d'artillerie et du génie.

Le jeune homme ne se déconcerta pas.

— J'ai fait exception à cause du nom que je porte,

répondit-il. Nous avons tous été marins dans notre famille.

— Ah! reprit Hulot, quel est donc ton nom de famille, citoyen?

— Du Gua Saint-Cyr.

— Tu n'as donc pas été assassiné à Mortagne?

— Ah! il s'en est de bien peu fallu, dit vivement madame du Gua, mon fils a reçu deux balles...

— Et as-tu des papiers? dit Hulot sans écouter la mère.

— Est-ce que vous voulez les lire, demanda impertinemment le jeune marin dont l'œil bleu plein de malice étudiait alternativement la sombre figure du commandant et celle de mademoiselle de Verneuil.

— Un blanc-bec comme toi voudrait-il m'embêter, par hasard? Allons, donne-moi tes papiers, ou sinon, en route!

— La, la, mon brave, je ne suis pas un *serin*. Ai-je donc besoin de te répondre! Qui es-tu?

— Le commandant du département, reprit Hulot.

— Oh! alors mon cas peut devenir très grave, je serais pris les armes à la main. Et il tendit un verre de vin de Bordeaux au commandant.

— Je n'ai pas soif, répondit Hulot. Allons, voyons, tes papiers.

En ce moment, un bruit d'armes et les pas de quelques soldats ayant retenti dans la rue, Hulot s'approcha de la fenêtre et prit un air satisfait qui fit trembler mademoiselle de Verneuil. Ce signe d'intérêt réchauffa le jeune homme, dont la figure était devenue froide et fière. Après avoir fouillé dans la poche de son habit, il tira d'un élégant portefeuille et offrit au commandant des papiers que Hulot se mit à lire lentement, en comparant le signalement du passeport avec le visage du voyageur suspect. Pendant cet examen, le cri de la chouette recommença; mais cette fois il ne fut pas difficile d'y distinguer l'accent et les jeux d'une voix humaine. Le commandant rendit alors au jeune homme les papiers d'un air moqueur.

— Tout cela est bel et bon, lui dit-il, mais il faut me suivre au District. Je n'aime pas la musique, moi !

— Pourquoi l'emmenez-vous au District ? demanda mademoiselle de Verneuil d'une voix altérée.

— Ma petite fille, répondit le commandant en faisant sa grimace habituelle, cela ne vous regarde pas.

Irritée du ton, de l'expression du vieux militaire, et plus encore de cette espèce d'humiliation subie devant un homme à qui elle plaisait, mademoiselle de Verneuil se leva, quitta tout à coup l'attitude de candeur et de modestie dans laquelle elle s'était tenue jusqu'alors, son teint s'anima, et ses yeux brillèrent.

— Dites-moi, ce jeune homme a-t-il satisfait à tout ce qu'exige la loi ? s'écria-t-elle doucement, mais avec une sorte de tremblement dans la voix.

— Oui, en apparence, répondit ironiquement Hulot.

— Eh ! bien, j'entends que vous le laissiez tranquille *en apparence*, reprit-elle. Avez-vous peur qu'il ne vous échappe ? vous allez l'escorter avec moi jusqu'à Mayenne, il sera dans la malle avec madame sa mère. Pas d'observation, je le veux. — Eh bien ! quoi ?... reprit-elle en voyant Hulot qui se permit de faire sa petite grimace, le trouvez-vous encore suspect ?

— Mais un peu, je pense.

— Que voulez-vous donc en faire ?

— Rien, si ce n'est de lui rafraîchir la tête avec un peu de plomb. C'est un étourdi, reprit le commandant avec ironie.

— Plaisantez-vous, colonel ? s'écria mademoiselle de Verneuil.

— Allons, camarade, dit le commandant en faisant un signe de tête au marin. Allons, dépêchons !

À cette impertinence de Hulot, mademoiselle de Verneuil devint calme et sourit.

— N'avancez pas, dit-elle au jeune homme qu'elle protégea par un geste plein de dignité.

— Oh ! la belle tête, dit le marin à l'oreille de sa mère, qui fronça les sourcils.

Le dépit et mille sentiments irrités mais combattus
déployaient alors des beautés nouvelles sur le visage de
la Parisienne. Francine, madame du Gua, son fils,
s'étaient levés tous. Mademoiselle de Verneuil se plaça
vivement entre eux et le commandant qui souriait, et
défit lestement deux brandebourgs de son spencer.
Puis, agissant par suite de cet aveuglement dont les
femmes sont saisies lorsqu'on attaque fortement leur
amour-propre, mais flattée ou impatiente aussi d'exercer son pouvoir comme un enfant peut l'être d'essayer
le nouveau jouet qu'on lui a donné, elle présenta
vivement au commandant une lettre ouverte.

— Lisez, lui dit-elle avec un sourire sardonique.

Elle se retourna vers le jeune homme, à qui, dans
l'ivresse du triomphe, elle lança un regard où la malice
se mêlait à une expression amoureuse. Chez tous
deux, les fronts s'éclaircirent ; la joie colora leurs
figures agitées, et mille pensées contradictoires s'éle-
vèrent dans leurs âmes. Par un seul regard, madame
du Gua parut attribuer bien plus à l'amour qu'à la
charité la générosité de mademoiselle de Verneuil, et
certes elle avait raison. La jolie voyageuse rougit
d'abord et baissa modestement les paupières en devinant tout ce que disait ce regard de femme. Devant
cette menaçante accusation, elle releva fièrement la
tête et défia tous les yeux. Le commandant, pétrifié,
rendit cette lettre contre-signée des ministres, et qui
enjoignait à toutes les autorités d'obéir aux ordres de
cette mystérieuse personne ; mais, il tira son épée du
fourreau, la prit, la cassa sur son genou, et jeta les
morceaux.

— Mademoiselle, vous savez probablement bien ce
que vous avez à faire ; mais un républicain a ses idées
et sa fierté, dit-il. Je ne sais pas servir là où les belles
filles commandent ; le premier Consul aura, dès ce
soir, ma démission, et d'autres que Hulot vous
obéiront. Là où je ne comprends plus, je m'arrête ;
surtout, quand je suis tenu de comprendre.

Il y eut un moment de silence ; mais il fut bientôt
rompu par la jeune Parisienne qui marcha au

commandant, lui tendit la main et lui dit : — Colonel, quoique votre barbe soit un peu longue, vous pouvez m'embrasser, vous êtes un homme.

— Et je m'en flatte, mademoiselle, répondit-il en déposant assez gauchement un baiser sur la main de cette singulière fille. — Quant à toi, camarade, ajouta-t-il en menaçant du doigt le jeune homme, tu en reviens d'une belle !

— Mon commandant, reprit en riant l'inconnu, il est temps que la plaisanterie finisse, et si tu le veux, je vais te suivre au District.

— Y viendras-tu avec ton siffleur invisible, Marche-à-terre...

— Qui, Marche-à-terre ? demanda le marin avec tous les signes de la surprise la plus vraie.

— N'a-t-on pas sifflé tout à l'heure ?

— Eh ! bien, reprit l'étranger, qu'a de commun ce sifflement et moi, je te le demande. J'ai cru que les soldats que tu avais commandés, pour m'arrêter sans doute, te prévenaient ainsi de leur arrivée.

— Vraiment, tu as cru cela !

— Eh ! mon Dieu, oui. Mais bois donc ton verre de vin de Bordeaux, il est délicieux.

Surpris de l'étonnement naturel du marin, de l'incroyable légèreté de ses manières, de la jeunesse de sa figure, que rendaient presque enfantine les boucles de ses cheveux blonds soigneusement frisés, le commandant flottait entre mille soupçons. Il remarqua madame du Gua qui essayait de surprendre le secret des regards que son fils jetait à mademoiselle de Verneuil, et lui demanda brusquement : — Votre âge, citoyenne ?

— Hélas ! monsieur l'officier, les lois de notre République deviennent bien cruelles ! j'ai trente-huit ans.

— Quand on devrait me fusiller, je n'en croirais rien encore. Marche-à-terre est ici, il a sifflé, vous êtes des Chouans déguisés. Tonnerre de Dieu, je vais faire entièrement cerner et fouiller l'auberge.

En ce moment, un sifflement irrégulier, assez

semblable à ceux qu'on avait entendus, et qui partait
de la cour de l'auberge, coupa la parole au commandant; il se précipita fort heureusement dans le corridor, et n'aperçut point la pâleur que ses paroles
avaient répandue sur la figure de madame du Gua.
Hulot vit, dans le siffleur, un postillon qui attelait ses
chevaux à la malle; il déposa ses soupçons, tant il lui
sembla ridicule que des Chouans se hasardassent au
milieu d'Alençon, et il revint confus.

— Je lui pardonne, mais plus tard il paiera cher le
moment qu'il nous fait passer ici, dit gravement la
mère à l'oreille de son fils au moment où Hulot
rentrait dans la chambre.

Le brave officier offrait sur sa figure embarrassée
l'expression de la lutte que la sévérité de ses devoirs
livrait dans son cœur à sa bonté naturelle. Il conserva
son air bourru, peut-être parce qu'il croyait alors
s'être trompé; mais il prit le verre de vin de Bordeaux
et dit : — Camarade, excuse-moi, mais ton École
envoie à l'armée des officiers si jeunes...

— Les brigands en ont donc de plus jeunes encore?
demanda en riant le prétendu marin.

— Pour qui preniez-vous donc mon fils? reprit
madame du Gua.

— Pour le Gars, le chef envoyé aux Chouans et aux
Vendéens par le cabinet de Londres, et qu'on nomme
le marquis de Montauran.

Le commandant épia encore attentivement la figure
de ces deux personnages suspects, qui se regardèrent
avec cette singulière expression de physionomie que
prennent successivement deux ignorants présomp-
tueux et qu'on peut traduire par ce dialogue : —
Connais-tu cela? — Non. Et toi? — Connais pas, du
tout. — Qu'est-ce qu'il nous dit donc là? — Il rêve.
Puis le rire insultant et goguenard de la sottise quand
elle croit triompher.

La subite altération des manières et la torpeur de
Marie de Verneuil, en entendant prononcer le nom du
général royaliste, ne furent sensibles que pour Francine, la seule à qui fussent connues les imperceptibles

nuances de cette jeune figure. Tout à fait mis en
déroute, le commandant ramassa les deux morceaux
de son épée, regarda mademoiselle de Verneuil, dont
la chaleureuse expression avait trouvé le secret
d'émouvoir son cœur, et lui dit : — Quant à vous,
mademoiselle, je ne m'en dédis pas, et demain, les
tronçons de mon épée parviendront à Bonaparte, à
moins que...

— Eh ! que me fait Bonaparte, votre République,
les Chouans, le Roi et le Gars ! s'écria-t-elle en
réprimant assez mal un emportement de mauvais
goût.

Des caprices inconnus ou la passion donnèrent à
cette figure des couleurs étincelantes, et l'on vit que le
monde entier ne devait plus être rien pour cette jeune
fille du moment où elle y distinguait une créature ;
mais tout à coup elle rentra dans un calme forcé en se
voyant, comme un acteur sublime, l'objet des regards
de tous les spectateurs. Le commandant se leva
brusquement. Inquiète et agitée, mademoiselle de
Verneuil le suivit, l'arrêta dans le corridor, et lui
demanda d'un ton solennel : — Vous aviez donc de
bien fortes raisons de soupçonner ce jeune homme
d'être le Gars ?

— Tonnerre de Dieu, mademoiselle, le fantassin
qui vous accompagne est venu me prévenir que les
voyageurs et le courrier avaient été assassinés par les
Chouans, ce que je savais ; mais ce que je ne savais
pas, c'était les noms des voyageurs morts, et ils
s'appelaient du Gua Saint-Cyr !

— Oh ! s'il y a du Corentin là-dedans, je ne
m'étonne plus de rien, s'écria-t-elle avec un mouvement de dégoût.

Le commandant s'éloigna, sans oser regarder mademoiselle de Verneuil dont la dangereuse beauté lui
troublait déjà le cœur.

— Si j'étais resté deux minutes de plus, j'aurais fait
la sottise de reprendre mon épée pour l'escorter, se
disait-il en descendant l'escalier.

En voyant le jeune homme les yeux attachés sur la

porte par où mademoiselle de Verneuil était sortie, madame du Gua lui dit à l'oreille : — Toujours le même ! Vous ne périrez que par la femme. Une poupée vous fait tout oublier. Pourquoi donc avez-vous souffert qu'elle déjeunât avec nous. Qu'est-ce qu'une demoiselle de Verneuil qui accepte le déjeuner de gens inconnus, que les Bleus escortent, et qui les désarme avec une lettre mise en réserve comme un billet doux, dans son spencer ? C'est une de ces mauvaises créatures à l'aide desquelles Fouché veut s'emparer de vous, et la lettre qu'elle a montrée est donnée pour requérir les Bleus contre vous.

— Eh ! madame, répondit le jeune homme d'un ton aigre qui perça le cœur de la dame et la fit pâlir, sa générosité dément votre supposition. Souvenez-vous bien que l'intérêt seul du Roi nous rassemble. Après avoir eu Charette à vos pieds, l'univers ne serait-il donc pas vide pour vous ? Ne vivriez-vous déjà plus pour le venger ?

La dame resta pensive et debout comme un homme qui, du rivage, contemple le naufrage de ses trésors, et n'en convoite que plus ardemment sa fortune perdue. Mademoiselle de Verneuil rentra, le jeune marin échangea avec elle un sourire et un regard empreint de douce moquerie. Quelque incertain que parût l'avenir, quelque éphémère que fût leur union, les prophéties de cet espoir n'en étaient que plus caressantes. Quoique rapide, ce regard ne put échapper à l'œil sagace de madame du Gua, qui le comprit : aussitôt, son front se contracta légèrement, et sa physionomie ne put entièrement cacher de jalouses pensées. Francine observait cette femme ; elle en vit les yeux briller, les joues s'animer ; elle crut apercevoir un esprit infernal animer ce visage en proie à quelque révolution terrible ; mais l'éclair n'est pas plus vif, ni la mort plus prompte que ne le fut cette expression passagère ; madame du Gua reprit son air enjoué, avec un tel aplomb que Francine crut avoir rêvé. Néanmoins, en reconnaissant chez cette femme une violence au moins égale à celle de mademoiselle de Verneuil, elle frémit en prévoyant les terribles chocs qui devaient survenir entre deux esprits de cette trempe, et frissonna quand elle vit mademoiselle de Verneuil allant vers le jeune officier, lui jetant un de ces regards passionnés qui enivrent, lui prenant les deux mains, l'attirant à elle et le menant au jour par un geste de coquetterie pleine de malice.

— Maintenant, avouez-le-moi, dit-elle en cherchant à lire dans ses yeux, vous n'êtes pas le citoyen du Gua Saint-Cyr.

— Si, mademoiselle.

— Mais sa mère et lui ont été tués avant-hier.

— J'en suis désolé, répondit-il en riant. Quoi qu'il en soit, je ne vous en ai pas moins une obligation pour laquelle je vous conserverai toujours une grande reconnaissance, et je voudrais être à même de vous la témoigner.

— J'ai cru sauver un émigré, mais je vous aime mieux républicain.

A ces mots, échappés de ses lèvres comme par étourderie, elle devint confuse; ses yeux semblèrent rougir, et il n'y eut plus dans sa contenance qu'une délicieuse naïveté de sentiment; elle quitta mollement les mains de l'officier, poussée non par la honte de les avoir pressées, mais par une pensée trop lourde à porter dans son cœur, et elle le laissa ivre d'espérance. Tout à coup elle parut s'en vouloir à elle seule de cette liberté, autorisée peut-être par ces fugitives aventures de voyage; elle reprit son attitude de convention, salua ses deux compagnons de voyage et disparut avec Francine. En arrivant dans leur chambre, Francine se croisa les doigts, retourna les paumes de ses mains en se tordant les bras, et contempla sa maîtresse en lui disant : — Ah! Marie, combien de choses en peu de temps? il n'y a que vous pour ces histoires-là !

Mademoiselle de Verneuil bondit et sauta au cou de Francine.

— Ah! voilà la vie, je suis dans le ciel !

— Dans l'enfer, peut-être, répliqua Francine.

— Oh! va pour l'enfer! reprit mademoiselle de

Verneuil avec gaieté. Tiens, donne-moi ta main. Sens
mon cœur, comme il bat. J'ai la fièvre. Le monde
entier est maintenant peu de chose ! Combien de fois
n'ai-je pas vu cet homme dans mes rêves ! oh ! comme
sa tête est belle et quel regard étincelant !

— Vous aimera-t-il ? demanda d'une voix affaiblie
la naïve et simple paysanne, dont le visage s'était
empreint de mélancolie.

— Tu le demandes ? répondit mademoiselle de
Verneuil. — Mais dis-donc, Francine, ajouta-t-elle en
se montrant à elle dans une attitude moitié sérieuse,
moitié comique, il serait donc difficile.

— Oui, mais vous aimera-t-il toujours ? reprit
Francine en souriant.

Elles se regardèrent un moment comme interdites,
Francine de révéler tant d'expérience, Marie d'apercevoir pour la première fois un avenir de bonheur dans
la passion ; aussi resta-t-elle comme penchée sur un
précipice dont elle aurait voulu sonder la profondeur
en attendant le bruit d'une pierre jetée d'abord avec
insouciance.

— Hé ! c'est mon affaire, dit-elle en laissant échapper le geste d'un joueur au désespoir. Je ne plaindrai
jamais une femme trahie, elle ne doit s'en prendre
qu'à elle-même de son abandon. Je saurai bien garder,
vivant ou mort, l'homme dont le cœur m'aura appartenu. — Mais, dit-elle avec surprise et après un
moment de silence, d'où te vient tant de science,
Francine ?...

— Mademoiselle, répondit vivement la paysanne,
j'entends des pas dans le corridor.

— Ah ! dit-elle en écoutant, ce n'est pas *lui* ! —
Mais, reprit-elle, voilà comment tu réponds ! je te
comprends : je t'attendrai ou je te devinerai.

Francine avait raison. Trois coups frappés à la porte
interrompirent cette conversation. Le capitaine Merle
se montra bientôt, après avoir entendu l'invitation
d'entrer que lui adressa mademoiselle de Verneuil.

En faisant un salut militaire à mademoiselle de
Verneuil, le capitaine hasarda de lui jeter une œillade,

et tout ébloui par sa beauté, il ne trouva rien autre
chose à lui dire que : — Mademoiselle, je suis à vos
ordres !

— Vous êtes donc devenu mon protecteur par la
démission de votre chef de demi-brigade. Votre
régiment ne s'appelle-t-il pas ainsi ?

— Mon supérieur est l'adjudant-major Gérard qui
m'envoie.

— Votre commandant a donc bien peur de moi,
demanda-t-elle.

— Faites excuse, mademoiselle, Hulot n'a pas
peur ; mais les femmes, voyez-vous, ça n'est pas son
affaire ; et ça l'a chiffonné de trouver son général en
cornette.

— Cependant, reprit mademoiselle de Verneuil,
son devoir était d'obéir à ses supérieurs ! J'aime la
subordination, je vous en préviens, et je ne veux pas
qu'on me résiste.

— Cela serait difficile, répondit Merle.

— Tenons conseil, reprit mademoiselle de Verneuil. Vous avez ici des troupes fraîches, elles m'accompagneront à Mayenne, où je puis arriver ce soir.
Pouvons-nous y trouver de nouveaux soldats pour en
repartir sans nous y arrêter ? Les Chouans ignorent
notre petite expédition. En voyageant ainsi nuitamment, nous aurions bien du malheur si nous les
rencontrions en assez grand nombre pour être
attaqués. Voyons, dites, croyez-vous que ce soit
possible ?

— Oui, mademoiselle.

— Comment est le chemin de Mayenne à Fougère ?

— Rude. Il faut toujours monter et descendre, un
vrai pays d'écureuil.

— Partons, partons, dit-elle ; et comme nous
n'avons pas de dangers à redouter en sortant d'Alençon, allez en avant ; nous vous rejoindrons bien.

— On dirait qu'elle a dix ans de grade, se dit Merle
en sortant. Hulot se trompe, cette jeune fille-là n'est
pas de celles qui se font des rentes avec un lit de
plume. Et, mille cartouches, si le capitaine Merle veut

devenir adjudant-major [49], je ne lui conseille pas de prendre saint Michel pour le diable.

Pendant la conférence de mademoiselle de Verneuil avec le capitaine, Francine était sortie dans l'intention d'examiner par une fenêtre du corridor un point de la cour vers lequel une irrésistible curiosité l'entraînait depuis son arrivée dans l'auberge. Elle contemplait la paille de l'écurie avec une attention si profonde qu'on l'aurait pu croire en prières devant une bonne vierge. Bientôt elle aperçut madame du Gua se dirigeant vers Marche-à-terre avec les précautions d'un chat qui ne veut pas se mouiller les pattes. En voyant cette dame, le Chouan se leva et garda devant elle l'attitude du plus profond respect. Cette étrange circonstance éveilla la curiosité de Francine, qui s'élança dans la cour, se glissa le long des murs de manière à ne point être vue par madame du Gua, et tâcha de se cacher derrière la porte de l'écurie ; elle marcha sur la pointe du pied, retint son haleine, évita de faire le moindre bruit, et réussit à se poser près de Marche-à-terre sans avoir excité son attention.

— Et si, après toutes ces informations, disait l'inconnue au Chouan, ce n'est pas son nom, tu tireras dessus sans pitié, comme sur une chienne enragée.

— Entendu, répondit Marche-à-terre.

La dame s'éloigna. Le Chouan remit son bonnet de laine rouge sur la tête, resta debout, et se grattait l'oreille à la manière des gens embarrassés, lorsqu'il vit Francine lui apparaître comme par magie.

— Sainte Anne d'Auray ! s'écria-t-il. Tout à coup il laissa tomber son fouet, joignit les mains et demeura en extase. Une faible rougeur illumina son visage grossier, et ses yeux brillèrent comme des diamants perdus dans de la fange. — Est-ce bien la garce à Cottin ? dit-il d'une voix si sourde que lui seul pouvait s'entendre.

— Êtes-vous *godaine !* reprit-il après une pause.

Ce mot assez bizarre de *godain, godaine,* est un superlatif du patois de ces contrées qui sert aux amoureux à exprimer l'accord d'une riche toilette et de la beauté.

— Je n'oserais point vous toucher, ajouta Marche-à-terre en avançant néanmoins sa large main vers Francine comme pour s'assurer du poids d'une grosse chaîne d'or qui tournait autour de son cou, et descendait jusqu'à sa taille.

— Et *vous* feriez bien, Pierre, répondit Francine inspirée par cet instinct de la femme qui la rend despote quand elle n'est pas opprimée. Elle se recula avec hauteur après avoir joui de la surprise du Chouan ; mais elle compensa la dureté de ses paroles par un regard plein de douceur, et se rapprocha de lui.

— Pierre, reprit-elle, cette dame-là *te* parlait de la jeune demoiselle que je sers ? n'est-ce pas ?

Marche-à-terre resta muet et sa figure lutta comme l'aurore entre les ténèbres et la lumière. Il regarda tour à tour Francine, le gros fouet qu'il avait laissé tomber et la chaîne d'or qui paraissait exercer sur lui des séductions aussi puissantes que le visage de la Bretonne ; puis, comme pour mettre un terme à son inquiétude, il ramassa son fouet et garda le silence.

— Oh ! il n'est pas difficile de deviner que cette dame t'a ordonné de tuer ma maîtresse, reprit Francine qui connaissait la discrète fidélité du gars et qui voulut en dissiper les scrupules.

Marche-à-terre baissa la tête d'une manière significative. Pour la garce à Cottin, ce fut une réponse.

— Eh ! bien, Pierre, s'il lui arrive le moindre malheur, si un seul cheveu de sa tête est arraché, nous nous serons vus ici pour la dernière fois et pour l'éternité, car je serai dans le paradis, moi ! et toi, tu iras en enfer.

Le possédé que l'Église allait jadis exorciser en grande pompe n'était pas plus agité que Marche-à-terre ne le fut sous cette prédiction prononcée avec une croyance qui lui donnait une sorte de certitude. Ses regards, d'abord empreints d'une tendresse sauvage, puis combattus par les devoirs d'un fanatisme aussi exigeant que celui de l'amour, devinrent tout à coup farouches quand il aperçut l'air impérieux de l'innocente maîtresse qu'il s'était jadis donnée. Francine interpréta le silence du Chouan à sa manière.

— Tu ne veux donc rien faire pour moi ? lui dit-elle
d'un ton de reproche.

A ces mots, le Chouan jeta sur sa maîtresse un coup
d'œil aussi noir que l'aile d'un corbeau.

— Es-tu libre ? demanda-t-il par un grognement
que Francine seule pouvait entendre.

— Serais-je là ?... répondit-elle avec indignation.
Mais toi, que fais-tu ici ? Tu chouannes encore, tu
cours par les chemins comme une bête enragée qui
cherche à mordre. Oh! Pierre, si tu étais sage, tu
viendrais avec moi. Cette belle demoiselle qui, je puis
te le dire, a été jadis nourrie chez nous, a eu soin de
moi. J'ai maintenant deux cents livres de bonnes
rentes. Enfin mademoiselle m'a acheté pour cinq cents
écus la grande maison à mon oncle Thomas, et j'ai
deux mille livres d'économies.

Mais son sourire et l'énumération de ses trésors
échouèrent devant l'impénétrable expression de
Marche-à-terre.

— Les Recteurs ont dit de se mettre en guerre,
répondit-il. Chaque Bleu jeté par terre vaut une
indulgence.

— Mais les Bleus te tueront peut-être.

Il répondit en laissant aller ses bras comme pour
regretter la modicité de l'offrande qu'il faisait à Dieu
et au Roi.

— Et que deviendrais-je, moi ? demanda douloureusement la jeune fille.

Marche-à-terre regarda Francine avec stupidité ; ses
yeux semblèrent s'agrandir, il s'en échappa deux
larmes qui roulèrent parallèlement de ses joues velues
sur les peaux de chèvre dont il était couvert, et un
sourd gémissement sortit de sa poitrine.

— Sainte Anne d'Auray !... Pierre, voilà donc tout
ce que tu me diras après une séparation de sept ans.
Tu as bien changé.

— Je t'aime toujours, répondit le Chouan d'une
voix brusque.

— Non, lui dit-elle à l'oreille, le Roi passe avant moi.

— Si tu me regardes ainsi, reprit-il, je m'en vais.

— Eh! bien, adieu, reprit-elle avec tristesse.

— Adieu, répéta Marche-à-terre.

Il saisit la main de Francine, la serra, la baisa, fit un signe de croix, et se sauva dans l'écurie, comme un chien qui vient de dérober un os.

— Pille-miche, dit-il à son camarade, je n'y vois goutte. As-tu ta *chinchoire*?

— Oh! *cré bleu!*... la belle chaîne, répondit Pille-miche en fouillant dans une poche pratiquée sous sa peau de bique.

Il tendit à Marche-à-terre ce petit cône en corne de bœuf dans lequel les Bretons mettent le tabac fin qu'ils lévigent[50] eux-mêmes pendant les longues soirées d'hiver. Le Chouan leva le pouce de manière à former dans son poignet gauche ce creux où les invalides se mesurent leurs prises de tabac, il y secoua fortement la chinchoire dont la pointe avait été dévissée par Pille-miche. Une poussière impalpable tomba lentement par le petit trou qui terminait le cône de ce meuble breton. Marche-à-terre recommença sept ou huit fois ce manège silencieux, comme si cette poudre eût possédé le pouvoir de changer la nature de ses pensées. Tout à coup, il laissa échapper un geste désespéré, jeta la chinchoire à Pille-miche et ramassa une carabine cachée dans la paille.

— Sept à huit *chinchées* comme ça de suite, ça ne vaut *rin*, dit l'avare Pille-miche.

— En route, s'écria Marche-à-terre d'une voix rauque. Nous avons de la besogne.

Une trentaine de Chouans qui dormaient sous les râteliers et dans la paille, levèrent la tête, virent Marche-à-terre debout, et disparurent aussitôt par une porte qui donnait sur des jardins et d'où l'on pouvait gagner les champs. Lorsque Francine sortit de l'écurie, elle trouva la malle en état de partir. Mademoiselle de Verneuil et ses deux compagnons de voyage y étaient déjà montés. La Bretonne frémit en voyant sa maîtresse au fond de la voiture à côté de la femme qui venait d'en ordonner la mort. Le Suspect se mit en avant de Marie, et aussitôt que Francine se fut assise, la lourde voiture partit au grand trot.

Le soleil avait dissipé les nuages gris de l'automne, et ses rayons animaient la mélancolie des champs par un certain air de fête et de jeunesse. Beaucoup d'amants prennent ces hasards du ciel pour des présages. Francine fut étrangement surprise du silence qui régna d'abord entre les voyageurs. Mademoiselle de Verneuil avait repris son air froid, et se tenait les yeux baissés, la tête doucement inclinée, et les mains cachées sous une espèce de mante dans laquelle elle s'enveloppa. Si elle leva les yeux, ce fut pour voir les paysages qui s'enfuyaient en tournoyant avec rapidité. Certaine d'être admirée, elle se refusait à l'admiration ; mais son apparente insouciance accusait plus de coquetterie que de candeur. La touchante pureté qui donne tant d'harmonie aux diverses expressions par lesquelles se révèlent les âmes faibles, semblait ne pas pouvoir prêter son charme à une créature que ses vives impressions destinaient aux orages de l'amour. En proie au plaisir que donnent les commencements d'une intrigue, l'inconnu ne cherchait pas encore à s'expliquer la discordance qui existait entre la coquetterie et l'exaltation de cette singulière fille. Cette candeur jouée ne lui permettait-elle pas de contempler à son aise une figure que le calme embellissait alors autant qu'elle venait de l'être par l'agitation. Nous n'accusons guère la source de nos jouissances.

Il est difficile à une jolie femme de se soustraire, en voiture, aux regards de ses compagnons, dont les yeux s'attachent sur elle comme pour y chercher une distraction de plus à la monotonie du voyage. Aussi, très heureux de pouvoir satisfaire l'avidité de sa passion naissante, sans que l'inconnue évitât son regard ou s'offensât de sa persistance, le jeune officier se plut-il à étudier les lignes pures et brillantes qui dessinaient les contours de ce visage. Ce fut pour lui comme un tableau. Tantôt le jour faisait ressortir la transparence rose des narines, et le double arc qui unissait le nez à la lèvre supérieure; tantôt un pâle rayon de soleil mettait en lumière les nuances du teint, nacrées sous les yeux et autour de la bouche, rosées sur les joues, mates vers les tempes et sur le cou. Il admira les oppositions de clair et d'ombre produites par des cheveux dont les rouleaux noirs environnaient la figure, en y imprimant une grâce éphémère; car tout est si fugitif chez la femme! sa beauté d'aujourd'hui n'est souvent pas celle d'hier, heureusement pour elle peut-être! Encore dans l'âge où l'homme peut jouir de ces riens qui sont tout l'amour, le soi-disant marin attendait avec bonheur le mouvement répété des paupières et les jeux séduisants que la respiration donnait au corsage. Parfois, au gré de ses pensées, il épiait un accord entre l'expression des yeux et l'imperceptible inflexion des lèvres. Chaque geste lui livrait une âme, chaque mouvement une face nouvelle de cette jeune fille. Si quelques idées venaient agiter ces traits mobiles, si quelque soudaine rougeur s'y infusait, si le sourire y répandait la vie, il savourait mille délices en cherchant à deviner les secrets de cette femme mystérieuse. Tout était piège pour l'âme, piège pour les sens. Enfin le silence, loin d'élever des obstacles à l'entente des cœurs, devenait un lien commun pour les pensées. Plusieurs regards où ses yeux rencontrèrent ceux de l'étranger apprirent à Marie de Verneuil que ce silence allait la compromettre; elle fit alors à madame du Gua quelques-unes de ces demandes insignifiantes qui préludent aux conversations, mais elle ne put s'empêcher d'y mêler le fils.

— Madame, comment avez-vous pu, disait-elle, vous décider à mettre monsieur votre fils dans la marine? N'est-ce pas vous condamner à de perpétuelles inquiétudes?

— Mademoiselle, le destin des femmes, des mères, veux-je dire, est de toujours trembler pour leurs plus chers trésors.

— Monsieur vous ressemble beaucoup.

— Vous trouvez, mademoiselle.

Cette innocente *légitimation* de l'âge que madame du Gua s'était donné, fit sourire le jeune homme et inspira à sa prétendue mère un nouveau dépit. La haine de cette femme grandissait à chaque regard passionné que jetait son fils sur Marie. Le silence, le discours, tout allumait en elle une effroyable rage déguisée sous les manières les plus affectueuses.

— Mademoiselle, dit alors l'inconnu, vous êtes dans l'erreur. Les marins ne sont pas plus exposés que ne le sont les autres militaires. Les femmes ne devraient pas haïr la marine : n'avons-nous pas sur les troupes de terre l'immense avantage de rester fidèles à nos maîtresses ?

— Oh ! de force, répondit en riant mademoiselle de Verneuil.

— C'est toujours de la fidélité, répliqua madame du Gua d'un ton presque sombre.

La conversation s'anima, se porta sur des sujets qui n'étaient intéressants que pour les trois voyageurs ; car, en ces sortes de circonstances, les gens d'esprit donnent aux banalités des significations neuves ; mais l'entretien, frivole en apparence, par lequel ces inconnus se plurent à s'interroger mutuellement, cacha les désirs, les passions et les espérances qui les agitaient. La finesse et la malice de Marie, qui fut constamment sur ses gardes, apprirent à madame du Gua que la calomnie et la trahison pourraient seules la faire triompher d'une rivale aussi redoutable par son esprit que par sa beauté. Les voyageurs atteignirent l'escorte, et la voiture alla moins rapidement. Le jeune marin aperçut une longue côte à monter et proposa une promenade à mademoiselle de Verneuil. Le bon goût, l'affectueuse politesse du jeune homme semblèrent décider la Parisienne, et son consentement le flatta.

— Madame est-elle de notre avis ? demanda-t-elle à madame du Gua. Veut-elle aussi se promener ?

— Coquette ! dit la dame en descendant de voiture.

Marie et l'inconnu marchèrent ensemble mais séparés. Le marin, déjà saisi par de violents désirs, fut jaloux de faire tomber la réserve qu'on lui opposait, et de laquelle il n'était pas la dupe. Il crut pouvoir y réussir en badinant avec l'inconnue à la faveur de cette amabilité française, de cet esprit parfois léger, parfois sérieux, toujours chevaleresque, souvent moqueur qui distinguait les hommes remarquables de l'aristocratie exilée. Mais la rieuse Parisienne plaisanta si malicieusement le jeune Républicain, sut lui reprocher ses intentions de frivolité si dédaigneusement en s'attachant de préférence aux idées fortes et à l'exaltation qui perçaient malgré lui dans ses discours, qu'il devina facilement le secret de plaire. La conversation changea donc. L'étranger réalisa dès lors les espérances que donnait sa figure expressive. De moment en moment, il éprouvait de nouvelles difficultés en voulant apprécier la sirène de laquelle il s'éprenait de plus en plus, et fut forcé de suspendre ses jugements sur une fille qui se faisait un jeu de les infirmer tous. Après avoir été séduit par la contemplation de la beauté, il fut donc entraîné vers cette âme inconnue par une curiosité que Marie se plut à exciter. Cet entretien prit insensiblement un caractère d'intimité très étranger au ton d'indifférence que mademoiselle de Verneuil s'efforça d'y imprimer sans pouvoir y parvenir. Quoique madame du Gua eût suivi les deux amoureux, ils avaient insensiblement marché plus vite qu'elle, et ils s'en trouvèrent bientôt séparés par une centaine de pas environ. Ces deux charmants êtres foulaient le sable fin de la route, emportés par le charme enfantin d'unir le léger retentissement de leurs pas, heureux de se voir enveloppés par un même rayon de lumière qui paraissait appartenir au soleil du printemps, et de respirer ensemble ces parfums d'automne chargés de tant de dépouilles végétales, qu'ils semblent une nourriture apportée par les airs à la mélancolie de l'amour naissant. Quoiqu'ils ne parussent voir l'un et l'autre qu'une aventure ordinaire dans leur union momentanée, le ciel, le site et la saison communiquèrent à leurs sentiments une teinte de gravité qui leur donna l'apparence de la passion. Ils commencèrent à faire l'éloge de la journée, de sa beauté; puis ils parlèrent de leur étrange rencontre, de la rupture prochaine d'une liaison si douce et de la facilité qu'on met en voyage à s'épancher avec les personnes aussitôt perdues qu'entrevues. A cette dernière observation, le jeune homme profita de la permission tacite qui semblait l'autoriser à faire quelques douces confidences, et essaya de risquer des aveux, en homme accoutumé à de semblables situations.

— Remarquez-vous, mademoiselle, lui dit-il, combien les sentiments suivent peu la route commune, dans le temps de terreur où nous vivons? Autour de nous, tout n'est-il pas frappé d'une inexplicable soudaineté. Aujourd'hui, nous aimons, nous haïssons sur la foi d'un regard. L'on s'unit pour la vie ou l'on se quitte avec la célérité dont on marche à la mort. On se dépêche en toute chose, comme la Nation dans ses tumultes. Au milieu des dangers, les étreintes doivent être plus vives que dans le train ordinaire de la vie. A Paris, dernièrement, chacun a su, comme sur un champ de bataille, tout ce que pouvait dire une poignée de main.

— On sentait la nécessité de vivre vite et beaucoup, répondit-elle, parce qu'on avait alors peu de temps à vivre. Et après avoir lancé à son jeune compagnon un regard qui semblait lui montrer le terme de leur court voyage, elle ajouta malicieusement : — Vous êtes bien instruit des choses de la vie, pour un jeune homme qui sort de l'École?

— Que pensez-vous de moi? demanda-t-il après un moment de silence. Dites-moi votre opinion sans ménagements.

— Vous voulez sans doute acquérir ainsi le droit de me parler de moi?... répliqua-t-elle en riant.

— Vous ne répondez pas, reprit-il après une légère pause. Prenez garde, le silence est souvent une réponse.

— Ne deviné-je pas tout ce que vous voudriez pouvoir me dire? Hé! mon dieu, vous avez déjà trop parlé.

— Oh! si nous nous entendons, reprit-il en riant,
j'obtiens plus que je n'osais espérer.

Elle se mit à sourire si gracieusement qu'elle parut
accepter la lutte courtoise de laquelle tout homme se
plaît à menacer une femme. Ils se persuadèrent alors,
autant sérieusement que par plaisanterie, qu'il leur
était impossible d'être jamais l'un pour l'autre autre
chose que ce qu'ils étaient en ce moment. Le jeune
homme pouvait se livrer à une passion qui n'avait
point d'avenir, et Marie pouvait en rire. Puis quand ils
eurent élevé ainsi entre eux une barrière imaginaire,
ils parurent l'un et l'autre fort empressés de mettre à
profit la dangereuse liberté qu'ils venaient de stipuler.
Marie heurta tout à coup une pierre et fit un faux pas.

— Prenez mon bras, dit l'inconnu.

— Il le faut bien, étourdi! Vous seriez trop fier si je
refusais. N'aurais-je pas l'air de vous craindre?

— Ah! mademoiselle, répondit-il en lui pressant le
bras pour lui faire sentir les battements de son cœur,
vous allez me rendre fier de cette faveur.

— Eh! bien, ma facilité vous ôtera vos illusions.

— Voulez-vous déjà me défendre contre le danger
des émotions que vous causez?

— Cessez, je vous prie, dit-elle, de m'entortiller
dans ces petites idées de boudoir, dans ces logo-
griphes[51] de ruelle. Je n'aime pas à rencontrer chez un
homme de votre caractère, l'esprit que les sots peuvent avoir. Voyez?... nous sommes sous un beau ciel,
en pleine campagne; devant nous, au-dessus de nous,
tout est grand. Vous voulez me dire que je suis belle,
n'est-ce pas? mais vos yeux me le prouvent, et
d'ailleurs, je le sais; mais je ne suis pas une femme que
des compliments puissent flatter. Voudriez-vous, par
hasard, me parler de vos *sentiments?* dit-elle avec une
emphase sardonique. Me supposeriez-vous donc la
simplicité de croire à des sympathies soudaines assez
fortes pour dominer une .vie entière par le souvenir
d'une matinée.

— Non pas d'une matinée, répondit-il, mais d'une
belle femme qui s'est montrée généreuse.

— Vous oubliez, reprit-elle en riant, de bien plus grands attraits, une femme inconnue, et chez laquelle tout doit sembler bizarre, le nom, la qualité, la situation, la liberté d'esprit et de manières.

— Vous ne m'êtes point inconnue, s'écria-t-il, j'ai su vous deviner, et ne voudrais rien ajouter à vos perfections, si ce n'est un peu plus de foi dans l'amour que vous inspirez tout d'abord.

— Ah! mon pauvre enfant de dix-sept ans, vous parlez déjà d'amour? dit-elle en souriant. Eh bien! soit, reprit-elle. C'est là un secret de conversation entre deux personnes, comme la pluie et le beau temps quand nous faisons une visite, prenons-le? Vous ne trouverez en moi, ni fausse modestie, ni petitesse. Je puis écouter ce mot sans rougir, il m'a été tant de fois prononcé sans l'accent du cœur, qu'il est devenu presque insignifiant pour moi. Il m'a été répété au théâtre, dans les livres, dans le monde, partout; mais je n'ai jamais rien rencontré qui ressemblât à ce magnifique sentiment.

— L'avez-vous cherché?

— Oui.

Ce mot fut prononcé avec tant de laisser-aller, que le jeune homme fit un geste de surprise et regarda fixement Marie comme s'il eût tout à coup changé d'opinion sur son caractère et sa véritable situation.

— Mademoiselle, dit-il avec une émotion mal déguisée, êtes-vous fille ou femme, ange ou démon?

— Je suis l'un et l'autre, reprit-elle en riant. N'y a-t-il pas toujours quelque chose de diabolique et d'angélique chez une jeune fille qui n'a point aimé, qui n'aime pas, et qui n'aimera peut-être jamais?

— Et vous trouvez-vous heureuse ainsi?... dit-il en prenant un ton et des manières libres, comme s'il eût déjà conçu moins d'estime pour sa libératrice.

— Oh! heureuse, reprit-elle, non. Si je viens à penser que je suis seule, dominée par des conventions sociales qui me rendent nécessairement artificieuse, j'envie les privilèges de l'homme. Mais, si je songe à tous les moyens que la nature nous a donnés pour vous envelopper, vous autres, pour vous enlacer dans les filets invisibles d'une puissance à laquelle aucun de vous ne peut résister, alors mon rôle ici-bas me sourit ; puis, tout à coup, il me semble petit, et je sens que je mépriserais un homme, s'il était la dupe de séductions vulgaires. Enfin tantôt j'aperçois notre joug, et il me plaît, puis il me semble horrible et je m'y refuse ; tantôt je sens en moi ce désir de dévouement qui rend la femme si noblement belle, puis j'éprouve un désir de domination qui me dévore. Peut-être, est-ce le combat naturel du bon et du mauvais principe qui fait vivre toute créature ici-bas. Ange ou démon, vous l'avez dit. Ah ! ce n'est pas d'aujourd'hui que je reconnais ma double nature. Mais, nous autres femmes, nous comprenons encore mieux que vous notre insuffisance. N'avons-nous pas un instinct qui nous fait pressentir en toute chose une perfection à laquelle il est sans doute impossible d'atteindre. Mais, ajouta-t-elle en regardant le ciel et jetant un soupir, ce qui nous grandit à vos yeux...

— C'est ?... dit-il.

— Eh ! bien, répondit-elle, c'est que nous luttons toutes, plus ou moins, contre une destinée incomplète [52].

— Mademoiselle, pourquoi donc nous quittons-nous ce soir ?

— Ah ! dit-elle en souriant au regard passionné que lui lança le jeune homme, remontons en voiture, le grand air ne nous vaut rien.

Marie se retourna brusquement, l'inconnu la suivit, et lui serra le bras par un mouvement peu respectueux, mais qui exprima tout à la fois d'impérieux désirs et de l'admiration. Elle marcha plus vite ; le marin devina qu'elle voulait fuir une déclaration peut-être importune, il n'en devint que plus ardent, risqua tout pour arracher une première faveur à cette femme, et il lui dit en le regardant avec finesse :

— Voulez-vous que je vous apprenne un secret ?

— Oh ! dites promptement, s'il vous concerne ?

— Je ne suis point au service de la République. Où allez-vous ? j'irai.

A cette phrase, Marie trembla violemment, elle retira son bras, et se couvrit le visage de ses deux mains pour dérober la rougeur ou la pâleur peut-être qui en altéra les traits ; mais elle dégagea tout à coup sa figure, et dit d'une voix attendrie : — Vous avez donc débuté comme vous auriez fini, vous m'avez trompée ?

— Oui, dit-il.

A cette réponse, elle tourna le dos à la grosse malle vers laquelle ils se dirigeaient, et se mit à courir presque.

— Mais, reprit l'inconnu, l'air ne nous valait rien ?...

— Oh ! il a changé, dit-elle avec un son de voix grave en continuant à marcher en proie à des pensées orageuses.

— Vous vous taisez, demanda l'étranger, dont le cœur se remplit de cette douce appréhension que donne l'attente du plaisir.

— Oh ! dit-elle d'un accent bref, la tragédie a bien promptement commencé.

— De quelle tragédie parlez-vous ? demanda-t-il.

Elle s'arrêta, toisa l'élève d'abord d'un air empreint d'une double expression de crainte et de curiosité ; puis elle cacha sous un calme impénétrable les sentiments qui l'agitaient, et montra que, pour une jeune fille, elle avait une grande habitude de la vie.

— Qui êtes-vous ? reprit-elle ; mais je le sais ! En vous voyant, je m'en étais doutée, vous êtes le chef royaliste nommé le Gars ? L'ex-évêque d'Autun[53] a bien raison, en nous disant de toujours croire aux pressentiments qui annoncent des malheurs.

— Quel intérêt avez-vous donc à connaître ce garçon-là ?

— Quel intérêt aurait-il donc à se cacher de moi, si je lui ai déjà sauvé la vie ? Elle se mit à rire, mais forcément. — J'ai sagement fait de vous empêcher de me dire que vous m'aimez. Sachez-le bien, monsieur, je vous abhorre. Je suis républicaine, vous êtes

royaliste, et je vous livrerais si vous n'aviez ma parole,
si je ne vous avais déjà sauvé une fois, et si... Elle
s'arrêta. Ces violents retours sur elle-même, ces
combats qu'elle ne se donnait plus la peine de
déguiser, inquiétèrent l'inconnu, qui tâcha, mais
vainement, de l'observer. — Quittons-nous à l'instant, je le veux, adieu, dit-elle. Elle se retourna
vivement, fit quelques pas et revint. — Mais non, j'ai
un immense intérêt à apprendre qui vous êtes, reprit-
elle. Ne me cachez rien, et dites-moi la vérité. Qui
êtes-vous, car vous n'êtes pas plus un élève de l'École
que vous n'avez dix-sept ans...

— Je suis un marin, tout prêt à quitter l'Océan
pour vous suivre partout où votre imagination voudra
me guider. Si j'ai le bonheur de vous offrir quelque
mystère, je me garderai bien de détruire votre curiosité. Pourquoi mêler les graves intérêts de la vie réelle
à la vie du cœur, où nous commencions à si bien nous
comprendre.

— Nos âmes auraient pu s'entendre, dit-elle d'un
ton grave. Mais, monsieur, je n'ai pas le droit d'exiger
votre confiance. Vous ne connaîtrez jamais l'étendue
de vos obligations envers moi : je me tairai.

Ils avancèrent de quelques pas dans le plus profond
silence.

— Combien ma vie vous intéresse ! reprit l'inconnu.

— Monsieur, dit-elle, de grâce, votre nom, ou
taisez-vous. Vous êtes un enfant, ajouta-t-elle en
haussant les épaules, et vous me faites pitié.

L'obstination que la voyageuse mettait à connaître
son secret fit hésiter le prétendu marin entre la
prudence et ses désirs. Le dépit d'une femme souhaitée a de bien puissants attraits ; sa soumission comme
sa colère est si impérieuse, elle attaque tant de fibres
dans le cœur de l'homme, elle le pénètre et le
subjugue. Était-ce chez mademoiselle de Verneuil une
coquetterie de plus ? Malgré sa passion, l'étranger eut
la force de se défier d'une femme qui voulait lui
violemment arracher un secret de vie ou de mort.

— Pourquoi, lui dit-il en lui prenant la main qu'elle laissa prendre par distraction, pourquoi mon indiscrétion, qui donnait un avenir à cette journée, en a-t-elle détruit le charme ?

Mademoiselle de Verneuil, qui paraissait souffrante, garda le silence.

— En quoi puis-je vous affliger, reprit-il, et que puis-je faire pour vous apaiser ?

— Dites-moi votre nom

A son tour il marcha en silence, et ils avancèrent de quelques pas. Tout à coup mademoiselle de Verneuil s'arrêta, comme une personne qui a pris une importante détermination.

— Monsieur le marquis de Montauran, dit-elle avec dignité sans pouvoir entièrement déguiser une agitation qui donnait une sorte de tremblement nerveux à ses traits, quoi qu'il puisse m'en coûter, je suis heureuse de vous rendre un bon office. Ici nous allons nous séparer. L'escorte et la malle sont trop nécessaires à votre sûreté pour que vous n'acceptiez pas l'une et l'autre. Ne craignez rien des Républicains : tous ces soldats, voyez-vous, sont des hommes d'honneur, et je vais donner à l'adjudant des ordres qu'il exécutera fidèlement. Quant à moi, je puis regagner Alençon à pied avec ma femme de chambre, quelques soldats nous accompagneront. Écoutez-moi bien, car il s'agit de votre tête. Si vous rencontriez, avant d'être en sûreté, l'horrible muscadin que vous avez vu dans l'auberge, fuyez, car il vous livrerait aussitôt. Quant à moi... — Elle fit une pause. — Quant à moi, je me rejette avec orgueil dans les misères de la vie, reprit-elle à voix basse en retenant ses pleurs. Adieu, monsieur. Puissiez-vous être heureux ! Adieu.

Et elle fit un signe au capitaine Merle qui atteignait alors le haut de la colline. Le jeune homme ne s'attendait pas à un si brusque dénouement.

— Attendez ! cria-t-il avec une sorte de désespoir assez bien joué.

Ce singulier caprice d'une fille pour laquelle il aurait alors sacrifié sa vie surprit tellement l'inconnu, qu'il inventa une déplorable ruse pour tout à la fois cacher son nom et satisfaire la curiosité de mademoiselle de Verneuil.

— Vous avez presque deviné, dit-il, je suis émigré, condamné à mort, et je me nomme le vicomte de Bauvan. L'amour de mon pays m'a ramené en France, près de mon frère. J'espère être radié de la liste [54] par l'influence de madame de Beauharnais, aujourd'hui la femme du premier Consul ; mais si j'échoue, alors je veux mourir sur la terre de mon pays en combattant auprès de Montauran, mon ami. Je vais d'abord en secret, à l'aide d'un passeport qu'il m'a fait parvenir, savoir s'il me reste quelques propriétés en Bretagne.

Pendant que le jeune gentilhomme parlait, mademoiselle de Verneuil l'examinait d'un œil perçant. Elle essaya de douter de la vérité de ces paroles, mais crédule et confiante, elle reprit lentement une expression de sérénité, et s'écria : — Monsieur, ce que vous me dites en ce moment est-il vrai ?

— Parfaitement vrai, répéta l'inconnu qui paraissait mettre peu de probité dans ses relations avec les femmes.

Mademoiselle de Verneuil soupira fortement comme une personne qui revient à la vie.

— Ah ! s'écria-t-elle, je suis bien heureuse.

— Vous haïssez donc bien mon pauvre Montauran.

— Non, dit-elle, vous ne sauriez me comprendre. Je n'aurais pas voulu que *vous* fussiez menacé des dangers contre lesquels je vais tâcher de le défendre, puisqu'il est votre ami.

— Qui vous a dit que Montauran fût en danger ?

— Hé ! monsieur, si je ne venais pas de Paris, où il n'est question que de son entreprise, le commandant d'Alençon nous en a dit assez sur lui, je pense.

— Je vous demanderai alors comment vous pourriez le préserver de tout danger.

— Et si je ne voulais pas répondre ? dit-elle avec cet air dédaigneux sous lequel les femmes savent si bien cacher leurs émotions. De quel droit voulez-vous connaître mes secrets ?

— Du droit que doit avoir un homme qui vous aime.

— Déjà ?... dit-elle. Non, vous ne m'aimez pas, monsieur, vous voyez en moi l'objet d'une galanterie passagère, voilà tout. Ne vous ai-je pas sur-le-champ deviné ? Une personne qui a quelque habitude de la bonne compagnie peut-elle, par les mœurs qui courent, se tromper en entendant un élève de l'École polytechnique se servir d'expressions choisies, et déguiser, aussi mal que vous l'avez fait, les manières d'un grand seigneur sous l'écorce des républicains : mais vos cheveux ont un reste de poudre, et vous avez un parfum de gentilhomme que doit sentir tout d'abord une femme du monde. Aussi, tremblant pour vous que mon surveillant, qui a toute la finesse d'une femme, ne vous reconnût, l'ai-je promptement congédié. Monsieur, un véritable officier républicain sorti de l'École ne se croirait pas près de moi en bonne fortune, et ne me prendrait pas pour une jolie intrigante. Permettez-moi, monsieur de Bauvan, de vous soumettre à ce propos un léger raisonnement de femme. Êtes-vous si jeune, que vous ne sachiez pas que, de toutes les créatures de notre sexe, la plus difficile à soumettre est celle dont la valeur est chiffrée et qui s'ennuie du plaisir. Cette sorte de femme exige, m'a-t-on dit, d'immenses séductions, ne cède qu'à ses caprices ; et, prétendre lui plaire, est chez un homme la plus grande des fatuités. Mettons à part cette classe de femmes dans laquelle vous me faites la galanterie de me ranger, car elles sont tenues toutes d'être belles, vous devez comprendre qu'une jeune femme noble, belle, spirituelle (vous m'accordez ces avantages), ne se vend pas, et ne peut s'obtenir que d'une seule façon, quand elle est aimée. Vous m'entendez ! Si elle aime, et qu'elle veuille faire une folie, elle doit être justifiée par quelque grandeur. Pardonnez-moi ce luxe de logique, si rare chez les personnes de notre sexe ; mais, pour votre honneur et... le mien, dit-elle en s'inclinant, je ne voudrais pas que nous nous trompassions sur notre mérite, ou que vous crussiez mademoi-

selle de Verneuil, ange ou démon, fille ou femme,
capable de se laisser prendre à de banales galanteries.

— Mademoiselle, dit le marquis dont la surprise
quoique dissimulée fut extrême et qui redevint tout à
coup homme de grande compagnie, je vous supplie de
croire que je vous accepte comme une très noble
personne, pleine de cœur et de sentiments élevés,
ou... comme une bonne fille, à votre choix !

— Je ne vous demande pas tant, monsieur, dit-elle
en riant. Laissez-moi mon incognito. D'ailleurs, mon
masque est mieux mis que le vôtre, et il me plaît à moi
de le garder, ne fût-ce que pour savoir si les gens qui
me parlent d'amour sont sincères... Ne vous hasardez
donc pas légèrement près de moi. — Monsieur,
écoutez, lui dit-elle en lui saisissant le bras avec force,
si vous pouviez me prouver un véritable amour,
aucune puissance humaine ne nous séparerait. Oui, je
voudrais m'associer à quelque grande existence
d'homme, épouser une vaste ambition, de belles
pensées. Les nobles cœurs ne sont pas infidèles, car la
constance est une force qui leur va ; je serais donc
toujours aimée, toujours heureuse ; mais aussi, ne
serais-je pas toujours prête à faire de mon corps une
marche pour élever l'homme qui aurait mes affections,
à me sacrifier pour lui, à tout supporter de lui, à
l'aimer toujours, même quand il ne m'aimerait plus.
Je n'ai jamais osé confier à un autre cœur ni les
souhaits du mien, ni les élans passionnés de l'exaltation qui me dévore ; mais je puis bien vous en dire
quelque chose, puisque nous allons nous quitter
aussitôt que vous serez en sûreté.

— Nous quitter ?... jamais ! dit-il électrisé par les
sons que rendait cette âme vigoureuse qui semblait se
débattre contre quelque immense pensée.

— Êtes-vous libre ? reprit-elle en lui jetant un
regard dédaigneux qui le rapetissa.

— Oh ! pour libre... oui, sauf la condamnation à
mort.

Elle lui dit alors d'une voix pleine de sentiments
amers : — Si tout ceci n'était pas un songe, quelle

belle vie serait la vôtre ?... Mais si j'ai dit des folies,
n'en faisons pas. Quand je pense à tout ce que vous
devriez être pour m'apprécier à ma juste valeur, je
doute de tout.

— Et moi je ne douterais de rien, si vous vouliez
m'appar...

— Chut ! s'écria-t-elle en entendant cette phrase
dite avec un véritable accent de passion, l'air ne nous
vaut décidément plus rien, allons retrouver nos chape-
rons.

La malle ne tarda pas à rejoindre ces deux personnages, qui reprirent leurs places et firent quelques
lieues dans le plus profond silence ; s'ils avaient l'un et
l'autre trouvé matière à d'amples réflexions, leurs
yeux ne craignirent plus désormais de se rencontrer.
Tous deux, ils semblaient avoir un égal intérêt à
s'observer et à se cacher un secret important ; mais il
se sentaient entraînés l'un vers l'autre par un même
désir, qui, depuis leur entretien, contractait l'étendue
de la passion ; car ils avaient réciproquement reconnu
chez eux des qualités qui rehaussaient encore à leurs
yeux les plaisirs qu'ils se promettaient de leur lutte ou
de leur union. Peut-être chacun d'eux, embarqué dans
une vie aventureuse, était-il arrivé à cette singulière
situation morale où, soit par lassitude, soit pour défier
le sort, on se refuse à des réflexions sérieuses, et où
l'on se livre aux chances du hasard en poursuivant une
entreprise, précisément parce qu'elle n'offre aucune
issue et qu'on veut en voir le dénouement nécessaire.
La nature morale n'a-t-elle pas, comme la nature
physique, ses gouffres et ses abîmes où les caractères
forts aiment à se plonger en risquant leur vie, comme
un joueur aime à jouer sa fortune ? Le gentilhomme et
mademoiselle de Verneuil eurent en quelque sorte une
révélation de ces idées, qui leur furent communes
après l'entretien dont elles étaient la conséquence, et
ils firent ainsi tout à coup un pas immense, car la
sympathie des âmes suivit celle de leurs sens. Néanmoins plus ils se sentirent fatalement entraînés l'un
vers l'autre, plus ils furent intéressés à s'étudier, ne

fût-ce que pour augmenter, par un involontaire calcul, la somme de leurs jouissances futures. Le jeune homme encore étonné de la profondeur des idées de cette fille bizarre, se demanda tout d'abord comment elle pouvait allier tant de connaissances acquises à tant de fraîcheur et de jeunesse. Il crut découvrir alors un extrême désir de paraître chaste, dans l'extrême chasteté que Marie cherchait à donner à ses attitudes ; il la soupçonna de feinte, se querella sur son plaisir, et ne voulut plus voir dans cette inconnue qu'une habile comédienne : il avait raison. Mademoiselle de Verneuil, comme toutes les filles du monde, devenue d'autant plus modeste qu'elle ressentait plus d'ardeur, prenait fort naturellement cette contenance de pruderie sous laquelle les femmes savent si bien voiler leurs excessifs désirs. Toutes voudraient s'offrir vierges à la passion ; et, si elles ne le sont pas, leur dissimulation est toujours un hommage qu'elles rendent à leur amour. Ces réflexions passèrent rapidement dans l'âme du gentilhomme, et lui firent plaisir. En effet, pour tous deux, cet examen devait être un progrès, et l'amant en vint bientôt à cette phase de la passion où un homme trouve dans les défauts de sa maîtresse des raisons pour l'aimer davantage. Mademoiselle de Verneuil resta plus longtemps pensive que ne le fut l'émigré ; peut-être son imagination lui faisait-elle franchir une plus grande étendue de l'avenir. Le jeune homme obéissait à quelqu'un des mille sentiments qu'il devait éprouver dans sa vie d'homme, et la jeune fille apercevait toute une vie en se complaisant à l'arranger belle, à la remplir de bonheur, de grands et de nobles sentiments. Heureuse en idée, éprise autant de ses chimères que de la réalité, autant de l'avenir que du présent, Marie essaya de revenir sur ses pas pour mieux établir son pouvoir sur ce jeune cœur, agissant en cela instinctivement, comme agissent toutes les femmes. Après être convenue avec elle-même de se donner tout entière, elle désirait, pour ainsi dire, se disputer en détail, elle aurait voulu pouvoir reprendre dans le passé toutes ses actions, ses

paroles, ses regards pour les mettre en harmonie avec
la dignité de la femme aimée. Aussi, ses yeux exprimè-
rent-ils parfois une sorte de terreur, quand elle
songeait à l'entretien qu'elle venait d'avoir et où elle
s'était montrée si agressive. Mais, en contemplant
cette figure empreinte de force, elle se dit qu'un être si
puissant devait être généreux, et s'applaudit de rencontrer une part plus belle que celle de beaucoup
d'autres femmes, en trouvant dans son amant un
homme de caractère, un homme condamné à mort qui
venait jouer lui-même sa tête et faire la guerre à la
République. La pensée de pouvoir occuper sans
partage une telle âme prêta bientôt à toutes les choses
une physionomie différente. Entre le moment où, cinq
heures auparavant, elle composa son visage et sa voix
pour agacer le gentilhomme, et le moment actuel où
elle pouvait le bouleverser d'un regard, il y eut la
différence de l'univers mort à un vivant univers. De
bons rires, de joyeuses coquetteries cachèrent une
immense passion qui se présenta comme le malheur,
en souriant. Dans les dispositions d'âme où se trouvait
mademoiselle de Verneuil, la vie extérieure prit donc
pour elle le caractère d'une fantasmagorie. La calèche
passa par des villages, par des vallons, par des
montagnes dont aucune image ne s'imprima dans sa
mémoire. Elle arriva dans Mayenne, les soldats de
l'escorte changèrent, Merle lui parla, elle répondit,
traversa toute une ville, et se remit en route ; mais les
figures, les maisons, les rues, les paysages, les
hommes furent emportés comme les formes indistinctes d'un rêve. La nuit vint. Marie voyagea sous un
ciel de diamants, enveloppée d'une douce lumière, et
sur la route de Fougères, sans qu'il lui vînt dans la
pensée que le ciel eût changé d'aspect, sans savoir ce
qu'était ni Mayenne ni Fougères, ni où elle allait.
Qu'elle pût quitter dans peu d'heures l'homme de son
choix et par qui elle se croyait choisie, n'était pas,
pour elle, une chose possible. L'amour est la seule
passion qui ne souffre ni passé ni avenir. Si parfois sa
pensée se trahissait par des paroles, elle laissait

échapper des phrases presque dénuées de sens, mais qui résonnaient dans le cœur de son amant comme des promesses de plaisir. Aux yeux des deux témoins de cette passion naissante, elle prenait une marche effrayante. Francine connaissait Marie aussi bien que l'étrangère connaissait le jeune homme, et cette expérience du passé leur faisait attendre en silence quelque terrible dénouement. En effet, elles ne tardèrent pas à voir finir ce drame que mademoiselle de Verneuil avait si tristement, sans le savoir peut-être, nommé une tragédie.

Quand les quatre voyageurs eurent fait environ une lieue hors de Mayenne, ils entendirent un homme à cheval qui se dirigeait vers eux avec une excessive rapidité ; lorsqu'il atteignit la voiture, il se pencha pour y regarder mademoiselle de Verneuil, qui reconnut Corentin ; ce sinistre personnage se permit de lui adresser un signe d'intelligence dont la familiarité eut quelque chose de flétrissant pour elle, et il s'enfuit après l'avoir glacée par ce signe empreint de bassesse. L'émigré parut désagréablement affecté de cette circonstance qui n'échappa certes point à sa prétendue mère ; mais Marie le pressa légèrement, et sembla se réfugier par un regard dans son cœur, comme dans le seul asile qu'elle eût sur terre. Le front du jeune homme s'éclaircit alors en savourant l'émotion que lui fit éprouver le geste par lequel sa maîtresse lui avait révélé, comme par mégarde, l'étendue de son attachement. Une inexplicable peur avait fait évanouir toute coquetterie, et l'amour se montra pendant un moment sans voile. Ils se turent comme pour prolonger la douceur de ce moment. Malheureusement au milieu d'eux madame du Gua voyait tout ; et, comme un avare qui donne un festin, elle paraissait leur compter les morceaux et leur mesurer la vie. En proie à leur bonheur, les deux amants arrivèrent, sans se douter du chemin qu'ils avaient fait, à la partie de la route qui se trouve au fond de la vallée d'Ernée, et qui forme le premier des trois bassins à travers lesquels se sont passés les événements qui servent d'exposition à cette

histoire. Là, Francine aperçut et montra d'étranges
figures qui semblaient se mouvoir comme des ombres
à travers les arbres et dans les ajoncs dont les champs
étaient entourés. Quand la voiture arriva dans la
direction de ces ombres, une décharge générale, dont
les balles passèrent en sifflant au-dessus des têtes,
apprit aux voyageurs que tout était positif dans cette
apparition. L'escorte tombait dans une embuscade.

A cette vive fusillade, le capitaine Merle regretta
vivement d'avoir partagé l'erreur de mademoiselle de
Verneuil, qui, croyant à la sécurité d'un voyage
nocturne et rapide, ne lui avait laissé prendre qu'une
soixantaine d'hommes. Aussitôt le capitaine,
commandé par Gérard, divisa la petite troupe en deux
colonnes pour tenir les deux côtés de la route, et
chacun des officiers se dirigea vivement au pas. de
course à travers les champs de genêts et d'ajoncs, en
cherchant à combattre les assaillants avant de les
compter. Les Bleus se mirent à battre à droite et à
gauche ces épais buissons avec une intrépidité pleine
d'imprudence, et répondirent à l'attaque des Chouans
par un feu soutenu dans les genêts, d'où partaient les
coups de fusil. Le premier mouvement de mademoiselle de Verneuil avait été de sauter hors de la calèche
et de courir assez loin en arrière pour s'éloigner du
champ de bataille ; mais, honteuse de sa peur, et mue
par ce sentiment qui porte à se grandir aux yeux de
l'être aimé, elle demeura immobile et tâcha d'examiner froidement le combat.

L'émigré la suivit, lui prit la main et la plaça sur son
cœur.

— J'ai eu peur, dit-elle en souriant : mais maintenant...

En ce moment sa femme de chambre effrayée lui
cria : — Marie, prenez garde ! Mais Francine, qui
voulait s'élancer hors de la voiture, s'y sentit arrêtée
par une main vigoureuse. Le poids de cette main
énorme lui arracha un cri violent, elle se retourna et
garda le silence en reconnaissant la figure de Marche-
à-terre.

— Je devrai donc à vos terreurs, disait l'étranger à mademoiselle de Verneuil, la révélation des plus doux secrets du cœur. Grâce à Francine, j'apprends que vous portez le nom gracieux de Marie. Marie, le nom que j'ai prononcé dans toutes mes angoisses ! Marie, le nom que je prononcerai désormais dans la joie, et que je ne dirai plus maintenant sans faire un sacrilège, en confondant la religion et l'amour. Mais serait-ce donc un crime que de prier et d'aimer tout ensemble ?

À ces mots, ils se serrèrent fortement la main, se regardèrent en silence, et l'excès de leurs sensations leur ôta la force et le pouvoir de les exprimer.

— *Ce n'est pas pour vous autres qu'il y a du danger !* dit brutalement Marche-à-terre à Francine en donnant aux sons rauques et gutturaux de sa voix une sinistre expression de reproche et appuyant sur chaque mot de manière à jeter l'innocente paysanne dans la stupeur.

Pour la première fois la pauvre fille apercevait de la férocité dans les regards de Marche-à-terre. La lueur de la lune semblait être la seule qui convînt à cette figure. Ce sauvage Breton tenant son bonnet d'une main, sa lourde carabine de l'autre, ramassé comme un gnome et enveloppé par cette blanche lumière dont les flots donnent aux formes de si bizarres aspects, appartenaient ainsi plutôt à la féerie qu'à la vérité. Cette apparition et son reproche eurent quelque chose de la rapidité des fantômes. Il se tourna brusquement vers madame du Gua, avec laquelle il échangea de vives paroles, et Francine, qui avait un peu oublié le bas-breton, ne put y rien comprendre. La dame paraissait donner à Marche-à-terre des ordres multipliés. Cette courte conférence fut terminée par un geste impérieux de cette femme qui désignait au Chouan les deux amants. Avant d'obéir, Marche-à-terre jeta un dernier regard à Francine, qu'il semblait plaindre, il aurait voulu lui parler ; mais la Bretonne[55] sut que le silence de son amant était imposé. La peau rude et tannée de cet homme parvint à se plisser sur son front, et ses sourcils se rapprochèrent violemment. Résistait-il à l'ordre renouvelé de

tuer mademoiselle de Verneuil? Cette grimace le
rendit sans doute plus hideux à madame du Gua, mais
l'éclair de ses yeux devint presque doux pour Francine, qui, devinant par ce regard qu'elle pourrait faire
plier l'énergie de ce sauvage sous sa volonté de femme,
espéra régner encore, après Dieu, sur ce cœur grossier.

Le doux entretien de Marie fut interrompu par
madame du Gua qui vint la prendre en criant comme
si quelque danger la menaçait, mais elle voulait
uniquement laisser l'un des membres du comité
royaliste d'Alençon qu'elle reconnut, libre de parler à
l'émigré.

— Défiez-vous de la fille que vous avez rencontrée
à l'hôtel des Trois-Maures.

Après avoir dit cette phrase à l'oreille du jeune
homme le chevalier de Valois qui montait un petit
cheval breton disparut dans les genêts d'où il venait de
sortir. En ce moment, le feu roulait avec une étonnante vivacité, mais sans que les deux partis en
vinssent aux mains.

— Mon adjudant, ne serait-ce pas une fausse
attaque pour enlever nos voyageurs et leur imposer
une rançon?... dit La-clef-des-cœurs.

— Tu as les pieds dans leurs souliers ou le diable
m'emporte, répondit Gérard en volant sur la route.

En ce moment, le feu des Chouans se ralentit, car la
communication faite au chef par le chevalier était le
seul but de leur escarmouche; Merle, qui les vit se
sauvant en petit nombre à travers les haies, ne jugea
pas à propos de s'engager dans une lutte inutilement
dangereuse. Gérard, en deux mots, fit reprendre à
l'escorte sa position sur le chemin, et se remit en
marche sans voir essuyé de perte. Le capitaine put
offrir la main à mademoiselle de Verneuil pour
remonter en voiture, car le gentilhomme resta comme
frappé de la foudre. La Parisienne étonnée monta sans
accepter la politesse du Républicain; elle tourna la
tête vers son amant, le vit immobile, et fut stupéfaite
du changement subit que les mystérieuses paroles du

cavalier venaient d'opérer en lui. Le jeune émigré revint lentement, et son attitude décelait un profond sentiment de dégoût.

— N'avais-je pas raison ? dit à l'oreille du jeune homme madame du Gua en le ramenant à la voiture, nous sommes certes entre les mains d'une créature avec laquelle on a trafiqué de votre tête ; mais puisqu'elle est assez sotte pour s'amouracher de vous, au lieu de faire son métier, n'allez pas vous conduire en enfant, et feignez de l'aimer jusqu'à ce que nous ayons gagné la Vivetière... Une fois là !...

— Mais l'aimerait-il donc déjà ?... se dit-elle en voyant le jeune homme à sa place, dans l'attitude d'un homme endormi.

La calèche roula sourdement sur le sable de la route. Au premier regard que mademoiselle de Verneuil jeta autour d'elle, tout lui parut avoir changé. La mort se glissait déjà dans son amour. Ce n'était peut-être que des nuances ; mais aux yeux de toute femme qui aime, ces nuances sont aussi tranchées que de vives couleurs. Francine avait compris, par le regard de Marche-à-terre, que le destin de mademoiselle de Verneuil sur laquelle elle lui avait ordonné de veiller, était entre d'autres mains que les siennes, et offrait un visage pâle, sans pouvoir retenir ses larmes quand sa maîtresse la regardait. La dame inconnue cachait mal sous de faux sourires la malice d'une vengeance féminine, et le subit changement que son obséquieuse bonté pour mademoiselle de Verneuil introduisit dans son maintien, dans sa voix et sa physionomie, était de nature à donner des craintes à une personne perspicace. Aussi mademoiselle de Verneuil frissonna-t-elle par instinct en se demandant : — Pourquoi frissonné-je ?... C'est sa mère. Mais elle trembla de tous ses membres en se disant tout à coup : — Est-ce bien sa mère ? Elle vit un abîme qu'un dernier coup d'œil jeté sur l'inconnue acheva d'éclairer. — Cette femme l'aime ! pensa-t-elle. Mais pourquoi m'accabler de prévenances, après m'avoir témoigné tant de froideur ? Suis-je perdue ? Aurait-elle peur de moi ?

Quant au gentilhomme, il pâlissait, rougissait tour à tour, et gardait une attitude calme en baissant les yeux pour dérober les étranges émotions qui l'agitaient. Une compression violente détruisait la gracieuse courbure de ses lèvres, et son teint jaunissait sous les efforts d'une orageuse pensée. Mademoiselle de Verneuil ne pouvait même plus deviner s'il y avait encore de l'amour dans sa fureur. Le chemin, flanqué de bois en cet endroit, devint sombre et empêcha ces muets acteurs de s'interroger des yeux. Le murmure du vent, le bruissement des touffes d'arbres, le bruit des pas mesurés de l'escorte, donnèrent à cette scène ce caractère solennel qui accélère les battements du cœur. Mademoiselle de Verneuil ne pouvait pas chercher en vain la cause de ce changement. Le souvenir de Corentin passa comme un éclair, et lui apporta l'image de sa véritable destinée qui lui apparut tout à coup. Pour la première fois depuis la matinée, elle réfléchit sérieusement à sa situation. Jusqu'en ce moment, elle s'était laissée aller au bonheur d'aimer, sans penser ni à elle, ni à l'avenir. Incapable de supporter plus longtemps ses angoisses, elle chercha, elle attendit, avec la douce patience de l'amour, un des regards du jeune homme, et le supplia si vivement, sa pâleur et son frisson eurent une éloquence si pénétrante, qu'il chancela ; mais la chute n'en fut que plus complète.

— Souffririez-vous, mademoiselle ? demanda-t-il.

Cette voix dépouillée de douceur, la demande elle-même, le regard, le geste, tout servit à convaincre la pauvre fille que les événements de cette journée appartenaient à un mirage de l'âme qui se dissipait alors comme ces nuages à demi formés que le vent emporte.

— Si je souffre ?... reprit-elle en riant forcément, j'allais vous faire la même question.

— Je croyais que vous vous entendiez, dit madame du Gua avec une fausse bonhomie.

Ni le gentilhomme ni mademoiselle de Verneuil ne répondirent. La jeune fille, doublement outragée, se dépita de voir sa puissante beauté sans puissance. Elle savait pouvoir apprendre au moment où elle le voudrait la cause de cette situation ; mais, peu curieuse de la pénétrer, pour la première fois, peut-être, une femme recula devant un secret. La vie humaine est tristement fertile en situations où, par suite, soit d'une méditation trop forte, soit d'une catastrophe, nos idées ne tiennent plus à rien, sont sans substance, sans point de départ, où le présent ne trouve plus de liens pour se rattacher au passé, ni dans l'avenir. Tel fut l'état de mademoiselle de Verneuil. Penchée dans le fond de la voiture, elle y resta comme un arbuste déraciné. Muette et souffrante, elle ne regarda plus personne, s'enveloppa de sa douleur, et demeura avec tant de volonté dans le monde inconnu où se réfugient les malheureux, qu'elle ne vit plus rien. Des corbeaux passèrent en croassant au-dessus d'eux ; mais quoique, semblable à toutes les âmes fortes, elle eût un coin du cœur pour les superstitions, elle n'y fit aucune attention. Les voyageurs cheminèrent quelque temps en silence. — Déjà séparés se disait mademoiselle de Verneuil. Cependant rien autour de moi n'a parlé. Serait-ce Corentin ? Ce n'est pas son intérêt. Qui donc a pu se lever pour m'accuser ? A peine aimée, voici déjà l'horreur de l'abandon. Je sème l'amour et je recueille le mépris. Il sera donc toujours dans ma destinée de toujours voir le bonheur et de toujours le perdre ! Elle sentit alors dans son cœur des troubles inconnus, car elle aimait réellement et pour la première fois. Cependant elle ne s'était pas tellement livrée qu'elle ne pût trouver des ressources contre sa douleur dans la fierté naturelle à une femme jeune et belle. Le secret de son amour, ce secret souvent gardé dans les tortures, ne lui était pas échappé. Elle se releva, et honteuse de donner la mesure de sa passion par sa silencieuse souffrance, elle secoua la tête par un mouvement de gaieté, montra un visage ou plutôt un masque riant, puis elle força sa voix pour en déguiser l'altération.

— Où sommes-nous ? demanda-t-elle au capitaine

Merle, qui se tenait toujours à une certaine distance de
la voiture.

— A trois lieues et demie de Fougères, mademoiselle.

— Nous allons donc y arriver bientôt ? lui dit-elle
pour l'encourager à lier une conversation où elle se
promettait bien de témoigner quelque estime au jeune
capitaine.

— Ces lieues-là, reprit Merle tout joyeux, ne sont
pas larges, seulement elles se permettent dans ce pays-
ci de ne jamais finir. Lorsque vous serez sur le plateau
de la côte que nous gravissons, vous apercevrez une
vallée semblable à celle que nous allons quitter, et à
l'horizon vous pourrez alors voir le sommet de La
Pellerine. Plaise à Dieu que les Chouans ne veuillent
pas y prendre leur revanche ! Or, vous concevez qu'à
monter et descendre ainsi l'on n'avance guère. De La
Pellerine, vous découvrirez encore...

A ce mot l'émigré tressaillit pour la seconde fois,
mais si légèrement, que mademoiselle de Verneuil fut
seule à remarquer ce tressaillement.

— Qu'est-ce donc que cette Pellerine ? demanda
vivement la jeune fille en interrompant le capitaine
engagé dans sa topographie bretonne.

— C'est, reprit Merle, le sommet d'une montagne
qui donne son nom à la vallée du Maine dans laquelle
nous allons entrer, et qui sépare cette province de la
vallée du Couesnon, à l'extrémité de laquelle est située
Fougères, la première ville de Bretagne. Nous nous y
sommes battus à la fin de vendémiaire avec le Gars et
ses brigands. Nous emmenions des conscrits qui, pour
ne pas quitter leur pays, ont voulu nous tuer sur la
limite ; mais Hulot est un rude chrétien qui leur a
donné...

— Alors vous avez dû voir le Gars ? demanda-t-elle.
Quel homme est-ce ?...

Ses yeux perçants et malicieux ne quittèrent pas la
figure du faux vicomte de Bauvan.

— Oh ! mon Dieu ! mademoiselle, répondit Merle
toujours interrompu, il ressemble tellement au citoyen

du Gua, que, s'il ne portait pas l'uniforme de l'École polytechnique, je gagerais que c'est lui.

Mademoiselle de Verneuil regarda fixement le froid et immobile jeune homme qui la dédaignait, mais elle ne vit rien en lui qui pût trahir un sentiment de crainte ; elle l'instruisit par un sourire amer de la découverte qu'elle faisait en ce moment du secret si traîtreusement gardé par lui ; puis, d'une voix railleuse, les narines enflées de joie, la tête de côté pour examiner le gentilhomme et voir Merle tout à la fois, elle dit au Républicain : — Ce chef-là, capitaine, donne bien des inquiétudes au premier Consul. Il a de la hardiesse, dit-on ; seulement il s'aventure dans certaines entreprises comme un étourneau, surtout auprès des femmes.

— Nous comptons bien là-dessus, reprit le capitaine, pour solder notre compte avec lui. Si nous le tenons seulement deux heures, nous lui mettrons un peu de plomb dans la tête. S'il nous rencontrait, le Coblentz en ferait autant de nous, et nous mettrait à l'ombre ; ainsi, *par pari* [56]...

— Oh ! dit l'émigré, nous n'avons rien à craindre ! Vos soldats n'iront pas jusqu'à La Pellerine, ils sont trop fatigués, et si vous y consentez, ils pourront se reposer à deux pas d'ici. Ma mère descend à la Vivetière, et en voici le chemin, à quelques portées de fusil. Ces deux dames voudront s'y reposer, elles doivent être lasses d'être venues d'une seule traite d'Alençon, ici. — Et puisque mademoiselle, dit-il avec une politesse forcée en se tournant vers sa maîtresse, a eu la générosité de donner à notre voyage autant de sécurité que d'agrément, elle daignera peut-être accepter à souper chez ma mère. — Enfin, capitaine, ajouta-t-il en s'adressant à Merle, les temps ne sont pas si malheureux qu'il ne puisse se trouver encore à la Vivetière une pièce de cidre à défoncer pour vos hommes. Allez, le Gars n'y aura pas tout pris ; du moins, ma mère le croit...

— Votre mère ?... reprit mademoiselle de Verneuil

en interrompant avec ironie et sans répondre à la singulière invitation qu'on lui faisait.

— Mon âge ne vous semble donc plus croyable ce soir, mademoiselle, répondit madame du Gua. J'ai eu le malheur d'être mariée fort jeune, j'ai eu mon fils à quinze ans...

— Ne vous trompez-vous pas, madame ; ne serait-ce pas à trente ?

Madame du Gua pâlit en dévorant ce sarcasme, elle aurait voulu pouvoir se venger, et se trouvait forcée de sourire, car elle désira reconnaître à tout prix, même à de plus cruelles épigrammes, le sentiment dont la jeune fille était animée ; aussi feignit-elle de ne l'avoir pas comprise.

— Jamais les Chouans n'ont eu de chef plus cruel que celui-là, s'il faut ajouter foi aux bruits qui courent sur lui, dit-elle en s'adressant à la fois à Francine et à sa maîtresse.

— Oh ! pour cruel, je ne crois pas, répondit mademoiselle de Verneuil ; mais il sait mentir et me semble fort crédule : un chef de parti ne doit être le jouet de personne.

— Vous le connaissez ? demanda froidement le jeune émigré.

— Non, répliqua-t-elle en lui lançant un regard de mépris, je croyais le connaître...

— Oh ! mademoiselle, c'est décidément un *malin*, reprit le capitaine en hochant la tête, et donnant par un geste expressif la physionomie particulière que ce mot avait alors et qu'il a perdue depuis. Ces vieilles familles poussent quelquefois de vigoureux rejetons. Il revient d'un pays où les ci-devant n'ont pas eu, dit-on, toutes leurs aises, et les hommes, voyez-vous, sont comme les nèfles, ils mûrissent sur la paille. Si ce garçon-là est habile, il pourra nous faire courir longtemps. Il a bien su opposer des compagnies légères à nos compagnies franches et neutraliser les efforts du gouvernement. Si l'on brûle un village aux Royalistes, il en fait brûler deux aux Républicains. Il se développe sur une immense étendue, et nous force ainsi à employer un nombre considérable de troupes dans un moment où nous n'en avons pas de trop! Oh! il entend les affaires.

— Il assassine sa patrie, dit Gérard d'une voix forte en interrompant le capitaine.

— Mais, répliqua le gentilhomme, si sa mort délivre le pays, fusillez-le donc bien vite.

Puis il sonda par un regard l'âme de mademoiselle de Verneuil, et il se passa entre eux une de ces scènes muettes dont le langage ne peut reproduire que très imparfaitement la vivacité dramatique et la fugitive finesse. Le danger rend intéressant. Quand il s'agit de mort, le criminel le plus vil excite toujours un peu de pitié. Or, quoique mademoiselle de Verneuil fût alors certaine que l'amant qui la dédaignait était ce chef dangereux, elle ne voulait pas encore s'en assurer par son supplice; elle avait une tout autre curiosité à satisfaire. Elle préféra donc douter ou croire selon sa passion, et se mit à jouer avec le péril. Son regard, empreint d'une perfidie moqueuse, montrait les soldats au jeune chef d'un air de triomphe; en lui présentant ainsi l'image de son danger, elle se plaisait à lui faire durement sentir que sa vie dépendait d'un seul mot, et déjà ses lèvres paraissaient se mouvoir pour le prononcer. Semblable à un sauvage d'Amérique, elle interrogeait les fibres du visage de son ennemi lié au poteau, et brandissait le *casse-tête* avec grâce, savourant une vengeance toute innocente, et punissant comme une maîtresse qui aime encore.

— Si j'avais un fils comme le vôtre, madame, dit-elle à l'étrangère visiblement épouvantée, je porterais son deuil le jour où je l'aurais livré aux dangers.

Elle ne reçut point de réponse. Elle tourna vingt fois la tête vers les officiers et la retourna brusquement vers madame du Gua, sans surprendre entre elle et le Gars aucun signe secret qui pût lui confirmer une intimité qu'elle soupçonnait et dont elle voulait douter. Une femme aime tant à hésiter dans une lutte de vie et de mort, quand elle tient l'arrêt. Le jeune général souriait de l'air le plus calme, et soutenait sans

trembler la torture que mademoiselle de Verneuil lui
faisait subir ; son attitude et l'expression de sa physionomie annonçaient un homme nonchalant des dangers
auxquels il s'était soumis, et parfois il semblait lui
dire : « Voici l'occasion de venger votre vanité blessée, saisissez-la ! Je serais au désespoir de revenir de
mon mépris pour vous. » Mademoiselle de Verneuil se
mit à examiner le chef de toute la hauteur de sa
position avec une impertinence et une dignité apparente, car, au fond de son cœur, elle en admirait le
courage et la tranquillité. Joyeuse de découvrir que
son amant portait un vieux titre, dont les privilèges
plaisent à toutes les femmes, elle éprouvait quelque
plaisir à le rencontrer dans une situation où, champion
d'une cause ennoblie par le malheur, il luttait avec
toutes les facultés d'une âme forte contre une république tant de fois victorieuse, et de le voir aux prises
avec le danger, déployant cette bravoure si puissante
sur le cœur des femmes ; elle le mit vingt fois à
l'épreuve, en obéissant peut-être à cet instinct qui
porte la femme à jouer avec sa proie comme le chat
joue avec la souris qu'il a prise.

— En vertu de quelle loi condamnez-vous donc les
Chouans à mort ? demanda-t-elle à Merle.

— Mais, celle du 14 fructidor dernier [57], qui met
hors la loi les départements insurgés et y institue des
conseils de guerre, répondit le républicain.

— A quoi dois-je maintenant l'honneur d'attirer
vos regards ? dit-elle au jeune chef qui l'examinait
attentivement.

— A un sentiment qu'un galant homme ne saurait
exprimer à quelque femme que ce puisse être, répondit le marquis de Montauran à voix basse en se
penchant vers elle. Il fallait, dit-il à haute voix, vivre
en ce temps pour voir des filles faisant l'office du
bourreau, et enchérissant sur lui par la manière dont
elles jouent avec la hache...

Elle regarda Montauran fixement ; puis, ravie d'être
insultée par cet homme au moment où elle en tenait la
vie entre ses mains, elle lui dit à l'oreille, en riant avec

une douce malice : — Vous avez une trop mauvaise tête, les bourreaux n'en voudront pas, je la garde.

Le marquis stupéfait contempla pendant un moment cette inexplicable fille dont l'amour triomphait de tout, même des plus piquantes injures, et qui se vengeait par le pardon d'une offense que les femmes ne pardonnent jamais. Ses yeux furent moins sévères, moins froids, et même une expression de mélancolie se glissa dans ses traits. Sa passion était déjà plus forte qu'il ne le croyait lui-même. Mademoiselle de Verneuil, satisfaite de ce faible gage d'une réconciliation cherchée, regarda le chef tendrement, lui jeta un sourire qui ressemblait à un baiser ; puis elle se pencha dans le fond de la voiture, et ne voulut plus risquer l'avenir de ce drame de bonheur, croyant en avoir rattaché le nœud par ce sourire. Elle était si belle ! Elle savait si bien triompher des obstacles en amour ! Elle était si fort habituée à se jouer de tout, à marcher au hasard ! Elle aimait tant l'imprévu et les orages de la vie !

Bientôt, par l'ordre du marquis, la voiture quitta la grande route et se dirigea vers la Vivetière, à travers un chemin creux encaissé de hauts talus plantés de pommiers qui en faisaient plutôt un fossé qu'une route. Les voyageurs laissèrent les Bleus gagner lentement à leur suite le manoir dont les faîtes grisâtres apparaissaient et disparaissaient tour à tour entre les arbres de cette route où quelques soldats restèrent occupés à en disputer leurs souliers à sa forte argile.

— Cela ressemble furieusement au chemin du paradis, s'écria Beau-pied.

Grâce à l'expérience du postillon, mademoiselle de Verneuil ne tarda pas à voir le château de la Vivetière[58]. Cette maison, située sur la croupe d'une espèce de promontoire, était enveloppée par deux étangs profonds qui ne permettaient d'y arriver qu'en suivant une étroite chaussée. La partie de cette péninsule où se trouvaient les habitations et les jardins était protégée à une certaine distance derrière le

château, par un large fossé où se déchargeait l'eau
superflue des étangs avec lesquels il communiquait, et
formait ainsi réellement une île presque inexpugnable,
retraite précieuse pour un chef qui ne pouvait être
surpris que par trahison. En entendant crier les gonds
rouillés de la porte et en passant sous la voûte en ogive
d'un portail ruiné par la guerre précédente, mademoiselle de Verneuil avança la tête. Les couleurs sinistres
du tableau qui s'offrit à ses regards effacèrent presque
les pensées d'amour et de coquetterie entre lesquelles
elle se berçait. La voiture entra dans une grande cour
presque carrée et fermée par les rives abruptes des
étangs. Ces berges sauvages, baignées par des eaux
couvertes de grandes taches vertes, avaient pour tout
ornement des arbres aquatiques dépouillés de feuilles,
dont les troncs rabougris, les têtes énormes et che-
nues, élevées au-dessus des roseaux et des broussailles, ressemblaient à des marmousets grotesques. Ces
haies disgracieuses parurent s'animer et parler quand
les grenouilles les désertèrent en coassant, et que des
poules d'eau, réveillées par le bruit de la voiture,
volèrent en barbotant sur la surface des étangs. La
cour entourée d'herbes hautes et flétries, d'ajoncs,
d'arbustes nains ou parasites, excluait toute idée
d'ordre et de splendeur. Le château semblait abandonné depuis longtemps. Les toits paraissaient plier
sous le poids des végétations qui y croissaient. Les
murs, quoique construits de ces pierres schisteuses et
solides dont abonde le sol, offraient de nombreuses
lézardes où le lierre attachait ses griffes. Deux corps
de bâtiment réunis en équerre à une haute tour et qui
faisaient face à l'étang, composaient tout le château,
dont les portes et les volets pendants et pourris, les
balustrades rouillées, les fenêtres ruinées, paraissaient
devoir tomber au premier souffle d'une tempête. La
bise sifflait alors à travers ces ruines auxquelles la lune
prêtait, par sa lumière indécise, le caractère et la
physionomie d'un grand spectre. Il faut avoir vu les
couleurs de ces pierres granitiques grises et bleues,
mariées aux schistes noirs et fauves, pour savoir

combien est vraie l'image que suggérait la vue de cette
carcasse vide et sombre. Ses pierres disjointes, ses
croisées sans vitres, sa tour à créneaux, ses toits à jour
lui donnaient tout à fait l'air d'un squelette ; et les
oiseaux de proie qui s'envolèrent en criant ajoutaient
un trait de plus à cette vague ressemblance. Quelques
hauts sapins plantés derrière la maison balançaient au-
dessus des toits leur feuillage sombre, et quelques ifs,
taillés pour en décorer les angles, l'encadraient de
tristes festons, semblables aux tentures d'un convoi.
Enfin, la forme des portes, la grossièreté des ornements, le peu d'ensemble des constructions, tout
annonçait un de ces manoirs féodaux dont s'enorgueil-
lit la Bretagne, avec raison peut-être, car ils forment
sur cette terre gaélique une espèce d'histoire monu-
mentale des temps nébuleux qui précèdent l'établisse-
ment de la monarchie. Mademoiselle de Verneuil,
dans l'imagination de laquelle le mot de château
réveillait toujours les formes d'un type convenu,
frappée de la physionomie funèbre de ce tableau, sauta
légèrement hors de la calèche, et le contempla toute
seule avec terreur, en songeant au parti qu'elle devait
prendre. Francine entendit pousser à madame du Gua
un soupir de joie en se trouvant hors de l'atteinte des
Bleus, et une exclamation involontaire lui échappa
quand le portail fut fermé et qu'elle se vit dans cette
espèce de forteresse naturelle. Montauran s'était vivement élancé vers mademoiselle de Verneuil en devinant les pensées qui la préoccupaient.

— Ce château, dit-il avec une légère tristesse, a été
ruiné par la guerre, comme les projets que j'élevais
pour notre bonheur l'ont été par vous.

— Et comment, demanda-t-elle toute surprise.

— Êtes-vous une *jeune femme belle*, NOBLE *et spirituelle*, dit-il avec un accent d'ironie en lui répétant les
paroles qu'elle lui avait si coquettement prononcées
dans leur conversation sur la route.

— Qui vous a dit le contraire ?

— Des amis dignes de foi qui s'intéressent à ma
sûreté et veillent à déjouer les trahisons.

— Des trahisons! dit-elle d'un air moqueur. Alençon et Hulot sont-ils donc déjà si loin? Vous n'avez pas de mémoire, un défaut dangereux pour un chef de parti! — Mais du moment où des amis, ajouta-t-elle avec une rare impertinence, règnent si puissamment dans votre cœur, gardez vos amis. Rien n'est comparable aux plaisirs de l'amitié. Adieu, ni moi ni les soldats de la République nous n'entrerons ici.

Elle s'élança vers le portail par un mouvement de fierté blessée et de dédain, mais elle déploya dans sa démarche une noblesse et un désespoir qui changèrent toutes les idées du marquis, à qui il en coûtait trop de renoncer à ses désirs pour qu'il ne fût pas imprudent et crédule. Lui aussi aimait déjà. Ces deux amants n'avaient donc envie ni l'un ni l'autre de se quereller longtemps.

— Ajoutez un mot et je vous crois, dit-il d'une voix suppliante.

— Un mot, reprit-elle avec ironie en serrant ses lèvres, un mot? pas seulement un geste.

— Au moins grondez-moi, demanda-t-il en essayant de prendre une main qu'elle retira; si toutefois vous osez bouder un chef de rebelles, maintenant aussi défiant et sombre qu'il était joyeux et confiant naguère.

Marie ayant regardé le marquis sans colère, il ajouta : — Vous avez mon secret, et je n'ai pas le vôtre.

A ces mots, le front d'albâtre sembla devenu brun, Marie jeta un regard d'humeur au chef et répondit :

— Mon secret? Jamais.

En amour, chaque parole, chaque coup d'œil, ont leur éloquence du moment; mais là mademoiselle de Verneuil n'exprima rien de précis, et quelque habile que fût Montauran, le secret de cette exclamation resta impénétrable, quoique la voix de cette femme eût trahi des émotions peu ordinaires, qui durent vivement piquer sa curiosité.

— Vous avez, reprit-il, une plaisante manière de dissiper les soupçons.

— En conservez-vous donc ? demanda-t-elle en le toisant des yeux comme si elle lui eût dit : — Avez-vous quelques droits sur moi ?

— Mademoiselle, répondit le jeune homme d'un air soumis et ferme, le pouvoir que vous exercez sur les troupes républicaines, cette escorte...

— Ah ! vous m'y faites penser. Mon escorte et moi, lui demanda-t-elle avec une légère ironie, vos protecteurs enfin, seront-ils en sûreté ici ?

— Oui, foi de gentilhomme ! Qui que vous soyez, vous et les vôtres, vous n'avez rien à craindre chez moi.

Ce serment fut prononcé par un mouvement si loyal et si généreux, que mademoiselle de Verneuil dut avoir une entière sécurité sur le sort des Républicains. Elle allait parler, quand l'arrivée de madame du Gua lui imposa silence. Cette dame avait pu entendre ou deviner une partie de la conversation des deux amants, et ne concevait pas de médiocres inquiétudes en les apercevant dans une position qui n'accusait plus la moindre inimitié. En voyant cette femme, le marquis offrit la main à mademoiselle de Verneuil, et s'avança vers la maison avec vivacité comme pour se défaire d'une importune compagnie.

— Je le gêne, se dit l'inconnu en restant immobile à sa place. Elle regarda les deux amants réconciliés s'en allant lentement vers le perron, où ils s'arrêtèrent pour causer aussitôt qu'ils eurent mis entre elle et eux un certain espace. — Oui, oui, je les gêne, reprit-elle en se parlant à elle-même, mais dans peu cette créature-là ne me gênera plus ; l'étang sera, par Dieu, son tombeau ! Ne tiendrai-je pas bien ta parole de gentilhomme ? une fois sous cette eau, qu'a-t-on à craindre ? n'y sera-t-elle pas en sûreté ?

Elle regardait d'un œil fixe le miroir calme du petit lac de droite, quand tout à coup elle entendit bruire les ronces de la berge et aperçut au clair de la lune la figure de Marche-à-terre qui se dressa par-dessus la noueuse écorce d'un vieux saule. Il fallait connaître le Chouan pour le distinguer au milieu de cette assem-

blée de truisses[59] branchées parmi lesquelles la sienne
se confondait si facilement. Madame du Gua jeta
d'abord autour d'elle un regard de défiance ; elle vit le
postillon conduisant ses chevaux à une écurie située
dans celle des deux ailes du château qui faisait face à la
rive où Marche-à-terre était caché ; Francine allait vers
les deux amants qui, dans ce moment, oubliaient toute
la terre ; alors, l'inconnue s'avança, mettant un doigt
sur ses lèvres pour réclamer un profond silence ; puis,
le Chouan comprit plutôt qu'il n'entendit les paroles
suivantes : — Combien êtes-vous, ici ?

— Quatre-vingt-sept.

— Ils ne sont que soixante-cinq, je les ai comptés.

— Bien, reprit le sauvage avec une satisfaction
farouche.

Attentif aux moindres gestes de Francine, le
Chouan disparut dans l'écorce du saule en la voyant se
retourner pour chercher des yeux l'ennemie sur
laquelle elle veillait par instinct.

Sept ou huit personnes, attirées par le bruit de la
voiture, se montrèrent en haut du principal perron et
s'écrièrent : — C'est le Gars ! c'est lui, le voici ! A ces
exclamations, d'autres hommes accoururent, et leur
présence interrompit la conversation des deux amants.
Le marquis de Montauran s'avança précipitamment
vers les gentilshommes, leur fit un signe impératif
pour leur imposer silence, et leur indiqua le haut de
l'avenue par laquelle débouchaient les soldats républicains. A l'aspect de ces uniformes bleus à revers
rouges si connus, et de ces baïonnettes luisantes, les
conspirateurs étonnés s'écrièrent : — Seriez-vous
donc venu pour nous trahir ?

— Je ne vous avertirais pas du danger, répondit le
marquis en souriant avec amertume. — Ces Bleus,
reprit-il après une pause, forment l'escorte de cette
jeune dame dont la générosité nous a miraculeusement
délivrés d'un péril auquel nous avons failli succomber
dans une auberge d'Alençon. Nous vous conterons
cette aventure. Mademoiselle et son escorte sont ici
sur ma parole, et doivent être reçus en amis.

Madame du Gua et Francine étaient arrivées jusqu'au perron, le marquis présenta galamment la main à mademoiselle de Verneuil, le groupe de gentilshommes se partagea en deux haies pour les laisser passer, et tous essayèrent d'apercevoir les traits de l'inconnue ; car madame du Gua avait déjà rendu leur curiosité plus vive en leur faisant quelques signes à la dérobée. Mademoiselle de Verneuil vit dans la première salle une grande table parfaitement servie, et préparée pour une vingtaine de convives. Cette salle à manger communiquait à un vaste salon où l'assemblée se trouva bientôt réunie. Ces deux pièces étaient en harmonie avec le spectacle de destruction qu'offraient les dehors du château. Les boiseries de noyer poli, mais de formes rudes et grossières, saillantes, mal travaillées, étaient disjointes et semblaient près de tomber. Leur couleur sombre ajoutait encore à la tristesse de ces salles sans glaces ni rideaux, où quelques meubles séculaires et en ruine s'harmoniaient avec cet ensemble de débris. Marie aperçut des cartes géographiques, et des plans déroulés sur une grande table ; puis, dans les angles de l'appartement, des armes et des carabines amoncelées. Tout témoignait d'une conférence importante entre les chefs des Vendéens et ceux des Chouans. Le marquis conduisit mademoiselle de Verneuil à un immense fauteuil vermoulu qui se trouvait auprès de la cheminée, et Francine vint se placer derrière sa maîtresse en s'appuyant sur le dossier de ce meuble antique.

— Vous me permettrez bien de faire un moment le maître de maison, dit le marquis en quittant les deux étrangères pour se mêler aux groupes formés par ses hôtes.

Francine vit tous les chefs, sur quelques mots de Montauran, s'empressant de cacher leurs armes, les cartes et tout ce qui pouvait éveiller les soupçons des officiers républicains ; quelques-uns quittèrent de larges ceintures de peau contenant des pistolets et des couteaux de chasse. Le marquis recommanda la plus grande discrétion, et sortit en s'excusant sur la nécessité de pourvoir à la réception des hôtes gênants que le hasard lui donnait. Mademoiselle de Verneuil, qui avait levé ses pieds vers le feu en s'occupant à les chauffer, laissa partir Mautauran sans retourner la tête, et trompa l'attente des assistants, qui tous désiraient la voir. Francine fut donc seule témoin du changement que produisit dans l'assemblée le départ du jeune chef. Les gentilshommes se groupèrent autour de la dame inconnue, et, pendant la sourde conversation qu'elle tint avec eux, il n'y en eut pas un qui ne regardât à plusieurs reprises les deux étrangères.

— Vous connaissez Montauran, leur disait-elle, il s'est amouraché en un moment de cette fille, et vous comprenez bien que, dans ma bouche, les meilleurs avis lui ont été suspects. Les amis que nous avons à Paris, messieurs de Valois et d'Esgrignon d'Alençon, tous l'ont prévenu du piège qu'on veut lui tendre en lui jetant à la tête une créature, et il se coiffe de la première qu'il rencontre ; d'une fille qui, suivant des renseignements que j'ai fait prendre, s'empare d'un grand nom pour le souiller, qui, etc., etc.

Cette dame, dans laquelle on a pu reconnaître la femme qui décida l'attaque de la turgotine, conservera désormais dans cette histoire le nom qui lui servit à échapper aux dangers de son passage par Alençon. La publication du vrai nom ne pourrait qu'offenser une noble famille, déjà profondément affligée par les écarts de cette jeune dame, dont la destinée a d'ailleurs été le sujet d'une autre Scène[60]. Bientôt l'attitude de curiosité que prit l'assemblée devint impertinente et presque hostile. Quelques exclamations assez dures parvinrent à l'oreille de Francine, qui, après avoir dit un mot à sa maîtresse, se réfugia dans l'embrasure d'une croisée. Marie se leva, se tourna vers le groupe insolent, y jeta quelques regards pleins de dignité, de mépris même. Sa beauté, l'élégance de ses manières et sa fierté, changèrent tout à coup les dispositions de ses ennemis et lui valurent un murmure flatteur qui leur échappa. Deux ou trois hommes, dont l'extérieur

trahissait les habitudes de politesse et de galanterie qui
s'acquièrent dans la sphère élevée des cours, s'approchèrent de Marie avec bonne grâce ; sa décence leur
imposa le respect, aucun d'eux n'osa lui adresser la
parole, et loin d'être accusée par eux, ce fut elle qui
sembla les juger. Les chefs de cette guerre entreprise
pour Dieu et le Roi ressemblaient bien peu aux
portraits de fantaisie qu'elle s'était plu à tracer. Cette
lutte, véritablement grande, se rétrécit et prit des
proportions mesquines, quand elle vit, sauf deux ou
trois figures vigoureuses, ces gentilshommes de province, tous dénués d'expression et de vie. Après avoir
fait de la poésie, Marie tomba tout à coup dans le vrai.
Ces physionomies paraissaient annoncer d'abord plutôt un besoin d'intrigue que l'amour de la gloire,
l'intérêt mettait bien réellement à tous ces gentilshommes les armes à la main ; mais s'ils devenaient
héroïques dans l'action, là ils se montraient à nu. La
perte de ses illusions rendit mademoiselle de Verneuil
injuste et l'empêcha de reconnaître le dévouement vrai
qui rendit plusieurs de ces hommes si remarquables.
Cependant la plupart d'entre eux montraient des
manières communes. Si quelques têtes originales se
faisaient distinguer entre les autres, elles étaient
rapetissées par les formules et par l'étiquette de
l'aristocratie. Si Marie accorda généralement de la
finesse et de l'esprit à ces hommes, elle trouva chez
eux une absence complète de cette simplicité, de ce
grandiose auquel les triomphes et les hommes de la
République l'habituaient. Cette assemblée nocturne,
au milieu de ce vieux castel en ruine et sous ces
ornements contournées assez bien assortis aux figures,
la fit sourire, elle voulut y voir un tableau symbolique
de la monarchie. Elle pensa bientôt avec délices qu'au
moins le marquis jouait le premier rôle parmi ces gens
dont le seul mérite, pour elle, était de se dévouer à une
cause perdue. Elle dessina la figure de son amant sur
cette masse, se plut à l'en faire ressortir, et ne vit plus
dans ces figures maigres et grêles que les instruments
de ses nobles desseins. En ce moment, les pas du

marquis retentirent dans la salle voisine. Tout à coup les conspirateurs se séparèrent en plusieurs groupes, et les chuchotements cessèrent. Semblables à des écoliers qui ont comploté quelque malice en l'absence de leur maître, ils s'empressèrent d'affecter l'ordre et le silence. Montauran entra, Marie eut le bonheur de l'admirer au milieu de ces gens parmi lesquels il était le plus jeune, le plus beau, le premier. Comme un roi dans sa cour, il alla de groupe en groupe, distribua de légers coups de tête, des serrements de main, des regards, des paroles d'intelligence ou de reproche, en faisant son métier de chef de parti avec une grâce et un aplomb difficiles à supposer dans ce jeune homme d'abord accusé par elle d'étourderie. La présence du marquis mit un terme à la curiosité qui s'était attachée à mademoiselle de Verneuil ; mais, bientôt, les méchancetés de madame du Gua produisirent leur effet. Le baron du Génic, surnommé l'*Intimé*, qui, parmi tous ces hommes rassemblés par de graves intérêts, paraissait autorisé par son nom et par son rang à traiter familièrement Montauran, le prit par le bras et l'emmena dans un coin.

— Écoute, mon cher marquis, lui dit-il, nous te voyons tous avec peine sur le point de faire une insigne folie.

— Qu'entends-tu par ces paroles ?

— Mais sais-tu bien d'où vient cette fille, qui elle est réellement, et quels sont ses desseins sur toi ?

— Mon cher l'Intimé, entre nous soit dit, demain matin, ma fantaisie sera passée.

— D'accord, mais si cette créature te livre avant le jour ?...

— Je te répondrai quand tu m'auras dit pourquoi elle ne l'a pas déjà fait, répliqua Montauran, qui prit par badinage un air de fatuité.

— Oui, mais si tu lui plais, elle ne veut peut-être pas te trahir avant que sa fantaisie, à elle, soit passée.

— Mon cher, regarde cette charmante fille, étudie ses manières, et ose dire que ce n'est pas une femme de distinction ? Si elle jetait sur toi des regards favorables, ne sentirais-tu pas, au fond de ton âme, quelque respect pour elle. Une dame vous a déjà prévenus contre cette personne ; mais, après ce que nous nous sommes dit l'un à l'autre, si c'était une de ces créatures perdues dont nous ont parlé nos amis, je la tuerais...

— Croyez-vous, dit madame du Gua, qui intervint, Fouché assez bête pour vous envoyer une fille prise au coin d'une rue ? il a proportionné les séductions à votre mérite. Mais si vous êtes aveugle, vos amis auront les yeux ouverts pour veiller sur vous.

— Madame, répondit le Gars en lui dardant des regards de colère, songez à ne rien entreprendre contre cette personne, ni contre son escorte, ou rien ne vous garantirait de ma vengeance. Je veux que mademoiselle soit traitée avec les plus grands égards et comme une femme qui m'appartient. Nous sommes, je crois, alliés aux Verneuil.

L'opposition que rencontrait le marquis produisit l'effet ordinaire que font sur les jeunes gens de semblables obstacles. Quoiqu'il eût en apparence traité fort légèrement mademoiselle de Verneuil et fait croire que sa passion pour elle était un caprice, il venait, par un sentiment d'orgueil, de franchir un espace immense. En avouant[61] cette femme, il trouva son honneur intéressé à ce qu'elle fût respectée ; il alla donc, de groupe en groupe, assurant, en homme qu'il eût été dangereux de froisser, que cette inconnue était réellement mademoiselle de Verneuil. Aussitôt, toutes les rumeurs s'apaisèrent. Lorsque Montauran eut établi une espèce d'harmonie dans le salon et satisfait à toutes les exigences, il se rapprocha de sa maîtresse avec empressement, et lui dit à voix basse : — Ces gens-là m'ont volé un moment de bonheur.

— Je suis bien contente de vous avoir près de moi, répondit-elle en riant. Je vous préviens que je suis curieuse ; ainsi, ne vous fatiguez pas trop de mes questions. Dites-moi d'abord quel est ce bonhomme qui porte une veste de drap vert.

— C'est le fameux major Brigaut, un homme du

Marais, compagnon de feu Mercier, dit La-Vendée [62].

— Mais quel est le gros ecclésiastique à face rubiconde avec lequel il cause maintenant de moi ? reprit mademoiselle de Verneuil.

— Savez-vous ce qu'ils disent ?

— Si je veux le savoir ?... Est-ce une question ?

— Mais je ne pourrais vous en instruire sans vous offenser.

— Du moment où vous me laissez offenser sans tirer vengeance des injures que je reçois chez vous, adieu, marquis ! Je ne veux pas rester un moment ici. J'ai déjà quelques remords de tromper ces pauvres Républicains, si loyaux et si confiants.

Elle fit quelques pas, et le marquis la suivit.

— Ma chère Marie, écoutez-moi. Sur mon honneur, j'ai imposé silence à leurs méchants propos avant de savoir s'ils étaient faux ou vrais. Néanmoins dans ma situation, quand les amis que nous avons dans les ministères à Paris m'ont averti de me défier de toute espèce de femme qui se trouverait sur mon chemin, en m'annonçant que Fouché voulait employer contre moi une Judith des rues [63], il est permis à mes meilleurs amis de penser que vous êtes trop belle pour être une honnête femme...

En parlant, le marquis plongeait son regard dans les yeux de mademoiselle de Verneuil qui rougit, et ne put retenir quelques pleurs.

— J'ai mérité ces injures, dit-elle. Je voudrais vous voir persuadé que je suis une méprisable créature et me savoir aimée... alors je ne douterais plus de vous. Moi je vous ai cru quand vous me trompiez, et vous ne me croyez pas quand je suis vraie. Brisons là, monsieur, dit-elle en fronçant le sourcil et pâlissant comme une femme qui va mourir. Adieu.

Elle s'élança hors de la salle à manger par un mouvement de désespoir.

— Marie, ma vie est à vous, lui dit le jeune marquis à l'oreille.

Elle s'arrêta, le regarda.

— Non, non, dit-elle, je serai généreuse. Adieu. Je

ne pensais, en vous suivant, ni à mon passé, ni à votre avenir, j'étais folle.

— Comment, vous me quittez au moment où je vous offre ma vie !...

— Vous l'offrez dans un moment de passion, de désir.

— Sans regret, et pour toujours, dit-il.

Elle rentra. Pour cacher ses émotions, le marquis continua l'entretien.

— Ce gros homme de qui vous me demandiez le nom est un homme redoutable, l'abbé Gudin, un de ces jésuites assez obstinés, assez dévoués peut-être pour rester en France malgré l'édit de 1763 qui les en a bannis. Il est le boute-feu de la guerre dans ces contrées et le propagateur de l'association religieuse dite du Sacré-Cœur. Habitué à se servir de la religion comme d'un instrument, il persuade à ses affiliés qu'ils ressusciteront, et sait entretenir leur fanatisme par d'adroites prédications. Vous le voyez : il faut employer les intérêts particuliers de chacun pour arriver à un grand but. Là sont tous les secrets de la politique.

— Et ce vieillard encore vert, tout musculeux, dont la figure est si repoussante ? Tenez, là, l'homme habillé avec les lambeaux d'une robe d'avocat.

— Avocat ? il prétend au grade de maréchal de camp. N'avez-vous pas entendu parler de Longuy ?

— Ce serait lui ! dit mademoiselle de Verneuil effrayée. Vous vous servez de ces hommes !

— Chut ! il peut vous entendre. Voyez-vous cet autre en conversation criminelle avec madame du Gua...

— Cet homme en noir qui ressemble à un juge ?

— C'est un de nos négociateurs, la Billardière [64], fils d'un conseiller au parlement de Bretagne, dont le nom est quelque chose comme Flamet ; mais il a la confiance des princes.

— Et son voisin, celui qui serre en ce moment sa pipe de terre blanche, et qui appuie tous les doigts de sa main droite sur le panneau comme un pacant [65] dit mademoiselle de Verneuil en riant.

— Vous l'avez, pardieu, deviné, c'est l'ancien garde-chasse du défunt mari de cette dame. Il commande une des compagnies que j'oppose aux bataillons mobiles. Lui et Marche-à-terre sont peut-être les plus consciencieux serviteurs que le Roi ait ici.

— Mais elle, qui est-elle ?

— Elle, reprit le marquis, elle est la dernière maîtresse qu'ait eut Charette. Elle possède une grande influence sur tout ce monde.

— Lui est-elle restée fidèle ?

Pour toute réponse le marquis fit une petite moue dubitative.

— Et l'estimez-vous ?

— Vous êtes effectivement bien curieuse.

— Elle est mon ennemie parce qu'elle ne peut plus être ma rivale, dit en riant mademoiselle de Verneuil, je lui pardonne ses erreurs passées, qu'elle me pardonne les miennes. Et cet officier à moustaches ?

— Permettez-moi de ne pas le nommer. Il veut se défaire du premier Consul en l'attaquant à main armée ? Qu'il réussisse ou non, vous le connaîtrez, il deviendra célèbre [66].

— Et vous êtes venu commander à de pareilles gens ?... dit-elle avec horreur. Voilà les défenseurs du Roi ? Où sont donc les gentilshommes et les seigneurs ?

— Mais, dit le marquis avec impertinence, ils sont répandus dans toutes les cours de l'Europe. Qui donc enrôle les rois, leurs cabinets, leurs armées, au service de la maison de Bourbon, et les lance sur cette République qui menace de mort toutes les monarchies et l'ordre social d'une destruction complète ?...

— Ah ! répondit-elle avec une généreuse émotion, soyez désormais la source pure où je puiserai les idées que je dois encore acquérir... j'y consens. Mais laissez-moi penser que vous êtes le seul noble qui fasse son devoir en attaquant la France avec des Français, et non à l'aide de l'étranger. Je suis femme, et sens que si

mon enfant me frappait dans sa colère, je pourrais lui
pardonner ; mais s'il me voyait de sang-froid déchirée
par un inconnu, je le regarderais comme un monstre.

— Vous serez toujours Républicaine, dit le marquis en proie à une délicieuse ivresse excitée par les
généreux accents qui le confirmaient dans ses pré-
somptions.

— Républicaine ? Non, je ne le suis plus. Je ne
vous estimerais pas si vous vous soumettiez au premier
Consul, reprit-elle ; mais je ne voudrais pas non plus
vous voir à la tête de gens qui pillent un coin de la
France au lieu d'assaillir toute la République. Pour
qui vous battez-vous ? Qu'attendez-vous d'un roi
rétabli sur le trône par vos mains ? Une femme a déjà
entrepris ce beau chef-d'œuvre, le roi libéré l'a laissé
brûler vive[67]. Ces hommes-là sont les oints du Seigneur, et il y a du danger à toucher aux choses
consacrées. Laissez Dieu seul les placer, les déplacer,
les replacer sur leurs tabourets de pourpre. Si vous
avez pesé la récompense qui vous en reviendra, vous
êtes à mes yeux dix fois plus grand que je ne vous
croyais ; foulez-moi alors si vous le voulez aux pieds, je
vous le permets, je serai heureuse.

— Vous êtes ravissante ! N'essayez pas d'endoctri-
ner ces messieurs, je serais sans soldats.

— Ah ! si vous vouliez me laisser vous convertir,
nous irions à mille lieues d'ici.

— Ces hommes que vous paraissez mépriser sauront périr dans la lutte, répliqua le marquis d'un ton
plus grave, et leurs torts seront oubliés. D'ailleurs, si
mes efforts sont couronnés de quelques succès, les
lauriers du triomphe ne cacheront-ils pas tout ?

— Il n'y a que vous ici à qui je voie risquer quelque
chose.

— Je ne suis pas le seul, reprit-il avec une modestie
vraie. Voici là-bas deux nouveaux chefs de la Vendée.
Le premier, que vous avez entendu nommer le Grand-
Jacques, est le comte de Fontaine, et l'autre la
Billardière, que je vous ai déjà montré.

— Et oubliez-vous Quiberon[68], où la Billardière a

joué le rôle le plus singulier ?... répondit-elle frappée
d'un souvenir.

— La Billardière a beaucoup pris sur lui, croyez-
moi. Ce n'est pas être sur des roses que de servir les
princes...

— Ah ! vous me faites frémir ! s'écria Marie. Marquis, reprit-elle d'un ton qui semblait annoncer une
réticence dont le mystère lui était personnel, il suffit
d'un instant pour détruire une illusion et dévoiler des
secrets d'où dépendent la vie et le bonheur de bien des
gens... Elle s'arrêta comme si elle eût craint d'en trop
dire, et ajouta : — Je voudrais savoir les soldats de la
République en sûreté.

— Je serai prudent, dit-il en souriant pour déguiser
son émotion, mais ne me parlez plus de vos soldats, je
vous ai répondu sur ma foi de gentilhomme.

— Et après tout, de quel droit voudrais-je vous
conduire ? reprit-elle. Entre nous soyez toujours le
maître. Ne vous ai-je pas dit que je serais au désespoir
de régner sur un esclave ?

— Monsieur le marquis, dit respectueusement le
major Brigaut en interrompant cette conversation, les
Bleus resteront-ils donc longtemps ici ?

— Ils partiront aussitôt qu'ils se seront reposés,
s'écria Marie.

Le marquis lança des regards scrutateurs sur l'assemblée, y remarqua de l'agitation, quitta mademoiselle de Verneuil, et laissa madame du Gua venir le
remplacer auprès d'elle. Cette femme apportait un
masque riant et perfide que le sourire amer du jeune
chef ne déconcerta point. En ce moment Francine jeta
un cri promptement étouffé. Mademoiselle de Verneuil, qui vit avec étonnement sa fidèle campagnarde
s'élançant vers la salle à manger, regarda madame du
Gua, et sa surprise augmenta à l'aspect de la pâleur
répandue sur le visage de son ennemie. Curieuse de
pénétrer le secret de ce brusque départ, elle s'avança
vers l'embrasure de la fenêtre où sa rivale la suivit afin
de détruire les soupçons qu'une imprudence pouvait
avoir éveillés et lui sourit avec une indéfinissable

malice quand, après avoir jeté toutes deux un regard sur le paysage du lac, elles revinrent ensemble à la cheminée, Marie sans avoir rien aperçu qui justifiât la fuite de Francine, madame du Gua satisfaite d'être obéie. Le lac au bord duquel Marche-à-terre avait comparu dans la cour à l'évocation de cette femme, allait rejoindre le fossé d'enceinte qui protégeait les jardins, en décrivant de vaporeuses sinuosités, tantôt larges comme des étangs, tantôt resserrées comme les rivières artificielles d'un parc. Le rivage rapide et incliné que baignaient ces eaux claires passait à quelques toises de la croisée. Occupée à contempler, sur la surface des eaux, les lignes noires qu'y projetaient les têtes de quelques vieux saules, Francine observait assez insouciamment l'uniformité de courbure qu'une brise légère imprimait à leurs branchages. Tout à coup elle crut apercevoir une de leurs figures remuant sur le miroir des eaux par quelques-uns de ces mouvements irréguliers et spontanés qui trahissent la vie. Cette figure, quelque vague qu'elle fût, semblait être celle d'un homme. Francine attribua d'abord sa vision aux imparfaites configurations que produisait la lumière de la lune, à travers les feuillages ; mais bientôt une seconde tête se montra ; puis d'autres apparurent encore dans le lointain. Les petits arbustes de la berge se courbèrent et se relevèrent avec violence. Francine vit alors cette longue haie insensiblement agitée comme un de ces grands serpents indiens aux formes fabuleuses. Puis, çà et là, dans les genêts et les hautes épines, plusieurs points lumineux brillèrent et se déplacèrent. En redoublant d'attention, l'amante de Marche-à-terre crut reconnaître la première des figures noires qui allaient au sein de ce mouvant rivage. Quelque indistinctes que fussent les formes de cet homme, le battement de son cœur lui persuada qu'elle voyait en lui Marche-à-terre. Éclairée par un geste, et impatiente de savoir si cette marche mystérieuse ne cachait pas quelque perfidie, elle s'élança vers la cour. Arrivée au milieu de ce plateau de verdure, elle regarda tour à tour les deux corps de

logis et les deux berges sans découvrir dans celle qui
faisait face à l'aile inhabitée aucune trace de ce sourd
mouvement. Elle prêta une oreille attentive, et entendit un léger bruissement semblable à celui que peuvent produire les pas d'une bête fauve dans le silence
des forêts ; elle tressaillit et ne trembla pas. Quoique
jeune et innocente encore, la curiosité lui inspira
promptement une ruse. Elle aperçut la voiture, courut
s'y blottir, et ne leva sa tête qu'avec la précaution du
lièvre aux oreilles duquel résonne le bruit d'une chasse
lointaine. Elle vit Pille-miche qui sortit de l'écurie. Ce
Chouan était accompagné de deux paysans, et tous
trois portaient des bottes de paille ; ils les étalèrent de
manière à former une longue litière devant le corps de
bâtiment inhabité parallèle à la berge bordée d'arbres
nains, où les Chouans marchaient avec un silence qui
trahissait les apprêts de quelque horrible stratagème.

— Tu leur donnes de la paille comme s'ils devaient
réellement dormir là. Assez, Pille-miche, assez, dit
une voix rauque et sourde que Francine reconnut.

— N'y dormiront-ils pas ? reprit Pille-miche en
laissant échapper un gros rire bête. Mais ne crains-tu
pas que le Gars ne se fâche ? ajouta-t-il si bas que
Francine n'entendit rien.

— Eh ! bien, il se fâchera, répondit à demi-voix
Marche-à-terre ; mais nous aurons tué les Bleus, tout
de même. — Voilà, reprit-il, une voiture qu'il faut
rentrer à nous deux.

Pille-miche tira la voiture par le timon, et Marche-
à-terre la poussa par une des roues avec une telle
prestesse que Francine se trouva dans la grange et sur
le point d'y rester enfermée, avant d'avoir eu le temps
de réfléchir à sa situation. Pille-miche sortit pour aider
à amener la pièce de cidre que le marquis avait
ordonné de distribuer aux soldats de l'escorte. Marche-à-terre passait le long de la calèche pour se retirer
et fermer la porte, quand il se sentit arrêté par une
main qui saisit les longs crins de sa peau de chèvre. Il
reconnut des yeux dont la douceur exerçait sur lui la
puissance du magnétisme, et demeura pendant un

moment comme *charmé*. Francine sauta vivement hors
de la voiture, et lui dit de cette voix agressive qui va
merveilleusement à une femme irritée : — Pierre,
quelles nouvelles as-tu donc apportées sur le chemin à
cette dame et à son fils ? Que fait-on ici ? Pourquoi te
caches-tu ? je veux tout savoir. Ces mots donnèrent au
visage du Chouan une expression que Francine ne lui
connaissait pas. Le Breton amena son innocente
maîtresse sur le seuil de la porte ; là, il la tourna vers la
lueur blanchissante de la lune, et lui répondit en la
regardant avec des yeux terribles :

— Oui, par ma damnation ! Francine, je te le dirai,
mais quand tu m'auras juré sur ce chapelet... Et il tira
un vieux chapelet de dessous sa peau de bique.

— Sur cette relique que tu connais, reprit-il, de me
répondre vérité à une seule demande. Francine rougit
en regardant ce chapelet qui, sans doute, était un gage
de leur amour. — C'est là-dessus, reprit le Chouan
tout ému, que tu as juré...

Il n'acheva pas. La paysanne appliqua sa main sur
les lèvres de son sauvage amant pour lui imposer
silence.

— Ai-je donc besoin de jurer ? dit-elle.

Il prit sa maîtresse doucement par la main, la
contempla pendant un instant, et reprit :
— La demoiselle que tu sers se nomme-t-elle réellement mademoiselle de Verneuil ?

Francine demeura les bras pendants, les paupières
baissées, la tête inclinée, pâle, interdite.

— C'est une cataud [69] ! reprit Marche-à-terre d'une
voix terrible.

A ce mot, la jolie main lui couvrit encore les lèvres,
mais cette fois il se recula violemment. La petite
Bretonne ne vit plus d'amant, mais bien une bête
féroce dans toute l'horreur de sa nature. Les sourcils
du Chouan étaient violemment serrés, ses lèvres se
contractèrent, et il montra les dents comme un chien
qui défend son maître.

— Je t'ai laissée fleur et je te retrouve fumier. Ah !

pourquoi t'ai-je abandonnée! Vous venez pour nous trahir, pour livrer le Gars.

Ces phrases furent plutôt des rugissements que des paroles. Quoique Francine eût peur, à ce dernier reproche, elle osa contempler ce visage farouche, leva sur lui des yeux angéliques et répondit avec calme :
— Je gage mon salut que cela est faux. C'est des idées de ta dame.

A son tour il baissa la tête ; puis elle lui prit la main, se tourna vers elle par un mouvement mignon, et lui dit : — Pierre, pourquoi sommes-nous dans tout ça ? Écoute, je ne sais pas comment toi tu peux y comprendre quelque chose, car je n'y entends rien ! Mais souviens-toi que cette belle et noble demoiselle est ma bienfaitrice ; elle est aussi la tienne, et nous vivons quasiment comme deux sœurs. Il ne doit jamais lui arriver rien de mal là où nous serons avec elle, de notre vivant du moins. Jure-le-moi donc ! Ici je n'ai confiance qu'en toi.

— Je ne commande pas ici, répondit le Chouan d'un ton bourru.

Son visage devint sombre. Elle lui prit ses grosses oreilles pendantes, et les lui tordit doucement, comme si elle caressait un chat.

— Eh ! bien, promets-moi, reprit-elle en le voyant moins sévère, d'employer à la sûreté de notre bienfaitrice tout le pouvoir que tu as.

Il remua la tête comme s'il doutait du succès, et ce geste fit frémir la Bretonne. En ce moment critique, l'escorte était parvenue à la chaussée. Le pas des soldats et le bruit de leurs armes réveillèrent les échos de la cour et parurent mettre un terme à l'indécision de Marche-à-terre.

— Je la sauverai peut-être, dit-il à sa maîtresse, si tu peux la faire demeurer dans la maison. — Et, ajouta-t-il, quoi qu'il puisse arriver, restes-y avec elle et garde le silence le plus profond ; sans quoi, rin.

— Je te le promets, répondit-elle dans son effroi.

— Eh ! bien, rentre. Rentre à l'instant et cache ta peur à tout le monde, même à ta maîtresse.

— Oui.

Elle serra la main du Chouan, qui la regarda d'un air paternel courant avec la légèreté d'un oiseau vers le perron ; puis il se coula dans sa haie, comme un acteur qui se sauve vers la coulisse au moment où se lève le rideau tragique.

— Sais-tu, Merle, que cet endroit-ci m'a l'air d'une véritable souricière, dit Gérard en arrivant au château.

— Je le vois bien, répondit le capitaine soucieux.

Les deux officiers s'empressèrent de placer des sentinelles pour s'assurer de la chaussée et du portail, puis ils jetèrent des regards de défiance sur les berges et les alentours du paysage.

— Bah ! dit Merle, il faut nous livrer à cette baraque-là en toute confiance ou ne pas y entrer.

— Entrons, répondit Gérard.

Les soldats, rendus à la liberté par un mot de leur chef, se hâtèrent de déposer leurs fusils en faisceaux coniques et formèrent un petit front de bandière[70] devant la litière de paille, au milieu de laquelle figurait la pièce de cidre. Ils se divisèrent en groupes auxquels deux paysans commencèrent à distribuer du beurre et du pain de seigle. Le marquis vint au-devant des deux officiers et les emmena au salon. Quand Gérard eut monté le perron, et qu'il regarda les deux ailes où les vieux mélèzes étendaient leurs branches noires, il appela Beau-pied et La-clef-des-cœurs.

— Vous allez, à vous deux, faire une reconnaissance dans les jardins et fouiller les haies, entendez-vous ? Puis, vous placerez une sentinelle devant votre front de bandière...

— Pouvons-nous allumer notre feu avant de nous mettre en chasse, mon adjudant ? dit La-clef-des-cœurs.

Gérard inclina la tête.

— Tu le vois bien, La-clef-des-cœurs, dit Beau-pied, l'adjudant a tort de se fourrer dans ce guêpier. Si Hulot nous commandait, il ne se serait jamais acculé ici ; nous sommes là comme dans une marmite.

— Es-tu bête ? répondit La-clef-des-cœurs,

comment, toi, le roi des malins, tu ne devines pas que
cette guérite est le château de l'aimable particulière
auprès de laquelle siffle notre joyeux Merle, le plus
fini des capitaines, et il l'épousera, cela est clair
comme une baïonnette bien fourbie. Ça fera honneur à
la demi-brigade, une femme comme ça.

— C'est vrai, reprit Beau-pied. Tu peux encore
ajouter que voilà de bon cidre, mais je ne le bois pas
avec plaisir devant ces chiennes de haies-là. Il me
semble toujours voir dégringoler Larose et Vieux-
Chapeau dans le fossé de la Pellerine. Je me souvien-
drai toute ma vie de la queue de ce pauvre Larose, elle
allait comme un marteau de grande porte.

— Beau-pied, mon ami, tu as trop d'*émagination*
pour un soldat. Tu devrais faire des chansons à
l'Institut national[71].

— Si j'ai trop d'imagination, lui répliqua Beau-
pied, tu n'en as guère, toi, et il te faudra du temps
pour passer consul.

Le rire de la troupe mit fin à la discussion, car La-
clef-des-cœurs ne trouva rien dans sa giberne pour
riposter à son antagoniste.

— Viens-tu faire ta ronde ? Je vais prendre à droite,
moi, lui dit Beau-pied.

— Eh ! bien, je prendrai la gauche, répondit son
camarade. Mais avant, minute ! je veux boire un verre
de cidre, mon gosier s'est collé comme le taffetas
gommé qui enveloppe le beau chapeau de Hulot.

Le côté gauche des jardins que La-clef-des-cœurs
négligeait d'aller explorer immédiatement était par
malheur la berge dangereuse où Francine avait
observé un mouvement d'hommes. Tout est hasard à
la guerre. En entrant dans le salon et en saluant la
compagnie, Gérard jeta un regard pénétrant sur les
hommes qui la composaient. Le soupçon revint avec
plus de force dans son âme, il alla tout à coup vers
mademoiselle de Verneuil et lui dit à voix basse : — Je
crois qu'il faut vous retirer promptement, nous ne
sommes pas en sûreté ici.

— Craindriez-vous quelque chose chez moi ?

demanda-t-elle en riant. Vous êtes plus en sûreté ici,
que vous ne le seriez à Mayenne.

Une femme répond toujours de son amant avec
assurance. Les deux officiers furent rassurés. En ce
moment la compagnie passa dans la salle à manger,
malgré quelques phrases insignifiantes relatives à un
convive assez important qui se faisait attendre. Mademoiselle de Verneuil put, à la faveur du silence qui
règne toujours au commencement des repas, donner
quelque attention à cette réunion curieuse dans les
circonstances présentes, et de laquelle elle était en
quelque sorte la cause par suite de cette ignorance que
les femmes, accoutumées à se jouer de tout, portent
dans les actions les plus critiques de la vie. Un fait la
surprit soudain. Les deux officiers républicains domi-
naient cette assemblée par le caractère imposant de
leurs physionomies. Leurs longs cheveux, tirés des
tempes et réunis dans une queue énorme derrière le
cou, dessinaient sur leurs fronts ces lignes qui donnent
tant de candeur et de noblesse à de jeunes têtes. Leurs
uniformes bleus râpés, à parements rouges usés, tout,
jusqu'à leurs épaulettes rejetées en arrière par les
marches et qui accusaient dans toute l'armée, même
chez les chefs, le manque de capotes, faisait ressortir
ces deux militaires, des hommes au milieu desquels ils
se trouvaient. — Oh ! là est la nation, la liberté, se dit-
elle. Puis, jetant un regard sur les royalistes : — Et, là
est un homme, un roi, des privilèges. Elle ne put se
refuser à admirer la figure de Merle, tant ce gai soldat
répondait complètement aux idées qu'on peut avoir de
ces troupiers français, qui savent siffler un air au
milieu des balles et n'oublient pas de faire un lazzi sur
le camarade qui tombe mal. Gérard imposait. Grave et
plein de sang-froid, il paraissait avoir une de ces âmes
vraiment républicaines qui, à cette époque, se rencontrèrent en foule dans les armées françaises auxquelles
des dévouements noblement obscurs imprimaient une
énergie jusqu'alors inconnue. — Voilà un de mes
hommes à grandes vues, se dit mademoiselle de
Verneuil. Appuyés sur le présent qu'ils dominent, ils

ruinent le passé, mais au profit de l'avenir... Cette
pensée l'attrista, parce qu'elle ne se rapportait pas à
son amant, vers lequel elle se tourna pour se venger,
par une autre admiration, de la République qu'elle
haïssait déjà. En voyant le marquis entouré de ces
hommes assez hardis, assez fanatiques, assez calculateurs de l'avenir, pour attaquer une République
victorieuse dans l'espoir de relever une monarchie
morte, une religion mise en interdit, des princes
errants et des privilèges expirés. — Celui-ci, se dit-
elle, n'a pas moins de portée que l'autre ; car, accroupi
sur des décombres, il veut faire du passé, l'avenir. Son
esprit nourri d'images hésitait alors entre les jeunes et
les vieilles ruines. Sa conscience lui criait bien que l'un
se battait pour un homme, l'autre pour un pays ; mais
elle était arrivée par le sentiment au point où l'on
arrive par la raison, à reconnaître que le roi, c'est le
pays.

En entendant retentir dans le salon les pas d'un
homme, le marquis se leva pour aller à sa rencontre. Il
reconnut le convive attendu qui, surpris de la compagnie, voulut parler ; mais le Gars déroba aux Républicains le signe qu'il lui fit pour l'engager à se taire et à
prendre place au festin. A mesure que les deux
officiers républicains analysaient les physionomies de
leurs hôtes, les soupçons qu'ils avaient conçus d'abord
renaissaient. Le vêtement ecclésiastique de l'abbé
Gudin et la bizarrerie des costumes chouans éveillèrent leur prudence ; ils redoublèrent alors d'attention
et découvrirent de plaisants contrastes entre les
manières des convives et leurs discours. Autant le
républicanisme manifesté par quelques-uns d'entre
eux était exagéré, autant les façons de quelques autres
étaient aristocratiques. Certains coups d'œil surpris
entre le marquis et ses hôtes, certains mots à double
sens imprudemment prononcés, mais surtout la ceinture de barbe dont le cou de quelques convives était
garni et qu'ils cachaient assez mal dans leurs cravates,
finirent par apprendre aux deux officiers une vérité
qui les frappa en même temps. Ils se révélèrent leurs

commUNes pensées par un même regard, car madame
du Gua les avait habilement séparés et ils en étaient
réduits au langage de leurs yeux. Leur situation
commandait d'agir avec adresse, ils ne savaient s'ils
étaient les maîtres du château, ou s'ils y avaient été
attirés dans une embûche; si mademoiselle de Verneuil était la dupe ou la complice de cette inexplicable
aventure; mais un événement imprévu précipita la
crise, avant qu'ils pussent en connaître toute la
gravité. Le nouveau convive était un de ces hommes
carrés de base comme de hauteur, dont le teint est
fortement coloré, qui se penchent en arrière quand ils
marchent, qui semblent déplacer beaucoup d'air
autour d'eux, et croient qu'il faut à tout le monde plus
d'un regard pour les voir. Malgré sa noblesse, il avait
pris la vie comme une plaisanterie dont on doit tirer le
meilleur parti possible; mais, tout en s'agenouillant
devant lui-même, il était bon, poli et spirituel à la
manière de ces gentilshommes qui, après avoir fini
leur éducation à la cour, reviennent dans leurs terres,
et ne veulent jamais supposer qu'ils ont pu, au bout de
vingt ans, s'y rouiller. Ces sortes de gens manquent de
tact avec un aplomb imperturbable, disent spirituellement une sottise, se défient du bien avec beaucoup
d'adresse, et prennent d'incroyables peines pour donner dans un piège. Lorsque par un jeu de fourchette
qui annonçait un grand mangeur, il eut regagné le
temps perdu, il leva les yeux sur la compagnie. Son
étonnement redoubla en voyant les deux officiers, et il
interrogea d'un regard madame du Gua, qui, pour
toute réponse, lui montra mademoiselle de Verneuil.
En apercevant la sirène dont la beauté commençait à
imposer silence aux sentiments d'abord excités par
madame du Gua dans l'âme des convives, le gros
inconnu laissa échapper un de ces sourires imperti-
nents et moqueurs qui semblent contenir toute une
histoire graveleuse. Il se pencha à l'oreille de son
voisin auquel il dit deux ou trois mots, et ces mots, qui
restèrent un secret pour les officiers et pour Marie,
voyagèrent d'oreille en oreille, de bouche en bouche,

jusqu'au cœur de celui qu'ils devaient frapper à mort. Les chefs des Vendéens et des Chouans tournèrent leurs regards sur le marquis de Montauran avec une curiosité cruelle. Les yeux de madame du Gua allèrent du marquis à mademoiselle de Verneuil étonnée, en lançant des éclairs de joie. Les officiers inquiets se consultèrent en attendant le résultat de cette scène bizarre. Puis, en un moment, les fourchettes demeurèrent inactives dans toutes les mains, le silence régna dans la salle, et tous les regards se concentrèrent sur le Gars. Une effroyable rage éclata sur ce visage colère et sanguin, qui prit une teinte de cire. Le jeune chef se tourna vers le convive d'où ce serpenteau[72] était parti, et d'une voix qui sembla couverte d'un crêpe :

— Mort de mon âme, comte, cela est-il vrai ? demanda-t-il.

— Sur mon honneur, répondit le comte en s'inclinant avec gravité.

Le marquis baissa les yeux un moment, et il les releva bientôt pour les reporter sur Marie, qui, attentive à ce débat, recueillit ce regard plein de mort.

— Je donnerais ma vie, dit-il à voix basse, pour me venger sur l'heure.

Madame du Gua comprit cette phrase au mouvement seul des lèvres et sourit au jeune homme, comme on sourit à un ami dont le désespoir va cesser. Le mépris général pour mademoiselle de Verneuil, peint sur toutes les figures, mit le comble à l'indignation des deux Républicains, qui se levèrent brusquement.

— Que désirez-vous, citoyens ? demanda madame du Gua.

— Nos épées, *citoyennes*, répondit ironiquement Gérard.

— Vous n'en avez pas besoin à table, dit le marquis froidement.

— Non, mais nous allons jouer à un jeu que vous connaissez, répondit Gérard en reparaissant. Nous nous verrons ici d'un peu plus près qu'à La Pellerine.

L'assemblée resta stupéfaite. En ce moment une décharge faite avec un ensemble terrible pour les oreilles des deux officiers, retentit dans la cour. Les deux officiers s'élancèrent sur le perron ; là, ils virent une centaine de Chouans qui ajustaient quelques soldats survivant à leur première décharge, et qui tiraient sur eux comme sur des lièvres. Ces Bretons sortaient de la rive où Marche-à-terre les avait postés au péril de leur vie ; car, dans cette évolution et après les derniers coups de fusil, on entendit, à travers les cris des mourants, quelques Chouans tombant dans les eaux, où ils roulèrent comme des pierres dans un gouffre. Pille-miche visait Gérard, Marche-à-terre tenait Merle en respect.

— Capitaine, dit froidement le marquis à Merle en lui répétant les paroles que le Républicain avait dites de lui, *voyez-vous, les hommes sont comme les nèfles, ils mûrissent sur la paille.* Et, par un geste de main, il montra l'escorte entière des Bleus couchée sur la litière ensanglantée, où les Chouans achevaient les vivants, et dépouillaient les morts avec une incroyable célérité. — J'avais bien raison de vous dire que vos soldats n'iraient pas jusqu'à La Pellerine, ajouta le marquis. Je crois aussi que votre tête sera pleine de plomb avant la mienne, qu'en dites-vous ?

Montauran éprouvait un horrible besoin de satisfaire sa rage. Son ironie envers le vaincu, la férocité, la perfidie même de cette exécution militaire faite sans son ordre et qu'il avouait alors, répondaient aux vœux secrets de son cœur. Dans sa fureur, il aurait voulu anéantir la France. Les Bleus égorgés, les deux officiers vivants, tous innocents du crime dont il demandait vengeance, étaient entre ses mains comme les cartes que dévore un joueur au désespoir.

— J'aime mieux périr ainsi que de triompher comme vous, dit Gérard. Puis, en voyant ses soldats nus et sanglants, il s'écria : — Les avoir assassinés lâchement, froidement !

— Comme le fut Louis XVI, monsieur, répondit vivement le marquis.

— Monsieur, répliqua Gérard avec hauteur, il

existe dans le procès d'un roi des mystères que vous ne
comprendrez jamais.

— Accuser le roi ! s'écria le marquis hors de lui.

— Combattre la France ! répondit Gérard d'un ton
de mépris.

— Niaiserie, dit le marquis.

— Parricide ! reprit le Républicain.

— Régicide !

— Eh ! bien, vas-tu prendre le moment de ta mort
pour te disputer ? s'écria gaiement Merle.

— C'est vrai, dit froidement Gérard en se retournant vers le marquis. Monsieur, si votre intention est
de nous donner la mort, reprit-il, faites-nous au moins
la grâce de nous fusiller sur-le-champ.

— Te voilà bien ! reprit le capitaine, toujours
pressé d'en finir. Mais, mon ami, quand on va loin et
qu'on ne pourra pas déjeuner le lendemain, on soupe.

Gérard s'élança fièrement et sans mot dire vers la
muraille ; Pille-miche l'ajusta en regardant le marquis
immobile, prit le silence de son chef pour un ordre, et
l'adjudant-major tomba comme un arbre. Marche-
à-terre courut partager cette nouvelle dépouille avec
Pille-miche. Comme deux corbeaux affamés, ils
eurent un débat et grognèrent sur le cadavre encore
chaud.

— Si vous voulez achever de souper, capitaine,
vous êtes libre de venir avec moi, dit le marquis à
Merle, qu'il voulut garder pour faire des échanges.

Le capitaine rentra machinalement avec le marquis,
en disant à voix basse, comme s'il s'adressait un
reproche : — C'est cette diablesse de fille qui est cause
de ça. Que dira Hulot ?

— Cette fille ! s'écria le marquis d'un ton sourd.
C'est donc bien décidément une fille !

Le capitaine semblait avoir tué Montauran, qui le
suivait tout pâle, défait, morne, et d'un pas chance-
lant. Il s'était passé dans la salle à manger une autre
scène qui, par l'absence du marquis, prit un caractère
tellement sinistre, que Marie, se trouvant sans son
protecteur, put croire à l'arrêt de mort écrit dans les

yeux de sa rivale. Au bruit de la décharge, tous les convives s'étaient levés, moins madame du Gua.

— Rasseyez-vous, dit-elle, ce n'est rien, nos gens tuent les Bleus. Lorsqu'elle vit le marquis dehors, elle se leva. — Mademoiselle que voici, s'écria-t-elle avec le calme d'une sourde rage, venait nous enlever le Gars ! Elle venait essayer de le livrer à la République.

— Depuis ce matin je l'aurais pu livrer vingt fois, et je lui ai sauvé la vie, répliqua mademoiselle de Verneuil.

Madame du Gua s'élança sur sa rivale avec la rapidité de l'éclair ; elle brisa, dans son aveugle emportement, les faibles brandebourgs du spencer de la jeune fille surprise par cette soudaine irruption, viola d'une main brutale l'asile sacré où la lettre était cachée, déchira l'étoffe, les broderies, le corset, la chemise ; puis elle profita de cette recherche pour assouvir sa jalousie, et sut froisser avec tant d'adresse et de fureur la gorge palpitante de sa rivale, qu'elle y laissa les traces sanglantes de ses ongles, en éprouvant un sombre plaisir à lui faire subir une si odieuse prostitution. Dans la faible lutte que Marie opposa à cette femme furieuse, sa capote dénouée tomba, ses cheveux rompirent leurs liens et s'échappèrent en boucles ondoyantes ; son visage rayonna de pudeur, puis deux larmes tracèrent un chemin humide et brûlant le long de ses joues et rendirent le feu de ses yeux plus vifs ; enfin, le tressaillement de la honte la livra frémissante aux regards des convives. Des juges même endurcis auraient cru à son innocence en voyant sa douleur.

La haine calcule si mal, que madame du Gua ne s'aperçut pas qu'elle n'était écoutée de personne pendant que, triomphante, elle s'écriait : — Voyez, messieurs, ai-je donc calomnié cette horrible créature ?

— Pas si horrible, dit à voix basse le gros convive auteur du désastre. J'aime prodigieusement ces horreurs-là, moi.

— Voici, reprit la cruelle Vendéenne, un ordre

signé Laplace et contre-signé Dubois. A ces noms
quelques personnes levèrent la tête. — Et en voici la
teneur, dit en continuant madame du Gua :

« *Les citoyens commandants militaires de tout grade,
administrateurs de district, les procureurs-syndics, etc., des
départements insurgés, et particulièrement ceux des localités où se trouvera le ci-devant marquis de Montauran, chef
de brigands et surnommé le Gars, devront prêter secours et
assistance à la citoyenne Marie Verneuil et se conformer
aux ordres qu'elle pourra leur donner, chacun en ce qui le
concerne, etc.* »

— Une fille d'Opéra prendre un nom illustre pour
le souiller de cette infamie ! ajouta-t-elle.

Un mouvement de surprise se manifesta dans
l'assemblée.

— La partie n'est pas égale si la République
emploie de si jolies femmes contre nous, dit gaiement
le baron du Guénic.

— Surtout des filles qui ne mettent rien au jeu,
répliqua madame du Gua.

— Rien ? dit le chevalier du Vissard, mademoiselle
a cependant un domaine qui doit lui rapporter de bien
grosses rentes !

— La République aime donc bien à rire, pour nous
envoyer des filles de joie en ambassade, s'écria l'abbé
Gudin.

— Mais mademoiselle recherche malheureusement
des plaisirs qui tuent, reprit madame du Gua avec une
horrible expression de joie qui indiquait le terme de
ces plaisanteries.

— Comment donc vivez-vous encore, madame ? dit
la victime en se relevant après avoir réparé le désordre
de sa toilette.

Cette sanglante épigramme imprima une sorte de
respect pour une si fière victime et imposa silence à
l'assemblée. Madame du Gua vit errer sur les lèvres
des chefs un sourire dont l'ironie la mit en fureur ; et
alors, sans apercevoir le marquis ni le capitaine qui
survinrent : — Pille-miche, emporte-la, dit-elle au
Chouan en lui désignant mademoiselle de Verneuil,

c'est ma part du butin, je te la donne, fais-en tout ce
que tu voudras.

A ce mot *tout* prononcé par cette femme, l'assemblée entière frissonna, car les têtes hideuses de Marche-à-terre et de Pille-miche se montrèrent derrière le
marquis, et le supplice apparut dans toute son
horreur.

Francine debout, les mains jointes, les yeux pleins
de larmes, restait comme frappée de la foudre.
Mademoiselle de Verneuil, qui recouvra dans le
danger toute sa présence d'esprit, jeta sur l'assemblée
un regard de mépris, ressaisit la lettre que tenait
madame du Gua, leva la tête, et l'œil sec, mais
fulgurant, elle s'élança vers la porte où l'épée de Merle
était restée. Là elle rencontra le marquis froid et
immobile comme une statue. Rien ne plaidait pour
elle sur ce visage dont tous les traits étaient fixes et
fermes. Blessée dans son cœur, la vie lui devint
odieuse. L'homme qui lui avait témoigné tant
d'amour avait donc entendu les plaisanteries dont elle
venait d'être accablée, et restait le témoin glacé de la
prostitution qu'elle venait d'endurer lorsque les beautés qu'une femme réserve à l'amour essuyèrent tous
les regards ! Peut-être aurait-elle pardonné à Montauran ses sentiments de mépris, mais elle s'indigna
d'avoir été vue par lui dans une infâme situation ; elle
lui lança un regard stupide et plein de haine, car elle
sentit naître dans son cœur d'effroyables désirs de
vengeance. En voyant la mort derrière elle, son
impuissance l'étouffa. Il s'éleva dans sa tête comme un
tourbillon de folie ; son sang bouillonnant lui fit voir le
monde comme un incendie ; alors, au lieu de se tuer,
elle saisit l'épée, la brandit sur le marquis, la lui
enfonça jusqu'à la garde ; mais l'épée ayant glissée
entre le bras et le flanc, le Gars arrêta Marie par le
poignet et l'entraîna hors de la salle, aidé par Pille-
miche, qui se jeta sur cette créature furieuse au
moment où elle essaya de tuer le marquis. A ce
spectacle, Francine jeta des cris perçants. — Pierre !
Pierre ! Pierre ! s'écria-t-elle avec des accents lamen-

tables. Et tout en criant elle suivit sa maîtresse.

Le marquis laissa l'assemblée stupéfaite, et sortit en fermant la porte de la salle. Quand il arriva sur le perron, il tenait encore le poignet de cette femme et le serrait par un mouvement convulsif, tandis que les doigts nerveux de Pille-miche en brisaient presque l'os du bras ; mais elle ne sentait que la main brûlante du jeune chef, qu'elle regarda froidement.

— Monsieur, vous me faites mal !

Pour toute réponse, le marquis contempla pendant un moment sa maîtresse.

— Avez-vous donc quelque chose à venger basse-ment comme cette femme a fait ? dit-elle. Puis, apercevant les cadavres étendus sur la paille, elle s'écria en frissonnant : — La foi d'un gentilhomme ! ah ! ah ! ah ! Après ce rire, qui fut affreux, elle ajouta : — La belle journée !

— Oui, belle, répéta-t-il, et sans lendemain.

Il abandonna la main de mademoiselle de Verneuil, après avoir contemplé d'un dernier, d'un long regard, cette ravissante créature à laquelle il lui était presque impossible de renoncer. Aucun de ces deux esprits altiers ne voulut fléchir. Le marquis attendait peut-être une larme ; mais les yeux de la jeune fille restèrent secs et fiers. Il se retourna vivement en laissant à Pille-miche sa victime.

— Dieu m'entendra marquis, je lui demanderai pour vous une belle journée sans lendemain !

Pille-miche, embarrassé d'une si belle proie, l'en-traîna avec une douceur mêlée de respect et d'ironie. Le marquis poussa un soupir, rentra dans la salle, et offrit à ses hôtes un visage semblable à celui d'un mort dont les yeux n'auraient pas été fermés.

La présence du capitaine Merle était inexplicable pour les acteurs de cette tragédie ; aussi tous le contemplèrent-ils avec surprise en s'interrogeant du regard. Merle s'aperçut de l'étonnement des Chouans, et, sans sortir de son caractère, il leur dit en souriant tristement : — Je ne crois pas, messieurs, que vous refusiez un verre de vin à un homme qui va faire sa dernière étape.

Ce fut au moment où l'assemblée était calmée par ces paroles prononcées avec une étourderie française qui devait plaire aux Vendéens, que Montauran reparut, et sa figure pâle, son regard fixe, glacèrent tous les convives.

— Vous allez voir, dit le capitaine, que le mort va mettre les vivants en train.

— Ah ! dit le marquis en laissant échapper le geste d'un homme qui s'éveille, vous voilà, mon cher conseil de guerre !

Et il lui tendit une bouteille de vin de Grave, comme pour lui verser à boire.

— Oh ! merci, citoyen marquis, je pourrais m'étourdir, voyez-vous.

A cette saillie, madame du Gua dit aux convives en souriant : — Allons, épargnons-lui le dessert.

— Vous êtes bien cruelle dans vos vengeances, madame, répondit le capitaine. Vous oubliez mon ami assassiné, qui m'attend, et je ne manque pas à mes rendez-vous.

— Capitaine, dit alors le marquis en lui jetant son gant, vous êtes libre ! Tenez, voilà un passeport. Les Chasseurs du Roi savent qu'on ne doit pas tuer tout le gibier.

— Va pour la vie ! répondit Merle, mais vous avez tort, je vous réponds de jouer serré avec vous, je ne vous ferai pas de grâce. Vous pouvez être très habile, mais vous ne valez pas Gérard. Quoique votre tête ne puisse jamais me payer la sienne, il me la faudra, et je l'aurai.

— Il était donc bien pressé, reprit le marquis.

— Adieu ! je pouvais trinquer avec mes bourreaux, je ne reste pas avec les assassins de mon ami, dit le capitaine qui disparut en laissant les convives étonnés.

— Eh ! bien, messieurs, que dites-vous des échevins, des chirurgiens et des avocats qui dirigent la République ? demanda froidement le Gars.

— Par la mort-dieu, marquis, répondit le comte de

Bauvan, ils sont en tout cas bien mal élevés. Celui-ci
nous a fait, je crois, une impertinence.

La brusque retraite du capitaine avait un secret
motif. La créature si dédaignée, si humiliée, et qui
succombait peut-être en ce moment, lui avait offert
dans cette scène des beautés si difficiles à oublier qu'il
se disait en sortant : — Si c'est une fille, ce n'est pas
une fille ordinaire, et j'en ferai certes bien ma
femme... Il désespérait si peu de la sauver des mains
de ces sauvages, que sa première pensée, en ayant la
vie sauve, avait été de la prendre désormais sous sa
protection. Malheureusement en arrivant sur le perron, le capitaine trouva la cour déserte. Il jeta les yeux
autour de lui, écouta le silence et n'entendit rien que
les rires bruyants et lointains des Chouans qui
buvaient dans les jardins, en partageant leur butin. Il
se hasarda à tourner l'aile fatale devant laquelle ses
soldats avaient été fusillés ; et, de ce coin, à la faible
lueur de quelques chandelles, il distingua les différents groupes que formaient les Chasseurs du Roi. Ni
Pille-miche, ni Marche-à-terre, ni la jeune fille ne s'y
trouvaient ; mais en ce moment, il se sentit doucement
tiré par le pan de son uniforme, se retourna et vit
Francine à genoux.

— Où est-elle ? demanda-t-il.

— Je ne sais pas, Pierre m'a chassée en m'ordon-
nant de ne pas bouger.

— Par où sont-ils allés ?

— Par là, répondit-elle en montrant la chaussée.

Le capitaine et Francine aperçurent alors dans cette
direction quelques ombres projetées sur les eaux du
lac par la lumière de la lune, et reconnurent des
formes féminines dont la finesse quoique indistincte
leur fit battre le cœur.

— Oh ! c'est elle, dit la Bretonne.

Mademoiselle de Verneuil paraissait être debout, et
résignée au milieu de quelques figures dont les
mouvements accusaient un débat.

— Ils sont plusieurs, s'écria le capitaine. C'est égal,
marchons !

— Vous allez vous faire tuer inutilement, dit Francine.

— Je suis déjà mort une fois aujourd'hui, répondit-il gaiement.

Et tous deux s'acheminèrent vers le portail sombre derrière lequel la scène se passait. Au milieu de la route, Francine s'arrêta.

— Non, je n'irai pas plus loin ! s'écria-t-elle doucement, Pierre m'a dit de ne pas m'en mêler ; je le connais, nous allons tout gâter. Faites ce que vous voudrez, monsieur l'officier, mais éloignez-vous. Si Pierre vous voyait auprès de moi, il vous tuerait.

En ce moment, Pille-miche se montra hors du portail, appela le postillon resté dans l'écurie, aperçut le capitaine et s'écria en dirigeant son fusil sur lui : — Sainte Anne d'Auray ! le recteur d'Antrain avait bien raison de nous dire que les Bleus signent des pactes avec le diable. Attends, attends, je m'en vais te faire ressusciter, moi !

— Hé ! j'ai la vie sauve, lui cria Merle en se voyant menacé. Voici le gant de ton chef.

— Oui, voilà bien les esprits, reprit le Chouan. Je ne te la donne pas, moi, la vie, *Ave Maria !*

Il tira. Le coup de feu atteignit à la tête le capitaine, qui tomba. Quand Francine s'approcha de Merle, elle l'entendit prononcer indistinctement ces paroles : — J'aime encore mieux rester avec eux que de revenir sans eux.

Le Chouan s'élança sur le Bleu pour le dépouiller en disant : — Il y a cela de bon chez ces revenants, qu'ils ressuscitent avec leurs habits. En voyant dans la main du capitaine qui avait fait le geste de montrer le gant du Gars, cette sauve-garde sacrée, il resta stupéfait.

— Je ne voudrais pas être dans la peau du fils de ma mère, s'écria-t-il. Puis il disparut avec la rapidité d'un oiseau.

Pour comprendre cette rencontre si fatale au capitaine, il est nécessaire de suivre mademoiselle de Verneuil quand le marquis, en proie au désespoir et à la rage, l'eut quittée en l'abandonnant à Pille-miche.

Francine saisit alors, par un mouvement convulsif, le bras de Marche-à-terre, et réclama, les yeux pleins de larmes, la promesse qu'il lui avait faite. A quelques pas d'eux, Pille-miche entraînait sa victime comme s'il eût tiré après lui quelque fardeau grossier. Marie, les cheveux épars, la tête penchée, tourna les yeux vers le lac ; mais, retenue par un poignet d'acier, elle fut forcée de suivre lentement le Chouan, qui se retourna plusieurs fois pour la regarder ou pour lui faire hâter sa marche, et chaque fois une pensée joviale dessina sur cette figure un épouvantable sourire.

— Est-elle godaine !... s'écria-t-il avec une grossière emphase.

En entendant ces mots, Francine recouvra la parole.

— Pierre ?

— Eh ! bien.

— Il va donc tuer mademoiselle.

— Pas tout de suite, répondit Marche-à-terre.

— Mais elle ne se laissera pas faire, et si elle meurt je mourrai.

— Ha ! *ben*, tu l'aimes trop, qu'elle meure ! dit Marche-à-terre.

— Si nous sommes riches et heureux, c'est à elle que nous devrons notre bonheur ; mais qu'importe, n'as-tu pas promis de la sauver de tout malheur ?

— Je vais essayer, mais reste là, ne bouge pas.

Sur-le-champ le bras de Marche-à-terre resta libre, et Francine, en proie à la plus horrible inquiétude, attendit dans la cour. Marche-à-terre rejoignit son camarade au moment où ce dernier, après être entré dans la grange, avait contraint sa victime à monter en voiture. Pille-miche réclama le secours de son compagnon pour sortir la calèche.

— Que veux-tu faire de tout cela ? lui demanda Marche-à-terre.

— *Ben !* la grande garce m'a donné la femme, et tout ce qui est à elle est à *mé*.

— Bon pour la voiture, tu en feras des sous ; mais la femme ? elle te sautera au visage comme un chat.

Pille-miche partit d'un éclat de rire bruyant et

répondit : — Quien, je l'emporte *itou* chez *mé*, je l'attacherai.

— Hé ! *ben*, attelons les chevaux, dit Marche-à-terre.

Un moment après, Marche-à-terre, qui avait laissé son camarade gardant sa proie, mena la calèche hors du portail, sur la chaussée, et Pille-miche monta près de mademoiselle de Verneuil, sans s'apercevoir qu'elle prenait son élan pour se précipiter dans l'étang.

— Ho ! Pille-miche, cria Marche-à-terre.

— Quoi ?

— Je t'achète tout ton butin.

— Gausses-tu ? demanda le Chouan en tirant sa prisonnière par les jupons comme un boucher ferait d'un veau qui s'échappe.

— Laisse-la-moi voir, je te dirai un prix.

L'infortunée fut contrainte de descendre et demeura entre les deux Chouans, qui la tinrent chacun par une main, en la contemplant comme les deux vieillards durent regarder Suzanne dans son bain.

— Veux-tu, dit Marche-à-terre en poussant un soupir, veux-tu trente livres de bonne rente ?

— *Ben* vrai.

— Tope, lui dit Marche-à-terre en lui tendant la main.

— Oh ! je tope, il y a de quoi avoir des Bretonnes avec ça, et des godaines ! Mais la voiture, à qui qué sera ? reprit Pille-miche en se ravisant.

— A moi, s'écria Marche-à-terre d'un son de voix terrible qui annonça l'espèce de supériorité que son caractère féroce lui donnait sur tous ses compagnons.

— Mais s'il y avait de l'or dans la voiture ?

— N'as-tu pas topé ?

— Oui, j'ai topé.

— Eh ! bien, va chercher le postillon qui est garrotté dans l'écurie.

— Mais s'il y avait de l'or dans...

— Y en a-t-il ? demanda brutalement Marche-à-terre à Marie en lui secouant le bras.

— J'ai une centaine d'écus, répondit mademoiselle de Verneuil.

A ces mots les deux Chouans se regardèrent.

— Eh! mon bon ami, ne nous brouillons pas pour une Bleue, dit Pille-miche à l'oreille de Marche-à-terre, *boutons-la* dans l'étang avec une pierre au cou, et partageons les cent écus.

— Je te donne les cent écus dans ma part de la rançon de d'Orgemont, s'écria Marche-à-terre en étouffant un grognement causé par ce sacrifice.

Pille-miche poussa une espèce de cri rauque, alla chercher le postillon, et sa joie porta malheur au capitaine qu'il rencontra. En entendant le coup de feu, Marche-à-terre s'élança vivement à l'endroit où Francine, encore épouvantée, priait à genoux, les mains jointes auprès du pauvre capitaine, tant le spectacle d'un meurtre l'avait vivement frappée.

— Cours à ta maîtresse, lui dit brusquement le Chouan, elle est sauvée!

Il courut chercher lui-même le postillon, revint avec la rapidité de l'éclair, et, en passant de nouveau devant le corps de Merle, il aperçut le gant du Gars que la main morte serrait convulsivement encore.

— Oh! oh! s'écria-t-il, Pille-miche a fait là un traître coup! Il n'est pas sûr de vivre de ses rentes.

Il arracha le gant et dit à mademoiselle de Verneuil, qui s'était déjà placée dans la calèche avec Francine :
— Tenez, prenez ce gant. Si dans la route nos hommes vous attaquaient, criez : — Oh! le Gars! Montrez ce passeport-là, rien de mal ne vous arrivera. — Francine, dit-il en se tournant vers elle et lui saisissant fortement la main, nous sommes quittes avec cette femme-là, viens avec moi et que le diable l'emporte.

— Tu veux que je l'abandonne en ce moment! répondit Francine d'une voix douloureuse.

Marche-à-terre se gratta l'oreille et le front; puis, il leva la tête, et fit voir des yeux armés d'une expression féroce : — C'est juste, dit-il. Je te laisse à elle huit jours; si passé ce terme, tu ne viens pas avec moi... Il n'acheva pas, mais il donna un violent coup du plat de sa main sur l'embouchure de sa carabine. Après avoir fait le geste d'ajuster sa maîtresse, il s'échappa sans vouloir entendre de réponse.

Aussitôt que le Chouan fut parti, une voix qui semblait sortir de l'étang cria sourdement :
— Madame, madame.

Le postillon et les deux femmes tressaillirent d'horreur, car quelques cadavres avaient flotté jusque-là. Un Bleu caché derrière un arbre se montra.

— Laissez-moi monter sur la giberne de votre fourgon, ou je suis un homme mort. Le damné verre de cidre que La-clef-des-cœurs a voulu boire a coûté plus d'une pinte de sang ! s'il m'avait imité et fait sa ronde, les pauvres camarades ne seraient pas là, flottant comme des galiotes [73].

Pendant que ces événements se passaient au-dehors, les chefs envoyés de la Vendée et ceux des Chouans délibéraient, le verre à la main, sous la présidence du marquis de Montauran. De fréquentes libations de vin de Bordeaux animèrent cette discussion, qui devint importante et grave à la fin du repas. Au dessert, au moment où la ligne commune des opérations militaires était décidée, les royalistes portèrent une santé aux Bourbons. Là, le coup de feu de Pille-miche retentit comme un écho de la guerre désastreuse que ces gais et ces nobles conspirateurs voulaient faire à la République. Madame du Gua tressaillit ; et, au mouvement que lui causa le plaisir de se savoir débarrassée de sa rivale, les convives se regardèrent en silence. Le marquis se leva de table et sortit.

— Il l'aimait pourtant ! dit ironiquement madame du Gua. Allez donc lui tenir compagnie, monsieur de Fontaine, il sera ennuyeux comme les mouches, si on lui laisse broyer du noir.

Elle alla à la fenêtre qui donnait sur la cour, pour tâcher de voir le cadavre de Marie. De là, elle put distinguer, aux derniers rayons de la lune qui se couchait, la calèche gravissant l'avenue de pommiers avec une célérité incroyable. Le voile de mademoiselle de Verneuil, emporté par le vent, flottait hors de la

calèche. A cet aspect, madame du Gua furieuse quitta
l'assemblée. Le marquis, appuyé sur le perron et
plongé dans une sombre méditation, contemplait cent
cinquante Chouans environ qui, après avoir procédé
dans les jardins au partage du butin, étaient revenus
achever la pièce de cidre et le pain promis aux Bleus.
Ces soldats de nouvelle espèce et sur lesquels se
fondaient les espérances de la monarchie, buvaient par
groupes, tandis que, sur la berge qui faisait face au
perron, sept ou huit d'entre eux s'amusaient à lancer
dans les eaux les cadavres des Bleus auxquels ils
attachaient des pierres. Ce spectacle, joint aux différents tableaux que présentaient les bizarres costumes
et les sauvages expressions de ces gars insouciants et
barbares, était si extraordinaire et si nouveau pour
monsieur de Fontaine, à qui les troupes vendéennes
avaient offert quelque chose de noble et de régulier,
qu'il saisit cette occasion pour dire au marquis de
Montauran : — Qu'espérez-vous pouvoir faire avec de
semblables bêtes ?

— Pas grand-chose, n'est-ce pas, cher comte !
répondit le Gars.

— Sauront-ils jamais manœuvrer en présence des
Républicains ?

— Jamais.

— Pourront-ils seulement comprendre et exécuter
vos ordres ?

— Jamais.

— A quoi donc vous seront-ils bons ?

— A plonger mon épée dans le ventre de la
République, reprit le marquis d'une voix tonnante, à
me donner Fougères en trois jours et toute la Bretagne
en dix ! Allez, monsieur, dit-il d'une voix plus douce,
partez pour la Vendée ; que d'Autichamp, Suzannet,
l'abbé Bernier [74] marchent seulement aussi rapidement que moi ; qu'ils ne traitent pas avec le premier
Consul, comme on me le fait craindre (là il serra
fortement la main du Vendéen), nous serons alors
dans vingt jours à trente lieues de Paris.

— Mais la République envoie contre nous soixante mille hommes et le général Brune.

— Soixante mille hommes! vraiment? reprit le marquis avec un rire moqueur. Et avec quoi Bonaparte ferait-il la campagne d'Italie? Quant au général Brune, il ne viendra pas, Bonaparte l'a dirigé contre les Anglais en Hollande, et le général Hédouville, l'ami de notre ami Barras, le remplace ici. Me comprenez-vous?

En l'entendant parler ainsi, monsieur de Fontaine regarda le marquis de Montauran d'un air fin et spirituel qui semblait lui reprocher de ne pas comprendre lui-même le sens des paroles mystérieuses qui lui étaient adressées. Les deux gentilshommes s'entendirent alors parfaitement, mais le jeune chef répondit avec un indéfinissable sourire aux pensées qu'ils s'exprimèrent des yeux : — Monsieur de Fontaine, connaissez-vous mes armes? ma devise est : *Persévérer jusqu'à la mort.*

Le comte de Fontaine prit la main de Montauran et la lui serra en disant : — J'ai été laissé pour mort aux Quatre-Chemins, ainsi vous ne doutez pas de moi; mais croyez à mon expérience, les temps sont changés.

— Oh! oui, dit La Billardière qui survint. Vous êtes jeune, marquis. Écoutez-moi? vos biens n'ont pas tous été vendus...

— Ah! concevez-vous le dévouement sans sacrifice! dit Montauran.

— Connaissez-vous bien le Roi? dit La Billardière.

— Oui!

— Je vous admire.

— Le Roi, répondit le jeune chef, c'est le prêtre, et je me bats pour la Foi!

Ils se séparèrent, le Vendéen convaincu de la nécessité de se résigner aux événements en gardant sa foi dans son cœur, La Billardière pour retourner en Angleterre, Montauran pour combattre avec acharnement et forcer par les triomphes qu'il rêvait les Vendéens à coopérer à son entreprise.

Ces événements avaient excité tant d'émotions dans

l'âme de mademoiselle de Verneuil, qu'elle se pencha tout abattue, et comme morte, au fond de la voiture, en donnant l'ordre d'aller à Fougères. Francine imita le silence de sa maîtresse. Le postillon, qui craignit quelque nouvelle aventure, se hâta de gagner la grande route, et arriva bientôt au sommet de La Pellerine.

Marie de Verneuil traversa, dans le brouillard épais et blanchâtre du matin, la belle et large vallée du Couesnon, où cette histoire a commencé, et entrevit à peine, du haut de La Pellerine, le rocher de schiste sur lequel est bâtie la ville de Fougères. Les trois voyageurs en étaient encore séparés d'environ deux lieues. En se sentant transie de froid, mademoiselle de Verneuil pensa au pauvre fantassin qui se trouvait derrière la voiture, et voulut absolument, malgré ses refus, qu'il montât près de Francine. La vue de Fougères la tira pour un moment de ses réflexions. D'ailleurs, le poste placé à la porte Saint-Léonard ayant refusé l'entrée de la ville à des inconnus, elle fut obligée d'exhiber sa lettre ministérielle ; elle se vit alors à l'abri de toute entreprise hostile en entrant dans cette place, dont, pour le moment, les habitants étaient les seuls défenseurs. Le postillon ne lui trouva pas d'autre asile que l'auberge de la Poste.

— Madame, dit le Bleu qu'elle avait sauvé, si vous avez jamais besoin d'administrer un coup de sabre à un particulier, ma vie est à vous. Je suis bon là. Je me nomme Jean Falcon, dit Beau-pied, sergent à la première compagnie des lapins de Hulot, soixante-douzième demi-brigade, surnommée la *Mayençaise*. Faites excuse de ma condescendance et de ma vanité ; mais je ne puis vous offrir que l'âme d'un sergent, je n'ai que ça, pour le quart d'heure, à votre service.

Il tourna sur ses talons et s'en alla en sifflant.

— Plus bas on descend dans la société, dit amèrement Marie, plus on y trouve de sentiments généreux sans ostentation. Un marquis me donne la mort pour la vie, et un sergent... Enfin, laissons cela.

Lorsque la belle Parisienne fut couchée dans un lit bien chaud, sa fidèle Francine attendit en vain le mot

affectueux auquel elle était habituée; mais en la
voyant inquiète et debout, sa maîtresse fit un signe
empreint de tristesse.

— On nomme cela une journée, Francine, dit-elle.
Je suis de dix ans plus vieille.

Le lendemain matin, à son lever, Corentin se
présenta pour voir Marie, qui lui permit d'entrer.

— Francine, dit-elle, mon malheur est donc
immense, la vue de Corentin ne m'est pas trop
désagréable.

Néanmoins, en revoyant cet homme, elle éprouva
pour la millième fois une répugnance instinctive que
deux ans de connaissance n'avaient pu adoucir.

— Eh! bien, dit-il en souriant, j'ai cru à la réussite.
Ce n'était donc pas lui que vous teniez?

— Corentin, répondit-elle avec une lente expression de douleur, ne me parlez de cette affaire que
quand j'en parlerai moi-même.

Cet homme se promena dans la chambre et jeta sur
mademoiselle de Verneuil des regards obliques, en
essayant de deviner les pensées secrètes de cette
singulière fille, dont le coup d'œil avait assez de portée
pour déconcerter, par instants, les hommes les plus
habiles.

— J'ai prévu cet échec, reprit-il après un moment
de silence. S'il vous plaisait d'établir votre quartier
général dans cette ville, j'ai déjà pris des informations.
Nous sommes au cœur de la chouannerie. Voulez-vous
y rester? Elle répondit par un signe de tête affirmatif
qui donna lieu à Corentin d'établir des conjectures, en
partie vraies, sur les événements de la veille. — J'ai
loué pour vous une maison nationale invendue. Ils
sont bien peu avancés dans ce pays-ci. Personne n'a
osé acheter cette baraque, parce qu'elle appartient à
un émigré qui passe pour brutal. Elle est située auprès
de l'église Saint-Léonard; et *ma paole d'hôneur*, on y
jouit d'une vue ravissante. On peut tirer parti de ce
chenil, il est logeable, voulez-vous y venir?

— A l'instant, s'écria-t-elle.

— Mais il me faut encore quelques heures pour y

mettre de l'ordre et de la propreté, afin que vous y trouviez tout à votre goût.

— Qu'importe, dit-elle, j'habiterais un cloître, une prison sans peine. Néanmoins, faites en sorte que, ce soir, je puisse y reposer dans la plus profonde solitude. Allez, laissez-moi. Votre présence m'est insupportable. Je veux rester seule avec Francine, je m'entendrai mieux avec elle qu'avec moi-même peut-être... Adieu. Allez ! allez donc.

Ces paroles, prononcées avec volubilité, et tour à tour empreintes de coquetterie, de despotisme ou de passion, annoncèrent en elle une tranquillité parfaite. Le sommeil avait sans doute lentement classé les impressions de la journée précédente, et la réflexion lui avait conseillé la vengeance. Si quelques sombres expressions se peignaient encore parfois sur son visage, elles semblaient attester la faculté que possèdent certaines femmes d'ensevelir dans leur âme les sentiments les plus exaltés, et cette dissimulation qui leur permet de sourire avec grâce en calculant la perte de leur victime. Elle demeura seule occupée à chercher comment elle pourrait amener entre ses mains le marquis tout vivant. Pour la première fois, cette femme avait vécu selon ses désirs ; mais, de cette vie, il ne lui restait qu'un sentiment, celui de la vengeance, d'une vengeance infinie, complète. C'était sa seule pensée, son unique passion. Les paroles et les attentions de Francine trouvèrent Marie muette, elle sembla dormir les yeux ouverts ; et cette longue journée s'écoula sans qu'un geste ou une action indiquassent cette vie extérieure qui rend témoignage de nos pensées. Elle resta couchée sur une ottomane qu'elle avait faite avec des chaises et des oreillers. Le soir, seulement, elle laissa tomber négligemment ces mots, en regardant Francine.

— Mon enfant, j'ai compris hier qu'on vécût pour aimer, et je comprends aujourd'hui qu'on puisse mourir pour se venger. Oui, pour l'aller chercher là où il sera, pour de nouveau le rencontrer, le séduire et l'avoir à moi, je donnerais ma vie ; mais si je n'ai pas,

dans peu de jours, sous mes pieds, humble et soumis,
cet homme qui m'a méprisée, si je n'en fais pas mon
valet ; mais je serai au-dessous de tout, je ne serai plus
une femme, je ne serai plus moi !...

La maison que Corentin avait proposée à mademoiselle de Verneuil lui offrit assez de ressources pour
satisfaire le goût de luxe et d'élégance inné dans cette
fille ; il rassembla tout ce qu'il savait devoir lui plaire
avec l'empressement d'un amant pour sa maîtresse, ou
mieux encore avec la servilité d'un homme puissant
qui cherche à courtiser quelque subalterne dont il a
besoin. Le lendemain il vint proposer à mademoiselle
de Verneuil de se rendre à cet hôtel improvisé.

Bien qu'elle ne fît que passer de sa mauvaise
ottomane sur un antique sopha que Corentin avait su
lui trouver, la fantasque Parisienne prit possession de
cette maison comme d'une chose qui lui aurait appartenu. Ce fut une insouciance royale pour tout ce
qu'elle y vit, une sympathie soudaine pour les moindres meubles qu'elle s'appropria tout à coup comme
s'ils lui eussent été connus depuis longtemps ; détails
vulgaires, mais qui ne sont pas indifférents à la
peinture de ces caractères exceptionnels. Il semblait
qu'un rêve l'eût familiarisée par avance avec cette
demeure où elle vécut de sa haine comme elle y aurait
vécu de son amour.

— Je n'ai pas du moins, se disait-elle, excité en lui
cette insultante pitié qui tue, je ne lui dois pas la vie. O
mon premier, mon seul et mon dernier amour, quel
dénouement ! Elle s'élança d'un bond sur Francine
effrayée : — Aimes-tu ? Oh ? oui, tu aimes, je m'en
souviens. Ah ! je suis bien heureuse d'avoir auprès de
moi une femme qui me comprenne. Eh bien ! ma
pauvre Francette, l'homme ne te semble-t-il pas une
effroyable créature ? Hein, il disait m'aimer, et il n'a
pas résisté à la plus légère des épreuves. Mais si le
monde entier l'avait repoussé, pour lui mon âme eût
été un asile ; si l'univers l'avait accusé, je l'aurais
défendu. Autrefois, je voyais le monde rempli d'êtres
qui allaient et venaient, ils ne m'étaient qu'indiffé-

rents ; le monde était triste et non pas horrible ; mais
maintenant, qu'est le monde sans lui ? Il va donc vivre
sans que je sois près de lui, sans que je le voie, que je
lui parle, que je le sente, que je le tienne, que je le
serre... Ah ! je l'égorgerai plutôt moi-même dans son
sommeil.

Francine épouvantée la contempla un moment en
silence.

— Tuer celui qu'on aime ?... dit-elle d'une voix
douce.

— Ah ! certes, quand il n'aime plus.

Mais après ces épouvantables paroles elle se cacha le
visage dans ses mains, se rassit et garda le silence.

Le lendemain, un homme se présenta brusquement
devant elle sans être annoncé. Il avait un visage sévère.
C'était Hulot. Elle leva les yeux et frémit.

— Vous venez, dit-elle, me demander compte de
vos amis ? Ils sont morts.

— Je le sais, répondit-il. Ce n'est pas au service de
la République.

— Pour moi et par moi, reprit-elle. Vous allez me
parler de la patrie ! La patrie rend-elle la vie à ceux qui
meurent pour elle, les venge-t-elle seulement ? Moi, je
les vengerai, s'écria-t-elle. Les lugubres images de la
catastrophe dont elle avait été la victime s'étant tout à
coup développées à son imagination, cet être gracieux
qui mettait la pudeur en premier dans les artifices de
la femme, eut un mouvement de folie et marcha d'un
pas saccadé vers le commandant stupéfait.

— Pour quelques soldats égorgés, j'amènerai sous
la hache de vos échafauds une tête qui vaut des
milliers de têtes, dit-elle. Les femmes font rarement la
guerre ; mais vous pourrez, quelque vieux que vous
soyez, apprendre à mon école de bons stratagèmes. Je
livrerai à vos baïonnettes une famille entière : ses
aïeux et lui, son avenir, son passé. Autant j'ai été
bonne et vraie pour lui, autant je serai perfide et
fausse. Oui, commandant, je veux amener ce petit
gentilhomme dans mon lit et il en sortira pour
marcher à la mort. C'est cela, je n'aurai jamais de

rivale. Le misérable a prononcé lui-même son arrêt : *un jour sans lendemain!* Votre République et moi nous serons vengées. La République! reprit-elle d'une voix dont les intonations bizarres effrayèrent Hulot, mais le rebelle mourra donc pour avoir porté les armes contre son pays? La France me volerait donc ma vengeance! Ah! qu'une vie est peu de chose, une mort n'expie qu'un crime! Mais si ce monsieur n'a qu'une tête à donner, j'aurai une nuit pour lui faire penser qu'il perd plus d'une vie. Sur toute chose, commandant, vous qui le tuerez (elle laissa échapper un soupir), faites en sorte que rien ne trahisse ma trahison, et qu'il meure convaincu de ma fidélité. Je ne vous demande que cela. Qu'il ne voie que moi, moi et mes caresses!

Là, elle se tut; mais à travers la pourpre de son visage, Hulot et Corentin s'aperçurent que la colère et le délire n'étouffaient pas entièrement la pudeur. Marie frissonna violemment en disant les derniers mots; elle les écouta de nouveau comme si elle eût douté de les avoir prononcés, et tressaillit naïvement en faisant les gestes involontaires d'une femme à laquelle un voile échappe.

— Mais vous l'avez eu entre les mains, dit Corentin.

— Probablement, répondit-elle avec amertume.

— Pourquoi m'avoir arrêté quand je le tenais, reprit Hulot.

— Eh! commandant, nous ne savions pas que ce serait *lui.* Tout à coup, cette femme agitée, qui se promenait à pas précipités en jetant des regards dévorants aux deux spectateurs de cet orage, se calma.

— Je ne me reconnais pas, dit-elle d'un ton d'homme. Pourquoi parler, il faut l'aller chercher!

— L'aller chercher, dit Hulot; mais, ma chère enfant, prenez-y garde, nous ne sommes pas maîtres des campagnes, et, si vous vous hasardiez à sortir de la ville, vous seriez prise ou tuée à cent pas.

— Il n'y a jamais de dangers pour ceux qui veulent se venger, répondit-elle en faisant un geste de dédain pour bannir de sa présence ces deux hommes qu'elle avait honte de voir.

— Quelle femme! s'écria Hulot en se retirant avec Corentin. Quelle idée ils ont eue à Paris, ces gens de police! Mais elle ne nous le livrera jamais, ajouta-t-il en hochant la tête.

— Oh! si! répliqua Corentin.

— Ne voyez-vous pas qu'elle l'aime? reprit Hulot.

— C'est précisément pour cela. D'ailleurs, dit Corentin en regardant le commandant étonné, je suis là pour l'empêcher de faire des sottises, car, selon moi, camarade, il n'y a pas d'amour qui vaille trois cent mille francs.

Quand ce diplomate de l'intérieur quitta le soldat, ce dernier le suivit des yeux; et, lorsqu'il n'entendit plus le bruit de ses pas, il poussa un soupir en se disant à lui-même : — Il y a donc quelquefois du bonheur à n'être qu'une bête comme moi! Tonnerre de Dieu, si je rencontre le Gars, nous nous battrons corps à corps, ou je ne me nomme pas Hulot, car si ce renard-là me l'amenait à juger, maintenant qu'ils ont créé des conseils de guerre, je croirais ma conscience aussi sale que la chemise d'un jeune troupier qui entend le feu pour la première fois.

Le massacre de la Vivetière et le désir de venger ses deux amis avaient autant contribué à faire reprendre à Hulot le commandement de sa demi-brigade, que la réponse par laquelle un nouveau ministre, Berthier, lui déclarait que sa démission n'était pas acceptable dans les circonstances présentes. A la dépêche ministérielle était jointe une lettre confidentielle où, sans l'instruire de la mission dont était chargée mademoiselle de Verneuil, il lui écrivait que cet incident, complètement en dehors de la guerre, n'en devait pas arrêter les opérations. La participation des chefs militaires devait, disait-il, se borner, dans cette affaire, à seconder *cette honorable citoyenne, s'il y avait lieu*. En apprenant par ses rapports que les mouvements des Chouans annonçaient une concentration de leurs forces vers Fougères, Hulot avait secrètement ramené, par une marche forcée, deux bataillons de sa demi-brigade sur cette place importante. Le danger de la patrie, la haine de l'aristocratie, dont les partisans menaçaient une étendue de pays considérable, l'amitié, tout avait contribué à rendre au vieux militaire le feu de sa jeunesse.

— Voilà donc cette vie que je désirais, s'écria mademoiselle de Verneuil quand elle se trouva seule avec Francine, quelques rapides que soient les heures, elles sont pour moi comme des siècles de pensées.

Elle prit tout à coup la main de Francine, et sa voix, comme celle du premier rouge-gorge qui chante après l'orage, laissa échapper lentement ces paroles.

— J'ai beau faire, mon enfant, je vois toujours ces deux lèvres délicieuses, ce menton court et légèrement relevé, ces yeux de feu, et j'entends encore le — hue ! — du postillon. Enfin, je rêve... et pourquoi donc tant de haine au réveil ?

Elle poussa un long soupir, se leva ; puis, pour la première fois, elle se mit à regarder le pays livré à la guerre civile par ce cruel gentilhomme qu'elle voulait attaquer, à elle seule. Séduite par la vue du paysage, elle sortit pour respirer plus à l'aise sous le ciel, et si elle suivit son chemin à l'aventure, elle fut certes conduite vers *la Promenade* de la ville par ce maléfice de notre âme qui nous fait chercher des espérances dans l'absurde. Les pensées conçues sous l'empire de ce charme se réalisent souvent ; mais on en attribue alors la prévision à cette puissance appelée le pressentiment ; pouvoir inexpliqué, mais réel, que les passions trouvent toujours complaisant comme un flatteur qui, à travers ses mensonges, dit parfois la vérité.

CHAPITRE III

UN JOUR SANS LENDEMAIN

Les derniers événements de cette histoire ayant dépendu de la disposition des lieux où ils se passèrent, il est indispensable d'en donner ici une minutieuse description, sans laquelle le dénouement serait d'une compréhension difficile.

La ville de Fougères est assise en partie sur un rocher de schiste que l'on dirait tombé en avant des montagnes qui ferment au couchant la grande vallée du Couesnon, et prennent différents noms suivant les localités. A cette exposition, la ville est séparée de ces montagnes par une gorge au fond de laquelle coule une petite rivière appelée le Nançon. La portion du rocher qui regarde l'est a pour point de vue le paysage dont on jouit au sommet de La Pellerine, et celle qui regarde l'ouest a pour toute vue la tortueuse vallée du Nançon ; mais il existe un endroit d'où l'on peut embrasser à la fois un segment du cercle formé par la grande vallée, et les jolis détours de la petite qui vient s'y fondre. Ce lieu, choisi par les habitants pour leur promenade, et où allait se rendre mademoiselle de Verneuil, fut précisément le théâtre où devait se dénouer le drame commencé à la Vivetière. Ainsi, quelque pittoresques que soient les autres parties de Fougères, l'attention doit être exclusivement portée sur les accidents du pays que l'on découvre en haut de la Promenade.

Pour donner une idée de l'aspect que présente le

rocher de Fougères vue de ce côté, on peut le comparer à l'une de ces immenses tours en dehors desquelles les architectes sarrasins ont fait tourner d'étage en étage de larges balcons joints entre eux par des escaliers en spirale. En effet, cette roche est terminée par une église gothique dont les petites flèches, le clocher, les arcs-boutants en rendent presque parfaite sa forme en pain de sucre. Devant la porte de cette église, dédiée à saint Léonard, se trouve une petite place irrégulière dont les terres sont soutenues par un mur exhaussé en forme de balustrade, et qui communique par une rampe à la Promenade. Semblable à une seconde corniche, cette esplanade se développe circulairement autour du rocher, à quelques toises en dessous de la place Saint-Léonard, et offre un large terrain planté d'arbres, qui vient aboutir aux fortifications de la ville. Puis, à dix toises des murailles et des roches qui supportent cette terrasse due à une heureuse disposition des schistes et à une patiente industrie, il existe un chemin tournant nommé l'*Escalier de la Reine*[75], pratiqué dans le roc, et qui conduit à un pont bâti sur le Nançon par Anne de Bretagne. Enfin, sous ce chemin, qui figure une troisième corniche, des jardins descendent de terrasse en terrasse jusqu'à la rivière, et ressemblent à des gradins chargés de fleurs.

Parallèlement à la Promenade, de hautes roches qui prennent le nom du faubourg de la ville où elles s'élèvent, et qu'on appelle les montagnes[76] de Saint-Sulpice, s'étendent le long de la rivière et s'abaissent en pentes douces dans la grande vallée, où elles décrivent un brusque contour vers le nord. Ces roches droites, incultes et sombres, semblent toucher aux schistes de la Promenade ; en quelques endroits, elles en sont à une portée de fusil, et garantissent contre les vents du nord une étroite vallée, profonde de cent toises, où le Nançon se partage en trois bras qui arrosent une prairie chargée de fabriques et délicieusement plantée.

Vers le sud, à l'endroit où finit la ville proprement

dite, et où commence le faubourg Saint-Léonard, le rocher de Fougères fait un pli, s'adoucit, diminue de hauteur et tourne dans la grande vallée en suivant la rivière, qu'il serre ainsi contre les montagnes de Saint-Sulpice, en formant un col, d'où elle s'échappe en deux ruisseaux vers le Couesnon, où elle va se jeter. Ce joli groupe de collines rocailleuses est appelé le *Nid-aux-crocs*, la vallée qu'elles dessinent se nomme *le val de Gibarry*, et ses grasses prairies fournissent une grande partie du beurre connu des gourmets sous le nom de beurre de la Prée-Valaye.

A l'endroit où la Promenade aboutit aux fortifications s'élève une tour nommée *la tour du Papegaut*. A partir de cette construction carrée, sur laquelle était bâtie la maison où logeait mademoiselle de Verneuil, règne tantôt une muraille, tantôt le roc quand il offre des tables droites; et la partie de la ville, assise sur cette haute base inexpugnable, décrit une vaste demi-lune, au bout de laquelle les roches s'inclinent et se creusent pour laisser passage au Nançon. Là, est située la porte qui mène au faubourg de Saint-Sulpice, dont le nom est commun à la porte et au faubourg. Puis, sur un mamelon de granit qui domine trois vallons dans lesquels se réunissent plusieurs routes, surgissent les vieux créneaux et les tours féodales du château de Fougères, l'une des plus immenses constructions faites par les ducs de Bretagne, murailles hautes de quinze toises, épaisses de quinze pieds; fortifiée à l'est par un étang d'où sort le Nançon qui coule dans ses fossés et fait tourner des moulins entre la porte Saint-Sulpice et les ponts-levis de la forteresse; défendue à l'ouest par la roideur des blocs de granit sur lesquels elle repose.

Ainsi, depuis la Promenade jusqu'à ce magnifique débris du Moyen Age, enveloppé de ses manteaux de lierre, paré de ses tours carrées ou rondes, où peut se loger dans chacune un régiment entier, le château, la ville et son rocher, protégés par des murailles à pans droits, ou par des escarpements taillés à pic, forment un vaste fer à cheval garni de précipices sur lesquels, à

l'aide du temps, les Bretons ont tracé quelques étroits
sentiers. Çà et là, des blocs s'avancent comme des
ornements. Ici, les eaux suintent par des cassures d'où
sortent des arbres rachitiques. Plus loin, quelques
tables de granit moins droites que les autres nourris-
sent de la verdure qui attire les chèvres. Puis, partout
des bruyères, venues entre plusieurs fentes humides,
tapissent de leurs guirlandes roses de noires anfractuo-
sités. Au fond de cet immense entonnoir, la petite
rivière serpente dans une prairie toujours fraîche et
mollement posée comme un tapis.

Au pied du château et entre plusieurs masses de
granit, s'élève l'église dédiée à saint Sulpice, qui
donne son nom à un faubourg situé par-delà le
Nançon. Ce faubourg, comme jeté au fond d'un
abîme, et son église dont le clocher pointu n'arrive pas
à la hauteur des roches qui semblent près de tomber
sur elle et sur les chaumières qui l'entourent, sont
pittoresquement baignés par quelques affluents du
Nançon, ombragés par des arbres et décorés par des
jardins ; ils coupent irrégulièrement la demi-lune que
décrivent la Promenade, la ville et le château, et
produisent, par leurs détails, de naïves oppositions
avec les graves spectacles de l'amphithéâtre, auquel ils
font face. Enfin Fougères tout entier, ses faubourgs et
ses églises, les montagnes même de Saint-Sulpice, sont
encadrés par les hauteurs de Rillé, qui font partie de
l'enceinte générale de la grande vallée du Couesnon.

Tels sont les traits les plus saillants de cette nature
dont le principal caractère est une âpreté sauvage,
adoucie par de riants motifs, par un heureux mélange
des travaux les plus magnifiques de l'homme, avec les
caprices d'un sol tourmenté par des oppositions
inattendues, par je ne sais quoi d'imprévu qui sur-
prend, étonne et confond. Nulle part en France le
voyageur ne rencontre de contrastes aussi grandioses
que ceux offerts par le grand bassin du Couesnon et
par les vallées perdues entre les rochers de Fougères et
les hauteurs de Rillé. C'est de ces beautés inouïes où le
hasard triomphe, et auxquelles ne manquent aucune

des harmonies de la nature[77]. Là des eaux claires, limpides, courantes ; des montagnes, vêtues par la puissante végétation de ces contrées ; des rochers sombres et des fabriques élégantes ; des fortifications élevées par la nature et des tours de granit bâties par les hommes ; puis, tous les artifices de la lumière et de l'ombre, toutes les oppositions entre les différents feuillages, tant prisées par les dessinateurs ; des groupes de maisons où foisonne une population active, et des places désertes, où le granit ne souffre pas même les mousses blanches qui s'accrochent aux pierres ; enfin toutes les idées qu'on demande à un paysage : de la grâce et de l'horreur, un poème plein de renaissantes magies, de tableaux sublimes, de délicieuses rusticités ! La Bretagne est là dans sa fleur.

La tour dite du Papegaut, sur laquelle est bâtie la maison occupée par mademoiselle de Verneuil, a sa base au fond même du précipice, et s'élève jusqu'à l'esplanade pratiquée en corniche devant l'église de Saint-Léonard. De cette maison isolée sur trois côtés, on embrasse à la fois le grand fer à cheval qui commence à la tour même, la vallée tortueuse du Nançon, et la place Saint-Léonard. Elle fait partie d'une rangée de logis trois fois séculaires, et construits en bois, situés sur une ligne parallèle au flanc septentrional de l'église avec laquelle ils forment une impasse dont la sortie donne dans une rue en pente qui longe l'église et mène à la porte Saint-Léonard, vers laquelle descendait mademoiselle de Verneuil.

Marie négligea naturellement d'entrer sur la place de l'église au-dessous de laquelle elle était, et se dirigea vers la Promenade. Lorsqu'elle eut franchi la petite barrière peinte en vert qui se trouvait devant le poste alors établi dans la tour de la porte Saint-Léonard, la magnificence du spectacle rendit un instant ses passions muettes. Elle admira la vaste portion de la grande vallée du Couesnon que ses yeux embrassaient depuis le sommet de La Pellerine jusqu'au plateau par où passe le chemin de Vitré ; puis ses yeux se reposèrent sur le Nid-aux-crocs et sur les

sinuosités du val de Gibarry, dont les crêtes étaient
baignées par les lueurs vaporeuses du soleil couchant.
Elle fut presque effrayée par la profondeur de la vallée
du Nançon dont les plus hauts peupliers atteignaient à
peine aux murs des jardins situés au-dessous de
l'Escalier de la Reine. Enfin, elle marcha de surprise
en surprise jusqu'au point d'où elle put apercevoir et
la grande vallée, à travers le val de Gibarry, et le
délicieux paysage encadré par le fer à cheval de la ville,
par les rochers de Saint-Sulpice et par les hauteurs de
Rillé. A cette heure du jour, la fumée des maisons du
faubourg et des vallées formait dans les airs un nuage
qui ne laissait poindre les objets qu'à travers un dais
bleuâtre ; les teintes trop vives du jour commençaient
à s'abolir ; le firmament prenait un ton gris de perle ;
la lune jetait ses voiles de lumière sur ce bel abîme ;
tout enfin tendait à plonger l'âme dans la rêverie et
l'aider à évoquer les êtres chers. Tout à coup, ni les
toits en bardeau du faubourg Saint-Sulpice, ni son
église, dont la flèche audacieuse se perd dans la
profondeur de la vallée, ni les manteaux séculaires de
lierre et de clématite dont s'enveloppent les murailles
de la vieille forteresse à travers laquelle le Nançon
bouillonne sous la roue des moulins, enfin rien dans ce
paysage ne l'intéressa plus. En vain le soleil couchant
jeta-t-il sa poussière d'or et ses nappes rouges sur les
gracieuses habitations semées dans les rochers, au
fond des eaux et sur les prés, elle resta immobile
devant les roches de Saint-Sulpice. L'espérance insen-
sée qui l'avait amenée sur la Promenade s'était miraculeusement réalisée. A travers les ajoncs et les genêts
qui croissent sur les sommets opposés, elle crut
reconnaître, malgré la peau de bique dont ils étaient
vêtus, plusieurs convives de la Vivetière, parmi lesquels se distinguait le Gars, dont les moindres mouvements se dessinèrent dans la lumière adoucie du soleil
couchant. A quelques pas en arrière du groupe
principal, elle vit sa redoutable ennemie, madame du
Gua. Pendant un moment mademoiselle de Verneuil
put penser qu'elle rêvait ; mais la haine de sa rivale lui

prouva bientôt que tout vivait dans ce rêve. L'attention profonde qu'excitait en elle le plus petit geste du
marquis l'empêcha de remarquer le soin avec lequel
madame du Gua la mirait avec un long fusil. Bientôt
un coup de feu réveilla les échos des montagnes, et la
balle qui siffla près de Marie lui révéla l'adresse de sa
rivale. — Elle m'envoie sa carte! se dit-elle en
souriant. A l'instant de nombreux *qui vive* retentirent,
de sentinelle en sentinelle, depuis le château jusqu'à
la porte Saint-Léonard, et trahirent aux Chouans la
prudence des Fougerais, puisque la partie la moins
vulnérable de leurs remparts était si bien gardée.
— C'est elle et c'est lui, se dit Marie.

Aller à la recherche du marquis, le suivre, le
surprendre, fut une idée conçue avec la rapidité de
l'éclair. — Je suis sans arme, s'écria-t-elle. Elle songea
qu'au moment de son départ à Paris, elle avait jeté,
dans un de ses cartons, un élégant poignard, jadis
porté par une sultane et dont elle voulut se munir en
venant sur le théâtre de la guerre, comme ces plaisants
qui s'approvisionnent d'albums pour les idées qu'ils
auront en voyage ; mais elle fut alors moins séduite par
la perspective d'avoir du sang à répandre, que par le
plaisir de porter un joli *cangiar* orné de pierreries, et
de jouer avec cette lame pure comme un regard. Trois
jours auparavant elle avait bien vivement regretté
d'avoir laissé cette arme dans ses cartons, quand, pour
se soustraire à l'odieux supplice que lui réservait sa
rivale, elle avait souhaité de se tuer. En un instant elle
retourna chez elle, trouva le poignard, le mit à sa ceinture, serra autour de ses épaules et de sa taille un grand
châle, enveloppa ses cheveux d'une dentelle noire, se
couvrit la tête d'un de ces chapeaux à larges bords que
portaient les Chouans et qui appartenait à un domestique de sa maison, et avec cette présence d'esprit que
prêtent parfois les passions, elle prit le gant du
marquis donné par Marche-à-terre comme un passeport ; puis, après avoir répondu à Francine effrayée :

— Que veux-tu? j'irais *le* chercher dans l'enfer!
elle revint sur la Promenade.

Le Gars était encore à la même place, mais seul. D'après la direction de sa longue-vue, il paraissait examiner, avec l'attention scrupuleuse d'un homme de guerre, les différents passages du Nançon, l'Escalier de la Reine, et le chemin qui, de la porte Saint-Sulpice, tourne entre cette église et va rejoindre les grandes routes sous le feu du château. Mademoiselle de Verneuil s'élança dans les petits sentiers tracés par les chèvres et leurs pâtres sur le versant de la Promenade, gagna l'Escalier de la Reine, arriva au fond du précipice, passa le Nançon, traversa le faubourg, devina, comme l'oiseau dans le désert, sa route au milieu des dangereux escarpements des roches de Saint-Sulpice, atteignit bientôt une route glissante tracée sur des blocs de granit, et, malgré les genêts, les ajoncs piquants, les rocailles qui la hérissaient, elle se mit à la gravir avec ce degré d'énergie inconnu peut-être à l'homme, mais que la femme entraînée par la passion possède momentanément. La nuit surprit Marie à l'instant où, parvenue sur les sommets, elle tâchait de reconnaître, à la faveur des pâles rayons de la lune, le chemin qu'avait dû prendre le marquis ; une recherche obstinée faite sans aucun succès, et le silence qui régnait dans la campagne, lui apprirent la retraite des Chouans et de leur chef. Cet effort de passion tomba tout à coup avec l'espoir qui l'avait inspiré. En se trouvant seule, pendant la nuit, au milieu d'un pays inconnu, en proie à la guerre, elle se mit à réfléchir, et les recommandations de Hulot, le coup de feu de madame du Gua, la firent frissonner de peur. Le calme de la nuit, si profond sur les montagnes, lui permit d'entendre la moindre feuille errante même à de grandes distances et ces bruits légers vibraient dans les airs comme pour donner une triste mesure de la solitude ou du silence. Le vent agissait sur la haute région et emportait les nuages avec violence, en produisant des alternatives d'ombre et de lumière dont les effets augmentèrent sa terreur, en donnant des apparences fantastiques et terribles aux objets les plus inoffensifs. Elle tourna les yeux

vers les maisons de Fougères dont les lueurs domesti-
ques brillaient comme autant d'étoiles terrestres, et
tout à coup elle vit distinctement la tour du Papegaut.
Elle n'avait qu'une faible distance à parcourir pour
retourner chez elle, mais cette distance était un
précipice. Elle se souvenait assez des abîmes qui
bordaient l'étroit sentier par où elle était venue, pour
savoir qu'elle courait plus de risques en voulant
revenir à Fougères qu'en poursuivant son entreprise.
Elle pensa que le gant du marquis écarterait tous les
périls de sa promenade nocturne, si les Chouans
tenaient la campagne. Madame du Gua seule pouvait
être redoutable. A cette idée, Marie pressa son
poignard, et tâcha de se diriger vers une maison de
campagne dont elle avait entrevu les toits en arrivant
sur les rochers de Saint-Sulpice ; mais elle marcha
lentement, car elle avait jusqu'alors ignoré la sombre
majesté qui pèse sur un être solitaire pendant la nuit,
au milieu d'un site sauvage où de toutes parts de
hautes montagnes penchent leurs têtes comme des
géants assemblés. Le frôlement de sa robe, arrêtée par
des ajoncs, la fit tressaillir plus d'une fois, et plus
d'une fois elle hâta le pas pour le ralentir encore en
croyant sa dernière heure venue. Mais bientôt les
circonstances prirent un caractère auquel les hommes
les plus intrépides n'eussent peut-être pas résisté, et
plongèrent mademoiselle de Verneuil dans une de ces
terreurs qui pressent tellement les ressorts de la vie,
qu'alors tout est extrême chez les individus, la force
comme la faiblesse. Les êtres les plus faibles font alors
des actes d'une force inouïe, et les plus forts deviennent fous de peur. Marie entendit à une faible distance
des bruits étranges ; distincts et vagues tout à la fois,
comme la nuit était tour à tour sombre et lumineuse,
ils annonçaient de la confusion, du tumulte, et l'oreille
se fatiguait à les percevoir ; ils sortaient du sein de la
terre, qui semblait ébranlée sous les pieds d'une
immense multitude d'hommes en marche. Un
moment de clarté permit à mademoiselle de Verneuil
d'apercevoir à quelques pas d'elle une longue file de

hideuses figures qui s'agitaient comme les épis d'un champ et glissaient à la manière des fantômes ; mais elle les vit à peine, car aussitôt l'obscurité retomba comme un rideau noir, et lui déroba cet épouvantable tableau plein d'yeux jaunes et brillants. Elle se recula vivement et courut sur le haut d'un talus, pour échapper à trois de ces horribles figures qui venaient à elle.

— L'as-tu vu ? demanda l'un.

— J'ai senti un vent froid quand il a passé près de moi, répondit une voix rauque.

— Et moi j'ai respiré l'air humide et l'odeur des cimetières, dit le troisième.

— Est-il blanc ? reprit le premier.

— Pourquoi, dit le second, est-il *revenu* seul de tous ceux qui sont morts à La Pellerine ?

— Ah ! pourquoi, répondit le troisième. Pourquoi fait-on des préférences à ceux qui sont du *Sacré-Cœur*. Au surplus, j'aime mieux mourir sans confession, que d'errer comme lui, sans boire ni manger, sans avoir ni sang dans les veines, ni chair sur les os.

— Ah !...

Cette exclamation, ou plutôt ce cri terrible partit du groupe, quand un des trois Chouans montra du doigt les formes sveltes et le visage pâle de mademoiselle de Verneuil qui se sauvait avec une effrayante rapidité, sans qu'ils entendissent le moindre bruit.

— Le voilà. — Le voici. — Où est-il ? — Là. — Ici. — *Il est parti.* — Non. — Si. — Le vois-tu ?

Ces phrases retentirent comme le murmure monotone des vagues sur la grève.

Mademoiselle de Verneuil marcha courageusement dans la direction de la maison, et vit les figures indistinctes d'une multitude qui fuyait à son approche en donnant les signes d'une frayeur panique. Elle était comme emportée par une puissance inconnue dont l'influence la matait ; la légèreté de son corps, qui lui semblait inexplicable, devenait un nouveau sujet d'effroi pour elle-même. Ces figures, qui se levaient par masses à son approche et comme de dessous terre où

elles lui paraissaient couchées, laissaient échapper des
gémissements qui n'avaient rien d'humain. Enfin elle
arriva, non sans peine, dans un jardin dévasté dont les
haies et les barrières étaient brisées. Arrêtée par une
sentinelle, elle lui montra son gant. La lune ayant
alors éclairé sa figure, la carabine échappa des mains
du Chouan qui déjà mettait Marie en joue, mais qui, à
son aspect, jeta le cri rauque dont retentissait la
campagne. Elle aperçut de grands bâtiments où quelques lueurs indiquaient des pièces habitées, et parvint
auprès des murs sans rencontrer d'obstacles. Par la
première fenêtre vers laquelle elle se dirigea, elle vit
madame du Gua avec les chefs convoqués à la
Vivetière. Étourdie et par cet aspect et par le sentiment de son danger, elle se rejeta violemment sur une
petite ouverture défendue par de gros barreaux de fer,
et distingua, dans une longue salle voûtée, le marquis
seul et triste, à deux pas d'elle. Les reflets du feu,
devant lequel il occupait une chaise grossière, illumi-
naient son visage de teintes rougeâtres et vacillantes
qui imprimaient à cette scène le caractère d'une
vision ; immobile et tremblante, la pauvre fille se colla
aux barreaux, et, par le silence profond qui régnait,
elle espéra l'entendre s'il parlait ; en le voyant abattu,
découragé, pâle, elle se flatta d'être une des causes de
sa tristesse ; puis sa colère se changea en commisération, sa commisération en tendresse, et elle sentit
soudain qu'elle n'avait pas été amenée jusque-là par la
vengeance seulement. Le marquis se leva, tourna la
tête, et resta stupéfait en apercevant, comme dans un
nuage, la figure de mademoiselle de Verneuil ; il laissa
échapper un geste d'impatience et de dédain en
s'écriant : — Je vois donc partout cette diablesse,
même quand je veille ! Ce profond mépris, conçu pour
elle, arracha à la pauvre fille un rire d'égarement qui
fit tressaillir le jeune chef, et il s'élança vers la croisée.
Mademoiselle de Verneuil se sauva. Elle entendit près
d'elle les pas d'un homme qu'elle crut être Montauran ; et, pour le fuir, elle ne connut plus d'obstacles,
elle eût traversé les murs et volé dans les airs, elle

aurait trouvé le chemin de l'enfer pour éviter de relire
en traits de flamme ces mots : *Il te méprise !* écrits sur
le front de cet homme, et qu'une voix intérieure lui
criait alors avec l'éclat d'une trompette. Après avoir
marché sans savoir par où elle passait, elle s'arrêta en
se sentant pénétrée par un air humide. Effrayée par le
bruit des pas de plusieurs personnes, et poussée par la
peur, elle descendit un escalier qui la mena au fond
d'une cave. Arrivée à la dernière marche, elle prêta
l'oreille pour tâcher de reconnaître la direction que
prenaient ceux qui la poursuivaient ; mais, malgré des
rumeurs extérieures assez vives, elle entendit les
lugubres gémissements d'une voix humaine qui ajou-
tèrent à son horreur. Un jet de lumière parti du haut
de l'escalier lui fit craindre que sa retraite ne fût
connue de ses persécuteurs ; et, pour leur échapper,
elle trouva de nouvelles forces. Il lui fut très difficile
de s'expliquer, quelques instants après et quand elle
recueillit ses idées, par quels moyens elle avait pu
grimper sur le petit mur où elle s'était cachée. Elle ne
s'aperçut même pas d'abord de la gêne que la position
de son corps lui fit éprouver ; mais cette gêne finit par
devenir intolérable, car elle ressemblait, sous l'arceau
d'une voûte, à la Vénus accroupie qu'un amateur
aurait placée dans une niche trop étroite. Ce mur assez
large et construit en granit formait une séparation
entre le passage d'un escalier et un caveau d'où
partaient les gémissements. Elle vit bientôt un
inconnu couvert de peaux de chèvre descendant au-
dessous d'elle et tournant sous la voûte sans faire le
moindre mouvement qui annonçât une recherche
empressée. Impatiente de savoir s'il se présenterait
quelque chance de salut pour elle, mademoiselle de
Verneuil attendit avec anxiété que la lumière portée
par l'inconnu éclairât le caveau où elle apercevait à
terre une masse informe, mais animée, qui essayait
d'atteindre à une certaine partie de la muraille par des
mouvements violents et répétés, semblables aux brusques contorsions d'une carpe mise hors de l'eau sur la
rive.

Une petite torche de résine répandit bientôt sa lueur bleuâtre et incertaine dans le caveau. Malgré la sombre poésie que l'imagination de mademoiselle de Verneuil répandait sur ces voûtes qui répercutaient les sons d'une prière douloureuse, elle fut obligée de reconnaître qu'elle se trouvait dans une cuisine souterraine, abandonnée depuis longtemps. Éclairée, la masse informe devint un petit homme très gros dont tous les membres avaient été attachés avec précaution, mais qui semblait avoir été laissé sur les dalles humides sans aucun soin par ceux qui s'en étaient emparés. A l'aspect de l'étranger tenant d'une main la torche, et de l'autre un fagot, le captif poussa un gémissement profond qui attaqua si vivement la sensibilité de mademoiselle de Verneuil, qu'elle oublia sa propre terreur, son désespoir, la gêne horrible de tous ses membres pliés qui s'engourdissaient; elle tâcha de rester immobile. Le Chouan jeta son fagot dans la cheminée après s'être assuré de la solidité d'une vieille crémaillère qui pendait le long d'une haute plaque en fonte, et mit le feu au bois avec sa torche. Mademoiselle de Verneuil ne reconnut pas alors sans effroi ce rusé Pille-miche auquel sa rivale l'avait livrée, et dont la figure, illuminée par la flamme, ressemblait à celle de ces petits hommes de buis, grotesquement sculptés en Allemagne[78]. La plainte échappée à son prisonnier produisit un rire immense sur ce visage sillonné de rides et brûlé par le soleil.

— Tu vois, dit-il au patient, que nous autres chrétiens nous ne manquons pas comme toi à notre parole. Ce feu-là va te dégourdir les jambes, la langue et les mains. Quien! quien! je ne vois point de lèchefrite à te mettre sous les pieds, ils sont si dodus, que la graisse pourrait éteindre le feu. Ta maison est donc bien mal montée qu'on n'y trouve pas de quoi donner au maître toutes ses aises quand il se chauffe.

La victime jeta un cri aigu, comme si elle eût espéré se faire entendre par-delà les voûtes et attirer un libérateur.

— Oh! vous pouvez chanter à gogo, monsieur d'Orgemont! ils sont tous couchés là-haut, et Marche-à-terre me suit, il fermera la porte de la cave.

Tout en parlant, Pille-miche sondait, du bout de sa carabine, le manteau de la cheminée, les dalles qui pavaient la cuisine, les murs et les fourneaux, pour essayer de découvrir la cachette où l'avare avait mis son or. Cette recherche se faisait avec une telle habileté que d'Orgemont demeura silencieux, comme s'il eût craint d'avoir été trahi par quelque serviteur effrayé; car, quoiqu'il ne se fût confié à personne, ses habitudes auraient pu donner lieu à des inductions vraies. Pille-miche se retournait parfois brusquement en regardant sa victime comme dans ce jeu où les enfants essaient de deviner, par l'expression naïve de celui qui a caché un objet convenu, s'ils s'en approchent ou s'ils s'en éloignent. D'Orgemont feignit quelque terreur en voyant le Chouan frappant les fourneaux qui rendirent un son creux, et parut vouloir amuser ainsi pendant quelque temps l'avide crédulité de Pille-miche. En ce moment, trois autres Chouans, qui se précipitèrent dans l'escalier, entrèrent tout à coup dans la cuisine. A l'aspect de Marche-à-terre, Pille-miche discontinua sa recherche, après avoir jeté sur d'Orgemont un regard empreint de toute la férocité que réveillait son avarice trompée.

— Marie Lambrequin est ressuscité, dit Marche-à-terre en gardant une attitude qui annonçait que tout autre intérêt pâlissait devant une si grave nouvelle.

— Ça ne m'étonne pas, répondit Pille-miche, il communiait si souvent! le bon Dieu semblait n'être qu'à lui.

— Ah! ah! reprit Mène-à-bien, ça lui a servi comme des souliers à un mort. Voilà-t-il pas qu'il n'avait pas reçu l'absolution avant cette affaire de La Pellerine; il a margaudé la fille à Goguelu, et s'est trouvé sous le coup d'un péché mortel. Donc l'abbé Gudin dit comme ça qu'il va rester deux mois comme un esprit avant de revenir tout à fait! Nous l'avons vu

tretous passer devant nous, il est pâle, il est froid, il est
léger, il sent le cimetière.

— Et Sa Révérence a bien dit que si l'esprit pouvait
s'emparer de quelqu'un, il s'en ferait un compagnon,
reprit le quatrième Chouan.

La figure grotesque de ce dernier interlocuteur tira
Marche-à-terre de la rêverie religieuse où l'avait
plongé l'accomplissement d'un miracle que la ferveur
pouvait, selon l'abbé Gudin, renouveler chez tout
pieux défenseur de la Religion et du Roi.

— Tu vois, Galope-chopine, dit-il au néophyte
avec une certaine gravité, à quoi nous mènent les plus
légères omissions des devoirs commandés par notre
sainte religion. C'est un avis que nous donne sainte
Anne d'Auray, d'être inexorables entre nous pour les
moindres fautes. Ton cousin Pille-miche a demandé
pour toi la *surveillance* de Fougères, le Gars consent à
te la confier, et tu seras bien payé ; mais tu sais de
quelle farine nous pétrissons la galette des traîtres ?

— Oui, monsieur Marche-à-terre.

— Tu sais pourquoi je te dis cela. Quelques-uns
prétendent que tu aimes le cidre et les gros sous ; mais
il ne s'agit pas ici de tondre sur les œufs, il faut n'être
qu'à nous.

— Révérence parler, monsieur Marche-à-terre, le
cidre et les sous sont deux bonnes *chouses* qui n'empê-
chent point le salut.

— Si le cousin fait quelque sottise, dit Pille-miche,
ce sera par ignorance.

— De quelque manière qu'un malheur vienne,
s'écria Marche-à-terre d'un son de voix qui fit trembler la voûte, je ne le manquerai pas. — Tu m'en
réponds, ajouta-t-il en se tournant vers Pille-miche,
car s'il tombe en faute, je m'en prendrai à ce qui
double ta peau de bique.

— Mais, sous votre respect, monsieur Marche-
à-terre, reprit Galope-chopine, est-ce qu'il ne vous est
pas souvent arrivé de croire que les *contre-chuins*
étaient des *chuins*.

— Mon ami, répliqua Marche-à-terre d'un ton sec,

que ça ne t'arrive plus, ou je te couperais en deux comme un navet. Quant aux envoyés du Gars, ils auront son gant. Mais, depuis cette affaire de la Vivetière, la Grande Garce y boute un ruban vert.

Pille-miche poussa vivement le coude de son camarade en lui montrant d'Orgemont qui feignait de dormir ; mais Marche-à-terre et Pille-miche savaient par expérience que personne n'avait encore sommeillé au coin de leur feu ; et, quoique les dernières paroles dites à Galope-chopine eussent été prononcées à voix basse, comme elles pouvaient avoir été comprises par le patient, les quatre Chouans le regardèrent tous pendant un moment et pensèrent sans doute que la peur lui avait ôté l'usage de ses sens. Tout à coup, sur un léger signe de Marche-à-terre, Pille-miche ôta les souliers et les bas de d'Orgemont, Mène-à-bien et Galope-chopine le saisirent à bras-le-corps, le portèrent au feu ; puis Marche-à-terre prit un des liens du fagot, et attacha les pieds de l'avare à la crémaillère. L'ensemble de ces mouvements et leur incroyable célérité firent pousser à la victime des cris qui devinrent déchirants quand Pille-miche eut rassemblé des charbons sous les jambes.

— Mes amis, mes bons amis, s'écria d'Orgemont, vous allez me faire mal, je suis chrétien comme vous.

— Tu mens par ta gorge, lui répondit Marche-à-terre. Ton frère a renié Dieu. Quant à toi, tu as acheté l'abbaye de Juvigny. L'abbé Gudin dit que l'on peut, sans scrupule, rôtir les apostats.

— Mais, mes frères en Dieu, je ne refuse pas de vous payer.

— Nous t'avions donné quinze jours, deux mois se sont passés, et voilà Galope-chopine qui n'a rien reçu.

— Tu n'as donc rien reçu, Galope-chopine ? demanda l'avare avec désespoir.

— Rin ! monsieur d'Orgemont, répondit Galope-chopine effrayé.

Les cris, qui s'étaient convertis en un grognement, continu comme le râle d'un mourant, recommencèrent avec une violence inouïe. Aussi habitués à ce spectacle qu'à voir marcher leurs chiens sans sabots, les quatre Chouans contemplaient si froidement d'Orgemont qui se tortillait et hurlait, qu'ils ressemblaient à des voyageurs attendant devant la cheminée d'une auberge si le rôt est assez cuit pour être mangé.

— Je meurs! je meurs! cria la victime... et vous n'aurez pas mon argent.

Malgré la violence de ces cris, Pille-miche s'aperçut que le feu ne mordait pas encore la peau; l'on attisa donc très artistement les charbons de manière à faire légèrement flamber le feu, d'Orgemont dit alors d'une voix abattue : — Mes amis, déliez-moi. Que voulez-vous? cent écus, mille écus, dix mille écus, cent mille écus, je vous offre deux cents écus...

Cette voix était si lamentable que mademoiselle de Verneuil oublia son propre danger, et laissa échapper une exclamation.

— Qui a parlé? demanda Marche-à-terre.

Les Chouans jetèrent autour d'eux des regards effarés. Ces hommes, si braves sous la bouche meurtrière des canons, ne tenaient pas devant un *esprit*. Pille-miche seul écoutait sans distraction la confession que des douleurs croissantes arrachaient à sa victime.

— Cinq cents écus, oui, je les donne, disait l'avare.

— Bah! Où sont-ils? lui répondit tranquillement Pille-miche.

— Hein, ils sont sous le premier pommier. Sainte Vierge! au fond du jardin, à gauche... Vous êtes des brigands... des voleurs... Ah! je meurs... il y a là dix mille francs.

— Je ne veux pas des francs, reprit Marche-à-terre, il nous faut des livres. Les écus de ta République ont des figures païennes qui n'auront jamais cours.

— Ils sont en livres, en bons louis d'or. Mais déliez-moi, déliez-moi... vous savez où est ma vie... mon trésor.

Les quatre Chouans se regardèrent en cherchant celui d'entre eux auquel ils pouvaient se fier pour l'envoyer déterrer la somme. En ce moment, cette cruauté de cannibales fit tellement horreur à made-

moiselle de Verneuil, que, sans savoir si le rôle que lui
assignait sa figure pâle la préserverait encore de tout
danger, elle s'écria courageusement d'un son de voix
grave : — Ne craignez-vous pas la colère de Dieu ?
Détachez-le, barbares !

Les Chouans levèrent la tête, ils aperçurent dans les
airs des yeux qui brillaient comme deux étoiles, et
s'enfuirent épouvantés. Mademoiselle de Verneuil
sauta dans la cuisine, courut à d'Orgemont, le tira si
violemment du feu, que les liens du fagot cédèrent ;
puis, du tranchant de son poignard, elle coupa les
cordes avec lesquelles il avait été garrotté. Quand
l'avare fut libre et debout, la première expression de
son visage fut un rire douloureux, mais sardonique.

— Allez, allez au pommier, brigands ! dit-il. Oh !
oh ! voilà deux fois que je les leurre ; aussi ne me
reprendront-ils pas une troisième !

En ce moment, une voix de femme retentit au
dehors.

— *Un esprit ! un esprit !* criait madame du Gua,
imbéciles, c'est *elle*. Mille écus à qui m'apportera la
tête de cette catin !

Mademoiselle de Verneuil pâlit ; mais l'avare sourit,
lui prit la main, l'attira sous le manteau de la
cheminée, l'empêcha de laisser les traces de son
passage en la conduisant de manière à ne pas déranger
le feu qui n'occupait qu'un très petit espace ; il fit
partir un ressort, la plaque de fonte s'enleva ; et quand
leurs ennemis communs rentrèrent dans le caveau, la
lourde porte de la cachette était déjà retombée sans
bruit. La Parisienne comprit alors le but des mouvements de carpe qu'elle avait vu faire au malheureux
banquier.

— Voyez-vous, madame, s'écria Marche-à-terre,
l'esprit a pris le Bleu pour compagnon.

L'effroi dut être grand, car ces paroles furent
suivies d'un si profond silence, que d'Orgemont et sa
compagne entendirent les Chouans prononçant à voix
basse : — *Ave Sancta Anna* Auriaca *gratia plena,*
Dominus tecum, etc.

— Ils prient, les imbéciles, s'écria d'Orgemont.

— N'avez-vous pas peur, dit mademoiselle de Verneuil en interrompant son compagnon, de faire découvrir notre...

Un rire du vieil avare dissipa les craintes de la jeune Parisienne.

— La plaque est dans une table de granit qui a dix pouces de profondeur. Nous les entendons, et ils ne nous entendent pas.

Puis il prit doucement la main de sa libératrice, la plaça vers une fissure par où sortaient les bouffées de vent frais, et elle devina que cette ouverture avait été pratiquée dans le tuyau de la cheminée.

— Ah! ah! reprit d'Orgemont. Diable! les jambes me cuisent un peu! Cette *Jument de Charrette,* comme on l'appelle à Nantes, n'est pas assez sotte pour contredire ses fidèles : elle sait bien que, s'ils n'étaient pas si brutes, ils ne se battraient pas contre leurs intérêts. La voilà qui prie aussi. Elle doit être bonne à voir en disant son *ave* à sainte Anne d'Auray. Elle ferait mieux de détrousser quelque diligence pour me rembourser les quatre mille francs qu'elle me doit. Avec les intérêts, les frais, ça va bien à quatre mille sept cent quatre-vingts francs et des centimes...

La prière finie, les Chouans se levèrent et partirent. Le vieux d'Orgemont serra la main de mademoiselle de Verneuil, comme pour la prévenir que néanmoins le danger existait toujours.

— Non, madame, s'écria Pille-miche après quelques minutes de silence, vous resteriez là dix ans, ils ne reviendront pas.

— Mais elle n'est pas sortie, elle doit être ici, dit obstinément la *Jument de Charrette.*

— Non, madame, non, ils se sont envolés à travers les murs. Le diable n'a-t-il pas déjà emporté là, devant nous, un assermenté?

— Comment! toi, Pille-miche, avare comme lui, ne devines-tu pas que le vieux cancre aura bien pu dépenser quelques milliers de livres pour construire dans les fondations de cette voûte un réduit dont l'entrée est cachée par un secret ?

L'avare et la jeune fille entendirent un gros rire échappé à Pille-miche.

— Ben vrai, dit-il.

— Reste ici, reprit madame du Gua. Attends-les à la sortie. Pour un seul coup de fusil je te donnerai tout ce que tu trouveras dans le trésor de notre usurier. Si tu veux que je te pardonne d'avoir vendu cette fille quand je t'avais dit de la tuer, obéis-moi.

— Usurier ! dit le vieux d'Orgemont, je ne lui ai pourtant prêté qu'à neuf pour cent. Il est vrai que j'ai une caution hypothécaire ! Mais enfin, voyez comme elle est reconnaissante ! Allez, madame, si Dieu nous punit du mal, le diable est là pour nous punir du bien, et l'homme placé entre ces deux termes-là, sans rien savoir de l'avenir, m'a toujours fait l'effet d'une règle de trois dont l'X est introuvable.

Il laissa échapper un soupir creux qui lui était particulier, car, en passant par son larynx, l'air semblait y rencontrer et attaquer deux vieilles cordes détendues. Le bruit que firent Pille-miche et madame du Gua en sondant de nouveau les murs, les voûtes et les dalles, parut rassurer d'Orgemont, qui saisit la main de sa libératrice pour l'aider à monter une étroite vis saint-gilles[79], pratiquée dans l'épaisseur d'un mur en granit. Après avoir gravi une vingtaine de marches, la lueur d'une lampe éclaira faiblement leurs têtes. L'avare s'arrêta, se tourna vers sa compagne, en examina le visage comme s'il eût regardé, manié et remanié une lettre de change douteuse à escompter, et poussa son terrible soupir.

— En vous mettant ici, dit-il après un moment de silence, je vous ai remboursé intégralement le service que vous m'avez rendu ; donc, je ne vois pas pourquoi je vous donnerais...

— Monsieur, laissez-moi là, je ne vous demande rien, dit-elle.

Ces derniers mots, et peut-être le dédain qu'exprima cette belle figure, rassurèrent le petit vieillard, car il répondit, non sans un soupir : — Ah ! en vous conduisant ici, j'en ai trop fait pour ne pas continuer...

Il aida poliment Marie à monter quelques marches assez singulièrement disposées, et l'introduisit moitié de bonne grâce, moitié rechignant, dans un petit cabinet de quatre pieds carrés, éclairé par une lampe suspendue à la voûte. Il était facile de voir que l'avare avait pris toutes ses précautions pour passer plus d'un jour dans cette retraite, si les événements de la guerre civile l'eussent contraint à y rester longtemps.

— N'approchez pas du mur, vous pourriez vous blanchir, dit tout à coup d'Orgemont.

Et il mit avec assez de précipitation sa main entre le châle de la jeune fille et la muraille, qui semblait fraîchement recrépie. Le geste du vieil avare produisit un effet tout contraire à celui qu'il en attendait. Mademoiselle de Verneuil regarda soudain devant elle, et vit dans un angle une sorte de construction dont la forme lui arracha un cri de terreur, car elle devina qu'une créature humaine avait été enduite de mortier et placée là debout ; d'Orgemont lui fit un signe effrayant pour l'engager à se taire, et ses petits yeux d'un bleu de faïence annoncèrent autant d'effroi que ceux de sa compagne.

— Sotte, croyez-vous que je l'aie assassiné ?... C'est mon frère, dit-il en variant son soupir d'une manière lugubre. C'est le premier recteur qui se soit assermenté. Voilà le seul asile où il ait été en sûreté contre la fureur des Chouans et des autres prêtres. Poursuivre un digne homme qui avait tant d'ordre ! C'était mon aîné, lui seul a eu la patience de m'apprendre le calcul décimal. Oh ! c'était un bon prêtre ! Il avait de l'économie et savait amasser. Il y a quatre ans qu'il est mort, je ne sais pas de quelle maladie ; mais voyez-vous, ces prêtres, ça a l'habitude de s'agenouiller de temps en temps pour prier, et il n'a peut-être pas pu s'accoutumer à rester ici debout comme moi... Je l'ai mis là, autre part *ils* l'auraient déterré. Un jour je pourrai l'ensevelir en terre sainte, comme disait ce pauvre homme, qui ne s'est *assermenté* que par peur.

Une larme roula dans les yeux secs du petit vieillard, dont alors la perruque rousse parut moins laide à la jeune fille, qui détourna les yeux par un secret respect pour cette douleur ; mais, malgré cet attendrissement, d'Orgemont lui dit encore : — N'approchez pas du mur, vous...

Et ses yeux ne quittèrent pas ceux de mademoiselle de Verneuil, en espérant ainsi l'empêcher d'examiner plus attentivement les parois de ce cabinet, où l'air trop raréfié ne suffisait pas au jeu des poumons. Cependant Marie réussit à dérober un coup d'œil à son argus, et, d'après les bizarres proéminences des murs, elle supposa que l'avare les avait bâtis lui-même avec des sacs d'argent ou d'or. Depuis un moment, d'Orgemont était plongé dans un ravissement grotesque. La douleur que la cuisson lui faisait souffrir aux jambes, et sa terreur en voyant un être humain au milieu de ses trésors, se lisaient dans chacune de ses rides ; mais en même temps ses yeux arides exprimaient, par un feu inaccoutumé, la généreuse émotion qu'excitait en lui le périlleux voisinage de sa libératrice, dont la joue rose et blanche attirait le baiser, dont le regard noir et velouté lui amenait au cœur des vagues de sang si chaudes, qu'il ne savait plus si c'était signe de vie ou de mort.

— Êtes-vous mariée ? lui demanda-t-il d'une voix tremblante.

— Non, dit-elle en souriant.

— J'ai quelque chose, reprit-il en poussant son soupir, quoique je ne sois pas aussi riche qu'ils le disent tous. Une jeune fille comme vous doit aimer les diamants, les bijoux, les équipages, l'or, ajouta-t-il en regardant d'un air effaré autour de lui. J'ai tout cela à donner, après ma mort. Hé ! si vous vouliez...

L'œil du vieillard décelait tant de calcul, même dans cet amour éphémère, qu'en agitant sa tête par un mouvement négatif, mademoiselle de Verneuil ne put s'empêcher de penser que l'avare ne songeait à l'épouser que pour enterrer son secret dans le cœur d'un autre lui-même.

— L'argent, dit-elle en jetant à d'Orgemont un regard plein d'ironie qui le rendit à la fois heureux et fâché, l'argent n'est rien pour moi. Vous seriez trois fois plus riche que vous ne l'êtes, si tout l'or que j'ai refusé était là.

— N'approchez pas du m...

— Et l'on ne me demandait cependant qu'un regard, ajouta-t-elle avec une incroyable fierté.

— Vous avez eu tort, c'était une excellente spéculation. Mais songez donc...

— Songez, reprit mademoiselle de Verneuil, que je viens d'entendre retentir là une voix dont un seul accent a pour moi plus de prix que toutes vos richesses.

— Vous ne les connaissez pas...

Avant que l'avare n'eût pu l'en empêcher, Marie fit mouvoir, en la touchant du doigt, une petite gravure enluminée qui représentait Louis XV à cheval, et vit tout à coup au-dessous d'elle le marquis occupé à charger un tromblon. L'ouverture cachée par le petit panneau sur lequel l'estampe était collée semblait répondre à quelque ornement dans le plafond de la chambre voisine, où sans doute couchait le général royaliste. D'Orgemont repoussa avec la plus grande précaution la vieille estampe, et regarda la jeune fille d'un air sévère.

— Ne dites pas un mot, si vous aimez la vie. Vous n'avez pas jeté, lui dit-il à l'oreille après une pause, votre grappin sur un petit bâtiment. Savez-vous que le marquis de Montauran possède pour cent mille livres de revenus en terres affermées qui n'ont pas encore été vendues. Or, un décret des Consuls, que j'ai lu dans *Le Primidi de l'Ille-et-Vilaine*[80], vient d'arrêter les séquestres. Ah ! ah ! vous trouvez ce gars-là maintenant plus joli homme, n'est-ce pas ? Vos yeux brillent comme deux louis d'or tout neufs.

Les regards de mademoiselle de Verneuil s'étaient fortement animés en entendant résonner de nouveau une voix bien connue. Depuis qu'elle était là, debout, comme enfouie dans une mine d'argent, le ressort de son âme courbée sous ces événements s'était redressé. Elle semblait avoir pris une résolution sinistre et entrevoir les moyens de la mettre à exécution.

— On ne revient pas d'un tel mépris, se dit-elle, et s'il ne doit plus m'aimer, je veux le tuer, aucune femme ne l'aura.

— Non, l'abbé, non, s'écriait le jeune chef dont la voix se fit entendre, il faut que cela soit ainsi.

— Monsieur le marquis, reprit l'abbé Gudin avec hauteur, vous scandaliserez toute la Bretagne en donnant ce bal à Saint-James. C'est des prédicateurs, et non des danseurs qui remueront nos villages. Ayez des fusils et non des violons.

— L'abbé, vous avez assez d'esprit pour savoir que ce n'est que dans une assemblée générale de tous nos partisans que je verrai ce que je puis entreprendre avec eux. Un dîner me semble plus favorable pour examiner leurs physionomies et connaître leurs intentions que tous les espionnages possibles, dont, au surplus, j'ai horreur ; nous les ferons causer le verre en main.

Marie tressaillit en entendant ces paroles, car elle conçut le projet d'aller à ce bal, et de s'y venger.

— Me prenez-vous pour un idiot avec votre sermon sur la danse, reprit Montauran. Ne figureriez-vous pas de bon cœur dans une chaconne [81] pour vous retrouver rétablis sous votre nouveau nom de Pères de la Foi [82] !... Ignorez-vous que les Bretons sortent de la messe pour aller danser ! Ignorez-vous aussi que messieurs Hyde de Neuville et d'Andigné ont eu il y a cinq jours une conférence avec le premier Consul sur la question de rétablir Sa Majesté Louis XVIII. Si je m'apprête en ce moment pour aller risquer un coup de main si téméraire, c'est uniquement pour ajouter à ces négociations le poids de nos souliers ferrés. Ignorez-vous que tous les chefs de la Vendée et même Fontaine parlent de se soumettre. Ah ! monsieur, l'on a évidemment trompé les princes sur l'état de la France. Les dévouements dont on les entretient sont des dévoue-

ments de position. L'abbé, si j'ai mis le pied dans le
sang, je ne veux m'y mettre jusqu'à la ceinture qu'à
bon escient. Je me suis dévoué au Roi et non pas à
quatre cerveaux brûlés, à des hommes perdus de
dettes comme Rifoël[83], à des chauffeurs, à...

— Dites tout de suite, monsieur, à des abbés qui
perçoivent des contributions sur le grand chemin pour
soutenir la guerre, reprit l'abbé Gudin.

— Pourquoi ne le dirais-je pas ? répondit aigrement
le marquis. Je dirai plus, les temps héroïques de la
Vendée sont passés...

— Monsieur le marquis, nous saurons faire des
miracles sans vous.

— Oui, comme celui de Marie Lambrequin, répondit en riant le marquis. Allons, sans rancune, l'abbé !
Je sais que vous payez de votre personne, et tirez un
Bleu aussi bien que vous dites un *oremus*. Dieu aidant,
j'espère vous faire assister, une mître en tête, au sacre
du Roi.

Cette dernière phrase eut sans doute un pouvoir
magique sur l'abbé, car on entendit sonner une
carabine, et il s'écria : — J'ai cinquante cartouches
dans mes poches, monsieur le marquis, et ma vie est
au Roi.

— Voilà encore un de mes débiteurs, dit l'avare à
mademoiselle de Verneuil. Je ne parle pas de cinq à six
cents malheureux écus qu'il m'a empruntés, mais
d'une dette de sang qui, j'espère, s'acquittera. Il ne lui
arrivera jamais autant de mal que je lui en souhaite, à
ce sacré jésuite ; il avait juré la mort de mon frère, et
soulevait le pays contre lui. Pourquoi ? parce que le
pauvre homme avait eu peur des nouvelles lois. Après
avoir appliqué son oreille à un certain endroit de sa
cachette : — Les voilà qui décampent, tous ces
brigands-là, dit-il. Ils vont faire encore quelque miracle ! Pourvu qu'ils n'essaient pas de me dire adieu
comme la dernière fois, en mettant le feu à la maison.

Après environ une demi-heure, pendant laquelle
mademoiselle de Verneuil et d'Orgemont se regardèrent comme si chacun d'eux eût regardé un tableau, la

voix rude et grossière de Galope-chopine cria doucement : — Il n'y a plus de danger, monsieur d'Orgemont. Mais cette fois-ci, j'ai ben gagné mes trente
écus.

— Mon enfant, dit l'avare, jurez-moi de fermer les
yeux.

Mademoiselle de Verneuil plaça une de ses mains
sur ses paupières ; mais, pour plus de secret, le
vieillard souffla la lampe, prit sa libératrice par la
main, l'aida à faire sept ou huit pas dans un passage
difficile ; au bout de quelques minutes, il lui dérangea
doucement la main, elle se vit dans la chambre que le
marquis de Montauran venait de quitter et qui était
celle de l'avare.

— Ma chère enfant, lui dit le vieillard, vous pouvez
partir. Ne regardez pas ainsi autour de vous. Vous
n'avez sans doute pas d'argent ? Tenez, voici dix écus ;
il y en a de rognés, mais ils passeront. En sortant du
jardin, vous trouverez un sentier qui conduit à la ville,
ou, comme on dit maintenant, au District. Mais les
Chouans sont à Fougères, il n'est pas présumable que
vous puissiez y rentrer de sitôt ; ainsi, vous pourrez
avoir besoin d'un sûr asile. Retenez bien ce que je vais
vous dire, et n'en profitez que dans un extrême
danger. Vous verrez sur le chemin qui mène au Nid-
aux-crocs par le val de Gibarry, une ferme où demeure
le Grand-Cibot, dit Galope-chopine, entrez-y en
disant à sa femme : — *bonjour, Bécanière !* et Barbette
vous cachera. Si Galope-chopine vous découvrait, ou il
vous prendra pour l'esprit, s'il fait nuit ; ou dix écus
l'attendriront, s'il fait jour. Adieu ! nos comptes sont
soldés. Si vous vouliez, dit-il en montrant par un geste
les champs qui entouraient sa maison, tout cela serait à
vous !

Mademoiselle de Verneuil jeta un regard de remerciement à cet être singulier, et réussit à lui arracher un
soupir dont les tons furent très variés.

— Vous me rendrez sans doute mes dix écus,
remarquez bien que je ne parle pas d'intérêts, vous les
remettrez à mon crédit chez maître Patrat, le notaire

de Fougères qui, si vous le vouliez, ferait notre contrat, beau trésor. Adieu.

— Adieu, dit-elle en souriant et le saluant de la main.

— S'il vous faut de l'argent, lui cria-t-il, je vous en prêterai à cinq ! Oui, à cinq seulement. Ai-je dit cinq ? Elle était partie. — Ça m'a l'air d'être une bonne fille ; cependant, je changerai le secret de ma cheminée. Puis il prit un pain de douze livres, un jambon et rentra dans sa cachette.

Lorsque mademoiselle de Verneuil marcha dans la campagne, elle crut renaître, la fraîcheur du matin ranima son visage qui depuis quelques heures lui semblait frappé par une atmosphère brûlante. Elle essaya de trouver le sentier indiqué par l'avare ; mais, depuis le coucher de la lune, l'obscurité était devenue si forte, qu'elle fut forcée d'aller au hasard. Bientôt la crainte de tomber dans les précipices la prit au cœur, et lui sauva la vie ; car elle s'arrêta tout à coup en pressentant que la terre lui manquerait si elle faisait un pas de plus. Un vent plus frais qui caressait ses cheveux, le murmure des eaux, l'instinct, tout servit à lui indiquer qu'elle se trouvait au bout des rochers de Saint-Sulpice. Elle passa les bras autour d'un arbre, et attendit l'aurore en de vives anxiétés, car elle entendait un bruit d'armes, de chevaux et de voix humaines. Elle rendit grâces à la nuit qui la préservait du danger de tomber entre les mains des Chouans, si, comme le lui avait dit l'avare, ils entouraient Fougères.

Semblables à des feux nuitamment allumés pour un signal de liberté, quelques lueurs légèrement pourprées passèrent par-dessus les montagnes dont les bases conservèrent des teintes bleuâtres qui contrastèrent avec les nuages de rosée flottant sur les vallons. Bientôt un disque de rubis s'éleva lentement à l'horizon, les cieux le reconnurent ; les accidents du paysage, le clocher de Saint-Léonard, les rochers, les prés ensevelis dans l'ombre reparurent insensiblement, et les arbres situés sur les cimes se dessinèrent dans ses feux naissants. Le soleil se dégagea par un gracieux élan du milieu de ses rubans de feu, d'ocre et de saphir. Sa vive lumière s'harmonia par lignes égales, de colline en colline, déborda de vallons en vallons. Les ténèbres se dissipèrent, le jour accabla la nature. Une brise piquante frissonna dans l'air, les oiseaux chantèrent, la vie se réveilla partout. Mais à peine la jeune fille avait-elle eu le temps d'abaisser ses regards sur les masses de ce paysage si curieux, que, par un phénomène assez fréquent dans ces fraîches contrées, des vapeurs s'étendirent en nappes, comblèrent les vallées, montèrent jusqu'aux plus hautes collines, ensevelirent ce riche bassin sous un manteau de neige. Bientôt mademoiselle de Verneuil crut revoir une de ces mers de glace qui meublent les Alpes. Puis cette nuageuse atmosphère roula des vagues comme l'Océan, souleva des lames impénétrables qui se balancèrent avec mollesse, ondoyèrent, tourbillonnèrent violemment, contractèrent aux rayons du soleil des teintes d'un rose vif, en offrant çà et là les transparences d'un lac d'argent fluide. Tout à coup le vent du nord souffla sur cette fantasmagorie et dissipa les brouillards qui déposèrent une rosée pleine d'oxyde sur les gazons. Mademoiselle de Verneuil put alors apercevoir une immense masse brune placée sur les rochers de Fougères. Sept à huit cents Chouans armés s'agitaient dans le faubourg Saint-Sulpice comme des fourmis dans une fourmilière. Les environs du château occupés par trois mille hommes arrivés comme par magie furent attaqués avec fureur. Cette ville endormie, malgré ses remparts verdoyants et ses vieilles tours grises, aurait succombé, si Hulot n'eût pas veillé. Une batterie cachée sur une éminence qui se trouve au fond de la cuvette que forment les remparts, répondit au premier feu des Chouans en les prenant en écharpe sur le chemin du château. La mitraille nettoya la route, et la balaya. Puis, une compagnie sortit de la porte Saint-Sulpice, profita de l'étonnement des Chouans, se mit en bataille sur le chemin et commença sur eux un feu meurtrier. Les

Chouans n'essayèrent pas de résister, en voyant les
remparts du château se couvrir de soldats comme si
l'art du machiniste y eût appliqué des lignes bleues, et
le feu de la forteresse protéger celui des tirailleurs
républicains. Cependant d'autres Chouans, maîtres de
la petite vallée du Nançon, avaient gravi les galeries du
rocher et parvenaient à la Promenade, où ils montèrent ; elle fut couverte de peaux de bique qui lui
donnèrent l'apparence d'un toit de chaume bruni par
le temps. Au même moment, de violentes détonations
se firent entendre dans la partie de la ville qui
regardait la vallée du Couesnon. Évidemment Fougères, attaqué sur tous les points, était entièrement
cerné. Le feu qui se manifesta sur le revers oriental du
rocher prouvait même que les Chouans incendiaient
les faubourgs. Cependant les flammèches qui s'élevaient des toits de genêt ou de bardeau cessèrent
bientôt, et quelques colonnes de fumée noire indiquèrent que l'incendie s'éteignait. Des nuages blancs et
bruns dérobèrent encore une fois cette scène à mademoiselle de Verneuil, mais le vent dissipa bientôt ce
brouillard de poudre. Déjà, le commandant républicain avait fait changer la direction de sa batterie de
manière à pouvoir prendre successivement en file la
vallée du Nançon, le sentier de la Reine et le rocher,
quand du haut de la Promenade, il vit ses premiers
ordres admirablement bien exécutés. Deux pièces
placées au poste de la porte Saint-Léonard abattirent
la fourmilière de Chouans qui s'étaient emparés de
cette position ; tandis que les gardes nationaux de
Fougères, accourus en hâte sur la place de l'Église,
achevèrent de chasser l'ennemi. Ce combat ne dura
pas une demi-heure et ne coûta pas cent hommes aux
Bleus. Déjà, dans toutes les directions, les Chouans
battus et écrasés se retiraient d'après les ordres réitérés
du Gars, dont le hardi coup de main échouait, sans
qu'il le sût, par suite de l'affaire de la Vivetière qui
avait si secrètement ramené Hulot à Fougères. L'artillerie n'y était arrivée que pendant cette nuit, car la
seule nouvelle d'un transport de munitions aurait suffi

pour faire abandonner par Montauran cette entreprise
qui, éventée, ne pouvait avoir qu'une mauvaise issue.
En effet, Hulot désirait autant donner une leçon
sévère au Gars, que le Gars pouvait souhaiter de
réussir dans sa pointe pour influer sur les déterminations du premier Consul. Au premier coup de canon,
le marquis comprit donc qu'il y aurait de la folie à
poursuivre par amour-propre une surprise manquée.
Aussi, pour ne pas faire tuer inutilement ses Chouans,
se hâta-t-il d'envoyer sept ou huit émissaires porter
des instructions pour opérer promptement la retraite
sur tous les points. Le commandant, ayant aperçu son
adversaire entouré d'un nombreux conseil au milieu
duquel était madame du Gua, essaya de tirer sur eux
une volée sur le rocher de Saint-Sulpice ; mais la place
avait été trop habilement choisie pour que le jeune
chef n'y fût pas en sûreté. Hulot changea de rôle tout à
coup, et d'attaqué devint agresseur. Aux premiers
mouvements qui indiquèrent les intentions du marquis, la compagnie placée sous les murs du château se
mit en devoir de couper la retraite aux Chouans en
s'emparant des issues supérieures de la vallée du
Nançon.

Malgré sa haine, mademoiselle de Verneuil épousa
la cause des hommes que commandait son amant, et se
tourna vivement vers l'autre issue pour voir si elle était
libre ; mais elle aperçut les Bleus, sans doute vainqueurs de l'autre côté de Fougères, qui revenaient de
la vallée du Couesnon par le Val-de-Gibarry pour
s'emparer du Nid-aux-Crocs et de la partie des rochers
Saint-Sulpice où se trouvaient les issues inférieures de
la vallée du Nançon. Ainsi les Chouans, renfermés
dans l'étroite prairie de cette gorge, semblaient devoir
périr jusqu'au dernier, tant les prévisions du vieux
commandant républicain avaient été justes et ses
mesures habilement prises. Mais sur ces deux points,
les canons qui avaient si bien servi Hulot furent
impuissants, il s'y établit des luttes acharnées, et la
ville de Fougères une fois préservée, l'affaire prit le
caractère d'un engagement auquel les Chouans étaient

habitués. Mademoiselle de Verneuil comprit alors la présence des masses d'hommes qu'elle avait aperçues dans la campagne, la réunion des chefs chez d'Orgemont et tous les événements de cette nuit, sans savoir comment elle avait pu échapper à tant de dangers. Cette entreprise, dictée par le désespoir, l'intéressa si vivement qu'elle resta immobile à contempler les tableaux animés qui s'offrirent à ses regards. Bientôt, le combat qui avait lieu au bas des montagnes de Saint-Sulpice eut, pour elle, un intérêt de plus. En voyant les Bleus presque maîtres des Chouans, le marquis et ses amis s'élancèrent dans la vallée du Nançon afin de leur porter du secours. Le pied des roches fut couvert d'une multitude de groupes furieux où se décidèrent des questions de vie et de mort sur un terrain et avec des armes plus favorables aux Peaux-de-bique. Insensiblement, cette arène mouvante s'étendit dans l'espace. Les Chouans, en s'égaillant, envahirent les rochers à l'aide des arbustes qui y croissent çà et là. Mademoiselle de Verneuil eut un moment d'effroi en voyant un peu tard ses ennemis remontés sur les sommets, où ils défendirent avec fureur les sentiers dangereux par lesquels on y arrivait. Toutes les issues de cette montagne étant occupées par les deux partis, elle eut peur de se trouver au milieu d'eux, elle quitta le gros arbre derrière lequel elle s'était tenue, et se mit à fuir en pensant à mettre à profit les recommandations du vieil avare. Après avoir couru pendant longtemps sur le versant des montagnes de Saint-Sulpice qui regarde la grande vallée du Couesnon, elle aperçut de loin une étable et jugea qu'elle dépendait de la maison de Galope-chopine, qui devait avoir laissé sa femme toute seule pendant le combat. Encouragée par ces suppositions, mademoiselle de Verneuil espéra être bien reçue dans cette habitation, et pouvoir y passer quelques heures, jusqu'à ce qu'il lui fût possible de retourner sans danger à Fougères. Selon toute apparence, Hulot allait triompher. Les Chouans fuyaient si rapidement qu'elle entendit des coups de feu tout autour d'elle, et la peur d'être atteinte par quelques balles lui fit promptement gagner la chaumière dont la cheminée lui servait de jalon. Le sentier qu'elle avait suivi aboutissait à une espèce de hangar dont le toit, couvert en genêt, était soutenu par quatre gros arbres encore garnis de leurs écorces. Un mur en torchis formait le fond de ce hangar, sous lequel se trouvaient un pressoir à cidre, une aire à battre le sarrasin, et quelques instruments aratoires. Elle s'arrêta contre l'un de ces poteaux sans se décider à franchir le marais fangeux qui servait de cour à cette maison que, de loin, en véritable Parisienne, elle avait prise pour une étable.

Cette cabane, garantie des vents du nord par une éminence qui s'élevait au-dessus du toit et à laquelle elle s'appuyait, ne manquait pas de poésie, car des pousses d'ormes, des bruyères et les fleurs du rocher la couronnaient de leurs guirlandes. Un escalier champêtre pratiqué entre le hangar et la maison permettait aux habitants d'aller respirer un air pur sur le haut de cette roche. A gauche de la cabane, l'éminence s'abaissait brusquement, et laissait voir une suite de champs dont le premier dépendait sans doute de cette ferme. Ces champs dessinaient de gracieux bocages séparés par des haies en terre, plantées d'arbres, et dont la première achevait l'enceinte de la cour. Le chemin qui conduisait à ces champs était fermé par un gros tronc d'arbre à moitié pourri, clôture bretonne dont le nom fournira plus tard une digression qui achèvera de caractériser ce pays. Entre l'escalier creusé dans les schistes et le sentier fermé par ce gros arbre, devant le marais et sous cette roche pendante, quelques pierres de granit grossièrement taillées, superposées les unes aux autres, formaient les quatre angles de cette chaumière, et maintenaient le mauvais pisé, les planches et les cailloux dont étaient bâties les murailles. Une moitié du toit couverte de genêt en guise de paille, et l'autre en bardeau, espèce de merrain taillé en forme d'ardoise annonçaient deux divisions ; et, en effet, l'une

close par une méchante claie servait d'étable, et les
maîtres habitaient l'autre. Quoique cette cabane dût
au voisinage de la ville quelques améliorations complètement perdues à deux lieues plus loin, elle expliquait
bien l'instabilité de la vie à laquelle les guerres et les
usages de la Féodalité avaient si fortement subordonné
les mœurs du serf, qu'aujourd'hui beaucoup de paysans appellent encore en ces contrées une *demeure*, le
château habité par leurs seigneurs. Enfin, en examinant ces lieux avec un étonnement assez facile à
concevoir, mademoiselle de Verneuil remarqua çà et
là, dans la fange de la cour, des fragments de granit
disposés de manière à tracer vers l'habitation un
chemin qui présentait plus d'un danger ; mais en
entendant le bruit de la mousqueterie qui se rapprochait sensiblement, elle sauta de pierre en pierre,
comme si elle traversait un ruisseau, pour demander
un asile. Cette maison était fermée par une de ces
portes qui se composent de deux parties séparées,
dont l'inférieure est en bois plein et massif, et dont la
supérieure est défendue par un volet qui sert de
fenêtre. Dans plusieurs boutiques de certaines petites
villes en France, on voit le type de cette porte, mais
beaucoup plus orné et armé à la partie inférieure d'une
sonnette d'alarme ; celle-ci s'ouvrait au moyen d'un
loquet de bois digne de l'âge d'or, et la partie
supérieure ne se fermait que pendant la nuit, car le
jour ne pouvait pénétrer dans la chambre que par cette
ouverture. Il existait bien une grossière croisée, mais
ces vitres ressemblaient à des fonds de bouteille, et les
massives branches de plomb qui les retenaient prenaient tant de place qu'elle semblait plutôt destinée à
intercepter qu'à laisser passer la lumière. Quand
mademoiselle de Verneuil fit tourner la porte sur ses
gonds criards, elle sentit d'effroyables vapeurs alca-
lines sorties par bouffées de cette chaumière, et vit que
les quadrupèdes avaient ruiné à coups de pied le mur
intérieur qui les séparait de la chambre. Ainsi l'intérieur de la ferme, car c'était une ferme, n'en démentait
pas l'extérieur. Mademoiselle de Verneuil se deman-

dait s'il était possible que des êtres humains vécussent dans cette fange organisée, quand un petit gars en haillons et qui paraissait avoir huit ou neuf ans, lui présenta tout à coup sa figure fraîche, blanche et rose, des joues bouffies, des yeux vifs, des dents d'ivoire et une chevelure blonde qui tombait par écheveaux sur ses épaules demi-nues ; ses membres étaient vigoureux, et son attitude avait cette grâce d'étonnement, cette naïveté sauvage qui agrandit les yeux des enfants. Ce petit gars était sublime de beauté.

— Où est ta mère ? dit Marie d'une voix douce et en se baissant pour lui baiser les yeux.

Après avoir reçu le baiser, l'enfant glissa comme une anguille, et disparut derrière un tas de fumier qui se trouvait entre le sentier et la maison, sur la croupe de l'éminence. En effet, comme beaucoup de cultivateurs bretons, Galope-chopine mettait, par un système d'agriculture qui leur est particulier, ses engrais dans des lieux élevés, en sorte que quand ils s'en servent, les eaux pluviales les ont dépouillés de toutes leurs qualités. Maîtresse du logis pour quelques instants, Marie en eut promptement fait l'inventaire. La chambre où elle attendait Barbette composait toute la maison. L'objet le plus apparent et le plus pompeux était une immense cheminée dont *le manteau* était formé par une pierre de granit bleu. L'étymologie de ce mot avait sa preuve dans un lambeau de serge verte bordée d'un ruban vert pâle, découpée en rond, qui pendait le long de cette tablette au milieu de laquelle s'élevait une bonne vierge en plâtre colorié. Sur le socle de la statue, mademoiselle de Verneuil lut deux vers d'une poésie religieuse fort répandue dans le pays :

> Je suis la Mère de Dieu,
> Protectrice de ce lieu.

Derrière la vierge une effroyable image tachée de rouge et de bleu, sous prétexte de peinture, représentait saint Labre[84]. Un lit de serge verte, dit en

tombeau, une informe couchette d'enfant, un rouet,
des chaises grossières, un bahut sculpté garni de
quelques ustensiles, complétaient, à peu de chose
près, le mobilier de Galope-chopine. Devant la croisée, se trouvait une longue table de châtaignier
accompagnée de deux bancs en même bois, auxquels
le jour des vitres donnait les sombres teintes de
l'acajou vieux. Une immense pièce de cidre, sous le
bondon de laquelle mademoiselle de Verneuil remarqua une boue jaunâtre dont l'humidité décomposait le
plancher quoiqu'il fût formé de morceaux de granit
assemblés par un argile roux, prouvait que le maître
du logis n'avait pas volé son surnom de Chouan.
Mademoiselle de Verneuil leva les yeux comme pour
fuir ce spectacle, et alors, il lui sembla avoir vu toutes
les chauves-souris de la terre, tant étaient nombreuses
les toiles d'araignée qui pendaient au plancher. Deux
énormes *pichés*, pleins de cidre, se trouvaient sur la
longue table. Ces ustensiles sont des espèces de
cruches en terre brune, dont le modèle existe dans
plusieurs pays de la France, et qu'un Parisien peut se
figurer en supposant aux pots dans lesquels les
gourmets servent le beurre de Bretagne, un ventre
plus arrondi, verni par places inégales et nuancé de
taches fauves comme celles de quelques coquillages.
Cette cruche est terminée par une espèce de gueule,
assez semblable à la tête d'une grenouille prenant l'air
hors de l'eau. L'attention de Marie avait fini par se
porter sur ces deux pichés; mais le bruit du combat,
qui devint tout à coup plus distinct, la força de
chercher un endroit propre à se cacher sans attendre
Barbette, quand cette femme se montra tout à coup.

— Bonjour, Bécanière, lui dit-elle en retenant un
sourire involontaire à l'aspect d'une figure qui ressemblait assez aux têtes que les architectes placent comme
ornement aux clefs des croisées.

— Ah! ah! vous venez d'Orgemont, répondit
Barbette d'un air peu empressé.

— Où allez-vous me mettre? car voici les
Chouans...

— Là, reprit Barbette, aussi stupéfaite de la beauté que de l'étrange accoutrement d'une créature qu'elle n'osait comprendre parmi celles de son sexe. Là ! dans la cachette du prêtre.

Elle la conduisit à la tête de son lit, la fit entrer dans la ruelle ; mais elles furent tout interdites, en croyant entendre un inconnu qui sauta dans le marais. Barbette eut à peine le temps de détacher un rideau du lit et d'y envelopper Marie, qu'elle se trouva face à face avec un Chouan fugitif.

— La vieille, où peut-on se cacher ici ? Je suis le comte de Bauvan.

Mademoiselle de Verneuil tressaillit en reconnaissant la voix du convive dont quelques paroles, restées un secret pour elle, avaient causé la catastrophe de la Vivetière.

— Hélas ! vous voyez, monseigneur. Il n'y a *rin* ici ! Ce que je peux faire de mieux est de sortir, je veillerai. Si les Bleus viennent, j'avertirai. Si je restais et qu'ils me trouvassent avec vous, ils brûleraient ma maison.

Et Barbette sortit, car elle n'avait pas assez d'intelligence pour concilier les intérêts de deux ennemis ayant un droit égal à la cachette, en vertu du double rôle que jouait son mari.

— J'ai deux coups à tirer, dit le comte avec désespoir ; mais ils m'ont déjà dépassé. Bah ! j'aurais bien du malheur si, en revenant par ici, il leur prenait fantaisie de regarder sous le lit.

Il déposa légèrement son fusil auprès de la colonne où Marie se tenait debout enveloppée dans la serge verte, et il se baissa pour s'assurer s'il pouvait passer sous le lit. Il allait infailliblement voir les pieds de la réfugiée, qui, dans ce moment désespéré, saisit le fusil, sauta vivement dans la chaumière, et menaça le comte ; mais il partit d'un éclat de rire en la reconnaissant ; car, pour se cacher, Marie avait quitté son vaste chapeau de Chouan, et ses cheveux s'échappaient en grosses touffes de dessous une espèce de résille en dentelle.

— Ne riez pas, comte, vous êtes mon prisonnier. Si

vous faites un geste, vous saurez ce dont est capable
une femme offensée.

Au moment où le comte et Marie se regardaient
avec de bien diverses émotions, des voix confuses
criaient dans les rochers : — Sauvez le Gars ! Égaillez-
vous ! sauvez le Gars ! Égaillez-vous !...

La voix de Barbette domina le tumulte extérieur et
fut entendue dans la chaumière avec des sensations
bien différentes par les deux ennemis, car elle parlait
moins à son fils qu'à eux.

— Ne vois-tu pas les Bleus ? s'écriait aigrement
Barbette. Viens-tu ici, petit méchant gars, ou je vais à
toi ! Veux-tu donc attraper des coups de fusil. Allons,
sauve-toi vitement.

Pendant tous ces petits événements qui se passèrent
rapidement, un Bleu sauta dans le marais.

— Beau-pied, lui cria mademoiselle de Verneuil.

Beau-pied accourut à cette voix et ajusta le comte un
peu mieux que ne le faisait sa libératrice.

— Aristocrate, dit le malin soldat, ne bouge pas ou
je te démolis comme la Bastille, en deux temps.

— Monsieur Beau-pied, reprit mademoiselle de
Verneuil d'une voix caressante, vous me répondez de
ce prisonnier. Faites comme vous voudrez, mais il
faudra me le rendre sain et sauf à Fougères.

— Suffit, madame.

— La route jusqu'à Fougères est-elle libre maintenant ?

— Elle est sûre, à moins que les Chouans ne
ressuscitent.

Mademoiselle de Verneuil s'arma gaiement du léger
fusil de chasse, sourit avec ironie en disant à son
prisonnier : — Adieu, monsieur le comte, au revoir !
et s'élança dans le sentier après avoir repris son large
chapeau.

— J'apprends un peu trop tard, dit amèrement le
comte de Bauvan, qu'il ne faut jamais plaisanter avec
l'honneur de celles qui n'en ont plus.

— Aristocrate, s'écria durement Beau-pied, si tu ne

veux pas que je t'envoie dans ton ci-devant paradis, ne
dis rien contre cette belle dame.

Mademoiselle de Verneuil revint à Fougères par les
sentiers qui joignent les roches de Saint-Sulpice au
Nid-aux-crocs. Quand elle atteignit cette dernière
éminence et qu'elle courut à travers le chemin tortueux pratiqué sur les aspérités du granit, elle admira
cette jolie petite vallée du Nançon naguère si turbu-
lente, alors parfaitement tranquille. Vu de là, le vallon
ressemblait à une rue de verdure. Mademoiselle de
Verneuil rentra par la porte Saint-Léonard, à laquelle
aboutissait ce petit sentier. Les habitants, encore
inquiets du combat qui, d'après les coups de fusil
entendus dans le lointain, semblait devoir durer
pendant la journée, y attendaient le retour de la garde
nationale pour reconnaître l'étendue de leurs pertes.
En voyant cette fille dans son bizarre costume, les
cheveux en désordre, un fusil à la main, son châle et sa
robe frottés contre les murs, souillés par la boue et
mouillés de rosée, la curiosité des Fougerais fut
d'autant plus vivement excitée, que le pouvoir, la
beauté, la singularité de cette Parisienne, défrayaient
déjà toutes leurs conversations.

Francine, en proie à d'horribles inquiétudes, avait
attendu sa maîtresse pendant toute la nuit ; et quand
elle la revit, elle voulut parler, mais un geste amical lui
imposa silence.

— Je ne suis pas morte, mon enfant, dit Marie.
Ah ! je voulais des émotions en partant de Paris ?...
j'en ai eu, ajouta-t-elle après une pause.

Francine voulut sortir pour commander un repas,
en faisant observer à sa maîtresse qu'elle devait en
avoir grand besoin.

— Oh ! dit mademoiselle de Verneuil, un bain, un
bain ! La toilette avant tout.

Francine ne fut pas médiocrement surprise d'entendre sa maîtresse lui demandant les modes[85] les plus
élégantes de celles qu'elle avait emballées. Après avoir
déjeuné, Marie fit sa toilette avec la recherche et les
soins minutieux qu'une femme met à cette œuvre

capitale, quand elle doit se montrer aux yeux d'une
personne chère, au milieu d'un bal. Francine ne
s'expliquait point la gaieté moqueuse de sa maîtresse.
Ce n'était pas la joie de l'amour, une femme ne se
trompe pas à cette expression, c'était une malice
concentrée d'assez mauvais augure. Marie drapa elle-
même les rideaux de la fenêtre par où les yeux
plongeaient sur un riche panorama, puis elle approcha
le canapé de la cheminée, le mit dans un jour favorable
à sa figure, et dit à Francine de se procurer des fleurs,
afin de donner à sa chambre un air de fête. Lorsque
Francine eut apporté des fleurs, Marie en dirigea
l'emploi de la manière la plus pittoresque. Quand elle
eut jeté un dernier regard de satisfaction sur son
appartement, elle dit à Francine d'envoyer réclamer
son prisonnier chez le commandant. Elle se coucha
voluptueusement sur le canapé, autant pour se reposer
que pour prendre une attitude de grâce et de faiblesse
dont le pouvoir est irrésistible chez certaines femmes.
Une molle langueur, la pose provoquante de ses pieds,
dont la pointe perçait à peine sous les plis de la robe,
l'abandon du corps, la courbure du col, tout, jusqu'à
l'inclinaison des doigts effilés de sa main, qui pendait
d'un oreiller comme les clochettes d'une touffe de
jasmin, tout s'accordait avec son regard pour exciter
des séductions. Elle brûla des parfums afin de répandre dans l'air ces douces émanations qui attaquent si
puissamment les fibres de l'homme, et préparent
souvent les triomphes que les femmes veulent obtenir
sans les solliciter. Quelques instants après, les pas
pesants du vieux militaire retentirent dans le salon qui
précédait la chambre.

— Eh! bien, commandant, où est mon captif?
— Je viens de commander un piquet de douze
hommes pour le fusiller comme pris les armes à la
main.
— Vous avez disposé de mon prisonnier! dit-elle.
Écoutez, commandant. La mort d'un homme ne doit
pas être, après le combat, quelque chose de bien
satisfaisant pour vous, si j'en crois votre physionomie.

Eh bien ! rendez-moi mon Chouan, et mettez à sa mort un sursis que je prends sur mon compte. Je vous déclare que cet aristocrate m'est devenu très essentiel, et va coopérer à l'accomplissement de nos projets. Au surplus, fusiller cet amateur de chouannerie serait commettre un acte aussi absurde que de tirer sur un ballon quand il ne faut qu'un coup d'épingle pour le désenfler. Pour Dieu, laissez les cruautés à l'aristocratie. Les républiques doivent être généreuses. N'auriez-vous pas pardonné, vous, aux victimes de Quiberon et à tant d'autres. Allons, envoyez vos douze hommes faire une ronde, et venez dîner chez moi avec mon prisonnier. Il n'y a plus qu'une heure de jour, et voyez-vous, ajouta-t-elle en souriant, si vous tardiez, ma toilette manquerait tout son effet.

— Mais, mademoiselle, dit le commandant surpris...

— Eh ! bien, quoi ? Je vous entends. Allez, le comte ne vous échappera point. Tôt ou tard, ce gros papillon-là viendra se brûler à vos feux de peloton.

Le commandant haussa légèrement les épaules comme un homme forcé d'obéir, malgré tout, aux désirs d'une jolie femme, et il revint une demi-heure après, suivi du comte de Bauvan.

Mademoiselle de Verneuil feignit d'être surprise par ses deux convives, et parut confuse d'avoir été vue par le comte si négligemment couchée ; mais après avoir lu dans les yeux du gentilhomme que le premier effet était produit, elle se leva et s'occupa d'eux avec une grâce, avec une politesse parfaites. Rien d'étudié ni de forcé dans les poses, le sourire, la démarche ou la voix, ne trahissait sa préméditation ou ses desseins. Tout était en harmonie, et aucun trait trop saillant ne donnait à penser qu'elle affectât les manières d'un monde où elle n'eût pas vécu. Quand le Royaliste et le Républicain furent assis, elle regarda le comte d'un air sévère. Le gentilhomme connaissait assez les femmes pour savoir que l'offense commise envers celle-ci vaudrait un arrêt de mort. Malgré ce soupçon, sans être ni gai, ni triste, il eut l'air d'un homme qui ne comptait pas sur de si brusques dénouements. Bientôt, il lui sembla ridicule d'avoir peur de la mort devant une jolie femme. Enfin l'air sévère de Marie lui donna *des idées.*

— Et qui sait, pensait-il, si une couronne de comte à prendre ne lui plaira pas mieux qu'une couronne de marquis perdue ? Montauran est sec comme un clou, et moi... Il se regarda d'un air satisfait. Or, le moins qui puisse m'arriver est de sauver ma tête.

Ces réflexions diplomatiques furent bien inutiles. Le désir que le comte se promettait de feindre pour mademoiselle de Verneuil devint un violent caprice que cette dangereuse créature se plut à entretenir.

— Monsieur le comte, dit-elle, vous êtes mon prisonnier, et j'ai le droit de disposer de vous. Votre exécution n'aura lieu que de mon consentement, et j'ai trop de curiosité pour vous laisser fusiller maintenant.

— Et si j'allais m'entêter à garder le silence, répondit-il gaiement.

— Avec une femme honnête, peut-être, mais avec une fille ! allons donc, monsieur le comte, impossible. Ces mots, remplis d'une ironie amère, furent sifflés, comme dit Sully en parlant de la duchesse de Beaufort, d'un bec si affilé, que le gentilhomme, étonné, se contenta de regarder sa cruelle antagoniste. — Tenez, reprit-elle d'un air moqueur, pour ne pas vous démentir, je vais être comme ces créatures-là, *bonne fille.* Voici d'abord votre carabine. Et elle lui présenta son arme par un geste doucement moqueur.

— Foi de gentilhomme, vous agissez, mademoiselle...

— Ah ! dit-elle en l'interrompant, j'ai assez de la foi des gentilshommes. C'est sur cette parole que je suis entrée à la Vivetière. Votre chef m'avait juré que moi et mes gens nous y serions en sûreté.

— Quelle infamie ! s'écria Hulot en fronçant les sourcils.

— La faute en est à M. le comte, reprit-elle en montrant le gentilhomme à Hulot. Certes, le Gars avait bonne envie de tenir sa parole ; mais monsieur a

répandu sur moi je ne sais quelle calomnie qui a
confirmé toutes celles qu'il avait plu à la *Jument de
Charette* de supposer...

— Mademoiselle, dit le comte tout troublé, la tête
sous la hache, j'affirmerais n'avoir dit que la vérité...

— En disant quoi ?

— Que vous aviez été la...

— Dites le mot, la maîtresse...

— Du marquis de Lenoncourt, aujourd'hui le duc,
l'un de mes amis, répondit le comte.

— Maintenant je pourrais vous laisser aller au
supplice, reprit-elle sans paraître émue de l'accusation
consciencieuse du comte, qui resta stupéfait de l'insouciance apparente ou feinte qu'elle montrait pour ce
reproche. Mais, reprit-elle en riant, écartez pour
toujours la sinistre image de ces morceaux de plomb,
car vous ne m'avez pas plus offensée que cet ami de
qui vous voulez que j'aie été... fi fonc ! Écoutez,
monsieur le comte, n'êtes-vous pas venu chez mon
père, le duc de Verneuil ? Eh ! bien ?

Jugeant sans doute que Hulot était de trop pour une
confidence aussi importante que celle qu'elle avait à
faire, mademoiselle de Verneuil attira le comte à elle
par un geste, et lui dit quelques mots à l'oreille. M. de
Bauvan laissa échapper une sourde exclamation de
surprise, et regarda d'un air hébété Marie, qui tout à
coup compléta le souvenir qu'elle venait d'évoquer en
s'appuyant à la cheminée dans l'attitude d'innocence
et de naïveté d'un enfant. Le comte fléchit un genou.

— Mademoiselle, s'écria-t-il, je vous supplie de
m'accorder mon pardon, quelque indigne que j'en
suis.

— Je n'ai rien à pardonner, dit-elle. Vous n'avez
pas plus raison maintenant dans votre repentir que
dans votre insolente supposition à la Vivetière. Mais
ces mystères sont au-dessus de votre intelligence.
Sachez seulement, monsieur le comte, reprit-elle
gravement, que la fille du duc de Verneuil a trop
d'élévation dans l'âme pour ne pas vivement s'intéresser à vous.

— Même après une insulte, dit le comte avec une sorte de regret.

— Certaines personnes ne sont-elles pas trop haut situées pour que l'insulte les atteigne ? monsieur le comte, je suis du nombre.

En prononçant ces paroles, la jeune fille prit une attitude de noblesse et de fierté qui imposa au prisonnier et rendit toute cette intrigue beaucoup moins claire pour Hulot. Le commandant mit la main à sa moustache pour la retrousser, et regarda d'un air inquiet mademoiselle de Verneuil, qui lui fit un signe d'intelligence comme pour avertir qu'elle ne s'écartait pas de son plan.

— Maintenant, reprit-elle après une pause, causons. Francine, donne-nous des lumières, ma fille.

Elle amena fort adroitement la conversation sur le temps qui était, en si peu d'années, devenu *l'ancien régime*. Elle reporta si bien le comte à cette époque par la vivacité de ses observations et de ses tableaux ; elle donna tant d'occasions au gentilhomme d'avoir de l'esprit, par la complaisante finesse avec laquelle elle lui ménagea des reparties, que le comte finit par trouver qu'il n'avait jamais été si aimable, et cette idée l'ayant rajeuni, il essaya de faire partager à cette séduisante personne la bonne opinion qu'il avait de lui-même. Cette malicieuse fille se plut à essayer sur le comte tous les ressorts de sa coquetterie, elle put y mettre d'autant plus d'adresse que c'était un jeu pour elle. Ainsi, tantôt elle laissait croire à de rapides progrès, et tantôt, comme étonnée de la vivacité du sentiment qu'elle éprouvait, elle manifestait une froideur qui charmait le comte, et qui servait à augmenter insensiblement cette passion impromptu. Elle ressemblait parfaitement à un pêcheur qui de temps en temps lève sa ligne pour reconnaître si le poisson mord à l'appât. Le pauvre comte se laissa prendre à la manière innocente dont sa libératrice avait accepté deux ou trois compliments assez bien tournés. L'émigration, la République, la Bretagne et les Chouans se trouvèrent alors à mille lieues de sa pensée. Hulot se tenait droit, immobile et silencieux comme le dieu Terme. Son défaut d'instruction le rendait tout à fait inhabile à ce genre de conversation, il se doutait bien que les deux interlocuteurs devaient être très spirituels ; mais tous les efforts de son intelligence ne tendaient qu'à les comprendre, afin de savoir s'ils ne complotaient pas à mots couverts contre la République.

— Montauran, mademoiselle, disait le comte, a de la naissance, il est bien élevé, joli garçon ; mais il ne connaît pas du tout la galanterie. Il est trop jeune pour avoir vu Versailles. Son éducation a été manquée, et, au lieu de faire des noirceurs, il donnera des coups de couteau. Il peut aimer violemment, mais il n'aura jamais cette fine fleur de manières qui distinguait Lauzun, Adhémar, Coigny [86], comme tant d'autres !... Il n'a point l'art aimable de dire aux femmes de ces jolis riens qui, après tout, leur conviennent mieux que ces élans de passion par lesquels on les a bientôt fatiguées. Oui, quoique ce soit un homme à bonnes fortunes, il n'en a ni le laisser-aller, ni la grâce.

— Je m'en suis bien aperçue, répondit Marie.

— Ah ! se dit le comte, elle a eu une inflexion de voix et un regard qui prouvent que je ne tarderai pas à être *du dernier bien* avec elle ; et ma foi, pour lui appartenir, je croirai tout ce qu'elle voudra que je croie.

Il lui offrit la main, le dîner était servi. Mademoiselle de Verneuil fit les honneurs du repas avec une politesse et un tact qui ne pouvaient avoir été acquis que par l'éducation et dans la vie recherchée de la cour.

— Allez-vous-en, dit-elle à Hulot en sortant de table, vous lui feriez peur, tandis que si je suis seule avec lui, je saurai bientôt tout ce que j'ai besoin d'apprendre ; il en est au point où un homme me dit tout ce qu'il pense et ne voit plus que par mes yeux.

— Et après ? demanda le commandant en ayant l'air de réclamer le prisonnier.

— Oh ! libre, répondit-elle, il sera libre comme l'air.

— Il a cependant été pris les armes à la main.

— Non, dit-elle par une de ces plaisanteries sophistiques que les femmes se plaisent à opposer à une raison péremptoire, je l'avais désarmé. — Comte, dit-elle au gentilhomme en rentrant, je viens d'obtenir votre liberté ; mais rien pour rien, ajouta-t-elle en souriant et mettant sa tête de côté comme pour l'interroger.

— Demandez-moi tout, même mon nom et mon honneur ! s'écria-t-il dans son ivresse, je mets tout à vos pieds.

Et il s'avança pour lui saisir la main, en essayant de lui faire prendre ses désirs pour de la reconnaissance ; mais mademoiselle de Verneuil n'était pas fille à s'y méprendre. Aussi, tout en souriant de manière à donner quelque espérance à ce nouvel amant :

— Me feriez-vous repentir de ma confiance ? dit-elle en se reculant de quelques pas.

— L'imagination d'une jeune fille va plus vite que celle d'une femme, répondit-il en riant.

— Une jeune fille a plus à perdre que la femme.

— C'est vrai, l'on doit être défiant quand on porte un trésor.

— Quittons ce langage-là, reprit-elle, et parlons sérieusement. Vous donnez un bal à Saint-James. J'ai entendu dire que vous aviez établi là vos magasins, vos arsenaux et le siège de votre gouvernement. A quand le bal ?

— A demain soir.

— Vous ne vous étonnerez pas, monsieur, qu'une femme calomniée veuille, avec l'obstination d'une femme, obtenir une éclatante réparation des injures qu'elle a subies en présence de ceux qui en furent les témoins. J'irai donc à votre bal. Je vous demande de m'accorder votre protection du moment où j'y paraîtrai jusqu'au moment où j'en sortirai. — Je ne veux pas de votre parole, dit-elle en lui voyant se mettre la main sur le cœur. J'abhorre les serments, ils ont trop l'air d'une précaution. Dites-moi simplement que vous vous engagez à garantir ma personne de toute

entreprise criminelle ou honteuse. Promettez-moi de
réparer votre tort en proclamant que je suis bien la
fille du duc de Verneuil, mais en taisant tous les
malheurs que j'ai dus à un défaut de protection
paternelle : nous serons quittes. Hé ! deux heures de
protection accordées à une femme au milieu d'un bal,
est-ce une rançon chère ?... Allez, vous ne valez pas
une obole de plus... Et, par un sourire, elle ôta toute
amertume à ces paroles.

— Que demanderez-vous pour la carabine ? dit le
comte en riant.

— Oh ! plus que pour vous.

— Quoi ?

— Le secret. Croyez-moi, Bauvan, la femme ne
peut être devinée que par une femme. Je suis certaine
que si vous dites un mot, je puis périr en chemin. Hier
quelques balles m'ont avertie des dangers que j'ai à
courir sur la route. Oh ! cette dame est aussi habile à la
chasse que leste à la toilette. Jamais femme de
chambre ne m'a si promptement déshabillée. Ah ! de
grâce, dit-elle, faites en sorte que je n'aie rien de
semblable à craindre au bal...

— Vous y serez sous ma protection, répondit le
comte avec orgueil. Mais viendrez-vous donc à Saint-
James pour Montauran ? demanda-t-il d'un air triste.

— Vous voulez être plus instruit que je ne le suis,
dit-elle en riant. Maintenant, sortez, ajouta-t-elle
après une pause. Je vais vous conduire moi-même hors
de la ville, car vous vous faites ici une guerre de
cannibales.

— Vous vous intéressez donc un peu à moi ? s'écria
le comte. Ah ! mademoiselle, permettez-moi d'espérer
que vous ne serez pas insensible à mon amitié ; car il
faut se contenter de ce sentiment, n'est-ce pas ? ajouta-
t-il d'un air de fatuité.

— Allez, devin ! dit-elle avec cette joyeuse expression que prend une femme pour faire un aveu qui ne
compromet ni sa dignité ni son secret.

Puis, elle mit une pelisse et accompagna le comte
jusqu'au Nid-aux-crocs. Arrivée au bout du sentier,

elle lui dit : — Monsieur, soyez absolument discret, même avec le marquis. Et elle mit un doigt sur ses deux lèvres.

Le comte, enhardi par l'air de bonté de mademoiselle de Verneuil, lui prit la main, elle la lui laissa prendre comme une grande faveur, et il la lui baisa tendrement.

— Oh ! mademoiselle, comptez sur moi à la vie, à la mort, s'écria-t-il en se voyant hors de tout danger. Quoique je vous doive une reconnaissance presque égale à celle que je dois à ma mère, il me sera bien difficile de n'avoir pour vous que du respect...

Il s'élança dans le sentier ; après l'avoir vu gagner les rochers de Saint-Sulpice, Marie remua la tête en signe de satisfaction et se dit à elle-même à voix basse : — Ce gros garçon-là m'a livré plus que sa vie pour sa vie ! j'en ferais ma créature à bien peu de frais ! Une créature ou un créateur, voilà donc toute la différence qui existe entre un homme et un autre !

Elle n'acheva pas, jeta un regard de désespoir vers le ciel, et regagna lentement la porte Saint-Léonard, où l'attendaient Hulot et Corentin.

— Encore deux jours, s'écria-t-elle, et... Elle s'arrêta en voyant qu'ils n'étaient pas seuls, et il tombera sous vos fusils, dit-elle à l'oreille de Hulot.

Le commandant recula d'un pas et regarda d'un air de goguenarderie difficile à rendre cette fille dont la contenance et le visage n'accusaient aucun remords. Il y a cela d'admirable chez les femmes qu'elles ne raisonnent jamais leurs actions les plus blâmables, le sentiment les entraîne ; il y a du naturel même dans leur dissimulation, et c'est chez elles seules que le crime se rencontre sans bassesse, la plupart du temps *elles ne savent pas comment cela s'est fait.*

— Je vais à Saint-James, au bal donné par les Chouans, et...

— Mais, dit Corentin en interrompant, il y a cinq lieues, voulez-vous que je vous y accompagne ?

— Vous vous occupez beaucoup, lui dit-elle, d'une chose à laquelle je ne pense jamais... de vous.

Le mépris que Marie témoignait à Corentin plut singulièrement à Hulot, qui fit sa grimace en la voyant disparaître vers Saint-Léonard ; Corentin la suivit des yeux en laissant éclater sur sa figure une sourde conscience de la fatale supériorité qu'il croyait pouvoir exercer sur cette charmante créature, en en gouvernant les passions sur lesquelles il comptait pour la trouver un jour à lui. Mademoiselle de Verneuil, de retour chez elle, s'empressa de délibérer sur ses parures de bal. Francine, habituée à obéir sans jamais comprendre les fins de sa maîtresse, fouilla les cartons et proposa une parure grecque. Tout subissait alors le système grec. La toilette agréée par Marie put tenir dans un carton facile à porter.

— Francine, mon enfant, je vais courir les champs ; vois si tu veux rester ici ou me suivre.

— Rester, s'écria Francine. Et qui vous habillerait ?

— Où as-tu mis le gant que je t'ai rendu ce matin ?

— Le voici.

— Couds à ce gant-là un ruban vert, et surtout prends de l'argent. En s'apercevant que Francine tenait des pièces nouvellement frappées, elle s'écria : — Il ne faut que cela pour nous faire assassiner. Envoie Jérémie éveiller Corentin. Non, le misérable nous suivrait ! Envoie plutôt chez le commandant demander de ma part des écus de six francs.

Avec cette sagacité féminine qui embrasse les plus petits détails, elle pensait à tout. Pendant que Francine achevait les préparatifs de son inconcevable départ, elle se mit à essayer de contrefaire le cri de la chouette, et parvint à imiter le signal de Marche-à-terre de manière à pouvoir faire illusion. A l'heure de minuit, elle sortit par la porte Saint-Léonard, gagna le petit sentier du Nid-aux-crocs, et s'aventura suivie de Francine à travers le val de Gibarry, en allant d'un pas ferme, car elle était animée par cette volonté forte qui donne à la démarche et au corps je ne sais quel caractère de puissance. Sortir d'un bal de manière à éviter un rhume, est pour les femmes une

affaire importante; mais qu'elles aient une passion
dans le cœur, leur corps devient de bronze. Cette
entreprise aurait longtemps flotté dans l'âme d'un
homme audacieux; et à peine avait-elle souri à mademoiselle de Verneuil que les dangers devenaient pour
elle autant d'attraits.

— Vous partez sans vous recommander à Dieu, dit
Francine qui s'était retournée pour contempler le
clocher de Saint-Léonard.

La pieuse Bretonne s'arrêta, joignit les mains, et dit
un *Ave* à sainte Anne d'Auray, en la suppliant de
rendre ce voyage heureux, tandis que sa maîtresse
resta pensive en regardant tour à tour et la pose naïve
de sa femme de chambre qui priait avec ferveur, et les
effets de la nuageuse lumière de la lune qui, en se
glissant à travers les découpures de l'église, donnait au
granit la légèreté d'un ouvrage en filigrane. Les deux
voyageurs arrivèrent promptement à la chaumière de
Galope-chopine. Quelque léger que fût le bruit de
leurs pas, il éveilla l'un de ces gros chiens à la fidélité
desquels les Bretons confient la garde du simple
loquet de bois qui ferme leurs portes. Le chien
accourut vers les deux étrangères, et ses aboiements
devinrent si menaçants qu'elles furent forcées d'appeler au secours en rétrogradant de quelques pas; mais
rien ne bougea. Mademoiselle de Verneuil siffla le cri
de la chouette, aussitôt les gonds rouillés de la porte
du logis rendirent un son aigu, et Galope-chopine,
levé en toute hâte, montra sa mine ténébreuse.

— Il faut, dit Marie en présentant au Surveillant de
Fougères le gant du marquis de Montauran, que je me
rende promptement à Saint-James. M. le comte de
Bauvan m'a dit que ce serait toi qui m'y conduirais et
qui me servirais de défenseur. Ainsi, mon cher
Galope-chopine, procure-nous deux ânes pour mon-
ture, et prépare-toi à nous accompagner. Le temps est
précieux, car si nous n'arrivons pas avant demain soir
à Saint-James, nous ne verrons ni le Gars, ni le bal.

Galope-chopine, tout ébaubi, prit le gant, le tourna,
le retourna, et alluma une chandelle en résine, grosse

comme le petit doigt et de la couleur du pain d'épice.
Cette marchandise importée en Bretagne du nord de
l'Europe accuse, comme tout ce qui se présente aux
regards dans ce singulier pays, une ignorance de tous
les principes commerciaux, même les plus vulgaires.
Après avoir vu le ruban vert, et regardé mademoiselle
de Verneuil, s'être gratté l'oreille, avoir bu un piché
de cidre en en offrant un verre à la belle dame, Galope-
chopine la laissa devant la table sur le banc de
châtaignier poli, et alla chercher deux ânes. La lueur
violette que jetait la chandelle exotique, n'était pas
assez forte pour dominer les jets capricieux de la lune
qui nuançaient par des points lumineux les tons noirs
du plancher et des meubles de la chaumière enfumée.
Le petit gars avait levé sa jolie tête étonnée, et au-
dessus de ses beaux cheveux, deux vaches montraient,
à travers les trous du mur de l'étable, leurs mufles
roses et leurs gros yeux brillants. Le grand chien, dont
la physionomie n'était pas la moins intelligente de la
famille, semblait examiner les deux étrangères avec
autant de curiosité qu'en annonçait l'enfant. Un
peintre aurait admiré longtemps les effets de nuit de ce
tableau ; mais, peu curieuse d'entrer en conversation
avec Barbette qui se dressait sur son séant comme un
spectre et commençait à ouvrir de grands yeux en la
reconnaissant, Marie sortit pour échapper à l'air
empesté de ce taudis et aux questions que la Bécanière
allait lui faire. Elle monta lestement l'escalier du
rocher qui abritait la hutte de Galope-chopine, et y
admira les immenses détails de ce paysage, dont les
points de vue subissaient autant de changements que
l'on faisait de pas en avant ou en arrière, vers le haut
des sommets ou le bas des vallées. La lumière de la
lune enveloppait alors, comme d'une brume lumineuse, la vallée du Couesnon. Certes, une femme qui
portait en son cœur un amour méconnu devait savou-
rer la mélancolie que cette lueur douce fait naître dans
l'âme, par les apparences fantastiques imprimées aux
masses, et par les couleurs dont elle nuance les eaux.
En ce moment le silence fut troublé par le cri des

ânes ; Marie redescendit promptement à la cabane du
Chouan, et ils partirent aussitôt. Galope-chopine,
armé d'un fusil de chasse à deux coups, portait une
longue peau de bique qui lui donnait l'air de Robinson
Crusoé. Son visage bourgeonné et plein de rides se
voyait à peine sous le large chapeau que les paysans
conservent encore comme une tradition des anciens
temps, orgueilleux d'avoir conquis à travers leur
servitude l'antique ornement des têtes seigneuriales.
Cette nocturne caravane, protégée par ce guide dont le
costume, l'attitude et la figure avaient quelque chose
de patriarcal, ressemblait à cette scène de la fuite en
Égypte [87] due aux sombres pinceaux de Rembrandt.
Galope-chopine évita soigneusement la grande route,
et guida les deux étrangères à travers l'immense dédale
de chemins de traverse de la Bretagne.

Mademoiselle de Verneuil comprit alors la guerre
des Chouans. En parcourant ces routes elle put mieux
apprécier l'état de ces campagnes qui, vues d'un point
élevé, lui avaient paru si ravissantes ; mais dans
lesquelles il faut s'enfoncer pour en concevoir et les
dangers et les inextricables difficultés. Autour de
chaque champ, et depuis un temps immémorial, les
paysans ont élévé un mur en terre, haut de six pieds,
de forme prismatique, sur le faîte duquel croissent des
châtaigniers, des chênes, ou des hêtres. Ce mur, ainsi
planté, s'appelle une *haie* (la haie normande), et les
longues branches des arbres qui la couronnent, presque toujours rejetées sur le chemin, décrivent au-
dessus un immense berceau. Les chemins, tristement
encaissés par ces murs tirés d'un sol argileux, ressemblent aux fossés des places fortes, et lorsque le granit
qui, dans ces contrées, arrive presque toujours à fleur
de terre, n'y fait pas une espèce de pavé raboteux, ils
deviennent alors tellement impraticables que la moindre charrette ne peut y rouler qu'à l'aide de deux
paires de bœufs et de deux chevaux petits, mais
généralement vigoureux. Ces chemins sont si habituellement marécageux, que l'usage a forcément établi
pour les piétons dans le champ et le long de la haie un

sentier nommé une *rote*, qui commence et finit avec
chaque pièce de terre. Pour passer d'un champ dans
un autre, il faut donc remonter la haie au moyen de
plusieurs marches que la pluie rend souvent glis-
santes.

Les voyageurs avaient encore bien d'autres obstacles à vaincre dans ces routes tortueuses. Ainsi fortifié,
chaque morceau de terre a son entrée qui, large de dix
pieds environ, est fermée par ce qu'on nomme dans
l'Ouest un *échalier*. L'échalier est un tronc ou une
forte branche d'arbre dont un des bouts, percé de part
en part, s'emmanche dans une autre pièce de bois
informe qui lui sert de pivot. L'extrémité de l'échalier
se prolonge un peu au-delà de ce pivot, de manière à
recevoir une charge assez pesante pour former un
contrepoids et permettre à un enfant de manœuvrer
cette singulière fermeture champêtre dont l'autre
extrémité repose dans un trou fait à la partie intérieure
de la haie. Quelquefois les paysans économisent la
pierre du contrepoids en laissant dépasser le gros bout
du tronc de l'arbre ou de la branche. Cette clôture
varie suivant le génie de chaque propriétaire. Souvent
l'échalier consiste en une seule branche d'arbre dont
les deux bouts sont scellés par de la terre dans la haie.
Souvent il a l'apparence d'une porte carrée, composée
de plusieurs menues branches d'arbres, placées de
distance en distance, comme les bâtons d'une échelle
mise en travers. Cette porte tourne alors comme un
échalier et roule à l'autre bout sur une petite roue
pleine. Ces haies et ces échaliers donnent au sol la
physionomie d'un immense échiquier dont chaque
champ forme une case parfaitement isolée des autres,
close comme une forteresse, protégée comme elle par
des remparts. La porte, facile à défendre, offre à des
assaillants la plus périlleuse de toutes les conquêtes.
En effet, le paysan breton croit engraisser la terre qui
se repose, en y encourageant la venue de genêts
immenses, arbuste si bien traité dans ces contrées qu'il
y arrive en peu de temps à hauteur d'homme. Ce
préjugé, digne de gens qui placent leurs fumiers dans

la partie la plus élevée de leurs cours, entretient sur le sol et dans la proportion d'un champ sur quatre, des forêts de genêts, au milieu desquelles on peut dresser mille embûches. Enfin il n'existe peut-être pas de champ où il ne se trouve quelques vieux pommiers à cidre qui y abaissent leurs branches basses et par conséquent mortelles aux productions du sol qu'elles couvrent ; or, si vous venez à songer au peu d'étendue des champs dont toutes les haies supportent d'immenses arbres à racines gourmandes qui prennent le quart du terrain, vous aurez une idée de la culture et de la physionomie du pays que parcourait alors mademoiselle de Verneuil.

On ne sait si le besoin d'éviter les contestations a, plus que l'usage si favorable à la paresse d'enfermer les bestiaux sans les garder, conseillé de construire ces clôtures formidables dont les permanents obstacles rendent le pays imprenable, et la guerre des masses impossible. Quand on a, pas à pas, analysé cette disposition du terrain, alors se révèle l'insuccès nécessaire d'une lutte entre des troupes régulières et des partisans ; car cinq cents hommes peuvent défier les troupes d'un royaume. Là était tout le secret de la guerre des Chouans. Mademoiselle de Verneuil comprit alors la nécessité où se trouvait la République d'étouffer la discorde plutôt par des moyens de police et de diplomatie, que par l'inutile emploi de la force militaire. Que faire en effet contre des gens assez habiles pour mépriser la possession des villes et s'assurer celle de ces campagnes à fortifications indestructibles. Comment ne pas négocier lorsque toute la force de ces paysans aveuglés résidait dans un chef habile et entreprenant ? Elle admira le génie du ministre qui devinait du fond d'un cabinet le secret de la paix. Elle crut entrevoir les considérations qui agissent sur les hommes assez puissants pour voir tout un empire d'un regard, et dont les actions, criminelles aux yeux de la foule, ne sont que les jeux d'une pensée immense. Il y a chez ces âmes terribles, on ne sait quel partage entre le pouvoir de la fatalité et celui du

destin, on ne sait quelle prescience dont les signes les
élèvent tout à coup ; la foule les cherche un moment
parmi elle, elle lève les yeux et les voit planant. Ces
pensées semblaient justifier et même ennoblir les
désirs de vengeance formés par mademoiselle de
Verneuil ; puis, ce travail de son âme et ses espérances
lui communiquaient assez d'énergie pour lui faire
supporter les étranges fatigues de son voyage. Au bout
de chaque héritage, Galope-chopine était forcé de faire
descendre les deux voyageuses pour les aider à gravir
les passages difficiles, et lorsque les rotes cessaient,
elles étaient obligées de reprendre leurs montures et
de se hasarder dans ces chemins fangeux qui se
ressentaient de l'approche de l'hiver. La combinaison
de ces grands arbres, des chemins creux et des
clôtures, entretenait dans les bas-fonds une humidité
qui souvent enveloppait les trois voyageurs d'un
manteau de glace. Après de pénibles fatigues, ils
atteignirent, au lever du soleil, les bois de Marignay [88].
Le voyage devint alors moins difficile dans le large
sentier de la forêt. La voûte formée par les branches,
l'épaisseur des arbres, mirent les voyageurs à l'abri de
l'inclémence du ciel, et les difficultés multipliées
qu'ils avaient eu à surmonter d'abord ne se représentè-
rent plus.

A peine avaient-ils fait une lieue environ à travers
ces bois, qu'ils entendirent dans le lointain un murmure confus de voix et le bruit d'une sonnette dont les
sons argentins n'avaient pas cette monotonie que leur
imprime la marche des bestiaux. Tout en cheminant,
Galope-chopine écouta cette mélodie avec beaucoup
d'attention, bientôt une bouffée de vent lui apporta
quelques mots psalmodiés dont l'harmonie parut agir
fortement sur lui, car il dirigea les montures fatiguées
dans un sentier qui devait écarter les voyageurs du
chemin de Saint-James, et il fit la sourde oreille aux
représentations de mademoiselle de Verneuil, dont les
appréhensions s'accrurent en raison de la sombre
disposition des lieux. A droite et à gauche, d'énormes
rochers de granit, posés les uns sur les autres, offraient

de bizarres configurations. A travers ces blocs, d'immenses racines semblables à de gros serpents se glissaient pour aller chercher au loin les sucs nourriciers de quelques hêtres séculaires. Les deux côtés de la route ressemblaient à ces grottes souterraines, célèbres par leurs stalactites. D'énormes festons de pierre où la sombre verdure du houx et des fougères s'alliait aux taches verdâtres ou blanchâtres des mousses, cachaient des précipices et l'entrée de quelques profondes cavernes. Quand les trois voyageurs eurent fait quelques pas dans un étroit sentier, le plus étonnant des spectacles vint tout à coup s'offrir aux regards de mademoiselle de Verneuil, et lui fit concevoir l'obstination de Galope-chopine.

Un bassin demi-circulaire, entièrement composé de quartiers de granit, formait un amphithéâtre dans les informes gradins duquel de hauts sapins noirs et des châtaigniers jaunis s'élevaient les uns sur les autres en présentant l'aspect d'un grand cirque, où le soleil de l'hiver semblait plutôt verser de pâles couleurs qu'épancher sa lumière et où l'automne avait partout jeté le tapis fauve de ses feuilles séchées. Au centre de cette salle qui semblait avoir eu le déluge pour architecte, s'élevaient trois énormes pierres druidiques, vaste autel sur lequel était fixée une ancienne bannière d'église. Une centaine d'hommes agenouillés, et la tête nue, priaient avec ferveur dans cette enceinte où un prêtre, assisté de deux autres ecclésiastiques, disait la messe. La pauvreté des vêtements sacerdotaux, la faible voix du prêtre qui retentissait comme un murmure dans l'espace, ces hommes pleins de conviction, unis par un même sentiment et prosternés devant un autel sans pompe, la nudité de la croix, l'agreste énergie du temple, l'heure, le lieu, tout donnait à cette scène le caractère de naïveté qui distingua les premières époques du christianisme. Mademoiselle de Verneuil resta frappée d'admiration. Cette messe dite au fond des bois, ce culte renvoyé par la persécution vers sa source, la poésie des anciens temps hardiment jetée au milieu d'une nature capricieuse et bizarre, ces Chouans armés et désarmés, cruels et priant, à la fois hommes et enfants, tout cela ne ressemblait à rien de ce qu'elle avait encore vu ou imaginé. Elle se souvenait bien d'avoir admiré dans son enfance les pompes de cette église romaine si flatteuses pour les sens ; mais elle ne connaissait pas encore Dieu tout seul, sa croix sur l'autel, son autel sur la terre ; au lieu des feuillages découpés qui dans les cathédrales couronnent les arceaux gothiques, les arbres de l'automne soutenant le dôme du ciel ; au lieu des mille couleurs projetées par les vitraux, le soleil glissant à peine ses rayons rougeâtres et ses reflets assombris sur l'autel, sur le prêtre et sur les assistants. Les hommes n'étaient plus là qu'un fait et non un système, c'était une prière et non une religion. Mais les passions humaines, dont la compression momentanée laissait à ce tableau toutes ses harmonies, apparurent bientôt dans cette scène mystérieuse et l'animèrent puissamment.

A l'arrivée de mademoiselle de Verneuil, l'évangile s'achevait. Elle reconnut en l'officiant, non sans quelque effroi, l'abbé Gudin, et se déroba précipitamment à ses regards en profitant d'un immense fragment de granit qui lui fit une cachette où elle attira vivement Francine ; mais elle essaya vainement d'arracher Galope-chopine de la place qu'il avait choisie pour participer aux bienfaits de cette cérémonie. Elle espéra pouvoir échapper au danger qui la menaçait en remarquant que la nature du terrain lui permettrait de se retirer avant tous les assistants. A la faveur d'une large fissure du rocher, elle vit l'abbé Gudin, montant sur un quartier de granit qui lui servit de chaire, et il y commença son prône en ces termes : *In nomine Patris et Filii, et Spiritus Sancti.*

A ces mots, les assistants firent tous et pieusement le signe de la croix.

— Mes chers frères, reprit l'abbé d'une voix forte, nous prierons d'abord pour les trépassés : Jean Cochegrue, Nicolas Laferté, Joseph Brouet, François Parquoi, Sulpice Coupiau, tous de cette paroisse et morts des blessures qu'ils ont reçues au combat de La Pellerine et au siège de Fougères. *De profundis*, etc.

Ce psaume fut récité, suivant l'usage, par les assistants et par les prêtres, qui disaient alternativement un verset avec une ferveur de bon augure pour le succès de la prédication. Lorsque le psaume des morts fut achevé, l'abbé Gudin continua d'une voix dont la violence alla toujours en croissant, car l'ancien jésuite n'ignorait pas que la véhémence du débit était le plus puissant des arguments pour persuader ses sauvages auditeurs.

— Ces défenseurs de Dieu, chrétiens, vous ont donné l'exemple du devoir, dit-il. N'êtes-vous pas honteux de ce qu'on peut dire de vous dans le paradis ? Sans ces bienheureux qui ont dû y être reçus à bras ouverts par tous les saints, Notre-Seigneur pourrait croire que votre paroisse est habitée par des *Mahumétisches!*... Savez-vous, mes gars, ce qu'on dit de vous dans la Bretagne, et chez le roi ?... Vous ne le savez point, n'est-ce pas ? Je vais vous le dire :
— « Comment, les Bleus ont renversé les autels, ils ont tué les recteurs, ils ont assassiné le roi et la reine, ils veulent prendre tous les paroissiens de Bretagne pour en faire des Bleus comme eux et les envoyer se battre hors de leurs paroisses, dans des pays bien éloignés où l'on court le risque de mourir sans confession et d'aller ainsi pour l'éternité dans l'enfer, et les gars de Marignay, à qui l'on a brûlé leur église, sont restés les bras ballants ? Oh ! oh ! Cette République de damnés a vendu à l'encan les biens de Dieu et ceux des seigneurs, elle en a partagé le prix entre ses Bleus ; puis, pour se nourrir d'argent comme elle se nourrit de sang, elle vient de décréter de prendre trois livres sur les écus de six francs, comme elle veut emmener trois hommes sur six, et les gars de Marignay n'ont pas pris leurs fusils pour chasser les Bleus de Bretagne ? Ah ! ah !... le paradis leur sera refusé, et ils ne pourront jamais faire leur salut ! » Voilà ce qu'on dit de vous. C'est donc de votre salut, chrétiens, qu'il s'agit. C'est votre âme que vous sauverez en combat-

tant pour la religion et pour le roi. Sainte Anne d'Auray elle-même m'est apparue avant-hier à deux heures et demie. Elle m'a dit comme je vous le dis : « Tu es un prêtre de Marignay ? — Oui, madame, prêt à vous servir. — Eh ! bien, je suis sainte Anne d'Auray, tante de Dieu, à la mode de Bretagne. Je suis toujours à Auray et encore ici, parce que je suis venue pour que tu dises aux gars de Marignay qu'il n'y a pas de salut à espérer pour eux s'ils ne s'arment pas. Aussi, leur refuseras-tu l'absolution de leurs péchés, à moins qu'ils ne servent Dieu. Tu béniras leurs fusils, et les gars qui seront sans péché ne manqueront pas les Bleus, parce que leurs fusils sont consacrés !... » Elle a disparu en laissant sous le chêne de la Patte-d'oie, une odeur d'encens. J'ai marqué l'endroit. Une belle vierge de bois y a été placée par M. le recteur de Saint-James. Or, la mère de Pierre Leroi dit Marche-à-terre, y étant venue prier le soir, a été guérie de ses douleurs, à cause des bonnes œuvres de son fils. La voilà au milieu de vous et vous la verrez de vos yeux marchant toute seule. C'est un miracle fait, comme la résurrection du bienheureux Marie Lambrequin, pour vous prouver que Dieu n'abandonnera jamais la cause des Bretons quand ils combattront pour ses serviteurs et pour le roi. Ainsi, mes chers frères, si vous voulez faire votre salut et vous montrer les défenseurs du Roi notre seigneur, vous devez obéir à tout ce que vous commandera celui que le roi a envoyé et que nous nommons le Gars. Alors vous ne serez plus comme des Mahumétisches, et vous vous trouverez avec tous les gars de toute la Bretagne, sous la bannière de Dieu. Vous pourrez reprendre dans les poches des Bleus tout l'argent qu'ils auront volé ; car, si pendant que vous faites la guerre vos champs ne sont pas semés, le Seigneur et le Roi vous abandonnent les dépouilles de leurs ennemis. Voulez-vous, chrétiens, qu'il soit dit que les gars de Marignay sont en arrière des gars du Morbihan, les gars de Saint-Georges, de ceux de Vitré, d'Antrain, qui tous sont au service de Dieu et du Roi ? Leur laisserez-vous tout prendre ? Resterez-

vous comme des hérétiques, les bras croisés, quand
tant de Bretons font leur salut et sauvent leur Roi?
— Vous abandonnerez tout pour moi! a dit l'Évangile. N'avons-nous pas déjà abandonné les dîmes,
nous autres! Abandonnez donc tout pour faire cette
guerre sainte! Vous serez comme les Macchabées.
Enfin tout vous sera pardonné. Vous trouverez au
milieu de vous les recteurs et leurs curés, et vous
triompherez! Faites attention à ceci, chrétiens, dit-il
en terminant, pour aujourd'hui seulement nous avons
le pouvoir de bénir vos fusils. Ceux qui ne profiteront
pas de cette faveur, ne retrouveront plus la sainte
d'Auray aussi miséricordieuse, et elle ne les écou-
terait plus comme elle l'a fait dans la guerre précédente.

Cette prédication soutenue par l'éclat d'un organe
emphatique et par des gestes multipliés qui mirent
l'orateur tout en eau, produisit en apparence peu
d'effet. Les paysans immobiles et debout, les yeux
attachés sur l'orateur, ressemblaient à des statues;
mais mademoiselle de Verneuil remarqua bientôt que
cette attitude générale était le résultat d'un charme
jeté par l'abbé sur cette foule. Il avait, à la manière des
grands acteurs, manié tout son public comme un seul
homme, en parlant aux intérêts et aux passions.
N'avait-il pas absous d'avance les excès, et délié les
seuls liens qui retinssent ces hommes grossiers dans
l'observation des préceptes religieux et sociaux. Il
avait prostitué le sacerdoce aux intérêts politiques;
mais, dans ces temps de révolution, chacun faisait, au
profit de son parti, une arme de ce qu'il possédait, et
la croix pacifique de Jésus devenait un instrument de
guerre aussi bien que le soc nourricier des charrues.
Ne rencontrant aucun être avec lequel elle pût s'entendre, mademoiselle de Verneuil se retourna pour
regarder Francine, et ne fut pas médiocrement surprise de lui voir partager cet enthousiasme, car elle
disait dévotieusement son chapelet sur celui de
Galope-chopine qui le lui avait sans doute abandonné
pendant la prédication.

— Francine! lui dit-elle à voix basse, tu as donc peur d'être une Mahumétische?

— Oh! mademoiselle, répliqua la Bretonne, voyez donc là-bas la mère de Pierre qui marche...

L'attitude de Francine annonçait une conviction si profonde, que Marie comprit alors tout le secret de ce prône, l'influence du clergé sur les campagnes, et les prodigieux effets de la scène qui commença. Les paysans les plus voisins de l'autel s'avancèrent un à un, et s'agenouillèrent en offrant leurs fusils au prédicateur qui les remettait sur l'autel. Galope-chopine se hâta d'aller présenter sa vieille canardière. Les trois prêtres chantèrent l'hymne du *Veni Creator* tandis que le célébrant enveloppait ces instruments de mort dans un nuage de fumée bleuâtre, en décrivant des dessins qui semblaient s'entrelacer. Lorsque la brise eut dissipé la vapeur de l'encens, les fusils furent distribués par ordre. Chaque homme reçut le sien à genoux, de la main des prêtres qui récitaient une prière latine en les leur rendant. Lorsque les hommes armés revinrent à leurs places, le profond enthousiasme de l'assistance, jusque-là muette, éclata d'une manière formidable, mais attendrissante.

— *Domine, salvum fac regem!...*

Telle était la prière que le prédicateur entonna d'une voix retentissante et qui fut par deux fois violemment chantée. Ces cris eurent quelque chose de sauvage et de guerrier. Les deux notes du mot *regem*, facilement traduit par ces paysans, furent attaquées avec tant d'énergie, que mademoiselle de Verneuil ne put s'empêcher de reporter ses pensées avec attendrissement sur la famille des Bourbons exilés. Ces souvenirs éveillèrent ceux de sa vie passée. Sa mémoire lui retraça les fêtes de cette cour maintenant dispersée, et au sein desquelles elle avait brillé. La figure du marquis s'introduisit dans cette rêverie. Avec cette mobilité naturelle à l'esprit d'une femme, elle oublia le tableau qui s'offrait à ses regards, et revint alors à ses projets de vengeance où il s'en allait de sa vie, mais qui pouvaient échouer devant un regard. En pensant à paraître belle, dans ce moment le plus décisif de son existence, elle songea qu'elle n'avait pas d'ornements pour parer sa tête au bal, et fut séduite par l'idée de se coiffer avec une branche de houx, dont les feuilles crispées et les baies rouges attiraient en ce moment son attention.

— Oh ! oh ! mon fusil pourra rater si je tire sur des oiseaux, mais sur des Bleus... jamais ! dit Galope-chopine en hochant la tête en signe de satisfaction.

Marie examina plus attentivement le visage de son guide, et y trouva le type de tous ceux qu'elle venait de voir. Ce vieux Chouan ne trahissait certes pas autant d'idées qu'il y en aurait eu chez un enfant. Une joie naïve ridait ses joues et son front quand il regardait son fusil ; mais une religieuse conviction jetait alors dans l'expression de sa joie une teinte de fanatisme qui, pour un moment, laissait éclater sur cette sauvage figure les vices de la civilisation. Ils atteignirent bientôt un village, c'est-à-dire la réunion de quatre ou cinq habitations semblables à celle de Galope-chopine, ou les Chouans nouvellement recrutés arrivèrent, pendant que mademoiselle de Verneuil achevait un repas dont le beurre, le pain et le laitage firent tous les frais. Cette troupe irrégulière était conduite par le recteur, qui tenait à la main une croix grossière transformée en drapeau, et que suivait un gars tout fier de porter la bannière de la paroisse. Mademoiselle de Verneuil se trouva forcément réunie à ce détachement qui se rendait comme elle à Saint-James, et qui la protégea naturellement contre toute espèce de danger, du moment où Galope-chopine eut fait l'heureuse indiscrétion de dire au chef de cette troupe, que la belle garce à laquelle il servait de guide était la bonne amie du Gars.

Vers le coucher du soleil, les trois voyageurs arrivèrent à Saint-James, petite ville qui doit son nom aux Anglais, par lesquels elle fut bâtie au XIVe siècle, pendant leur domination en Bretagne. Avant d'y entrer, mademoiselle de Verneuil fut témoin d'une étrange scène de guerre à laquelle elle ne donna pas beaucoup d'attention, elle craignit d'être reconnue par quelques-uns de ses ennemis, et cette peur lui fit hâter sa marche. Cinq à six mille paysans étaient campés dans un champ. Leurs costumes, assez semblables à ceux des réquisitionnaires de La Pellerine excluaient toute idée de guerre. Cette tumultueuse réunion d'hommes ressemblait à celle d'une grande foire. Il fallait même quelque attention pour découvrir que ces Bretons étaient armés, car leurs peaux de bique si diversement façonnées cachaient presque leurs fusils, et l'arme la plus visible était la faux par laquelle quelques-uns remplaçaient les fusils qu'on devait leur distribuer. Les uns buvaient et mangeaient, les autres se battaient ou se disputaient à haute voix; mais la plupart dormaient couchés par terre. Il n'y avait aucune apparence d'ordre et de discipline. Un officier, portant un uniforme rouge, attira l'attention de mademoiselle de Verneuil, elle le supposa devoir être au service d'Angleterre. Plus loin, deux autres officiers paraissaient vouloir apprendre à quelques Chouans, plus intelligents que les autres, à manœuvrer deux pièces de canon qui semblaient former toute l'artillerie de la future armée royaliste. Des hurlements accueillirent l'arrivée des gars de Marignay qui furent reconnus à leur bannière. A la faveur du mouvement que cette troupe et les recteurs excitèrent dans le camp, mademoiselle de Verneuil put le traverser sans danger et s'introduisit dans la ville. Elle atteignit une auberge de peu d'apparence et qui n'était pas très éloignée de la maison où se donnait le bal. La ville était envahie par tant de monde, qu'après toutes les peines imaginables, elle n'obtint qu'une mauvaise petite chambre. Lorsqu'elle y fut installée, et que Galope-chopine eut remis à Francine les cartons qui contenaient la toilette de sa maîtresse, il resta debout dans une attitude d'attente et d'irrésolution indescriptible. En tout autre moment, mademoiselle de Verneuil se serait amusée à voir ce qu'est un paysan breton sorti de sa paroisse; mais elle rompit le charme en tirant de sa bourse quatre écus de six francs qu'elle lui présenta.

— Prends donc ! dit-elle à Galope-chopine ; et, si tu
veux m'obliger, tu retourneras sur-le-champ à Fougères, sans passer par le camp et sans goûter au cidre.

Le Chouan, étonné d'une telle libéralité, regardait
tour à tour les quatre écus qu'il avait pris et mademoiselle de Verneuil ; mais elle fit un geste de main, et il
disparut.

— Comment pouvez-vous le renvoyer, mademoiselle ! demanda Francine. N'avez-vous pas vu comme
la ville est entourée, comment la quitterons-nous, et
qui vous protégera ici ?...

— N'as-tu pas ton protecteur ? dit mademoiselle de
Verneuil en sifflant sourdement d'une manière
moqueuse à la manière de Marche-à-terre, de qui elle
essaya de contrefaire l'attitude.

Francine rougit et sourit tristement de la gaieté de
sa maîtresse.

— Mais où est le vôtre ? demanda-t-elle.

Mademoiselle de Verneuil tira brusquement son
poignard, et le montra à la Bretonne effrayée qui se
laissa aller sur une chaise, en joignant les mains.

— Qu'êtes-vous donc venue chercher ici, Marie !
s'écria-t-elle d'une voix suppliante qui ne demandait
pas de réponse.

Mademoiselle de Verneuil était occupée à contour-
ner [89] les branches de houx qu'elle avait cueillies, et
disait : — Je ne sais pas si ce houx sera bien joli dans
les cheveux. Un visage aussi éclatant que le mien peut
seul supporter une si sombre coiffure, qu'en dis-tu,
Francine ?

Plusieurs propos semblables annoncèrent la plus
grande liberté d'esprit chez cette singulière fille pendant qu'elle fit sa toilette. Qui l'eût écoutée, aurait
difficilement cru à la gravité de ce moment où elle
jouait sa vie. Une robe de mousseline des Indes, assez
courte et semblable à un linge mouillé, révéla les
contours délicats de ses formes ; puis elle mit un
pardessus rouge dont les plis nombreux et graduellement plus allongés à mesure qu'ils tombaient sur le
côté, dessinèrent le cintre gracieux des tuniques

grecques. Ce voluptueux vêtement des prêtresses
païennes rendit moins indécent ce costume que la
mode de cette époque permettait aux femmes de
porter. Pour atténuer l'impudeur de la mode, Marie
couvrit d'une gaze ses blanches épaules que la tunique
laissait à nu beaucoup trop bas. Elle tourna les longues
nattes de ses cheveux de manière à leur faire former
derrière la tête ce cône imparfait et aplati qui donne
tant de grâce à la figure de quelques statues antiques
par une prolongation factice de la tête, et quelques
boucles réservées au-dessus du front retombèrent de
chaque côté de son visage en longs rouleaux brillants.
Ainsi vêtue, ainsi coiffée, elle offrit une ressemblance
parfaite avec les plus illustres chefs-d'œuvre du ciseau
grec. Quand elle eut, par un sourire, donné son
approbation à cette coiffure dont les moindres dispositions faisaient ressortir les beautés de son visage, elle y
posa la couronne de houx qu'elle avait préparée et
dont les nombreuses baies rouges répétèrent heureusement dans ses cheveux la couleur de la tunique. Tout
en tortillant quelques feuilles pour produire des
oppositions capricieuses entre leur sens et le revers,
mademoiselle de Verneuil regarda dans une glace
l'ensemble de sa toilette pour juger de son effet.

— Je suis horrible ce soir ! dit-elle comme si elle eût
été entourée de flatteurs. J'ai l'air d'une statue de la
Liberté.

Elle plaça soigneusement son poignard au milieu de
son corset en laissant passer les rubis qui en ornaient le
bout et dont les reflets rougeâtres devaient attirer les
yeux sur les trésors que sa rivale avait si indignement
prostitués. Francine ne put se résoudre à quitter sa
maîtresse. Quand elle la vit près de partir, elle sut
trouver, pour l'accompagner, des prétextes dans tous
les obstacles que les femmes ont à surmonter en allant
à une fête dans une petite ville de la Basse-Bretagne.
Ne fallait-il pas qu'elle débarrassât mademoiselle de
Verneuil de son manteau, de la double chaussure que
la boue et le fumier de la rue l'avaient obligée à mettre,
quoiqu'on l'eût fait sabler, et du voile de gaze sous

lequel elle cachait sa tête aux regards des Chouans que la curiosité attirait autour de la maison où la fête avait lieu. La foule était si nombreuse, qu'elles marchèrent entre deux haies de Chouans. Francine n'essaya plus de retenir sa maîtresse, mais après lui avoir rendu les derniers services exigés par une toilette dont le mérite consistait dans une extrême fraîcheur, elle resta dans la cour pour ne pas l'abandonner aux hasards de sa destinée sans être à même de voler à son secours, car la pauvre Bretonne ne prévoyait que des malheurs.

Une scène assez étrange avait lieu dans l'appartement de Montauran, au moment où Marie de Verneuil se rendait à la fête. Le jeune marquis achevait sa toilette et passait le large ruban rouge qui devait servir à le faire reconnaître comme le premier personnage de cette assemblée, lorsque l'abbé Gudin entra d'un air inquiet.

— Monsieur le marquis, venez vite, lui dit-il. Vous seul pourrez calmer l'orage qui s'est élevé, je ne sais à quel propos, entre les chefs. Ils parlent de quitter le service du Roi. Je crois que ce diable de Rifoël est cause de tout le tumulte. Ces querelles-là sont toujours causées par une niaiserie. Madame du Gua lui a reproché, m'a-t-on dit, d'arriver très mal mis au bal.

— Il faut que cette femme soit folle, s'écria le marquis, pour vouloir...

— Le chevalier du Vissard, reprit l'abbé en interrompant le chef, a répliqué que si vous lui aviez donné l'argent promis au nom du Roi...

— Assez, assez, monsieur l'abbé. Je comprends tout, maintenant. Cette scène a été convenue, n'est-ce pas, et vous êtes l'ambassadeur...

— Moi, monsieur le marquis ! reprit l'abbé en interrompant encore, je vais vous appuyer vigoureusement, et vous me rendrez, j'espère, la justice de croire que le rétablissement de nos autels en France, celui du Roi sur le trône de ses pères, sont pour mes humbles travaux de bien plus puissants attraits que cet évêché de Rennes que vous...

L'abbé n'osa poursuivre, car à ces mots le marquis

s'était mis à sourire avec amertume. Mais le jeune chef
réprima aussitôt la tristesse des réflexions qu'il faisait,
son front prit une expression sévère, et il suivit l'abbé
Gudin dans une salle où retentissaient de violentes
clameurs.

— Je ne reconnais ici l'autorité de personne,
s'écriait Rifoël en jetant des regards enflammés à tous
ceux qui l'entouraient et en portant la main à la
poignée de son sabre.

— Reconnaissez-vous celle du bon sens? lui
demanda froidement le marquis.

Le jeune chevalier du Vissard, plus connu sous son
nom patronymique de Rifoël, garda le silence devant
le général des armées catholiques.

— Qu'y a-t-il donc, messieurs? dit le jeune chef en
examinant tous les visages.

— Il y a, monsieur le marquis, reprit un célèbre
contrebandier embarrassé comme un homme du peuple qui reste d'abord sous le joug du préjugé devant un
grand seigneur, mais qui ne connaît plus de bornes
aussitôt qu'il a franchi la barrière qui l'en sépare,
parce qu'il ne voit alors en lui qu'un égal; il y a, dit-il,
que vous venez fort à propos. Je ne sais pas dire des
paroles dorées, aussi m'expliquerai-je rondement. J'ai
commandé cinq cents hommes pendant tout le temps
de la dernière guerre. Depuis que nous avons repris
les armes, j'ai su trouver pour le service du Roi mille
têtes aussi dures que la mienne. Voici sept ans que je
risque ma vie pour la bonne cause, je ne vous le
reproche pas, mais toute peine mérite salaire. Or,
pour commencer, je veux qu'on m'appelle monsieur
de Cottereau. Je veux que le grade de colonel me soit
reconnu, sinon je traite de ma soumission avec le
premier Consul. Voyez-vous, monsieur le marquis,
mes hommes et moi nous avons un créancier diablement importun et qu'il faut toujours satisfaire! — Le
voilà! ajouta-t-il en se frappant le ventre.

— Les violons sont-ils venus? demanda le marquis
à madame du Gua avec un accent moqueur.

Mais le contrebandier avait traité brutalement un

sujet trop important, et ces esprits aussi calculateurs qu'ambitieux étaient depuis trop longtemps en suspens sur ce qu'ils avaient à espérer du Roi, pour que le dédain du jeune chef pût mettre un terme à cette scène. Le jeune et ardent chevalier du Vissard se plaça vivement devant Montauran, et lui prit la main pour l'obliger à rester.

— Prenez garde, monsieur le marquis, lui dit-il, vous traitez trop légèrement des hommes qui ont quelque droit à la reconnaissance de celui que vous représentez ici. Nous savons que Sa Majesté vous a donné tout pouvoir pour attester nos services, qui doivent trouver leur récompense dans ce monde ou dans l'autre, car chaque jour l'échafaud est dressé pour nous. Je sais, quant à moi, que la grade de maréchal de camp...

— Vous voulez dire colonel...

— Non, monsieur le marquis, Charette m'a nommé colonel. Le grade dont je parle ne pouvant pas m'être contesté, je ne plaide point en ce moment pour moi, mais pour tous mes intrépides frères d'armes dont les services ont besoin d'être constatés. Votre signature et vos promesses leur suffiront aujourd'hui, et, dit-il tout bas, j'avoue qu'ils se contentent de peu de chose. Mais, reprit-il en haussant la voix, quand le soleil se lèvera dans le château de Versailles pour éclairer les jours heureux de la monarchie, alors les fidèles qui auront aidé le Roi à conquérir la France, en France, pourront-ils facilement obtenir des grâces pour leurs familles, des pensions pour les veuves, et la restitution des biens qu'on leur a si mal à propos confisqués. J'en doute. Aussi, monsieur le marquis, les preuves des services rendus ne seront-ils pas alors inutiles. Je ne me défierai jamais du Roi, mais bien de ces cormorans de ministres et de courtisans qui lui corneront aux oreilles des considérations sur le bien public, l'honneur de la France, les intérêts de la couronne, et mille autres billevesées. Puis l'on se moquera d'un loyal Vendéen ou d'un brave Chouan, parce qu'il sera vieux, et que la brette [90] qu'il aura tirée pour la bonne cause lui battra dans des jambes amaigries par les souffrances... Trouvez-vous que nous ayons tort ?

— Vous parlez admirablement bien, monsieur du Vissard, mais un peu trop tôt, répondit le marquis.

— Écoutez donc, marquis, lui dit le comte de Bauvan à voix basse, Rifoël a, par ma foi, débité de fort bonnes choses. Vous êtes sûr, vous, de toujours avoir l'oreille du Roi ; mais nous autres, nous n'irons voir le maître que de loin en loin ; et je vous avoue que si vous ne me donniez pas votre parole de gentilhomme de me faire obtenir en temps et lieu la charge de Grand-maître des Eaux-et-forêts de France, du diable si je risquerais mon cou. Conquérir la Normandie au Roi, ce n'est pas une petite tâche, aussi espéré-je bien avoir l'Ordre. — Mais, ajouta-t-il en rougissant, nous avons le temps de penser à cela. Dieu me préserve d'imiter ces pauvres hères et de vous harceler. Vous parlerez de moi au Roi, et tout sera dit.

Chacun des chefs trouva le moyen de faire savoir au marquis, d'une manière plus ou moins ingénieuse, le prix exagéré qu'il attendait de ses services. L'un demandait modestement le gouvernement de Bretagne, l'autre une baronnie, celui-ci un grade, celui-là un commandement ; tous voulaient des pensions.

— Eh ! bien, baron, dit le marquis à monsieur du Guénic, vous ne voulez donc rien ?

— Ma foi, marquis, ces messieurs ne me laissent que la couronne de France, mais je pourrais bien m'en accommoder...

— Eh ! messieurs, dit l'abbé Gudin d'une voix tonnante, songez donc que si vous êtes si empressés, vous gâterez tout au jour de la victoire. Le Roi ne sera-t-il pas obligé de faire des concessions aux révolutionnaires ?

— Aux jacobins, s'écria le contrebandier. Ah ! que le Roi me laisse faire, je réponds d'employer mes mille hommes à les pendre, et nous en serons bientôt débarrassés.

— Monsieur de Cottereau, reprit le marquis, je vois

entrer quelques personnes invitées à se rendre ici. Nous devons rivaliser de zèle et de soins pour les décider à coopérer à notre sainte entreprise, et vous comprenez que ce n'est pas le moment de nous occuper de vos demandes, fussent-elles justes.

En parlant ainsi, le marquis s'avançait vers la porte, comme pour aller au-devant de quelques nobles des pays voisins qu'il avait entrevus ; mais le hardi contrebandier lui barra le passage d'un air soumis et respectueux.

— Non, non, monsieur le marquis, excusez-moi ; mais les jacobins nous ont trop bien appris, en 1793, que ce n'est pas celui qui fait la moisson qui mange la galette. Signez-moi ce chiffon de papier, et demain je vous amène quinze cents gars ; sinon, je traite avec le premier Consul.

Après avoir regardé fièrement autour de lui, le marquis vit que la hardiesse du vieux partisan et son air résolu ne déplaisaient à aucun des spectateurs de ce débat. Un seul homme assis dans un coin semblait ne prendre aucune part à la scène, et s'occupait à charger de tabac une pipe en terre blanche. L'air de mépris qu'il témoignait pour les orateurs, son attitude modeste, et le regard compatissant que le marquis rencontra dans ses yeux, lui firent examiner ce serviteur généreux, dans lequel il reconnut le major Brigaut ; le chef alla brusquement à lui.

— Et toi, lui dit-il, que demandes-tu ?

— Oh ! monsieur le marquis, si le Roi revient, je suis content.

— Mais toi ?

— Oh ! moi... Monseigneur veut rire.

Le marquis serra la main calleuse du Breton, et dit à madame du Gua, dont il s'était rapproché :

— Madame, je puis périr dans mon entreprise avant d'avoir eu le temps de faire parvenir au Roi un rapport fidèle sur les armées catholiques de la Bretagne. Si vous voyez la Restauration, n'oubliez ni ce brave homme ni le baron du Guénic. Il y a plus de dévouement en eux que dans tous ces gens-là.

Et il montra les chefs qui attendaient avec une certaine impatience que le jeune marquis fît droit à leurs demandes. Tous tenaient à la main des papiers déployés, où leurs services avaient sans doute été constatés par les généraux royalistes des guerres précédentes, et tous commençaient à murmurer. Au milieu d'eux, l'abbé Gudin, le comte de Bauvan, le baron du Guénic se consultaient pour aider le marquis à repousser des prétentions si exagérées, car ils trouvaient la position du jeune chef très délicate.

Tout à coup le marquis promena ses yeux bleus, brillants d'ironie, sur cette assemblée, et dit d'une voix claire : — Messieurs, je ne sais pas si les pouvoirs que le Roi a daigné me confier sont assez étendus pour que je puisse satisfaire à vos demandes. Il n'a peut-être pas prévu tant de zèle, ni tant de dévouement. Vous allez juger vous-même de mes devoirs, et peut-être saurai-je les accomplir.

Il disparut et revint promptement en tenant à la main une lettre déployée, revêtue du sceau et de la signature royale.

— Voici les lettres patentes en vertu desquelles vous devez m'obéir, dit-il. Elles m'autorisent à gouverner les provinces de Bretagne, de Normandie, du Maine et de l'Anjou, au nom du Roi, et à reconnaître les services des officiers qui se seront distingués dans ses armées.

Un mouvement de satisfaction éclata dans l'assemblée. Les Chouans s'avancèrent vers le marquis, en décrivant autour de lui un cercle respectueux. Tous les yeux étaient attachés sur la signature du Roi. Le jeune chef, qui se tenait debout devant la cheminée, jeta les lettres dans le feu, où elles furent consumées en un clin d'œil.

— Je ne veux plus commander, s'écria le jeune homme, qu'à ceux qui verront un Roi dans le roi, et non une proie à dévorer. Vous êtes libres, messieurs, de m'abandonner...

Madame du Gua, l'abbé Gudin, le major Brigaut, le chevalier du Vissard, le baron du Guénic, le comte de

Bauvan enthousiasmés, firent entendre le cri de *vive le
Roi!* Si d'abord les autres chefs hésitèrent un moment
à répéter ce cri, bientôt entraînés par la noble action
du marquis, ils le prièrent d'oublier ce qui venait de se
passer, en l'assurant que, sans lettres patentes, il serait
toujours leur chef.

— Allons danser, s'écria le comte de Bauvan, et
advienne que pourra! Après tout, ajouta-t-il gaiement, il vaut mieux, mes amis, s'adresser à Dieu qu'à
ses saints. Battons-nous d'abord, et nous verrons
après.

— Ah! c'est vrai, ça. Sauf votre respect, monsieur
le baron, dit Brigaut à voix basse en s'adressant au
loyal du Guénic, je n'ai jamais vu réclamer dès le
matin le prix de la journée.

L'assemblée se dispersa dans les salons où quelques
personnes étaient déjà réunies. Le marquis essaya
vainement de quitter l'air sombre qui altéra son
visage, les chefs aperçurent aisément les impressions
défavorables que cette scène avait produites sur un
homme dont le dévouement était encore accompagné
des belles illusions de la jeunesse, et ils en furent
honteux.

Une joie enivrante éclatait dans cette réunion
composée des personnes les plus exaltées du parti
royaliste, qui, n'ayant jamais pu juger, du fond d'une
province insoumise, les événements de la Révolution,
devaient prendre les espérances les plus hypothétiques
pour des réalités. Les opérations hardies commencées
par Montauran, son nom, sa fortune, sa capacité,
relevaient tous les courages, et causaient cette ivresse
politique, la plus dangereuse de toutes, en ce qu'elle
ne se refroidit que dans des torrents de sang presque
toujours inutilement versés. Pour toutes les personnes
présentes, la Révolution n'était qu'un trouble passager
dans le royaume de France, où, pour elles, rien ne
paraissait changé. Ces campagnes appartenaient toujours à la maison de Bourbon. Les royalistes y
régnaient si complètement que quatre années auparavant, Hoche y obtint moins la paix qu'un armistice.

Les nobles traitaient donc fort légèrement les Révolutionnaires : pour eux, Bonaparte était un Marceau plus heureux que son devancier. Aussi les femmes se disposaient-elles fort gaiement à danser. Quelques-uns des chefs qui s'étaient battus avec les Bleus connaissaient seuls la gravité de la crise actuelle, et sachant que s'ils parlaient du premier Consul et de sa puissance à leurs compatriotes arriérés, ils n'en seraient pas compris, tous causaient entre eux en regardant les femmes avec une insouciance dont elles se vengeaient en se critiquant entre elles. Madame du Gua, qui semblait faire les honneurs du bal, essayait de tromper l'impatience des danseurs en adressant successivement à chacune d'elles les flatteries d'usage. Déjà l'on entendait les sons criards des instruments que l'on mettait d'accord, lorsque madame du Gua aperçut le marquis dont la figure conservait encore une expression de tristesse ; elle alla brusquement à lui.

— Ce n'est pas, j'ose l'espérer, la scène très ordinaire que vous avez eue avec ces manants qui peut vous accabler, lui dit-elle.

Elle n'obtint pas de réponse, le marquis absorbé dans sa rêverie croyait entendre quelques-unes des raisons que, d'une voix prophétique, Marie lui avait données au milieu de ces mêmes chefs à la Vivetière, pour l'engager à abandonner la lutte des rois contre les peuples. Mais ce jeune homme avait trop d'élévation dans l'âme, trop d'orgueil, trop de conviction peut-être pour délaisser l'œuvre commencée, et il se décidait en ce moment à la poursuivre courageusement malgré les obstacles. Il releva la tête avec fierté, et alors il comprit ce que lui disait madame du Gua.

— Vous êtes sans doute à Fougères, disait-elle avec une amertume qui révélait l'inutilité des efforts qu'elle avait tentés pour distraire le marquis. Ah ! monsieur, je donnerais mon sang pour vous *la* mettre entre les mains et vous voir heureux avec elle.

— Pourquoi donc avoir tiré sur elle avec tant d'adresse ?

— Parce que je la voudrais morte où dans vos bras.

Oui, monsieur, j'ai pu aimer le marquis de Montauran
le jour où j'ai cru voir en lui un héros. Maintenant je
n'ai plus pour lui qu'une douloureuse amitié, je le vois
séparé de la gloire par le cœur nomade d'une fille
d'Opéra.

— Pour de l'amour, reprit le marquis avec l'accent
de l'ironie, vous me jugez bien mal ! Si j'aimais cette
fille-là, madame, je la désirerais moins... et, sans
vous, peut-être, n'y penserais-je déjà plus.

— La voici ! dit brusquement madame du Gua.

La précipitation que mit le marquis à tourner la tête
fit un mal affreux à cette pauvre femme ; mais la vive
lumière des bougies lui permettant de bien apercevoir
les plus légers changements qui se firent dans les traits
de cet homme si violemment aimé, elle crut y
découvrir quelques espérances de retour, lorsqu'il
ramena sa tête vers elle, en souriant de cette ruse de
femme.

— De quoi riez-vous donc ? demanda le comte de
Bauvan.

— D'une bulle de savon qui s'évapore ! répondit
madame du Gua joyeuse. Le marquis, s'il faut l'en
croire, s'étonne aujourd'hui d'avoir senti son cœur
battre un instant pour cette fille qui se disait mademoiselle de Verneuil. Vous savez ?

— Cette fille ?... reprit le comte avec un accent de
reproche. Madame, c'est à l'auteur du mal à le
réparer, et je vous donne ma parole d'honneur qu'elle
est bien réellement la fille du duc de Verneuil.

— Monsieur le comte, dit le marquis d'une voix
profondément altérée, laquelle de vos deux paroles
croire, celle de la Vivetière ou celle de Saint-James ?

Une voix éclatante annonça mademoiselle de Verneuil. Le comte s'élança vers la porte, offrit la main à
la belle inconnue avec les marques du plus profond
respect ; et, la présentant à travers la foule curieuse au
marquis et à madame du Gua : — Ne croire que celle
d'aujourd'hui, répondit-il au jeune chef stupéfait.

Madame du Gua pâlit à l'aspect de cette malencon-
treuse fille, qui resta debout un moment en jetant des

regards orgueilleux sur cette assemblée où elle chercha
les convives de la Vivetière. Elle attendit la salutation
forcée de sa rivale, et, sans regarder le marquis, se
laissa conduire à une place d'honneur par le comte qui
la fit asseoir près de madame du Gua, à laquelle elle
rendit un léger salut de protection, mais qui, par un
instinct de femme, ne s'en fâcha point et prit aussitôt
un air riant et amical. La mise extraordinaire et la
beauté de mademoiselle de Verneuil excitèrent un
moment les murmures de l'assemblée. Lorsque le
marquis et madame du Gua tournèrent leurs regards
sur les convives de la Vivetière, ils les trouvèrent dans
une attitude de respect qui ne paraissait pas être jouée,
chacun d'eux semblait chercher les moyens de rentrer
en grâce auprès de la jeune Parisiennne méconnue.
Les ennemis étaient donc en présence.

— Mais c'est une magie, mademoiselle ! Il n'y a
que vous au monde pour surprendre ainsi les gens.
Comment, venir toute seule ? disait madame du Gua.

— Toute seule, répéta mademoiselle de Verneuil ;
ainsi, madame, vous n'aurez que moi, ce soir, à
tuer.

— Soyez indulgente, reprit madame du Gua. Je ne
puis vous exprimer combien j'éprouve de plaisir à
vous revoir. Vraiment j'étais accablée par le souvenir
de mes torts envers vous, et je cherchais une occasion
qui me permît de les réparer.

— Quant à vos torts, madame, je vous pardonne
facilement ceux que vous avez eus envers moi ; mais
j'ai sur le cœur la mort des Bleus que vous avez
assassinés. Je pourrais peut-être encore me plaindre de
la roideur de votre correspondance... Eh bien !
j'excuse tout, grâce au service que vous m'avez rendu.

Madame du Gua perdit contenance en se sentant
presser la main par sa belle rivale qui lui souriait avec
une grâce insultante. Le marquis était resté immobile,
mais en ce moment il saisit fortement le bras du
comte.

— Vous m'avez indignement trompé, lui dit-il, et
vous avez compromis jusqu'à mon honneur ; je ne suis

pas un Géronte de comédie, et il me faut votre vie ou vous aurez la mienne.

— Marquis, reprit le comte avec hauteur, je suis prêt à vous donner toutes les explications que vous désirerez.

Et ils se dirigèrent vers la pièce voisine. Les personnes les moins initiées au secret de cette scène commençaient à en comprendre l'intérêt, en sorte que quand les violons donnèrent le signal de la danse, personne ne bougea.

— Mademoiselle, quel service assez important ai-je donc eu l'honneur de vous rendre, pour mériter... reprit madame du Gua en se pinçant les lèvres avec une sorte de rage.

— Madame, ne m'avez-vous pas éclairée sur le vrai caractère du marquis de Montauran. Avec quelle impassibilité cet homme affreux me laissait périr. Je vous l'abandonne bien volontiers.

— Que venez-vous donc chercher ici ? dit vivement madame du Gua.

— L'estime et la considération que vous m'aviez enlevées à la Vivetière, madame. Quant au reste, soyez bien tranquille. Si le marquis revenait à moi, vous devez savoir qu'un retour n'est jamais de l'amour.

Madame du Gua prit alors la main de mademoiselle de Verneuil avec cette affectueuse gentillesse de mouvement que les femmes déploient volontiers entre elles, surtout en présence des hommes.

— Eh bien ! ma pauvre petite, je suis enchantée de vous voir si raisonnable. Si le service que je vous ai rendu a été d'abord bien rude, dit-elle en pressant la main qu'elle tenait quoiqu'elle éprouvât l'envie de la déchirer lorsque ses doigts lui en révélèrent la moelleuse finesse, il sera du moins complet. Écoutez, je connais le caractère du Gars, dit-elle avec un sourire perfide, eh bien ! il vous aurait trompée, il ne veut et ne peut épouser personne.

— Ah !...

— Oui, mademoiselle, il n'a accepté sa dangereuse mission que pour mériter la main de mademoiselle d'Uxelles[91], alliance pour laquelle Sa Majesté lui a promis tout son appui.

— Ah ! ah !...

Mademoiselle de Verneuil n'ajouta pas un mot à cette railleuse exclamation. Le jeune et beau chevalier du Vissard, impatient de se faire pardonner la plaisanterie qui avait donné le signal des injures à la Vivetière, s'avança vers elle en l'invitant respectueusement à danser, elle lui tendit la main et s'élança pour prendre place au quadrille où figurait madame du Gua. La mise de ces femmes dont les toilettes rappelaient les modes de la cour exilée, qui toutes avaient de la poudre ou les cheveux crêpés, sembla ridicule aussitôt qu'on put la comparer au costume à la fois élégant, riche et sévère que la mode autorisait mademoiselle de Verneuil à porter, qui fut proscrit à haute voix, mais envié *in petto* par les femmes. Les hommes ne se lassaient pas d'admirer la beauté d'une chevelure naturelle, et les détails d'un ajustement dont la grâce était toute dans celle des proportions qu'il révélait.

En ce moment le marquis et le comte rentrèrent dans la salle de bal et arrivèrent derrière mademoiselle de Verneuil qui ne se retourna pas. Si une glace, placée vis-à-vis d'elle, ne lui eût pas appris la présence du marquis, elle l'eût devinée par la contenance de madame du Gua qui cachait mal, sous un air indifférent en apparence, l'impatience avec laquelle elle attendait la lutte qui, tôt ou tard, devait se déclarer entre les deux amants. Quoique le marquis s'entretînt avec le comte et deux autres personnes, il put néanmoins entendre les propos des cavaliers et des danseuses qui, selon les caprices de la contredanse, venaient occuper momentanément la place de mademoiselle de Verneuil et de ses voisins.

— Oh ! mon Dieu, oui, madame, elle est venue seule, disait l'un.

— Il faut être bien hardie, répondit la danseuse.

— Mais si j'étais habillée ainsi, je me croirais nue, dit une autre dame.

— Oh ! ce n'est pas un costume décent, répliquait le cavalier, mais elle est si belle, et il lui va si bien !

— Voyez, je suis honteuse pour elle de la perfection de sa danse. Ne trouvez-vous pas qu'elle a tout à fait l'air d'une fille d'Opéra ? répliqua la dame jalouse.

— Croyez-vous qu'elle vienne ici pour traiter au nom du premier Consul ? demandait une troisième dame.

— Quelle plaisanterie, répondit le cavalier.

— Elle n'apportera guère d'innocence en dot, dit en riant la danseuse.

Le Gars se retourna brusquement pour voir la femme qui se permettait cette épigramme, et alors madame de Gua le regarda d'un air qui disait évidemment : — Vous voyez ce qu'on en pense !

— Madame, dit en riant le comte à l'ennemie de Marie, il n'y a encore que les dames qui la lui ont ôtée...

Le marquis pardonna intérieurement au comte tous ses torts. Lorsqu'il se hasarda à jeter un regard sur sa maîtresse dont les grâces étaient, comme celles de presque toutes les femmes, mises en relief par la lumière des bougies, elle lui tourna le dos en revenant à sa place, et s'entretint avec son cavalier en laissant parvenir à l'oreille du marquis les sons les plus caressants de sa voix.

— Le premier Consul nous envoie des ambassadeurs bien dangereux, lui disait son danseur.

— Monsieur, reprit-elle, on a déjà dit cela à la Vivetière.

— Mais vous avez autant de mémoire que le Roi, repartit le gentilhomme mécontent de sa maladresse.

— Pour pardonner les injures, il faut bien s'en souvenir, reprit-elle vivement en le tirant d'embarras par un sourire.

— Sommes-nous tous compris dans cette amnistie ? lui demanda le marquis.

Mais elle s'élança pour danser avec une ivresse enfantine en le laissant interdit et sans réponse ; il la contempla avec une froide mélancolie, elle s'en aper-

çut, et alors elle pencha la tête par une de ces
coquettes attitudes que lui permettait la gracieuse
proportion de son col, et n'oublia certes aucun des
mouvements qui pouvaient attester la rare perfection
de son corps. Marie attirait comme l'espoir, elle
échappait comme un souvenir. La voir ainsi, c'était
vouloir la posséder à tout prix. Elle le savait, et la
conscience qu'elle eut alors de sa beauté répandit sur
sa figure un charme inexprimable. Le marquis sentit
s'élever dans son cœur un tourbillon d'amour, de rage
et de folie, il serra violemment la main du comte et
s'éloigna.

— Eh ! bien, il est donc parti ? demanda mademoiselle de Verneuil en revenant à sa place.

Le comte s'élança dans la salle voisine, et fit à sa
protégée un signe d'intelligence en lui ramenant le
Gars.

— Il est à moi, se dit-elle en examinant dans la
glace le marquis dont la figure doucement agitée
rayonnait d'espérance.

Elle reçut le jeune chef en boudant et sans mot dire,
mais elle le quitta en souriant ; elle le voyait si
supérieur, qu'elle se sentit fière de pouvoir le tyranni-
ser, et voulut lui faire acheter chèrement quelques
douces paroles pour lui en apprendre tout le prix,
suivant un instinct de femme auquel toutes obéissent
plus ou moins. La contredanse finie, tous les gentilshommes de la Vivetière vinrent entourer Marie, et
chacun d'eux sollicita le pardon de son erreur par des
flatteries plus ou moins bien débitées ; mais celui
qu'elle aurait voulu voir à ses pieds n'approcha pas du
groupe où elle régnait.

— Il se croit encore aimé, se dit-elle, il ne veut pas
être confondu avec les indifférents.

Elle refusa de danser. Puis, comme si cette fête eût
été donnée pour elle, elle alla de quadrille en quadrille, appuyée sur le bras du comte de Bauvan,
auquel elle se plut à témoigner quelque familiarité.
L'aventure de la Vivetière était alors connue de toute
l'assemblée dans ses moindres détails, grâce aux soins

de madame du Gua qui espérait, en affichant ainsi mademoiselle de Verneuil et le marquis, mettre un obstacle de plus à leur réunion ; aussi les deux amants brouillés étaient-ils devenus l'objet de l'attention générale. Montauran n'osait aborder sa maîtresse, car le sentiment de ses torts et la violence de ses désirs rallumés la lui rendaient presque terrible ; et, de son côté, la jeune fille en épiait le figure faussement calme, tout en paraissant contempler le bal.

— Il fait horriblement chaud ici, dit-elle à son cavalier. Je vois le front de monsieur de Montauran tout humide. Menez-moi de l'autre côté, que je puisse respirer, j'étouffe.

Et, d'un geste de tête, elle désigna au comte le salon voisin où se trouvaient quelques joueurs. Le marquis y suivit sa maîtresse, dont les paroles avaient été devinées au seul mouvement des lèvres. Il osa espérer qu'elle ne s'éloignait de la foule que pour le revoir, et cette faveur supposée rendit à sa passion une violence inconnue ; car son amour avait grandi de toutes les résistances qu'il croyait devoir lui opposer depuis quelques jours. Mademoiselle de Verneuil se plut à tourmenter le jeune chef, son regard, si doux, si velouté pour le comte, devenait sec et sombre quand par hasard il rencontrait les yeux du marquis. Montauran parut faire un effort pénible, et dit d'une voix sourde : — Ne me pardonnerez-vous donc pas ?

— L'amour, lui répondit-elle avec froideur, ne pardonne rien, ou pardonne tout. Mais, reprit-elle, en lui voyant faire un mouvement de joie, il faut aimer.

Elle avait repris le bras du comte et s'était élancée dans une espèce de boudoir attenant à la salle de jeu. Le marquis y suivit Marie.

— Vous m'écouterez, s'écria-t-il.

— Vous feriez croire, monsieur, répondit-elle, que je suis venue ici pour vous et non par respect pour moi-même. Si vous ne cessez cette odieuse poursuite, je me retire.

— Eh ! bien, dit-il en se souvenant d'une des plus folles actions du dernier duc de Lorraine, laissez-moi

vous parler seulement pendant le temps que je pourrai
garder dans la main ce charbon.

Il se baissa vers le foyer, saisit un bout de tison et le
serra violemment. Mademoiselle de Verneuil rougit,
dégagea vivement son bras de celui du comte et
regarda le marquis avec étonnement. Le comte s'éloigna doucement et laissa les deux amants seuls. Une si
folle action avait ébranlé le cœur de Marie, car, en
amour, il n'y a rien de plus persuasif qu'une coura-
geuse bêtise.

— Vous me prouvez là, dit-elle en essayant de lui
faire jeter le charbon, que vous me livreriez au plus
cruel de tous les supplices. Vous êtes extrême en tout.
Sur la foi d'un sot et les calomnies d'une femme, vous
avez soupçonné celle qui venait de vous sauver la vie
d'être capable de vous vendre.

— Oui, dit-il en souriant, j'ai été cruel envers
vous ; mais oubliez-le toujours, je ne l'oublierai
jamais. Écoutez-moi. J'ai été indignement trompé,
mais tant de circonstances dans cette fatale journée se
sont trouvées contre vous.

— Et ces circonstances suffisaient pour éteindre
votre amour ?

Il hésitait à répondre, elle fit un geste de dédain, et
se leva.

— Oh ! Marie, maintenant je ne veux plus croire
que vous...

— Mais jetez donc ce feu ! Vous êtes fou. Ouvrez
votre main, je le veux.

Il se plut à opposer une molle résistance aux doux
efforts de sa maîtresse, pour prolonger le plaisir aigu
qu'il éprouvait à être fortement pressé par ses doigts
mignons et caressants ; mais elle réussit enfin à ouvrir
cette main qu'elle aurait voulu pouvoir baiser. Le sang
avait éteint le charbon.

— Eh ! bien, à quoi cela vous a-t-il servi ?... dit-
elle.

Elle fit de la charpie avec son mouchoir, et en garnit
une plaie peu profonde que le marquis couvrit bientôt
de son gant. Madame du Gua arriva sur la pointe du

pied dans le salon de jeu, et jeta de furtifs regards sur les deux amants, aux yeux desquels elle échappa avec adresse en se penchant en arrière à leurs moindres mouvements ; mais il lui était certes difficile de s'expliquer les propos des deux amants par ce qu'elle leur voyait faire.

— Si tout ce qu'on vous a dit de moi était vrai, avouez qu'en ce moment je serais bien vengée, dit Marie avec une expression de malignité qui fit pâlir le marquis.

— Et par quel sentiment avez-vous donc été amenée ici ?

— Mais, mon cher enfant, vous êtes un bien grand fat. Vous croyez donc pouvoir impunément mépriser une femme comme moi ? — Je venais et pour vous et pour moi, reprit-elle après une pause en mettant la main sur la touffe de rubis qui se trouvait au milieu de sa poitrine, et lui montrant la lame de son poignard.

— Qu'est-ce que tout cela signifie ? pensait madame du Gua.

— Mais, dit-elle en continuant, vous m'aimez encore ! Vous me désirez toujours du moins, et la sottise que vous venez de faire, ajouta-t-elle en lui prenant la main, m'en a donné la preuve. Je suis redevenue ce que je voulais être, et je pars heureuse. Qui nous aime est toujours absous. Quant à moi, je suis aimée, j'ai reconquis l'estime de l'homme qui représente à mes yeux le monde entier, je puis mourir.

— Vous m'aimez donc encore ? dit le marquis.

— Ai-je dit cela ? répondit-elle d'un air moqueur en suivant avec joie les progrès de l'affreuse torture que dès son arrivée elle avait commencé à faire subir au marquis. N'ai-je pas dû faire des sacrifices pour venir ici ! J'ai sauvé M. de Bauvan de la mort, et, plus reconnaissant, il m'a offert, en échange de ma protection, sa fortune et son nom. Vous n'avez jamais eu cette pensée.

Le marquis, étourdi par ces derniers mots, réprima la plus violente colère à laquelle il eût encore été en proie, en se croyant joué par le comte, et il ne répondit pas.

— Ha !... vous réfléchissez ? reprit-elle avec un sourire amer.

— Mademoiselle, reprit le jeune homme, votre doute justifie le mien.

— Monsieur, sortons d'ici, s'écria mademoiselle de Verneuil en apercevant un coin de la robe de madame du Gua, et elle se leva ; mais le désir de désespérer sa rivale la fit hésiter à s'en aller.

— Voulez-vous donc me plonger dans l'enfer ? reprit le marquis en lui prenant la main et la pressant avec force.

— Ne m'y avez-vous pas jetée depuis cinq jours ? En ce moment même, ne me laissez-vous pas dans la plus cruelle incertitude sur la sincérité de votre amour ?

— Mais sais-je si vous ne poussez pas votre vengeance jusqu'à vous emparer de toute ma vie, pour la ternir, au lieu de vouloir ma mort...

— Ah ! vous ne m'aimez pas, vous pensez à vous et non à moi, dit-elle avec rage en versant quelques larmes.

La coquette connaissait bien la puissance de ses yeux quand ils étaient noyés de pleurs.

— Eh bien ! dit-il hors de lui, prends ma vie, mais sèche tes larmes !

— Oh ! mon amour, s'écria-t-elle d'une voix étouffée, voici les paroles, l'accent et le regard que j'attendais, pour préférer ton bonheur au mien ! Mais, monsieur, reprit-elle, je vous demande une dernière preuve de votre affection, que vous dites si grande. Je ne veux rester ici que le temps nécessaire pour y bien faire savoir que vous êtes à moi. Je ne prendrais même pas un verre d'eau dans la maison où demeure une femme qui deux fois a tenté de me tuer, qui complote peut-être encore quelque trahison contre nous, et qui dans ce moment nous écoute, ajouta-t-elle en montrant du doigt au marquis les plis flottants de la robe de madame du Gua. Puis, elle essuya ses larmes, se pencha jusqu'à l'oreille du jeune chef qui traissaillit en se sentant caresser par la douce moiteur de son haleine. — Préparez tout pour notre départ, dit-elle, vous me reconduirez à Fougères, et là seulement vous saurez bien si je vous aime ! Pour la seconde fois, je me fie à vous. Vous fierez-vous une seconde fois à moi ?

— Ah ! Marie, vous m'avez amené au point de ne plus savoir ce que je fais ! je suis enivré par vos paroles, par vos regards, par vous enfin, et suis prêt à vous satisfaire.

— Hé ! bien, rendez-moi, pendant un moment, bien heureuse ! Faites-moi jouir du seul triomphe que j'aie désiré. Je veux respirer en plein air, dans la vie que j'ai rêvée, et me repaître de mes illusions avant qu'elles ne se dissipent. Allons, venez, et dansez avec moi.

Ils revinrent ensemble dans la salle de bal, et quoique mademoiselle de Verneuil fût aussi complètement flattée dans son cœur et dans sa vanité que puisse l'être une femme, l'impénétrable douceur de ses yeux, le fin sourire de ses lèvres, la rapidité des mouvements d'une danse animée, gardèrent le secret de ses pensées, comme la mer celui du criminel qui lui confie un pesant cadavre. Néanmoins l'assemblée laissa échapper un murmure d'admiration quand elle se roula dans les bras de son amant pour valser, et que, l'œil sous le sien, tous deux voluptueusement entrelacés, les yeux mourants, la tête lourde, ils tournoyèrent en se serrant l'un l'autre avec une sorte de frénésie, et révélant ainsi tous les plaisirs qu'ils espéraient d'une plus intime union.

— Comte, dit madame du Gua à monsieur de Bauvan, allez savoir si Pille-miche est au camp, amenez-le-moi ; et soyez certain d'obtenir de moi, pour ce léger service, tout ce que vous voudrez, même ma main. — Ma vengeance me coûtera cher, dit-elle en le voyant s'éloigner ; mais, pour cette fois, je ne la manquerai pas.

Quelques moments après cette scène, mademoiselle de Verneuil et le marquis étaient au fond d'une berline attelée de quatre chevaux vigoureux. Surprise de voir ces deux prétendus ennemis les mains entrelacées et de les trouver en si bon accord, Francine restait muette, sans oser se demander si, chez sa maîtresse, c'était de la perfidie ou de l'amour. Grâce au silence et à l'obscurité de la nuit, le marquis ne put remarquer l'agitation de mademoiselle de Verneuil à mesure qu'elle approchait de Fougères. Les faibles teintes du crépuscule permirent d'apercevoir dans le lointain le clocher de Saint-Léonard. En ce moment Marie se dit : — Je vais mourir ! A la première montagne, les deux amants eurent à la fois la même pensée, ils descendirent de voiture et gravirent à pied la colline, comme en souvenir de leur première rencontre. Lorsque Marie eut pris le bras du marquis et fait quelques pas, elle remercia le jeune homme par un sourire, de ce qu'il avait respecté son silence ; puis, en arrivant sur le sommet du plateau, d'où l'on découvrait Fougères, elle sortit tout à fait de sa rêverie.

— N'allez pas plus avant, dit-elle, mon pouvoir ne vous sauverait plus des Bleus aujourd'hui.

Montauran lui marqua quelque surprise, elle sourit tristement, lui montra du doigt un quartier de roche, comme pour lui ordonner de s'asseoir, et resta debout dans une attitude de mélancolie. Les déchirantes émotions de son âme ne lui permettaient plus de déployer ces artifices qu'elle avait prodigués. En ce moment, elle se serait agenouillée sur des charbons ardents, sans les plus sentir que le marquis n'avait senti le tison dont il s'était saisi pour attester la violence de sa passion. Ce fut après avoir contemplé son amant par un regard empreint de la plus profonde douleur, qu'elle lui dit ces affreuses paroles : — Tout ce que vous avez soupçonné de moi est vrai ! Le marquis laissa échapper un geste. — Ah ! par grâce, dit-elle en joignant les mains, écoutez-moi sans m'interrompre. — Je suis réellement, reprit-elle d'une voix émue, la fille du duc de Verneuil, mais sa fille naturelle. Ma mère, une demoiselle de Casteran, qui s'est faite religieuse pour échapper aux tortures qu'on

lui préparait dans sa famille, expia sa faute par quinze
années de larmes et mourut à Sées. A son lit de mort
seulement, cette chère abbesse implora pour moi
l'homme qui l'avait abandonnée, car elle me savait
sans amis, sans fortune, sans avenir... Cet homme,
toujours présent sous le toit de la mère de Francine,
aux soins de qui je fus remise, avait oublié son enfant.
Néanmoins le duc m'accueillit avec plaisir, et me
reconnut parce que j'étais belle, et que peut-être il se
revoyait jeune en moi. C'était un de ces seigneurs qui,
sous le règne précédent, mirent leur gloire à montrer
comment on pouvait se faire pardonner un crime en le
commettant avec grâce. Je n'ajouterai rien, il fut mon
père ! Cependant laissez-moi vous expliquer comment
mon séjour à Paris a dû me gâter l'âme. La société du
duc de Verneuil et celle où il m'introduisit étaient
engouées de cette philosophie moqueuse dont
s'enthousiasmait la France, parce qu'on l'y professait
partout avec esprit. Les brillantes conversations qui
flattèrent mon oreille se recommandaient par la finesse
des aperçus, ou par un mépris spirituellement formulé
pour ce qui était religieux et vrai. Les hommes, en se
moquant des sentiments, les peignaient d'autant
mieux qu'ils ne les éprouvaient pas ; et ils séduisaient
autant par leurs expressions épigrammatiques que par
la bonhomie avec laquelle ils savaient mettre toute une
aventure dans un mot ; mais souvent ils péchaient par
trop d'esprit, et fatiguaient les femmes en faisant de
l'amour un art plutôt qu'une affaire de cœur. J'ai
faiblement résisté à ce torrent. Cependant mon âme,
pardonnez-moi cet orgueil, était assez passionnée pour
sentir que l'esprit avait desséché tous les cœurs ; mais
la vie que j'ai menée alors a eu pour résultat d'établir
une lutte perpétuelle entre mes sentiments naturels et
les habitudes vicieuses que j'y ai contractées. Quelques gens supérieurs s'étaient plu à développer en moi
cette liberté de pensée, ce mépris de l'opinion publique qui ravissent à la femme une certaine modestie
d'âme sans laquelle elle perd son charme. Hélas ! le
malheur n'a pas eu le pouvoir de détruire les défauts

que me donna l'opulence. — Mon père, poursuivit-elle après avoir laissé échapper un soupir, le duc de Verneuil, mourut après m'avoir reconnue et avantagée par un testament qui diminuait considérablement la fortune de mon frère, son fils légitime. Je me trouvai un matin sans asile ni protecteur. Mon frère attaquait le testament qui me faisait riche. Trois années passées auprès d'une famille opulente avaient développé ma vanité. En satisfaisant à toutes mes fantaisies, mon père m'avait créé des besoins de luxe, des habitudes desquelles mon âme encore jeune et naïve ne s'expliquait ni les dangers ni la tyrannie. Un ami de mon père, le maréchal duc de Lenoncourt, âgé de soixante-dix ans, s'offrit à me servir de tuteur. J'acceptai ; je me retrouvai, quelques jours après le commencement de cet odieux procès, dans une maison brillante où je jouissais de tous les avantages que la cruauté d'un frère me refusait sur le cercueil de notre père. Tous les soirs, le vieux maréchal venait passer auprès de moi quelques heures, pendant lesquelles ce vieillard ne me faisait entendre que des paroles douces et consolantes. Ses cheveux blancs, et toutes les preuves touchantes qu'il me donnait d'une tendresse paternelle, m'engageaient à reporter sur son cœur les sentiments du mien, et je me plus à me croire sa fille. J'acceptais les parures qu'il m'offrait, et je ne lui cachais aucun de mes caprices, en le voyant si heureux de les satisfaire. Un soir, j'appris que tout Paris me croyait la maîtresse de ce pauvre vieillard. On me prouva qu'il était hors de mon pouvoir de reconquérir une innocence de laquelle chacun me dépouillait gratuitement. L'homme qui avait abusé de mon inexpérience ne pouvait pas être un amant, et ne voulait pas être mon mari. Dans la semaine où je fis cette horrible découverte, la veille du jour fixé pour mon union avec celui de qui je sus exiger le nom, seule réparation qu'il me pût offrir, il partit pour Coblentz. Je fus honteusement chassée de la petite maison où le maréchal m'avait mise, et qui ne lui appartenait pas. Jusqu'à présent, je vous ai dit la vérité comme si j'étais devant

Dieu ; mais maintenant, ne demandez pas à une
infortunée le compte des souffrances ensevelies dans
sa mémoire. Un jour, monsieur, je me trouvai mariée
à Danton. Quelques jours plus tard, l'ouragan renver-
sait le chêne immense autour duquel j'avais tourné
mes bras. En me revoyant plongée dans la plus
profonde misère, je résolus cette fois de mourir. Je ne
sais si l'amour de la vie, si l'espoir de fatiguer le
malheur et de trouver au fond de cet abîme sans fin un
bonheur qui me fuyait, furent à mon insu mes
conseillers, ou si je fus séduite par les raisonnements
d'un jeune homme de Vendôme [92] qui, depuis deux
ans, s'est attaché à moi comme un serpent à un arbre,
en croyant sans doute qu'un extrême malheur peut me
donner à lui ; enfin j'ignore comment j'ai accepté
l'odieuse mission d'aller, pour trois cent mille francs,
me faire aimer d'un inconnu que je devais livrer. Je
vous ai vu, monsieur, et vous ai reconnu tout d'abord
par un de ces pressentiments qui ne nous trompent
jamais ; cependant je me plaisais à douter, car plus je
vous aimais, plus la certitude m'était affreuse. En vous
sauvant des mains du commandant Hulot, j'abjurai
donc mon rôle, et résolus de tromper les bourreaux au
lieu de tromper leur victime. J'ai eu tort de me jouer
ainsi des hommes, de leur vie, de leur politique et de
moi-même avec l'insouciance d'une fille qui ne voit
que des sentiments dans le monde. Je me suis crue
aimée, et me suis laissée aller à l'espoir de recommencer ma vie ; mais tout, et jusqu'à moi-même peut-être,
a trahi mes désordres passés, car vous avez dû vous
défier d'une femme aussi passionnée que je le suis.
Hélas ! qui n'excuserait pas et mon amour et ma
dissimulation ? Oui, monsieur, il me sembla que
j'avais fait un pénible sommeil, et qu'en me réveillant
je me retrouvais à seize ans. N'étais-je pas dans
Alençon, où mon enfance me livrait ses chastes et purs
souvenirs ? J'ai eu la folle simplicité de croire que
l'amour me donnerait un baptême d'innocence. Pendant un moment j'ai pensé que j'étais vierge encore
puisque je n'avais pas encore aimé. Mais hier au soir,

votre passion m'a paru vraie, et une voix m'a crié .
Pourquoi le tromper ? — Sachez-le donc, monsieur le
marquis, reprit-elle d'une voix gutturale qui sollicitait
une réprobation avec fierté, sachez-le bien, je ne suis
qu'une créature déshonorée, indigne de vous. Dès ce
moment, je reprends mon rôle de fille perdue, fatiguée
que je suis de jouer celui d'une femme que vous aviez
rendue à toutes les saintetés du cœur. La vertu me
pèse. Je vous mépriserais si vous aviez la faiblesse de
m'épouser. C'est une sottise que peut faire un comte
de Bauvan ; mais vous, monsieur, soyez digne de votre
avenir et quittez-moi sans regret. La courtisane,
voyez-vous, serait trop exigeante, elle vous aimerait
tout autrement que la jeune enfant simple et naïve qui
s'est senti au cœur pendant un moment la délicieuse
espérance de pouvoir être votre compagne, de vous
rendre toujours heureux, de vous faire honneur, de
devenir une noble, une grande épouse, et qui a puisé
dans ce sentiment le courage de ranimer sa mauvaise
nature de vice et d'infamie, afin de mettre entre elle et
vous une éternelle barrière. Je vous sacrifie honneur et
fortune. L'orgueil que me donne ce sacrifice me
soutiendra dans ma misère, et le destin peut disposer
de mon sort à son gré. Je ne vous livrerai jamais. Je
retourne à Paris. Là, votre nom sera pour moi tout un
autre moi-même, et la magnifique valeur que vous
saurez lui imprimer me consolera de tous mes chagrins. Quant à vous, vous êtes homme, vous m'oublie-
rez. Adieu.

Elle s'élança dans la direction des vallées de Saint-
Sulpice, et disparut avant que le marquis se fût levé
pour la retenir ; mais elle revint sur ses pas, profita des
cavités d'une roche pour se cacher, leva la tête,
examina le marquis avec une curiosité mêlée de doute,
et le vit marchant sans savoir où il allait, comme un
homme accablé. — Serait-ce donc une tête faible ?...
se dit-elle lorsqu'il eut disparu et qu'elle se sentit
séparée de lui. Me comprendra-t-il ? Elle tressaillit.
Puis tout à coup elle se dirigea seule vers Fougères à
grands pas, comme si elle eût craint d'être suivie par le

marquis dans cette ville où il aurait trouvé la mort.

— Eh ! bien, Francine, que t'a-t-il dit ?... demanda-t-elle à sa fidèle Bretonne lorsqu'elles furent réunies.

— Hélas ! Marie, il m'a fait pitié. Vous autres grandes dames, vous poignardez un homme à coups de langue.

— Comment donc était-il en t'abordant ?

— Est-ce qu'il m'a vue ? Oh ! Marie, il t'aime !

— Oh ! il m'aime ou il ne m'aime pas ! répondit-elle, deux mots qui pour moi sont le paradis ou l'enfer. Entre ces deux extrêmes, je ne trouve pas une place où je puisse poser mon pied.

Après avoir ainsi accompli son terrible destin, Marie put s'abandonner à toute sa douleur, et sa figure, jusque-là soutenue par tant de sentiments divers, s'altéra si rapidement, qu'après une journée pendant laquelle elle flotta sans cesse entre un pressentiment de bonheur et le désespoir, elle perdit l'éclat de sa beauté et cette fraîcheur dont le principe est dans l'absence de toute passion ou dans l'ivresse de la félicité. Curieux de connaître le résultat de sa folle entreprise, Hulot et Corentin était venus voir Marie peu de temps après son arrivée ; elle les reçut d'un air riant.

— Eh ! bien, dit-elle au commandant, dont la figure soucieuse avait une expression très interrogative, le renard revient à portée de vos fusils, et vous allez bientôt remporter une bien glorieuse victoire.

— Qu'est-il donc arrivé ? demanda négligemment Corentin en jetant à mademoiselle de Verneuil un de ces regards obliques par lesquels ces espèces de diplomates espionnent la pensée.

— Ah ! répondit-elle, le Gars est plus que jamais épris de ma personne, et je l'ai contraint à nous accompagner jusqu'aux portes de Fougères.

— Il paraît que votre pouvoir a cessé là, reprit Corentin, et que la peur du ci-devant surpasse encore l'amour que vous lui inspirez.

Mademoiselle de Verneuil jeta un regard de mépris à Corentin.

— Vous le jugez d'après vous-même, lui répondit-elle.

— Eh! bien, dit-il sans s'émouvoir, pourquoi ne l'avez-vous pas amené jusque chez vous?

— S'il m'aimait véritablement, commandant, dit-elle à Hulot en lui jetant un regard plein de malice, m'en voudriez-vous beaucoup de le sauver, en l'emmenant hors de France?

Le vieux soldat s'avança vivement vers elle et lui prit la main pour la baiser, avec une sorte d'enthousiasme; puis il la regarda fixement et lui dit d'un air sombre : — Vous oubliez mes deux amis et mes soixante-trois hommes.

— Ah! commandant, dit-elle avec toute la naïveté de la passion, il n'en est pas comptable, il a été joué par une mauvaise femme, la maîtresse de Charette[93], qui boirait, je crois, le sang des Bleus...

— Allons, Marie, reprit Corentin, ne vous moquez pas du commandant, il n'est pas encore au fait de vos plaisanteries.

— Taisez-vous, lui répondit-elle, et sachez que le jour où vous m'aurez un peu trop déplu, n'aura pas de lendemain pour vous.

— Je vois, mademoiselle, dit Hulot sans amertume, que je dois m'apprêter à combattre.

— Vous n'êtes pas en mesure, cher colonel. Je leur ai vu plus de six mille hommes à Saint-James, des troupes régulières, de l'artillerie et des officiers anglais. Mais que deviendraient ces gens-là sans lui? Je pense comme Fouché, sa tête est tout.

— Eh! bien, l'aurons-nous? demanda Corentin impatienté.

— Je ne sais pas, répondit-elle avec insouciance.

— Des Anglais!... cria Hulot en colère, il ne lui manquait plus que ça pour être un brigand fini! Ah! je vais t'en donner, moi, des Anglais!...

— Il paraît, citoyen diplomate, que tu te laisses périodiquement mettre en déroute par cette fille-là, dit Hulot à Corentin quand ils se trouvèrent à quelques pas de la maison.

— Il est tout naturel, citoyen commandant, répliqua Corentin d'un air pensif, que dans tout ce qu'elle nous a dit, tu n'aies vu que du feu. Vous autres troupiers, vous ne savez pas qu'il existe plusieurs manières de guerroyer. Employer habilement les passions des hommes ou des femmes comme des ressorts que l'on fait mouvoir au profit de l'État, mettre les rouages à leur place dans cette grande machine que nous appelons un gouvernement, et se plaire à y renfermer les plus indomptables sentiments comme des détentes que l'on s'amuse à surveiller, n'est-ce pas créer, et, comme Dieu, se placer au centre de l'univers ?...

— Tu me permettras de préférer mon métier au tien, répliqua sèchement le militaire. Ainsi, vous ferez tout ce que vous voudrez avec vos rouages ; mais je ne connais d'autre supérieur que le ministre de la Guerre, j'ai mes ordres, je vais me mettre en campagne avec des lapins qui ne boudent pas, et prendre en face l'ennemi que tu veux saisir par-derrière.

— Oh ! tu peux te préparer à marcher, reprit Corentin. D'après ce que cette fille m'a laissé deviner, quelque impénétrable qu'elle te semble, tu vas avoir à t'escarmoucher, et je te procurerai avant peu le plaisir d'un tête-à-tête avec le chef de ces brigands.

— Comment ça ? demanda Hulot en reculant pour mieux regarder cet étrange personnage.

— Mademoiselle de Verneuil aime le Gars, reprit Corentin d'une voix sourde, et peut-être en est-elle aimée ! Un marquis, cordon-rouge, jeune et spirituel, qui sait même s'il n'est pas riche encore, combien de tentations ! Elle serait bien sotte de ne pas agir pour son compte, en tâchant de l'épouser plutôt que de nous le livrer ! Elle cherche à nous amuser. Mais j'ai lu dans les yeux de cette fille quelque incertitude. Les deux amants auront vraisemblablement un rendez-vous, et peut-être est-il déjà donné. Eh ! bien, demain je tiendrai mon homme par les deux oreilles. Jusqu'à présent, il n'était que l'ennemi de la République, mais il est devenu le mien depuis quelques instants ; or, ceux qui se sont avisés de se mettre entre cette fille et moi sont tous morts sur l'échafaud.

En achevant ces paroles, Corentin retomba dans des réflexions qui ne lui permirent pas de voir le profond dégoût qui se peignit sur le visage du loyal militaire au moment où il découvrit la profondeur de cette intrigue et le mécanisme des ressorts employés par Fouché. Aussi, Hulot résolut-il de contrarier Corentin en tout ce qui ne nuirait pas essentiellement aux succès et aux vœux du gouvernement, et de laisser à l'ennemi de la République les moyens de périr avec honneur les armes à la main, avant d'être la proie du bourreau de qui ce sbire de la haute police s'avouait être le pourvoyeur.

— Si le premier Consul m'écoutait, dit-il en tournant le dos à Corentin, il laisserait ces renards-là combattre les aristocrates, ils sont dignes les uns des autres, et il emploierait les soldats à toute autre chose.

Corentin regarda froidement le militaire, dont la pensée avait éclairé le visage, et alors ses yeux reprirent une expression sardonique qui révéla la supériorité de ce Machiavel subalterne.

— Donnez trois aunes de drap bleu à ces animaux-là, et mettez-leur un morceau de fer au côté, se dit-il, ils s'imaginent qu'en politique on ne doit tuer les hommes que d'une façon. Puis, il se promena lentement pendant quelques minutes, et se dit tout à coup :

— Oui, le moment est venu, cette femme sera donc à moi ! depuis cinq ans le cercle que je trace autour d'elle s'est insensiblement rétréci, je la tiens, et avec elle j'arriverai dans le gouvernement aussi haut que Fouché. — Oui, si elle perd le seul homme qu'elle ait aimé, la douleur me la livrera corps et âme. Il ne s'agit plus que de veiller nuit et jour pour surprendre son secret.

Un moment après, un observateur aurait distingué la figure pâle de cet homme, à travers la fenêtre d'une maison d'où il pouvait apercevoir tout ce qui entrait dans l'impasse formée par la rangée de maisons parallèle à Saint-Léonard. Avec la patience du chat

qui guette la souris, Corentin était encore, le lendemain matin, attentif au moindre bruit et occupé à
soumettre chaque passant au plus sévère examen. La
journée qui commençait était un jour de marché.
Quoique, dans ce temps calamiteux, les paysans se
hasardassent difficilement à venir en ville, Corentin
vit un petit homme à figure ténébreuse, couvert d'une
peau de bique, et qui portait à son bras un petit panier
rond de forme écrasée, se dirigeant vers la maison de
mademoiselle de Verneuil, après avoir jeté autour de
lui des regards assez insouciants. Corentin descendit
dans l'intention d'attendre le paysan à sa sortie ; mais,
tout à coup, il sentit que s'il pouvait arriver à
l'improviste chez mademoiselle de Verneuil, il surprendrait peut-être d'un seul regard les secrets cachés
dans le panier de cet émissaire. D'ailleurs la renommée lui avait appris qu'il était presque impossible de
lutter avec succès contre les impénétrables réponses
des Bretons et des Normands.

— Galope-chopine ! s'écria mademoiselle de Verneuil lorsque Francine introduisit le Chouan. —
Serais-je donc aimée ? se dit-elle à voix basse.

Un espoir instinctif répandit les plus brillantes
couleurs sur son teint et la joie dans son cœur. Galope-
chopine regarda alternativement la maîtresse du logis
et Francine, en jetant sur cette dernière des yeux de
méfiance ; mais un signe de mademoiselle de Verneuil
le rassura.

— Madame, dit-il, approchant deux heures, *il* sera
chez moi, et vous y attendra.

L'émotion ne permit pas à mademoiselle de Verneuil de faire d'autre réponse qu'un signe de tête ;
mais un Samoïède en eût compris toute la portée. En
ce moment, les pas de Corentin retentirent dans le
salon. Galope-chopine ne se troubla pas le moins du
monde lorsque le regard autant que le tressaillement
de mademoiselle de Verneuil lui indiquèrent un
danger, et dès que l'espion montra sa face rusée, le
Chouan éleva la voix de manière à fendre la tête.

— Ah ! ah ! disait-il à Francine, il y a beurre de

Bretagne et beurre de Bretagne. Vous voulez du
Gibarry et vous ne donnez que onze sous de la livre ? il
ne fallait pas m'envoyer quérir ! C'est de bon beurre
ça, dit-il en découvrant son panier pour montrer deux
petites mottes de beurre façonnées par Barbette.
— Faut être juste, ma bonne dame, allons, mettez un
sou de plus.

Sa voix caverneuse ne trahit aucune émotion, et ses
yeux verts, ombragés de gros sourcils grisonnants,
soutinrent sans faiblir le regard perçant de Corentin.

— Allons, tais-toi, bon homme, tu n'es pas venu ici
vendre du beurre, car tu as affaire à une femme qui n'a
jamais rien marchandé de sa vie. Le métier que tu fais,
mon vieux, te rendra quelque jour plus court de la
tête. Et Corentin le frappant amicalement sur l'épaule,
ajouta : — On ne peut pas être longtemps à la fois
l'homme des Chouans et l'homme des Bleus.

Galope-chopine eut besoin de toute sa présence
d'esprit pour dévorer sa rage et ne pas repousser cette
accusation que son avarice rendait juste. Il se contenta
de répondre : — Monsieur veut se gausser de moi.

Corentin avait tourné le dos au Chouan ; mais, tout
en saluant mademoiselle de Verneuil dont le cœur se
serra, il pouvait facilement l'examiner dans la glace.
Galope-chopine, qui ne se crut plus vu par l'espion,
consulta par un regard Francine, et Francine lui
indiqua la porte en disant : — Venez avec moi, mon
bon homme, nous nous arrangerons toujours bien.

Rien n'avait échappé à Corentin, ni la contraction
que le sourire de mademoiselle de Verneuil déguisait
mal, ni sa rougeur et le changement de ses traits, ni
l'inquiétude du Chouan, ni le geste de Francine, il
avait tout aperçu. Convaincu que Galope-chopine était
un émissaire du marquis, il l'arrêta par les longs poils
de sa peau de chèvre au moment où il sortait, le
ramena devant lui, et le regarda fixement en lui
disant : — Où demeures-tu, mon cher ami ? J'ai
besoin de beurre...

— Mon bon monsieur, répondait le Chouan, tout
Fougères sait où je demeure, je suis quasiment de...

— Corentin ! s'écria mademoiselle de Verneuil en interrompant la réponse de Galope-chopine, vous êtes bien hardi de venir chez moi à cette heure, et de me surprendre ainsi ? A peine suis-je habillée... Laissez ce paysan tranquille, il ne comprend pas plus vos ruses que je n'en conçois les motifs. Allez, brave homme !

Galope-chopine hésita un instant à partir. L'indécision naturelle ou jouée d'un pauvre diable qui ne savait à qui obéir, trompait déjà Corentin, lorsque le Chouan, sur un geste impératif de la jeune fille, s'éloigna à pas pesants. En ce moment, mademoiselle de Verneuil et Corentin se contemplèrent en silence. Cette fois, les yeux limpides de Marie ne purent soutenir l'éclat du feu sec que distillait le regard de cet homme. L'air résolu avec lequel l'espion pénétra dans la chambre, une expression de visage que Marie ne lui connaissait pas, le son mat de sa voix grêle, sa démarche, tout l'effraya ; elle comprit qu'une lutte secrète commençait entre eux, et qu'il déployait contre elle tous les pouvoirs de sa sinistre influence ; mais si elle eut en ce moment une vue distincte et complète de l'abîme au fond duquel elle se précipitait, elle puisa des forces dans son amour pour secouer le froid glacial de ses pressentiments.

— Corentin, reprit-elle avec une sorte de gaieté, j'espère que vous allez me laisser faire ma toilette.

— Marie, dit-il, oui, permettez-moi de vous nommer ainsi. Vous ne me connaissez pas encore ! Écoutez, un homme moins perspicace que je ne le suis aurait déjà découvert votre amour pour le marquis de Montauran. Je vous ai à plusieurs reprises offert et mon cœur et ma main. Vous ne m'avez pas trouvé digne de vous ; et peut-être avez-vous raison ; mais si vous vous trouvez trop haut placée, trop belle, ou trop grande pour moi, je saurai bien vous faire descendre jusqu'à moi. Mon ambition et mes maximes vous ont donné peu d'estime pour moi ; et, franchement, vous avez tort. Les hommes ne valent que ce que je les estime, presque rien. J'arriverai certes à une haute position dont les honneurs vous flatteront. Qui pourra

mieux vous aimer, qui vous laissera plus souveraine-
ment maîtresse de lui, si ce n'est l'homme par qui vous
êtes aimée depuis cinq ans ? Quoique je risque de vous
voir prendre de moi une idée qui me sera défavorable,
car vous ne concevez pas qu'on puisse renoncer par
excès d'amour à la personne qu'on idolâtre, je vais
vous donner la mesure du désintéressement avec
lequel je vous adore. N'agitez pas ainsi votre jolie tête.
Si le marquis vous aime, épousez-le ; mais auparavant,
assurez-vous bien de sa sincérité. Je serai au désespoir
de vous savoir trompée, car je préfère votre bonheur
au mien. Ma résolution peut vous étonner, mais ne
l'attribuez qu'à la prudence d'un homme qui n'est pas
assez niais pour vouloir posséder une femme malgré
elle. Aussi est-ce moi et non vous que j'accuse de
l'inutilité de mes efforts. J'ai espéré vous conquérir à
force de soumission et de dévouement, car depuis
longtemps, vous le savez, je cherche à vous rendre
heureuse suivant mes principes ; mais vous n'avez
voulu me récompenser de rien.

— Je vous ai souffert près de moi, dit-elle avec
hauteur.

— Ajoutez que vous vous en repentez...

— Après l'infâme entreprise dans laquelle vous
m'avez engagée, dois-je encore vous remercier...

— En vous proposant une entreprise qui n'était pas
exempte de blâme pour des esprits timorés, reprit-il
audacieusement, je n'avais que votre fortune en vue.
Pour moi, que je réussisse ou que j'échoue, je saurai
faire servir maintenant toute espèce de résultat au
succès de mes desseins. Si vous épousiez Montauran,
je serais charmé de servir utilement la cause des
Bourbons, à Paris, où je suis membre du club de
Clichy [94]. Or, une circonstance qui me mettrait en
correspondance avec les princes, me déciderait à
abandonner les intérêts d'une République qui marche
à sa décadence. Le général Bonaparte est trop habile
pour ne pas sentir qu'il lui est impossible d'être à la
fois en Allemagne, en Italie, et ici où la Révolution
succombe. Il n'a fait sans doute le Dix-Huit Brumaire

que pour obtenir des Bourbons de plus forts avantages
en traitant de la France avec eux, car c'est un garçon
très spirituel et qui ne manque pas de portée ; mais les
hommes politiques doivent le devancer dans la voie où
il s'engage. Trahir la France est encore un de ces
scrupules que, nous autres gens supérieurs, laissons
aux sots. Je ne vous cache pas que j'ai les pouvoirs
nécessaires pour entamer des négociations avec les
chefs des Chouans, aussi bien que pour les faire périr ;
car Fouché mon protecteur est un homme assez
profond, il a toujours joué en double jeu ; pendant la
Terreur il était à la fois pour Robespierre et pour
Danton.

— Que vous avez lâchement abandonné, dit-elle.

— Niaiserie, répondit Corentin ; il est mort,
oubliez-le. Allons, parlez-moi à cœur ouvert, je vous
en donne l'exemple. Ce chef de demi-brigade est plus
rusé qu'il ne le paraît, et, si vous vouliez tromper sa
surveillance, je ne vous serais pas inutile. Songez qu'il
a infesté les vallées de Contre-Chouans et surprendrait
bien promptement vos rendez-vous ! En restant ici,
sous ses yeux, vous êtes à la merci de sa police. Voyez
avec quelle rapidité il a su que ce Chouan était chez
vous ! Sa sagacité militaire ne doit-elle pas lui faire
comprendre que vos moindres mouvements lui indi-
queront ceux du marquis, si vous en êtes aimée ?

Mademoiselle de Verneuil n'avait jamais entendu de
voix si doucement affectueuse, Corentin était tout
bonne foi, et paraissait plein de confiance. Le cœur de
la pauvre fille recevait si facilement des impressions
généreuses qu'elle allait livrer son secret au serpent
qui l'enveloppait dans ses replis ; cependant, elle
pensa que rien ne prouvait la sincérité de cet artifi-
cieux langage, elle ne se fit donc aucun scrupule de
tromper son surveillant.

— Eh ! bien, répondit-elle, vous avez deviné,
Corentin. Oui, j'aime le marquis ; mais je n'en suis pas
aimée ! du moins je le crains ; aussi, le rendez-vous
qu'il me donne me semble-t-il cacher quelque piège.

— Mais, répliqua Corentin, vous nous avez dit hier

qu'il vous avait accompagnée jusqu'à Fougères... S'il
eût voulu exercer des violences contre vous, vous ne
seriez pas ici.

— Vous avez le cœur sec, Corentin. Vous pouvez
établir de savantes combinaisons sur les événements
de la vie humaine, et non sur ceux d'une passion.
Voilà peut-être d'où vient la constante répugnance que
vous m'inspirez. Puisque vous êtes si clairvoyant,
cherchez à comprendre comment un homme de qui je
me suis séparée violemment avant-hier, m'attend avec
impatience aujourd'hui, sur la route de Mayenne,
dans une maison de Florigny [95], vers le soir...

A cet aveu qui semblait échappé dans un emportement assez naturel à cette créature franche et passionnée, Corentin rougit, car il était encore jeune ; mais il
jeta sur elle et à la dérobée un de ces regards perçants
qui vont chercher l'âme. La naïveté de mademoiselle
de Verneuil était si bien jouée qu'elle trompa l'espion,
et il répondit avec une bonhomie factice : — Voulez-
vous que je vous accompagne de loin ? j'aurais avec
moi des soldats déguisés, et nous serions prêts à vous
obéir.

— J'y consens, dit-elle ; mais promettez-moi, sur
votre honneur... Oh ! non, je n'y crois pas ! par votre
salut, mais vous ne croyez pas en Dieu ! par votre âme,
vous n'en avez peut-être pas. Quelle assurance pouvez-vous donc me donner de votre fidélité ? Et je me
fie à vous, cependant, et je remets en vos mains plus
que ma vie, ou mon amour ou ma vengeance !

Le léger sourire qui apparut sur la figure blafarde
de Corentin fit connaître à mademoiselle de Verneuil
le danger qu'elle venait d'éviter. Le sbire, dont les
narines se contractaient au lieu de se dilater, prit la
main de sa victime, la baisa avec les marques du
respect le plus profond, et la quitta en lui faisant un
salut qui n'était pas dénué de grâce.

Trois heures après cette scène, mademoiselle de
Verneuil, qui craignait le retour de Corentin, sortit
furtivement par la porte Saint-Léonard, et gagna le
petit sentier du Nid-aux-Crocs qui conduisait dans la

vallée du Nançon. Elle se crut sauvée en marchant
sans témoins à travers le dédale des sentiers qui
menaient à la cabane de Galope-chopine où elle allait
gaiement, conduite par l'espoir de trouver enfin le
bonheur, et par le désir de soustraire son amant au
sort qui le menaçait. Pendant ce temps, Corentin était
à la recherche du commandant. Il eut de la peine à
reconnaître Hulot, en le trouvant sur une petite place
où il s'occupait de quelques préparatifs militaires. En
effet, le brave vétéran avait fait un sacrifice dont le
mérite sera difficilement apprécié. Sa queue et ses
moustaches étaient coupées, et ses cheveux, soumis au
régime ecclésiastique, avaient un œil de poudre.
Chaussé de gros souliers ferrés, ayant troqué son vieil
uniforme bleu et son épée contre une peau de bique,
armé d'une ceinture de pistolets et d'une lourde
carabine, il passait en revue deux cents habitants de
Fougères, dont les costumes auraient pu tromper l'œil
du Chouan le plus exercé. L'esprit belliqueux de cette
petite ville et le caractère breton se déployaient dans
cette scène, qui n'était pas nouvelle. Çà et là, quelques
mères, quelques sœurs, apportaient à leurs fils, à leurs
frères, une gourde d'eau-de-vie ou des pistolets
oubliés. Plusieurs vieillards s'enquéraient du nombre
et de la bonté des cartouches de ces gardes nationaux
déguisés en Contre-Chouans, et dont la gaieté annonçait plutôt une partie de chasse qu'une expédition
dangereuse. Pour eux, les rencontres de la chouannerie, où les Bretons des villes se battaient avec les
Bretons des campagnes, semblaient avoir remplacé les
tournois de la chevalerie. Cet enthousiasme patriotique avait peut-être pour principe quelques acquisi-
tions de biens nationaux. Néanmoins les bienfaits de
la Révolution mieux appréciés dans les villes, l'esprit
de parti, un certain amour national pour la guerre
entraient aussi pour beaucoup dans cette ardeur.
Hulot émerveillé parcourait les rangs en demandant
des renseignements à Gudin, sur lequel il avait reporté
tous les sentiments d'amitié jadis voués à Merle et à
Gérard. Un grand nombre d'habitants examinaient les

préparatifs de l'expédition, en comparant la tenue de leurs tumultueux compatriotes à celle d'un bataillon de la demi-brigade de Hulot. Tous immobiles et silencieusement alignés, les Bleus attendaient, sous la conduite de leurs officiers, les ordres du commandant, que les yeux de chaque soldat suivaient de groupe en groupe. En parvenant auprès du vieux chef de demi-brigade, Corentin ne put s'empêcher de sourire du changement opéré sur la figure de Hulot. Il avait l'air d'un portrait qui ne ressemble plus à l'original.

— Qu'y a-t-il donc de nouveau? lui demanda Corentin.

— Viens faire avec nous le coup de fusil et tu le sauras, lui répondit le commandant.

— Oh! je ne suis pas de Fougères, répliqua Corentin.

— Cela se voit bien, citoyen, lui dit Gudin.

Quelques rires moqueurs partirent de tous les groupes voisins.

— Crois-tu, reprit Corentin, qu'on ne puisse servir la France qu'avec des baïonnettes?...

Puis il tourna le dos aux rieurs, et s'adressa à une femme pour apprendre le but et la destination de cette expédition.

— Hélas! mon bon homme, les Chouans sont déjà à Florigny! On dit qu'ils sont plus de trois mille et s'avancent pour prendre Fougères.

— Florigny! s'écria Corentin pâlissant. Le rendez-vous n'est pas là! Est-ce bien, reprit-il, Florigny sur la route de Mayenne?

— Il n'y a pas deux Florigny, lui répondit la femme en lui montrant le chemin terminé par le sommet de La Pellerine.

— Est-ce le marquis de Montauran que vous cherchez? demanda Corentin au commandant.

— Un peu, répondit brusquement Hulot.

— Il n'est pas à Florigny, répliqua Corentin. Dirigez sur ce point votre bataillon et la garde nationale, mais gardez avec vous quelques-uns de vos Contre-Chouans et attendez-moi.

— Il est trop malin pour être fou, s'écria le commandant en voyant Corentin s'éloigner à grands pas. C'est bien le roi des espions !

En ce moment, Hulot donna l'ordre du départ à son bataillon. Les soldats républicains marchèrent sans tambour et silencieusement le long du faubourg étroit qui mène à la route de Mayenne, en dessinant une longue ligne bleue et rouge à travers les arbres et les maisons ; les gardes nationaux déguisés les suivaient ; mais Hulot resta sur la petite place avec Gudin et une vingtaine des plus adroits jeunes gens de la ville, en attendant Corentin dont l'air mystérieux avait piqué sa curiosité. Francine apprit elle-même le départ de mademoiselle de Verneuil à cet espion sagace, dont tous les soupçons se changèrent en certitude, et qui sortit aussitôt pour recueillir des lumières sur une fuite à bon droit suspecte. Instruit par les soldats de garde au poste Saint-Léonard, du passage de la belle inconnue par le Nid-aux-Crocs, Corentin courut sur la promenade, et y arriva malheureusement assez à propos pour apercevoir de là les moindres mouvements de Marie. Quoiqu'elle eût mis une robe et une capote vertes pour être vue moins facilement, les soubresauts de sa marche presque folle faisaient reconnaître, à travers les haies dépouillées de feuilles et blanches de givre, le point vers lequel ses pas se dirigeaient.

— Ah ! s'écria-t-il, tu dois aller à Florigny et tu descends dans le val de Gibarry ! Je ne suis qu'un sot, elle m'a joué. Mais patience, j'allume ma lampe le jour aussi bien que la nuit.

Corentin, devinant alors à peu près le lieu du rendez-vous des deux amants, accourut sur la place au moment où Hulot allait la quitter et rejoindre ses troupes.

— Halte, mon général ! cria-t-il au commandant qui se retourna.

En un instant, Corentin instruisit le soldat des événements dont la trame, quoique cachée, laissait voir quelques-uns de ses fils, et Hulot, frappé par la perspicacité du diplomate, lui saisit vivement le bras.

— Mille tonnerres ! citoyen curieux, tu as raison. Les brigands font là-bas une fausse attaque ! Les deux colonnes mobiles que j'ai envoyées inspecter les environs, entre la route d'Antrain et de Vitré, ne sont pas encore revenues ; ainsi, nous trouverons dans la campagne des renforts qui ne nous seront sans doute pas inutiles, car le Gars n'est pas assez niais pour se risquer sans avoir avec lui ses sacrées chouettes.

— Gudin, dit-il au jeune Fougerais, cours avertir le capitaine Lebrun qu'il peut se passer de moi à Florigny pour y frotter les brigands, et reviens plus vite que ça. Tu connais les sentiers, je t'attends pour aller à la chasse du ci-devant et venger les assassinats de la Vivetière. — Tonnerre de Dieu, comme il court ! reprit-il en voyant partir Gudin qui disparut comme par enchantement. Gérard aurait-il aimé ce garçon-là !

A son retour, Gudin trouva la petite troupe de Hulot augmentée de quelques soldats pris aux différents postes de la ville. Le commandant dit au jeune Fougerais de choisir une douzaine de ses compatriotes les mieux dressés au difficile métier de Contre-Chouan, et lui ordonna de se diriger par la porte Saint-Léonard, afin de longer le revers des montagnes de Saint-Sulpice qui regardait la grande vallée du Couenon, et sur lequel était située la cabane de Galope-chopine ; puis il se mit lui-même à la tête du reste de la troupe, et sortit par la porte Saint-Sulpice pour aborder les montagnes à leur sommet, où, suivant ses calculs, il devait rencontrer les gens de Beau-pied qu'il se proposait d'employer à renforcer un cordon de sentinelles chargées de garder les rochers, depuis le faubourg Saint-Sulpice jusqu'au Nid-aux-Crocs. Corentin, certain d'avoir remis la destinée du chef des Chouans entre les mains de ses plus implacables ennemis, se rendit promptement sur la Promenade pour mieux saisir l'ensemble des dispositions militaires de Hulot. Il ne tarda pas à voir la petite escouade de Gudin débouchant par la vallée du Nançon et suivant les rochers du côté de la grande vallée du

Couesnon, tandis que Hulot, débusquant le long du château de Fougères, gravissait le sentier périlleux qui conduisait sur le sommet des montagnes de Saint-Sulpice. Ainsi, les deux troupes se déployaient sur deux lignes parallèles. Tous les arbres et les buissons, décorés par le givre de riches arabesques, jetaient sur la campagne un reflet blanchâtre qui permettait de bien voir, comme des lignes grises, ces deux petits corps d'armée en mouvement. Arrivé sur le plateau des rochers, Hulot détacha de sa troupe tous les soldats qui étaient en uniforme, et Corentin les vit établissant, par les ordres de l'habile commandant, une ligne de sentinelles ambulantes séparées chacune par un espace convenable, dont la première devait correspondre avec Gudin et la dernière avec Hulot, de manière qu'aucun buisson ne devait échapper aux baïonnettes de ces trois lignes mouvantes qui allaient traquer le Gars à travers les montagnes et les champs.

— Il est rusé, ce vieux loup de guérite, s'écria Corentin en perdant de vue les dernières pointes de fusil qui brillèrent dans les ajoncs, le Gars est cuit. Si Marie avait livré ce damné marquis, nous eussions, elle et moi, été unis par le plus fort des liens, une infamie... Mais elle sera bien à moi!...

Les douze jeunes Fougerais conduits par le sous-lieutenant Gudin atteignirent bientôt le versant que forment les rochers de Saint-Sulpice, en s'abaissant par petites collines dans la vallée de Gibarry. Gudin, lui, quitta les chemins, sauta lestement l'échalier du premier champ de genêts qu'il rencontra, et où il fut suivi par six de ses compatriotes; les six autres se dirigèrent, d'après ses ordres, dans les champs de droite, afin d'opérer les recherches de chaque côté des chemins. Gudin s'élança vivement vers un pommier qui se trouvait au milieu du genêt. Au bruissement produit par la marche des six Contre-Chouans qu'il conduisait à travers cette forêt de genêts en tâchant de ne pas en agiter les touffes givrées, sept ou huit hommes à la tête desquels était Beau-pied, se cachèrent derrière quelques châtaigniers par lesquels la haie de ce champ était couronnée. Malgré le reflet blanc qui éclairait la campagne et malgré leur vue exercée, les Fougerais n'aperçurent pas d'abord leurs adversaires qui s'étaient fait un rempart des arbres.

— Chut ! les voici, dit Beau-pied qui le premier leva la tête. Les brigands nous ont excédés, mais, puisque nous les avons au bout de nos fusils, ne les manquons pas, ou, nom d'une pipe ! nous ne serions pas susceptibles d'être soldats du pape !

Cependant les yeux perçants de Gudin avaient fini par découvrir quelques canons de fusil dirigés vers sa petite escouade. En ce moment, par une amère dérision, huit grosses voix crièrent *qui vive !* et huit coups de fusil partirent aussitôt. Les balles sifflèrent autour des Contre-Chouans. L'un d'eux en reçut une dans le bras et un autre tomba. Les cinq Fougerais qui restaient sains et saufs ripostèrent par une décharge en répondant : — Amis ! Puis, ils marchèrent rapidement sur les ennemis, afin de les atteindre avant qu'ils n'eussent rechargé leurs armes.

— Nous ne savions pas si bien dire, s'écria le jeune sous-lieutenant en reconnaissant les uniformes et les vieux chapeaux de sa demi-brigade. Nous avons agi en vrais Bretons, nous nous sommes battus avant de nous expliquer.

Les huit soldats restèrent stupéfaits en reconnaissant Gudin.

— Dame ! mon officier, qui diable ne vous prendrait pas pour des brigands sous vos peaux de bique, s'écria douloureusement Beau-pied.

— C'est un malheur, et nous en sommes tous innocents, puisque vous n'étiez pas prévenus de la sortie de nos Contre-Chouans. Mais où en êtes-vous ? lui demanda Gudin.

— Mon officier, nous sommes à la recherche d'une douzaine de Chouans qui s'amusent à nous échiner. Nous courons comme des rats empoisonnés ; mais, à force de sauter ces échaliers et ces haies que le tonnerre confonde, nos compas s'étaient rouillés et nous nous reposions. Je crois que les brigands doivent

être maintenant dans les environs de cette grande
baraque d'où vous voyez sortir de la fumée.

— Bon ! s'écria Gudin. Vous autres, dit-il aux huit
soldats et à Beau-pied, vous allez vous replier sur les
rochers de Saint-Sulpice, à travers les champs, et vous
y appuierez la ligne de sentinelles que le commandant
y a établie. Il ne faut pas que vous restiez avec nous
autres, puisque vous êtes en uniforme. Nous voulons,
mille cartouches ! venir à bout de ces chiens-là, le Gars
est avec eux ! Les camarades vous en diront plus long
que je ne vous en dis. Filez sur la droite, et n'adminis-
trez pas de coups de fusil à six de nos peaux de bique
que vous pourrez rencontrer. Vous reconnaîtrez nos
Contre-Chouans à leurs cravates qui sont roulées en
corde sans nœud.

Gudin laissa ses deux blessés sous le pommier, en se
dirigeant vers la maison de Galope-chopine, que Beau-
pied venait de lui indiquer et dont la fumée lui servit
de boussole. Pendant que le jeune officier était mis sur
la piste des Chouans par une rencontre assez
commune dans cette guerre, mais qui aurait pu
devenir plus meurtrière, le petit détachement que
commandait Hulot avait atteint sur sa ligne d'opérations un point parallèle à celui où Gudin était parvenu
sur la sienne. Le vieux militaire, à la tête de ses
Contre-Chouans, se glissait silencieusement le long
des haies avec toute l'ardeur d'un jeune homme, il
sautait les échaliers encore assez légèrement en jetant
ses yeux fauves sur toutes les hauteurs, et prêtant,
comme un chasseur, l'oreille au moindre bruit. Au
troisième champ dans lequel il entra, il aperçut une
femme d'une trentaine d'années, occupée à labourer la
terre à la houe, et qui, toute courbée, travaillait avec
courage ; tandis qu'un petit garçon âgé d'environ sept
à huit ans, armé d'une serpe, secouait le givre de
quelques ajoncs qui avaient poussé çà et là, les coupait
et les mettait en tas. Au bruit que fit Hulot en
retombant lourdement de l'autre côté de l'échalier, le
petit gars et sa mère levèrent la tête. Hulot prit
facilement cette jeune femme pour une vieille. Des

rides venues avant le temps sillonnaient le front et la peau du cou de la Bretonne, elle était si grotesquement vêtue d'une peau de bique usée, que sans une robe de toile jaune et sale, marque distinctive de son sexe, Hulot n'aurait su à quel sexe la paysanne appartenait, car les longues mèches de ses cheveux noirs étaient cachées sous un bonnet de laine rouge. Les haillons dont le petit gars était à peine couvert en laissaient voir la peau.

— Ho ! la vieille, cria Hulot d'un ton bas à cette femme en s'approchant d'elle, où est le Gars ?

En ce moment les vingt Contre-Chouans qui suivaient Hulot franchirent les enceintes du champ.

— Ah ! pour aller au Gars, faut que vous retourniez d'où vous venez, répondit la femme après avoir jeté un regard de défiance sur la troupe.

— Est-ce que je te demande le chemin du faubourg du Gars à Fougères, vieille carcasse ? répliqua brutalement Hulot. Par sainte Anne d'Auray, as-tu vu passer le Gars ?

— Je ne sais pas ce que vous voulez dire, répondit la femme en se courbant pour reprendre son travail.

— Garce damnée, veux-tu donc nous faire avaler par les Bleus qui nous poursuivent ? s'écria Hulot.

A ces paroles la femme releva la tête et jeta un nouveau regard de méfiance sur les Contre-Chouans en leur répondant : — Comment les Bleus peuvent-ils être à vos trousses ? j'en viens de voir passer sept à huit qui regagnent Fougères par le chemin d'en bas.

— Ne dirait-on pas qu'elle va nous mordre avec son nez ? reprit Hulot. Tiens, regarde, vieille bique.

Et le commandant lui montra du doigt, à une cinquantaine de pas en arrière, trois ou quatre de ses sentinelles dont les chapeaux, les uniformes et les fusils étaient faciles à reconnaître.

— Veux-tu laisser égorger ceux que Marche-à-terre envoie au secours du Gars que les Fougerais veulent prendre ? reprit-il avec colère.

— Ah ! excusez, reprit la femme ; mais il est si

facile d'être trompé ! De quelle paroisse êtes-vous
donc ? demanda-t-elle.

— De Saint-Georges, s'écrièrent deux ou trois
Fougerais en bas-breton, et nous mourons de faim.

— Eh ! bien, tenez, répondit la femme, voyez-vous
cette fumée, là-bas ? c'est ma maison. En suivant les
routins de droite, vous y arriverez par en haut. Vous
trouverez peut-être mon homme en route. Galope-
chopine doit faire le guet pour avertir le Gars, puisque
vous savez qu'il vient aujourd'hui chez nous, ajouta-
t-elle avec orgueil.

— Merci, bonne femme, répondit Hulot. — En
avant, vous autres, tonnerre de Dieu ! ajouta-t-il en
parlant à ses hommes, nous le tenons !

A ces mots, le détachement suivit au pas de course
le commandant, qui s'engagea dans les sentiers indi-
qués. En entendant le juron si peu catholique du soi-
disant Chouan, la femme de Galope-chopine pâlit.
Elle regarda les guêtres et les peaux de bique des
jeunes Fougerais, s'assit par terre, serra son enfant
dans ses bras et dit : — Que la sainte vierge d'Auray et
le bienheureux saint Labre aient pitié de nous ! Je ne
crois pas que ce soient nos gens, leurs souliers sont
sans clous. Cours par le chemin d'en bas prévenir ton
père, il s'agit de sa tête, dit-elle au petit garçon, qui
disparut comme un daim à travers les genêts et les
ajoncs.

Cependant mademoiselle de Verneuil n'avait rencontré sur sa route aucun des partis Bleus ou Chouans
qui se pourchassaient les uns les autres dans le
labyrinthe de champs situés autour de la cabane de
Galope-chopine. En apercevant une colonne bleuâtre
s'élevant du tuyau à demi détruit de la cheminée de
cette triste habitation, son cœur éprouva une de ces
violentes palpitations dont les coups précipités et
sonores semblent monter dans le cou comme par flots.
Elle s'arrêta, s'appuya de la main sur une branche
d'arbre, et contempla cette fumée qui devait également-
ment servir de fanal aux amis et aux ennemis du jeune
chef. Jamais elle n'avait ressenti d'émotion si écra-

sante. — Ah ! je l'aime trop, se dit-elle avec une sorte
de désespoir ; aujourd'hui je ne serai peut-être plus
maîtresse de moi. Tout à coup elle franchit l'espace
qui la séparait de la chaumière, et se trouva dans la
cour, dont la fange avait été durcie par la gelée. Le
gros chien s'élança encore contre elle en aboyant ;
mais, sur un seul mot prononcé par Galope-chopine, il
remua la queue et se tut. En entrant dans la chaumine,
mademoiselle de Verneuil y jeta un de ces regards qui
embrassent tout. Le marquis n'y était pas. Marie
respira plus librement. Elle reconnut avec plaisir que
le Chouan s'était efforcé de restituer quelque propreté
à la sale et unique chambre de sa tanière. Galope-
chopine saisit sa canardière, salua silencieusement son
hôtesse et sortit avec son chien ; elle le suivit jusque
sur le seuil, et le vit s'en allant par le sentier qui
commençait à droite de sa cabane, et dont l'entrée
était défendue par un gros arbre pourri en y formant
un échalier presque ruiné. De là, elle put apercevoir
une suite de champs dont les échaliers présentaient à
l'œil comme une enfilade de portes, car la nudité des
arbres et des haies permettait de bien voir les moindres accidents du paysage. Quand le large chapeau de
Galope-chopine eut tout à fait disparu, mademoiselle
de Verneuil se retourna vers la gauche pour voir
l'église de Fougères ; mais le hangar la lui cachait
entièrement. Elle jeta les yeux sur la vallée du
Couesnon qui s'offrait à ses regards, comme une vaste
nappe de mousseline dont la blancheur rendait plus
terne encore un ciel gris et chargé de neige. C'était une
de ces journées où la nature semble muette, et où les
bruits sont absorbés par l'atmosphère. Aussi, quoique
les Bleus et leurs Contre-Chouans marchassent dans la
campagne sur trois lignes, en formant un triangle
qu'ils resserraient en s'approchant de la cabane, le
silence était si profond que mademoiselle de Verneuil
se sentit émue par des circonstances qui ajoutaient à
ses angoisses une sorte de tristesse physique. Il y avait
du malheur dans l'air. Enfin, à l'endroit où un petit
rideau de bois terminait l'enfilade d'échaliers, elle vit

un jeune homme sautant les barrières comme un écureuil, et courant avec une étonnante rapidité. — C'est lui, se dit-elle. Simplement vêtu comme un Chouan, le Gars portait son tromblon en bandoulière derrière sa peau de bique, et, sans la grâce de ses mouvements, il aurait été méconnaissable. Marie se retira précipitamment dans la cabane, en obéissant à l'une de ces déterminations instinctives aussi peu explicables que l'est la peur ; mais bientôt le jeune chef fut à deux pas d'elle devant la cheminée, où brillait un feu clair et animé. Tous deux se trouvèrent sans voix, craignirent de se regarder, ou de faire un mouvement. Une même espérance unissait leur pensée, un même doute les séparait, c'était une angoisse, c'était une volupté.

— Monsieur, dit enfin mademoiselle de Verneuil d'une voix émue, le soin de votre sûreté m'a seul amenée ici.

— Ma sûreté ! reprit-il avec amertume.

— Oui, répondit-elle, tant que je resterai à Fougères, votre vie est compromise, et je vous aime trop pour n'en pas partir ce soir ; ne m'y cherchez donc plus.

— Partir, chère ange ! je vous suivrai.

— Me suivre ! y pensez-vous ? et les Bleus ?

— Eh ! ma chère Marie, qu'y a-t-il de commun entre les Bleus et notre amour ?

— Mais il me semble qu'il est difficile que vous restiez en France, près de moi, et plus difficile encore que vous la quittiez avec moi.

— Y a-t-il donc quelque chose d'impossible à qui aime bien ?

— Ah ! oui, je crois que tout est possible. N'ai-je pas eu le courage de renoncer à vous, pour vous !

— Quoi ! vous vous êtes donnée à un être affreux que vous n'aimiez pas, et vous ne voulez pas faire le bonheur d'un homme qui vous adore, de qui vous remplirez la vie, et qui jure de n'être jamais qu'à vous ? Écoute-moi, Marie, m'aimes-tu ?

— Oui, dit-elle.

— Eh ! bien, sois à moi.

— Avez-vous oublié que j'ai repris le rôle infâme d'une courtisane, et que c'est vous qui devez être à moi ? Si je veux vous fuir, c'est pour ne pas laisser retomber sur votre tête le mépris que je pourrais encourir ; sans cette crainte, peut-être...

— Mais si je ne redoute rien...

— Et qui m'en assurera ? Je suis défiante. Dans ma situation, qui ne le serait pas ?... Si l'amour que nous inspirons ne dure pas, au moins doit-il être complet, et nous faire supporter avec joie l'injustice du monde. Qu'avez-vous fait pour moi ?... Vous me désirez. Croyez-vous vous être élevé par là bien au-dessus de ceux qui m'ont vue jusqu'à présent ? Avez-vous risqué, pour une heure de plaisir, vos Chouans, sans plus vous en soucier que je ne m'inquiétais des Bleus massacrés quand tout fut perdu pour moi ? Et si je vous ordonnais de renoncer à toutes vos idées, à vos espérances, à votre Roi qui m'offusque et qui peut-être se moquera de vous quand vous périrez pour lui ; tandis que je saurais mourir pour vous avec un saint respect ! Enfin, si je voulais que vous envoyassiez votre soumission au premier Consul pour que vous pussiez me suivre à Paris ?... si j'exigeais que nous allassions en Amérique y vivre loin d'un monde où tout est vanité, afin de savoir si vous m'aimez bien pour moi-même, comme en ce moment je vous aime ! Pour tout dire en un mot, si je voulais, au lieu de m'élever à vous, que vous tombassiez jusqu'à moi, que feriez-vous ?

— Tais-toi, Marie, ne te calomnie pas. Pauvre enfant, je t'ai devinée ! Va, si mon premier désir est devenu de la passion, ma passion est maintenant de l'amour. Chère âme de mon âme, je le sais, tu es aussi noble que ton nom, aussi grande que belle ; je suis assez noble et me sens assez grand moi-même pour t'imposer au monde. Est-ce parce que je pressens en toi des voluptés inouïes et incessantes ?... est-ce parce que je crois rencontrer en ton âme ces précieuses qualités qui nous font toujours aimer la même

femme ? J'en ignore la cause, mais mon amour est sans
bornes, et il me semble que je ne puis plus me passer
de toi. Oui, ma vie serait pleine de dégoût si tu n'étais
toujours près de moi...

— Comment près de vous ?

— Oh ! Marie, tu ne veux donc pas deviner ton
Alphonse ?

— Ah ! croiriez-vous me flatter beaucoup en m'offrant votre nom, votre main ? dit-elle avec un apparent
dédain mais en regardant fixement le marquis pour en
surprendre les moindres pensées. Et savez-vous si
vous m'aimerez dans six mois, et alors quel serait mon
avenir ?... Non, non, une maîtresse est la seule femme
qui soit sûre des sentiments qu'un homme lui
témoigne ; car le devoir, les lois, le monde, l'intérêt
des enfants, n'en sont pas les tristes auxiliaires, et si
son pouvoir est durable, elle y trouve des flatteries et
un bonheur qui font accepter les plus grands chagrins
du monde. Être votre femme et avoir la chance de
vous peser un jour !... A cette crainte je préfère un
amour passager, mais vrai, quand même la mort et la
misère en seraient la fin. Oui, je pourrais être, mieux
que tout autre, une mère vertueuse, une épouse
dévouée ; mais pour entretenir de tels sentiments dans
l'âme d'une femme, il ne faut pas qu'un homme
l'épouse dans un accès de passion. D'ailleurs, sais-je
moi-même si vous me plairez demain ? Non, je ne
veux pas faire votre malheur, je quitte la Bretagne,
dit-elle en apercevant de l'hésitation dans son regard,
je retourne à Fougères, et vous ne viendrez pas me
chercher là...

— Eh ! bien, après demain, si dès le matin tu vois
de la fumée sur les roches de Saint-Sulpice, le soir je
serai chez toi, amant, époux, ce que tu voudras que je
sois. J'aurai tout bravé !

— Mais, Alphonse, tu m'aimes donc bien, dit-elle
avec ivresse, pour risquer ainsi ta vie avant de me la
donner ?...

Il ne répondit pas, il la regarda, elle baissa les yeux ;
mais il lut sur l'ardent visage de sa maîtresse un délire

égal au sien, et alors il lui tendit les bras. Une sorte de
folie entraîna Marie, qui alla tomber mollement sur le
sein du marquis, décidée à s'abandonner à lui pour
faire de cette faute le plus grand des bonheurs, en y
risquant tout son avenir, qu'elle rendait plus certain si
elle sortait victorieuse de cette dernière épreuve. Mais
à peine sa tête s'était-elle posée sur l'épaule de son
amant, qu'un léger bruit retentit au-dehors. Elle
s'arracha de ses bras comme si elle se fût réveillée, et
s'élança hors de la chaumière. Elle put alors recouvrer
un peu de sang-froid et penser à sa situation.

— Il m'aurait acceptée et se serait moqué de moi,
peut-être, se dit-elle. Ah! si je pouvais le croire, je le
tuerais. — Ah! pas encore cependant, reprit-elle en
apercevant Beau-pied, à qui elle fit un signe que le
soldat comprit à merveille.

Le pauvre garçon tourna brusquement sur ses
talons, en feignant de n'avoir rien vu. Tout à coup,
mademoiselle de Verneuil rentra dans le salon en
invitant le jeune chef à garder le plus profond silence,
par la manière dont elle se pressa les lèvres sous
l'index de sa main droite.

— Ils sont là, dit-elle avec terreur et d'une voix
sourde.

— Qui?

— Les Bleus.

— Ah! je ne mourrai pas sans avoir...

— Oui, prends...

Il la saisit froide et sans défense, et cueillit sur ses
lèvres un baiser plein d'horreur et de plaisir, car il
pouvait être à la fois le premier et le dernier. Puis ils
allèrent ensemble sur le seuil de la porte, en y plaçant
leurs têtes de manière à tout examiner sans être vus.
Le marquis aperçut Gudin à la tête d'une douzaine
d'hommes qui tenaient le bas de la vallée du Couesnon. Il se tourna vers l'enfilade des échaliers, le gros
tronc d'arbre pourri était gardé par sept soldats. Il
monta sur la pièce de cidre, enfonça le toit de bardeau
pour sauter sur l'éminence; mais il retira précipitamment sa tête du trou qu'il venait de faire : Hulot

couronnait la hauteur et lui coupait le chemin de Fougères. En ce moment, il regarda sa maîtresse qui jeta un cri de désespoir : elle entendait les trépignements des trois détachements réunis autour de la maison.

— Sors la première, lui dit-il, tu me préserveras.

En entendant ce mot, pour elle sublime, elle se plaça tout heureuse en face de la porte, pendant que le marquis armait son tromblon. Après avoir mesuré l'espace qui existait entre le seuil de la cabane et le gros tronc d'arbre, le Gars se jeta devant les sept Bleus, les cribla de sa mitraille et se fit un passage au milieu d'eux. Les trois troupes se précipitèrent autour de l'échalier que le chef avait sauté, et le virent alors courant dans le champ avec une incroyable célérité.

— Feu, feu, mille noms d'un diable ! Vous n'êtes pas Français, feu donc, mâtins ! cria Hulot d'une voix tonnante.

Au moment où il prononçait ces paroles du haut de l'éminence, ses hommes et ceux de Gudin firent une décharge générale qui heureusement fut mal dirigée. Déjà le marquis arrivait à l'échalier qui terminait le premier champ ; mais au moment où il passait dans le second, il faillit être atteint par Gudin qui s'était élancé sur ses pas avec violence. En entendant ce redoutable adversaire à quelques toises, le Gars redoubla de vitesse. Néanmoins, Gudin et le marquis arrivèrent presque en même temps à l'échalier ; mais Montauran lança si adroitement son tromblon à la tête de Gudin, qu'il le frappa et en retarda la marche. Il est impossible de dépeindre l'anxiété de Marie et l'intérêt que manifestaient à ce spectacle Hulot et sa troupe. Tous, ils répétaient silencieusement, à leur insu, les gestes des deux coureurs. Le Gars et Gudin parvinrent ensemble au rideau blanc de givre formé par le petit bois ; mais l'officier rétrograda tout à coup et s'effaça derrière un pommier. Une vingtaine de Chouans, qui n'avaient pas tiré de peur de tuer leur chef, se montrèrent et criblèrent l'arbre de balles. Toute la petite troupe de Hulot s'élança au pas de course pour

sauver Gudin, qui, se trouvant sans armes, revenait de
pommier en pommier, en saisissant, pour courir, le
moment où les Chasseurs du Roi chargeaient leurs
armes. Son danger dura peu. Les Contre-Chouans
mêlés aux Bleus, et Hulot à leur tête, vinrent soutenir
le jeune officier à la place où le marquis avait jeté son
tromblon. En ce moment, Gudin aperçut son adversaire tout épuisé, assis sous un des arbres du petit
bouquet de bois ; il laissa ses camarades se canardant
avec les Chouans retranchés derrière une haie latérale
du champ, il les tourna et se dirigea vers le marquis
avec la vivacité d'une bête fauve. En voyant cette
manœuvre, les Chasseurs du Roi poussèrent d'effroyables cris pour avertir leur chef ; puis, après avoir tiré
sur les Contre-Chouans avec le bonheur qu'ont les
braconniers, ils essayèrent de leur tenir tête ; mais
ceux-ci gravirent courageusement la haie qui servait
de remparts à leurs ennemis, et y prirent une sanglante revanche. Les Chouans gagnèrent alors le
chemin qui longeait le champ dans l'enceinte duquel
cette scène avait lieu, et s'emparèrent des hauteurs
que Hulot avait commis la faute d'abandonner. Avant
que les Bleus eussent eu le temps de se reconnaître, les
Chouans avaient pris pour retranchements les brisures
que formaient les arêtes de ces rochers à l'abri
desquels ils pouvaient tirer sans danger sur les soldats
de Hulot, si ceux-ci faisaient quelque démonstration
de vouloir venir les y combattre. Pendant que Hulot,
suivi de quelques soldats, allait lentement vers le petit
bois pour y chercher Gudin, les Fougerais demeurèrent pour dépouiller les Chouans morts et achever les
vivants. Dans cette épouvantable guerre, les deux
partis ne faisaient pas de prisonniers. Le marquis
sauvé, les Chouans et les Bleus reconnurent mutuellement la force de leurs positions respectives et l'inutilité de la lutte, en sorte que chacun ne songea plus
qu'à se retirer.

— Si je perds ce jeune homme-là, s'écria Hulot en
regardant le bois avec attention, je ne veux plus faire
d'amis !

— Ah ! ah ! dit un des jeunes gens de Fougères occupé à dépouiller les morts, voilà un oiseau qui a des plumes jaunes.

Et il montrait à ses compatriotes une bourse pleine de pièces d'or qu'il venait de trouver dans la poche d'un gros homme vêtu de noir.

— Mais qu'a-t-il donc là ? reprit un autre qui tira un bréviaire de la redingote du défunt.

— C'est pain bénit, c'est un prêtre ! s'écria-t-il en jetant le bréviaire à terre.

— Le voleur, il nous fait banqueroute, dit un troisième en ne trouvant que deux écus de six francs dans les poches du Chouan qu'il déshabillait.

— Oui, mais il a une fameuse paire de souliers, répondit un soldat qui se mit en devoir de les prendre.

— Tu les auras s'ils tombent dans ton lot, lui répliqua l'un des Fougerais, en les arrachant des pieds du mort et les lançant au tas des effets déjà rassemblés.

Un quatrième Contre-Chouan recevait l'argent, afin de faire les parts lorsque tous les soldats de l'expédition seraient réunis. Quand Hulot revint avec le jeune officier, dont la dernière entreprise pour joindre le Gars avait été aussi périlleuse qu'inutile, il trouva une vingtaine de ses soldats et une trentaine de Contre-Chouans devant onze ennemis morts dont les corps avaient été jetés dans un sillon tracé au bas de la haie.

— Soldats, s'écria Hulot d'une voix sévère, je vous défends de partager ces haillons. Formez vos rangs, et plus vite que ça.

— Mon commandant, dit un soldat en montrant à Hulot ses souliers, au bout desquels les cinq doigts de ses pieds se voyaient à nu, bon pour l'argent ; mais cette chaussure-là, ajouta-t-il en montrant avec la crosse de son fusil la paire de souliers ferrés, cette chaussure-là, mon commandant, m'irait comme un gant.

— Tu veux à tes pieds des souliers anglais ! lui répliqua Hulot.

— Commandant, dit respectueusement un des

Fougerais, nous avons, depuis la guerre, toujours partagé le butin.

— Je ne vous empêche pas, vous autres, de suivre vos usages, répliqua durement Hulot en l'interrompant.

— Tiens, Gudin, voilà une bourse là qui contient trois louis, tu as eu de la peine, ton chef ne s'opposera pas à ce que tu la prennes, dit à l'officier l'un de ses anciens camarades.

Hulot regarda Gudin de travers, et le vit pâlissant.

— C'est la bourse de mon oncle, s'écria le jeune homme.

Tout épuisé qu'il était par la fatigue, il fit quelques pas vers le monceau de cadavres, et le premier corps qui s'offrit à ses regards fut précisément celui de son oncle ; mais à peine en vit-il le visage rubicond sillonné de bandes bleuâtres, les bras roidis, et la plaie faite par le coup de feu, qu'il jeta un cri étouffé et s'écria ·

— Marchons, mon commandant.

La troupe de Bleus se mit en route. Hulot soutenait son jeune ami en lui donnant le bras.

— Tonnerre de Dieu, cela ne sera rien, lui disait le vieux soldat.

— Mais il est mort, répondit Gudin, mort ! C'était mon seul parent, et, malgré ses malédictions, il m'aimait. Le Roi revenu, tout le pays aurait voulu ma tête, le bonhomme m'aurait caché sous sa soutane.

— Est-il bête ! disaient les gardes nationaux restés à se partager les dépouilles ; le bonhomme est riche, et comme ça, il n'a pas eu le temps de faire un testament par lequel il l'aurait déshérité.

Le partage fait, les Contre-Chouans rejoignirent le petit bataillon de Bleus et le suivirent de loin.

Une horrible inquiétude se glissa, vers la nuit, dans la chaumière de Galope-chopine, où jusqu'alors la vie avait été si naïvement insoucieuse. Barbette et son petit gars portant tous deux sur leur dos, l'une sa pesante charge d'ajoncs, l'autre une provision d'herbes pour les bestiaux, revinrent à l'heure où la famille prenait le repas du soir. En entrant au logis, la

mère et le fils cherchèrent en vain Galope-chopine ; et
jamais cette misérable chambre ne leur parut si
grande, tant elle était vide. Le foyer sans feu,
l'obscurité, le silence, tout leur prédisait quelque
malheur. Quand la nuit fut venue, Barbette s'empressa d'allumer un feu clair et deux *oribus*, nom
donné aux chandelles de résine dans le pays compris
entre les rivages de l'Armorique jusqu'en haut de la
Loire, et encore usité en deçà d'Amboise dans les
campagnes du Vendômois. Barbette mettait à ces
apprêts la lenteur dont sont frappées les actions quand
un sentiment profond les domine ; elle écoutait le
moindre bruit ; mais souvent trompée par le sifflement
des rafales, elle allait sur la porte de sa misérable hutte
et en revenait toute triste. Elle nettoya deux pichés, les
remplit de cidre et les posa sur la longue table de
noyer. A plusieurs reprises, elle regarda son garçon
qui surveillait la cuisson des galettes de sarrasin, mais
sans pouvoir lui parler. Un instant les yeux du petit
gars s'arrêtèrent sur les deux clous qui servaient à
supporter la canardière de son père, et Barbette
frissonna en voyant comme lui cette place vide. Le
silence n'était interompu que par les mugissements
des vaches, ou par les gouttes de cidre qui tombaient
périodiquement de la bonde du tonneau. La pauvre
femme soupira en apprêtant dans trois écuelles de
terre brune une espèce de soupe composée de lait, de
galette coupée par petits morceaux et de châtaignes
cuites.

— Ils se sont battus dans la pièce qui dépend de la
Béraudière, dit le petit gars.

— Vas-y donc voir, répondit la mère.

Le gars y courut, reconnut au clair de lune le
monceau de cadavres, n'y trouva point son père, et
revint tout joyeux en sifflant : il avait ramassé quelques pièces de cent sous foulées aux pieds par les
vainqueurs et oubliées dans la boue. Il trouva sa mère
assise sur une escabelle et occupée à filer du chanvre
au coin du feu. Il fit un signe négatif à Barbette, qui
n'osa croire à quelque chose d'heureux ; puis, dix

heures ayant sonné à Saint-Léonard, le petit gars se coucha après avoir marmotté une prière à la sainte vierge d'Auray. Au jour, Barbette, qui n'avait pas dormi, poussa un cri de joie, en entendant retentir dans le lointain un bruit de gros souliers ferrés qu'elle reconnut, et Galope-chopine montra bientôt sa mine renfrognée.

— Grâces à saint Labre à qui j'ai promis un beau cierge, le Gars a été sauvé! N'oublie pas que nous devons maintenant trois cierges au saint.

Puis, Galope-chopine saisit un piché et l'avala tout entier sans reprendre haleine. Lorsque sa femme lui eut servi sa soupe, l'eut débarrassé de sa canardière et qu'il se fut assis sur le banc de noyer, il dit en s'approchant du feu : — Comment les Bleus et les Contre-Chouans sont-ils donc venus ici? On se battait à Florigny. Quel diable a pu leur dire que le Gars était chez nous? car il n'y avait que lui, sa belle garce et nous qui le savions.

La femme pâlit.

— Les Contre-Chouans m'ont persuadé qu'ils étaient des gars de Saint-Georges, répondit-elle en tremblant, et c'est moi qui leur ai dit où était le Gars.

Galope-chopine pâlit à son tour, et laissa son écuelle sur le bord de la table.

— Je t'ai envoyé not' gars pour te prévenir, reprit Barbette effrayée, il ne t'a pas rencontré.

Le Chouan se leva, et frappa si violemment sa femme, qu'elle alla tomber pâle comme un mort sur le lit.

— Garce maudite, tu m'as tué, dit-il. Mais saisi d'épouvante, il prit sa femme dans ses bras : — Barbette? s'écria-t-il, Barbette? Sainte Vierge! j'ai eu la main trop lourde.

— Crois-tu, lui dit-elle en ouvrant les yeux, que Marche-à-terre vienne à le savoir?

— Le Gars, répondit le Chouan, a dit de s'enquérir d'où venait cette trahison.

— L'a-t-il dit à Marche-à-terre?

— Pille-miche et Marche-à-terre étaient à Florigny.

Barbette respira plus librement.

— S'ils touchent à un seul cheveu de ta tête, dit-elle, je rincerai leurs verres avec du vinaigre.

— Ah ! je n'ai plus faim, s'écria tristement Galope-chopine.

Sa femme poussa devant lui l'autre piché plein, il n'y fit pas même attention. Deux grosses larmes sillonnèrent alors les joues de Barbette et humectèrent les rides de son visage fané.

— Écoute, ma femme, il faudra demain matin amasser des fagots au *dret* de Saint-Léonard sur les rochers de Saint-Sulpice et y mettre le feu. C'est le signal convenu entre le Gars et le vieux recteur de Saint-Georges qui viendra lui dire une messe.

— Il ira donc à Fougères ?

— Oui, chez sa belle garce. J'ai à courir aujourd'hui à cause de ça ! Je crois bien qu'il va l'épouser et l'enlever, car il m'a dit d'aller louer des chevaux et de les égailler sur la route de Saint-Malo.

Là-dessus, Galope-chopine fatigué se coucha pour quelques heures et se remit en course. Le lendemain matin il rentra après s'être soigneusement acquitté des commissions que le marquis lui avait confiées. En apprenant que Marche-à-terre et Pille-miche ne s'étaient pas présentés, il dissipa les inquiétudes de sa femme, qui partit presque rassurée pour les roches de Saint-Sulpice, où la veille elle avait préparé sur le mamelon qui faisait face à Saint-Léonard quelques fagots couverts de givre. Elle emmena par la main son petit gars qui portait du feu dans un sabot cassé. A peine son fils et sa femme avaient-ils disparu derrière le toit du hangar, que Galope-chopine entendit deux hommes sautant le dernier des échaliers en enfilade, et insensiblement il vit à travers un brouillard assez épais des formes anguleuses se dessinant comme des ombres indistinctes. — C'est Pille-miche et Marche-à-terre, se dit-il mentalement. Et il tressaillit. Les deux Chouans montrèrent dans la petite cour leurs visages ténébreux qui ressemblaient assez, sous leurs grands chapeaux usés, à ces figures que des graveurs ont faites avec des paysages.

— Bonjour, Galope-chopine, dit gravement Marche-à-terre.

— Bonjour, monsieur Marche-à-terre, répondit humblement le mari de Barbette. Voulez-vous entrer ici et vider quelques pichés ? J'ai de la galette froide et du beurre fraîchement battu.

— Ce n'est pas de refus, mon cousin, dit Pille-miche.

Les deux Chouans entrèrent. Ce début n'avait rien d'effrayant pour le maître du logis, qui s'empressa d'aller à sa grosse tonne emplir trois pichés, pendant que Marche-à-terre et Pille-miche, assis de chaque côté de la longue table sur un des bancs luisants, se coupèrent des galettes et les garnirent d'un beurre gras et jaunâtre qui, sous le couteau, laissait jaillir de petites bulles de lait. Galope-chopine posa les pichés pleins de cidre et couronnés de mousse devant ses hôtes, et les trois Chouans se mirent à manger ; mais de temps en temps le maître du logis jetait un regard de côté sur Marche-à-terre en s'empressant de satisfaire sa soif.

— Donne-moi ta chinchoire, dit Marche-à-terre à Pille-miche.

Et après en avoir secoué fortement plusieurs chinchées dans le creux de sa main, le Breton aspira son tabac en homme qui voulait se préparer à quelque action grave.

— Il fait froid, dit Pille-miche en se levant pour aller fermer la partie supérieure de la porte.

Le jour terni par le brouillard ne pénétra plus dans la chambre que par la petite fenêtre, et n'éclaira que faiblement la table et les deux bancs ; mais le feu y répandit des lueurs rougeâtres. En ce moment, Galope-chopine, qui avait achevé de remplir une seconde fois les pichés de ses hôtes, les mettait devant eux ; mais ils refusèrent de boire, jetèrent leurs larges chapeaux et prirent tout à coup un air solennel. Leurs gestes et le regard par lequel ils se consultèrent firent frissonner Galope-chopine, qui crut apercevoir du sang sous les bonnets de laine rouge dont ils étaient coiffés.

— Apporte-nous ton couperet, dit Marche-à-terre.

— Mais, monsieur Marche-à-terre, qu'en voulez-vous donc faire ?

— Allons, cousin, tu le sais bien, dit Pille-miche en serrant sa chinchoire que lui rendit Marche-à-terre, tu es jugé.

Les deux Chouans se levèrent ensemble en saisissant leurs carabines.

— Monsieur Marche-à-terre, je n'ai *rin* dit sur le Gars...

— Je te dis d'aller chercher ton couperet, répondit le Chouan.

Le malheureux Galope-chopine heurta le bois grossier de la couche de son garçon, et trois pièces de cent sous roulèrent sur le plancher ; Pille-miche les ramassa.

— Oh ! oh ! les Bleus t'ont donné des pièces neuves, s'écria Marche-à-terre.

— Aussi vrai que voilà l'image de saint Labre, reprit Galope-chopine, je n'ai *rin* dit. Barbette a pris les Contre-Chouans pour les gars de Saint-Georges, voilà tout.

— Pourquoi parles-tu d'affaires à ta femme, répondit brutalement Marche-à-terre.

— D'ailleurs, cousin, nous ne te demandons pas de raisons, mais ton couperet. Tu es jugé.

A un signe de son compagnon, Pille-miche l'aida à saisir la victime. En se trouvant entre les mains des deux Chouans, Galope-chopine perdit toute force, tomba sur ses genoux, et leva vers ses bourreaux des mains désespérées : — Mes bons amis, mon cousin, que voulez-vous que devienne mon petit gars ?

— J'en prendrai soin, dit Marche-à-terre.

— Mes chers camarades, reprit Galope-chopine devenu blême, je ne suis pas en état de mourir. Me laisserez-vous partir sans confession ? Vous avez le droit de prendre ma vie, mais non celui de me faire perdre la bienheureuse éternité.

— C'est juste, dit Marche-à-terre en regardant Pille-miche.

Les deux Chouans restèrent un moment dans le plus grand embarras et sans pouvoir résoudre ce cas de conscience. Galope-chopine écouta le moindre bruit causé par le vent, comme s'il eût conservé quelque espérance. Le son de la goutte de cidre qui tombait périodiquement du tonneau lui fit jeter un regard machinal sur la pièce et soupirer tristement. Tout à coup, Pille-miche prit le patient par un bras, l'entraîna dans un coin et lui dit : — Confesse-moi tous tes péchés, je les redirai à un prêtre de la véritable Église, il me donnera l'absolution ; et s'il y a des pénitences à faire, je les ferai pour toi.

Galope-chopine obtint quelque répit, par sa manière d'accuser ses péchés ; mais, malgré le nombre et les circonstances des crimes, il finit par atteindre au bout de son chapelet.

— Hélas ! dit-il en terminant, après tout, mon cousin, puisque je te parle comme à un confesseur, je t'assure par le saint nom de Dieu, que je n'ai guère à me reprocher que d'avoir, par-ci par-là, un peu trop beurré mon pain, et j'atteste saint Labre que voici au-dessus de la cheminée, que je n'ai *rin* dit sur le Gars. Non, mes bons amis, je n'ai pas trahi.

— Allons, c'est bon, cousin, relève-toi, tu t'entendras sur tout cela avec le bon Dieu, dans le temps comme dans le temps.

— Mais laissez-moi dire un petit brin d'adieu à Barbe...

— Allons, répondit Marche-à-terre, si tu veux qu'on ne t'en veuille pas plus qu'il ne faut, comporte-toi en Breton, et finis proprement.

Les deux Chouans saisirent de nouveau Galope-chopine, le couchèrent sur le banc, où il ne donna plus d'autres signes de résistance que ces mouvements convulsifs produits par l'instinct de l'animal ; enfin il poussa quelques hurlements sourds qui cessèrent

aussitôt que le son lourd du couperet eut retenti. La
tête fut tranchée d'un seul coup. Marche-à-terre prit
cette tête par une touffe de cheveux, sortit de la
chaumière, chercha et trouva dans le grossier cham-
branle de la porte un grand clou autour duquel il
tortilla les cheveux qu'il tenait, et y laissa pendre cette
tête sanglante à laquelle il ne ferma seulement pas les
yeux. Les deux Chouans se lavèrent les mains sans
aucune précipitation, dans une grande terrine pleine
d'eau, reprirent leurs chapeaux, leurs carabines, et
franchirent l'échalier en sifflant l'air de la ballade du
Capitaine. Pille-miche entonna d'une voix enrouée, au
bout du champ, ces strophes prises au hasard dans
cette naïve chanson dont les rustiques cadences furent
emportées par le vent.

> *A la première ville,*
> *Son amant l'habille*
> *Tout en satin blanc;*
>
> *A la seconde ville,*
> *Son amant l'habille*
> *En or, en argent.*
>
> *Elle était si belle*
> *Qu'on lui tendait les voiles*
> *Dans tout le régiment.*

Cette mélodie devint insensiblement confuse à
mesure que les deux Chouans s'éloignaient; mais le
silence de la campagne était si profond, que plusieurs
notes parvinrent à l'oreille de Barbette, qui revenait
alors au logis en tenant son petit gars par la main. Une
paysanne n'entend jamais froidement ce chant, si
populaire dans l'ouest de la France; aussi Barbette
commença-t-elle involontairement les premières
strophes de la ballade.

> *Allons, partons, belle,*
> *Partons pour la guerre,*
> *Partons, il est temps.*

Brave capitaine,
Que ça ne te fasse pas de peine
Ma fille n'est pas pour toi.

Tu ne l'auras sur terre,
Tu ne l'auras sur mer,
Si ce n'est par trahison.

Le père prend sa fille
Qui la déshabille
Et la jette à l'eau.

Capitaine plus sage,
Se jette à la nage,
La ramène à bord.

Allons, partons, belle,
Partons pour la guerre,
Partons, il est temps.

A la première ville, etc.

Au moment où Barbette se retrouvait en chantant à la reprise de la ballade par où avait commencé Pille-miche, elle était arrivée dans sa cour, sa langue se glaça, elle resta immobile, et un grand cri, soudain réprimé, sortit de sa bouche béante.

— Qu'as-tu donc, ma chère mère ? demanda l'enfant.

— Marche tout seul, s'écria sourdement Barbette en lui retirant la main et le poussant avec une incroyable rudesse, tu n'as plus ni père ni mère.

L'enfant, qui se frottait l'épaule en criant, vit la tête clouée, et son frais visage garda silencieusement la convulsion nerveuse que les pleurs donnent aux traits. Il ouvrit de grands yeux, regarda longtemps la tête de son père avec un air stupide qui ne trahissait aucune émotion ; puis sa figure, abrutie par l'ignorance, arriva jusqu'à exprimer une curiosité sauvage. Tout à coup Barbette reprit la main de son enfant, la serra violemment, et l'entraîna d'un pas rapide dans la maison. Pendant que Pille-miche et Marche-à-terre couchaient Galope-chopine sur le banc, un de ses souliers était tombé sous son cou de manière à se remplir de sang, et ce fut le premier objet que vit sa veuve.

— Ôte ton sabot, dit la mère à son fils. Mets ton pied là-dedans. Bien. Souviens-toi toujours, s'écria-t-elle d'un son de voix lugubre, du soulier de ton père, et ne t'en mets jamais un aux pieds sans te rappeler celui qui était plein du sang versé par les *Chuins*, et tue les *Chuins*.

En ce moment, elle agita sa tête par un mouvement si convulsif, que les mèches de ses cheveux noirs retombèrent sur son cou et donnèrent à sa figure une expression sinistre.

— J'atteste saint Labre, reprit-elle, que je te voue aux Bleus. Tu seras soldat pour venger ton père. Tue, tue les *Chuins*, et fais comme moi. Ah ! ils ont pris la tête de mon homme, je vais donner celle du Gars aux Bleus.

Elle sauta d'un seul bond sur le lit, s'empara d'un petit sac d'argent dans une cachette, reprit la main de son fils étonné, l'entraîna violemment sans lui laisser le temps de reprendre son sabot, et ils marchèrent tous deux d'un pas rapide vers Fougères, sans que l'un ou l'autre retournât la tête vers la chaumière qu'ils abandonnaient. Quand ils arrivèrent sur le sommet des rochers de Saint-Sulpice, Barbette attisa le feu des fagots, et son gars l'aida à les couvrir de genêts verts chargés de givre, afin d'en rendre la fumée plus forte.

— Ça durera plus que ton père, plus que moi et plus que le Gars, dit Barbette d'un air farouche en montrant le feu à son fils.

Au moment où la veuve de Galope-chopine et son fils au pied sanglant regardaient, avec une sombre expression de vengeance et de curiosité, tourbillonner la fumée, mademoiselle de Verneuil avait les yeux attachés sur cette roche, et tâchait, mais en vain, d'y découvrir le signal annoncé par le marquis. Le brouillard, qui s'était insensiblement accru, ensevelissait toute la région sous un voile dont les teintes grises cachaient les masses du paysage les plus près de la ville. Elle contemplait tour à tour, avec une douce anxiété, les rochers, le château, les édifices, qui ressemblaient dans ce brouillard à des brouillards plus noirs encore. Auprès de sa fenêtre, quelques arbres se détachaient de ce fond bleuâtre comme ces madrépores que la mer laisse entrevoir quand elle est calme. Le soleil donnait au ciel la couleur blafarde de l'argent terni, ses rayons coloraient d'une rougeur douteuse les branches nues des arbres, où se balançaient encore quelques dernières feuilles. Mais des sentiments trop délicieux agitaient l'âme de Marie, pour qu'elle vît de mauvais présages dans ce spectacle, en désaccord avec le bonheur dont elle se repaissait par avance. Depuis deux jours, ses idées s'étaient étrangement modifiées. L'âpreté, les éclats désordonnés de ses passions avaient lentement subi l'influence de l'égale température que donne à la vie un véritable amour. La certitude d'être aimée, qu'elle était allée chercher à travers tant de périls, avait fait naître en elle le désir de rentrer dans les conditions sociales qui sanctionnent le bonheur, et d'où elle n'était sortie que par désespoir. N'aimer que pendant un moment lui sembla de l'impuissance. Puis elle se vit soudain reportée, du fond de la société où le malheur l'avait plongée, dans le haut rang où son père l'avait un moment placée. Sa vanité, comprimée par les cruelles alternatives d'une passion tour à tour heureuse ou méconnue, s'éveilla, lui fit voir tous les bénéfices d'une grande position. En quelque sorte née marquise, épouser Montauran, n'était-ce pas pour elle agir et vivre dans la sphère qui lui était propre. Après avoir connu les hasards d'une vie tout aventureuse, elle pouvait mieux qu'une autre femme apprécier la grandeur des sentiments qui font la famille. Puis le mariage, la maternité et ses soins, étaient pour elle moins une tâche qu'un repos. Elle aimait cette vie vertueuse et calme entrevue à travers ce dernier orage, comme une femme lasse de la vertu peut jeter un regard de convoitise sur une passion illicite. La vertu était pour elle une nouvelle séduction.

— Peut-être, dit-elle en revenant de la croisée sans avoir vu de feu sur la roche de Saint-Sulpice, ai-je été bien coquette avec lui ? Mais aussi n'ai-je pas su combien je suis aimée ?... Francine, ce n'est plus un songe ! je serai ce soir la marquise de Montauran. Qu'ai-je donc fait pour mériter un si complet bonheur. Oh ! je l'aime, et l'amour seul peut payer l'amour. Néanmoins, Dieu veut sans doute me récompenser d'avoir conservé tant de cœur malgré tant de misères et me faire oublier mes souffrances ; car, tu le sais, mon enfant, j'ai bien souffert.

— Ce soir, marquise de Montauran, vous, Marie ! Ah ! tant que ce ne sera pas fait, moi je croirai rêver. Qui donc lui a dit tout ce que vous valez ?

— Mais, ma chère enfant, il n'a pas seulement de beaux yeux, il a aussi une âme. Si tu l'avais vu comme moi dans le danger ! Oh ! il doit bien savoir aimer, il est si courageux !

— Si vous l'aimez tant, pourquoi souffrez-vous donc qu'il vienne à Fougères ?

— Est-ce que nous avons eu le temps de nous dire un mot quand nous avons été surpris. D'ailleurs, n'est-ce pas une preuve d'amour ? Et en a-t-on jamais assez ! En attendant, coiffe-moi.

Mais elle dérangea cent fois, par des mouvements comme électriques, les heureuses combinaisons de sa coiffure, en mêlant des pensées encore orageuses à tous les soins de la coquetterie. En crêpant les cheveux d'une boucle, ou en rendant ses nattes plus brillantes, elle se demandait, par un reste de défiance, si le marquis ne la trompait pas, et alors elle pensait qu'une semblable rouerie devait être impénétrable, puisqu'il s'exposait audacieusement à une vengeance immédiate en venant la trouver à Fougères. En étudiant malicieusement à son miroir les effets d'un regard oblique, d'un sourire, d'un léger pli du front, d'une attitude de colère, d'amour ou de dédain, elle cherchait une ruse de femme pour sonder jusqu'au dernier moment le cœur du jeune chef.

— Tu as raison ! Francine, dit-elle, je voudrais

comme toi que ce mariage fût fait. Ce jour est le dernier de mes jours nébuleux, il est gros de ma mort ou de notre bonheur. Le brouillard est odieux, ajouta-t-elle en regardant de nouveau vers les sommets de Saint-Sulpice toujours voilés.

Elle se mit à draper elle-même les rideaux de soie et de mousseline qui décoraient la fenêtre, en se plaisant à intercepter le jour de manière à produire dans la chambre un voluptueux clair-obscur.

— Francine, dit-elle, ôte ces babioles qui encombrent la cheminée, et n'y laisse que la pendule et les deux vases de Saxe dans lesquels j'arrangerai moi-même les fleurs d'hiver que Corentin m'a trouvées... Sors toutes les chaises, je ne veux voir ici que le canapé et un fauteuil. Quand tu auras fini, mon enfant, tu brosseras le tapis de manière à en ranimer les couleurs, puis tu garniras de bougies les bras de cheminée et les flambeaux...

Marie regarda longtemps et avec attention la vieille tapisserie tendue sur les murs de cette chambre. Guidée par un goût inné, elle sut trouver, parmi les brillantes nuances de la haute-lisse, les teintes qui pouvaient servir à lier cette antique décoration aux meubles et aux accessoires de ce boudoir par l'harmonie des couleurs ou par le charme des oppositions. La même pensée dirigea l'arrangement des fleurs dont elle chargea les vases contournés qui ornaient la chambre. Le canapé fut placé près du feu. De chaque côté du lit, qui occupait la paroi parallèle à celle où était la cheminée, elle mit, sur deux petites tables dorées, de grands vases de Saxe remplis de feuillages et de fleurs qui exhalèrent les plus doux parfums. Elle tressaillit plus d'une fois en disposant les plis onduleux du lampas vert au-dessus du lit, et en étudiant les sinuosités de la draperie à fleurs sous laquelle elle le cacha. De semblables préparatifs ont toujours un indéfinissable secret de bonheur, et amènent une irritation si délicieuse, que souvent, au milieu de ces voluptueux apprêts, une femme oublie tous ses doutes, comme mademoiselle de Verneuil oubliait alors les siens. N'existe-t-il pas un sentiment religieux dans cette multitude de soins pris pour un être aimé qui n'est pas là pour les voir et les récompenser, mais qui doit les payer plus tard par ce sourire approbateur qu'obtiennent ces gracieux préparatifs, toujours si bien compris. Les femmes se livrent alors pour ainsi dire par avance à l'amour, et il n'en est pas une seule qui ne se dise, comme mademoiselle de Verneuil le pensait : — Ce soir je serai bien heureuse ! La plus innocente d'entre elles inscrit alors cette suave espé-rance dans les plis les moins saillants de la soie ou de la mousseline ; puis, insensiblement, l'harmonie qu'elle établit autour d'elle imprime à tout une physionomie où respire l'amour. Au sein de cette sphère volup-tueuse, pour elle, les choses deviennent des êtres, des témoins ; et déjà elle en fait les complices de toutes ses joies futures. A chaque mouvement, à chaque pensée, elle s'enhardit à voler l'avenir. Bientôt elle n'attend plus, elle n'espère pas, mais elle accuse le silence, et le moindre bruit lui doit un présage ; enfin le doute vient poser sur son cœur une main crochue, elle brûle, elle s'agite, elle se sent tordue par une pensée qui se déploie comme une force purement physique ; c'est tour à tour un triomphe et un supplice, que sans l'espoir du plaisir elle ne supporterait point. Vingt fois, mademoiselle de Verneuil avait soulevé les rideaux, dans l'espérance de voir une colonne de fumée s'élevant au-dessus des rochers ; mais le brouil-lard semblait de moment en moment prendre de nouvelles teintes grises dans lesquelles son imagina-tion finit par lui montrer de sinistres présages. Enfin, dans un moment d'impatience, elle laissa tomber le rideau, en se promettant bien de ne plus venir le relever. Elle regarda d'un air boudeur cette chambre à laquelle elle avait donné une âme et une voix, se demanda si ce serait en vain, et cette pensée la fit songer à tout.

— Ma petite, dit-elle à Francine en l'attirant dans un cabinet de toilette contigu à sa chambre et qui était éclairé par un œil-de-bœuf donnant sur l'angle obscur où les fortifications de la ville se joignaient aux rochers de la promenade, range-moi cela, que tout soit propre ! Quant au salon, tu le laisseras, si tu veux, en désordre, ajouta-t-elle en accompagnant ces mots d'un de ces sourires que les femmes réservent pour leur intimité, et dont jamais les hommes ne peuvent connaître la piquante finesse.

— Ah ! combien vous êtes jolie ! s'écria la petite Bretonne.

— Eh ! folles que nous sommes toutes, notre amant ne sera-t-il pas toujours notre plus belle parure.

Francine la laissa mollement couchée sur l'ottomane, et se retira pas à pas, en devinant que, aimée ou non, sa maîtresse ne livrerait jamais Montauran.

— Es-tu sûre de ce que tu me débites là, ma vieille, disait Hulot à Barbette qui l'avait reconnu en entrant à Fougères.

— Avez-vous des yeux ? Tenez, regardez les rochers de Saint-Sulpice, là, mon bon homme, au dret de Saint-Léonard.

Corentin tourna les yeux vers le sommet, dans la direction indiquée par le doigt de Barbette ; et, comme le brouillard commençait à se dissiper, il put voir assez distinctement la colonne de fumée blanchâtre dont avait parlé la femme de Galope-chopine.

— Mais quand viendra-t-il, hé ! la vieille ? Sera-ce ce soir ou cette nuit ?

— Mon bon homme, reprit Barbette, je n'en sais *rin*.

— Pourquoi trahis-tu ton parti ? dit vivement Hulot après avoir attiré la paysanne à quelques pas de Corentin.

— Ah ! monseigneur le général, voyez le pied de mon gars ! Eh ! bien, il est trempé dans le sang de mon homme tué par les Chuins, sous votre respect, comme un veau, pour le punir des trois mots que vous m'avez arrachés, avant-hier, quand je labourais. Prenez mon gars, puisque vous lui avez ôté son père et sa mère, mais faites-en un vrai Bleu, mon bon homme, et qu'il puisse tuer beaucoup de Chuins. Tenez, voilà deux cents écus, gardez-les-lui ; en les ménageant il ira loin avec ça, puisque son père a été douze ans à les amasser.

Hulot regarda avec étonnement cette paysanne pâle et ridée dont les yeux étaient secs.

— Mais toi, dit-il, toi, la mère, que vas-tu devenir ? Il vaut mieux que tu conserves cet argent.

— Moi, répondit-elle en branlant la tête avec tristesse, je n'ai plus besoin de rin ! Vous me *clancheriez*[96] au fin fond de la tour de Mélusine (et elle montra une des tours du château), que les Chuins sauraient ben m'y venir tuer !

Elle embrassa son gars avec une sombre expression de douleur, le regarda, versa deux larmes, le regarda encore, et disparut.

— Commandant, dit Corentin, voici une de ces occasions qui, pour être mises à profit, demandent plutôt deux bonnes têtes qu'une. Nous savons tout et nous ne savons rien. Faire cerner, dès à présent, la maison de mademoiselle de Verneuil, ce serait la mettre contre nous. Nous ne sommes pas, toi, moi, tes Contre-Chouans et tes deux bataillons, de force à lutter contre cette fille-là, si elle se met en tête de sauver son ci-devant. Ce garçon est homme de cour, et par conséquent rusé ; c'est un jeune homme, et il a du cœur. Nous ne pourrons jamais nous en emparer à son entrée à Fougères. Il s'y trouve d'ailleurs peut-être déjà. Faire des visites domiciliaires ? Absurdité ! Ça n'apprend rien, ça donne l'éveil, et ça tourmente les habitants.

— Je m'en vais, dit Hulot impatienté, donner au factionnaire du poste Saint-Léonard la consigne d'avancer sa promenade de trois pas de plus, et il arrivera ainsi en face de la maison de mademoiselle de Verneuil. Je conviendrai d'un signe avec chaque sentinelle, je me tiendrai au corps de garde, et quand on m'aura signalé l'entrée d'un jeune homme quelconque, je prends un caporal et quatre hommes, et...

— Et, reprit Corentin en interrompant l'impétueux soldat, si le jeune homme n'est pas le marquis, si le marquis n'entre pas par la porte, s'il est déjà chez mademoiselle de Verneuil, si, si...

Là, Corentin regarda le commandant avec un air de supériorité qui avait quelque chose de si insultant, que le vieux militaire s'écria : — Mille tonnerres de Dieu ! va te promener, citoyen de l'enfer. Est-ce que tout cela me regarde ! Si ce hanneton-là vient tomber dans un de mes corps-de-garde, il faudra bien que je le fusille ; si j'apprends qu'il est dans une maison, il faudra bien aussi que j'aille le cerner, le prendre et le fusiller ! Mais, du diable si je me creuse la cervelle pour mettre de la boue sur mon uniforme.

— Commandant, la lettre des trois ministres t'ordonne d'obéir à mademoiselle de Verneuil.

— Citoyen, qu'elle vienne elle-même, je verrai ce que j'aurai à faire.

— Eh ! bien, citoyen, répliqua Corentin avec hauteur, elle ne tardera pas. Elle te dira, elle-même, l'heure et le moment où le ci-devant sera entré. Peutêtre, même, ne sera-t-elle tranquille que quand elle t'aura vu posant les sentinelles et cernant sa maison.

— Le diable s'est fait homme, se dit douloureusement le vieux chef de demi-brigade en voyant Corentin qui remontait à grands pas l'escalier de la Reine où cette scène avait eu lieu et qui regagnait la porte Saint-Léonard. — Il me livrera le citoyen Montauran, pieds et poings liés, reprit Hulot en se parlant à lui-même, et je me trouverai embêté d'un conseil de guerre à présider. — Après tout, dit-il en haussant les épaules, le Gars est un ennemi de la République, il m'a tué mon pauvre Gérard, et ce sera toujours un noble de moins. Au diable !

Il tourna lestement sur les talons de ses bottes, et alla visiter tous les postes de la ville en sifflant la *Marseillaise*.

Mademoiselle de Verneuil était plongée dans une de ces méditations dont les mystères restent comme ensevelis dans les abîmes de l'âme, et dont les mille sentiments contradictoires ont souvent prouvé à ceux qui en ont été la proie qu'on peut avoir une vie orageuse et passionnée entre quatre murs, sans même quitter l'ottomane sur laquelle se consume alors l'existence. Arrivée au dénouement du drame qu'elle était venue chercher, cette fille en faisait tour à tour passer devant elle les scènes d'amour et de colère qui avaient si puissamment animé sa vie pendant les dix jours écoulés depuis sa première rencontre avec le marquis. En ce moment le bruit d'un pas d'homme retentit dans le salon qui précédait sa chambre, elle tressaillit ; la porte s'ouvrit, elle tourna vivement la tête, et vit Corentin.

— Petite tricheuse ! dit en riant l'agent supérieur de la police, l'envie de me tromper vous prendra-t-elle encore ? Ah ! Marie ! Marie ! vous jouez un jeu bien dangereux en ne m'intéressant pas à votre partie, en en décidant les coups sans me consulter. Si le marquis a échappé à son sort...

— Cela n'a pas été votre faute, n'est-ce pas ? répondit mademoiselle de Verneuil avec une ironie profonde. Monsieur, reprit-elle d'une voix grave, de quel droit venez-vous encore chez moi ?

— Chez vous ? demanda-t-il d'un ton amer.

— Vous m'y faites songer, répliqua-t-elle avec noblesse, je ne suis pas chez moi. Vous avez peut-être sciemment choisi cette maison pour y commettre plus sûrement vos assassinats, je vais en sortir. J'irais dans un désert pour ne plus voir des...

— Des espions, dites, reprit Corentin. Mais cette maison n'est ni à vous ni à moi, elle est au gouvernement ; et, quant à en sortir, vous n'en feriez rien, ajouta-t-il en lui lançant un regard diabolique.

Mademoiselle de Verneuil se leva par un mouvement d'indignation, s'avança de quelques pas ; mais tout à coup elle s'arrêta en voyant Corentin qui releva le rideau de la fenêtre et se prit à sourire en l'invitant à venir près de lui.

— Voyez-vous cette colonne de fumée ? dit-il avec le calme profond qu'il savait conserver sur sa figure blême quelque profondes que fussent ses émotions.

— Quel rapport peut-il exister entre mon départ et

de mauvaises herbes auxquelles on a mis le feu ? demanda-t-elle.

— Pourquoi votre voix est-elle si altérée ? reprit Corentin. Pauvre petite ! ajouta-t-il d'une voix douce, je sais tout. Le marquis vient aujourd'hui à Fougères, et ce n'est pas dans l'intention de nous le livrer que vous avez arrangé si voluptueusement ce boudoir, ces fleurs et ces bougies.

Mademoiselle de Verneuil pâlit en voyant la mort du marquis écrite dans les yeux de ce tigre à face humaine, et ressentit pour son amant un amour qui tenait du délire. Chacun de ses cheveux lui versa dans la tête une atroce douleur qu'elle ne put soutenir, et elle tomba sur l'ottomane. Corentin resta un moment les bras croisés sur la poitrine, moitié content d'une torture qui le vengeait de tous les sarcasmes et du dédain par lesquels cette femme l'avait accablé, moitié chagrin de voir souffrir une créature dont le joug lui plaisait toujours, quelque lourd qu'il fût.

— Elle l'aime, se dit-il d'une voix sourde.

— L'aimer, s'écria-t-elle, eh ! qu'est-ce que signifie ce mot ? Corentin ! il est ma vie, mon âme, mon souffle. Elle se jeta aux pieds de cet homme dont le calme l'épouvantait. — Ame de boue, lui dit-elle, j'aime mieux m'avilir pour lui obtenir la vie, que de m'avilir pour la lui ôter. Je veux le sauver au prix de tout mon sang. Parle, que te faut-il ?

Corentin tressaillit.

— Je venais prendre vos ordres, Marie, dit-il d'un son de voix plein de douceur et en la relevant avec une gracieuse politesse. Oui, Marie, vos injures ne m'empêcheront pas d'être tout à vous, pourvu que vous ne me trompiez plus. Vous savez, Marie, qu'on ne me dupe jamais impunément.

— Ah ! si vous voulez que je vous aime, Corentin, aidez-moi à le sauver.

— Eh ! bien, à quelle heure vient le marquis, dit-il en s'efforçant de faire cette demande d'un ton calme.

— Hélas ! je n'en sais rien.

Ils se regardèrent tous deux en silence.

— Je suis perdue, se disait mademoiselle de Verneuil.

— Elle me trompe, pensait Corentin. — Marie, reprit-il, j'ai deux maximes. L'une, de ne jamais croire un mot de ce que disent les femmes, c'est le moyen de ne pas être leur dupe ; l'autre, de toujours chercher si elles n'ont pas quelque intérêt à faire le contraire de ce qu'elles ont dit et à se conduire en sens inverse des actions dont elles veulent bien nous confier le secret. Je crois que nous nous entendons maintenant.

— A merveille, répliqua mademoiselle de Verneuil. Vous voulez des preuves de ma bonne foi ; mais je les réserve pour le moment où vous m'en aurez donné de la vôtre.

— Adieu mademoiselle, dit sèchement Corentin.

— Allons, reprit la jeune fille en souriant, asseyez-vous, mettez-vous là et ne boudez pas, sinon je saurais bien me passer de vous pour sauver le marquis. Quant aux trois cent mille francs que vous voyez toujours étalés devant vous, je puis vous les mettre en or, là, sur cette cheminée, à l'instant où le marquis sera en sûreté.

Corentin se leva, recula de quelques pas et regarda mademoiselle de Verneuil.

— Vous êtes devenue riche en peu de temps, dit-il d'un ton dont l'amertume était mal déguisée.

— Montauran, reprit-elle en souriant de pitié, pourra vous offrir lui-même bien davantage pour sa rançon. Ainsi, prouvez-moi que vous avez les moyens de le garantir de tout danger, et...

— Ne pouvez-vous pas, s'écria tout à coup Corentin, le faire évader au moment même de son arrivée puisque Hulot en ignore l'heure et... Il s'arrêta comme s'il se reprochait à lui-même d'en trop dire. — Mais est-ce bien vous qui me demandez une ruse, reprit-il en souriant de la manière la plus naturelle ? Écoutez, Marie, je suis certain de votre loyauté. Promettez-moi de me dédommager de tout ce que je perds en vous servant, et j'endormirai si bien cette buse de commandant, que le marquis sera libre à Fougères comme à Saint-James.

— Je vous le promets, répondit la jeune fille avec une sorte de solennité.

— Non pas ainsi, reprit-il, jurez-le-moi par votre mère.

Mademoiselle de Verneuil tressaillit ; et, levant une main tremblante, elle fit le serment demandé par cet homme, dont les manières venaient de changer subitement.

— Vous pouvez disposer de moi, dit Corentin. Ne me trompez pas, et vous me bénirez ce soir.

— Je vous crois, Corentin, s'écria mademoiselle de Verneuil tout attendrie. Elle le salua par une douce inclination de tête, et lui sourit avec une bonté mêlée de surprise en lui voyant sur la figure une expression de tendresse mélancolique.

— Quelle ravissante créature ! s'écria Corentin en s'éloignant. Ne l'aurais-je donc jamais, pour en faire à la fois, l'instrument de ma fortune et la source de mes plaisirs ? Se mettre à mes pieds, elle !... Oh ! oui, le marquis périra. Et si je ne puis obtenir cette femme qu'en la plongeant dans un bourbier, je l'y plongerai.

— Enfin, se dit-il à lui-même en arrivant sur la place où ses pas le conduisirent à son insu, elle ne se défie peut-être plus de moi. Cent mille écus à l'instant ! Elle me croit avare. C'est une ruse, ou elle l'a épousé. Corentin, perdu dans ses pensées, n'osait prendre une résolution. Le brouillard que le soleil avait dissipé vers le milieu du jour, reprenait insensiblement toute sa force et devint si épais que Corentin n'apercevait plus les arbres même à une faible distance. — Voilà un nouveau malheur, se dit-il en rentrant à pas lents chez lui. Il est impossible d'y voir à six pas. Le temps protège nos amants. Surveillez donc une maison gardée par un tel brouillard. — Qui vive, s'écria-t-il en saisissant le bras d'un inconnu qui semblait avoir grimpé sur la promenade à travers les roches les plus périlleuses.

— C'est moi, répondit naïvement une voix enfantine.

— Ah ! c'est le petit gars au pied rouge. Ne veux-tu pas venger ton père, lui demanda Corentin.

— Oui ! dit l'enfant.

— C'est bien. Connais-tu le Gars ?

— Oui.

— C'est encore mieux. Eh ! bien, ne me quitte pas, sois exact à faire tout ce que je te dirai, tu achèveras l'ouvrage de ta mère, et tu gagneras des gros sous. Aimes-tu les gros sous ?

— Oui.

— Tu aimes les gros sous et tu veux tuer le Gars, je prendrai soin de toi. — Allons, se dit en lui-même Corentin après une pause, Marie, tu nous le livreras toi-même ! Elle est trop violente pour juger le coup que je m'en vais lui porter ; d'ailleurs, la passion ne réfléchit jamais. Elle ne connaît pas l'écriture du marquis, voici donc le moment de tendre le piège dans lequel son caractère la fera donner tête baissée. Mais pour assurer le succès de ma ruse, Hulot m'est nécessaire, et je cours le voir.

En ce moment, mademoiselle de Verneuil et Francine délibéraient sur les moyens de soustraire le marquis à la douteuse générosité de Corentin et aux baïonnettes de Hulot.

— Je vais aller le prévenir, s'écriait la petite Bretonne.

— Folle, sais-tu donc où il est ? Moi-même, aidée par tout l'instinct du cœur, je pourrais bien le chercher longtemps sans le rencontrer.

Après avoir inventé bon nombre de ces projets insensés, si faciles à exécuter au coin du feu, mademoiselle de Verneuil s'écria : — Quand je le verrai, son danger m'inspirera.

Puis elle se plut, comme tous les esprits ardents, à ne vouloir prendre son parti qu'au dernier moment, se fiant à son étoile ou à cet instinct d'adresse qui abandonne rarement les femmes. Jamais peut-être son cœur n'avait subi de si fortes contractions. Tantôt elle restait comme stupide, les yeux fixes, et tantôt, au moindre bruit, elle tressaillait comme ces arbres

presque déracinés que les bûcherons agitent fortement
avec une corde pour en hâter la chute. Tout à coup
une détonation violente, produite par la décharge
d'une douzaine de fusils, retentit dans le lointain.
Mademoiselle de Verneuil pâlit, saisit la main de
Francine, et lui dit : — Je meurs, ils me l'ont tué.

Le pas pesant d'un soldat se fit entendre dans le
salon. Francine épouvantée se leva et introduisit un
caporal. Le Républicain, après avoir fait un salut
militaire à mademoiselle de Verneuil, lui présenta des
lettres dont le papier n'était pas très propre. Le soldat,
ne recevant aucune réponse de la jeune fille, lui dit en
se retirant : — Madame, c'est de la part du commandant.

Mademoiselle de Verneuil, en proie à de sinistres
pressentiments, lisait une lettre écrite probablement à
la hâte par Hulot.

« Mademoiselle, mes Contre-Chouans viennent de
s'emparer d'un des messagers du Gars qui vient d'être
fusillé. Parmi les lettres interceptées, celle que je vous
transmets peut vous être de quelque utilité, etc. »

— Grâce au ciel, ce n'est pas lui qu'ils viennent de
tuer, s'écria-t-elle en jetant cette lettre au feu.

Elle respira plus librement et lut avec avidité le
billet qu'on venait de lui envoyer ; il était du marquis
et semblait adressé à madame du Gua.

« Non, mon ange, je n'irai pas ce soir à la Vivetière.
Ce soir, vous perdez votre gageure avec le comte et je
triomphe de la République en la personne de cette fille
délicieuse, qui vaut certes bien une nuit, convenez-en.
Ce sera le seul avantage réel que je remporterai dans
cette campagne, car la Vendée se soumet. Il n'y a plus
rien à faire en France, et nous repartirons sans doute
ensemble pour l'Angleterre. Mais à demain les affaires
sérieuses. »

Le billet lui échappa des mains, elle ferma les yeux,
garda un profond silence, et resta penchée en arrière,
la tête appuyée sur un coussin. Après une longue
pause, elle leva les yeux sur la pendule qui alors
marquait quatre heures.

— Et monsieur se fait attendre, dit-elle avec une cruelle ironie.

— Oh ! s'il pouvait ne pas venir, reprit Francine.

— S'il ne venait pas, dit Marie d'une voix sourde, j'irais au-devant de lui, moi ! Mais non, il ne peut tarder maintenant. Francine, suis-je bien belle ?

— Vous êtes bien pâle !

— Vois, reprit mademoiselle de Verneuil, cette chambre parfumée, ces fleurs, ces lumières, cette vapeur enivrante, tout ici pourra-t-il bien donner l'idée d'une vie céleste à celui que je veux plonger cette nuit dans les délices de l'amour.

— Qu'y a-t-il donc, mademoiselle ?

— Je suis trahie, trompée, abusée, jouée, rouée, perdue, et je veux le tuer, le déchirer. Mais oui, il y avait toujours dans ses manières un mépris qu'il cachait mal, et que je ne voulais pas voir ! Oh ! j'en mourrai ! — Sotte que je suis, dit-elle en riant, il vient, j'ai la nuit pour lui apprendre que, mariée ou non, un homme qui m'a possédée ne peut plus m'abandonner. Je lui mesurerai la vengeance à l'offense, et il périra désespéré. Je lui croyais quelque grandeur dans l'âme, mais c'est sans doute le fils d'un laquais ! Il m'a certes bien habilement trompée, car j'ai peine à croire encore que l'homme capable de me livrer à Pille-miche sans pitié puisse descendre à des fourberies dignes de Scapin. Il est si facile de se jouer d'une femme aimante, que c'est la dernière des lâchetés. Qu'il me tue, bien ; mais mentir, lui que j'avais tant grandi ! A l'échafaud ! à l'échafaud ! Ah ! je voudrais le voir guillotiner. Suis-je donc si cruelle ? Il ira mourir couvert de caresses, de baisers qui lui auront valu vingt ans de vie...

— Marie, reprit Francine avec une douceur angéli-que, comme tant d'autres, soyez victime de votre amant, mais ne vous faites ni sa maîtresse ni son bourreau. Gardez son image au fond de votre cœur, sans vous la rendre à vous-même cruelle. S'il n'y avait aucune joie dans un amour sans espoir, que devien-drions-nous, pauvres femmes que nous sommes ! Ce

Dieu, Marie, auquel vous ne pensez jamais, nous récompensera d'avoir obéi à notre vocation sur la terre : aimer et souffrir !

— Petite chatte, répondit mademoiselle de Verneuil en caressant la main de Francine, ta voix est bien douce et bien séduisante ! La raison a bien des attraits sous ta forme ! Je voudrais bien t'obéir...

— Vous lui pardonnez, vous ne le livrerez pas !

— Tais-toi, ne me parle plus de cet homme-là. Comparé à lui, Corentin est une noble créature. Me comprends-tu ?

Elle se leva en cachant, sous une figure horriblement calme, et l'égarement qui la saisit et une soif inextinguible de vengeance. Sa démarche lente et mesurée annonçait je ne sais quoi d'irrévocable dans ses résolutions. En proie à ses pensées, décorant son injure, et trop fière pour avouer le moindre de ses tourments, elle alla au poste de la porte Saint-Léonard pour y demander la demeure du commandant. A peine était-elle sortie de sa maison que Corentin y entra.

— Oh ! monsieur Corentin, s'écria Francine, si vous vous intéressez à ce jeune homme, sauvez-le, mademoiselle va le livrer. Ce misérable papier a tout détruit.

Corentin prit négligemment la lettre en demandant : — Et où est-elle allée ?

— Je ne sais.

— Je cours, dit-il, la sauver de son propre désespoir.

Il disparut en emportant la lettre, franchit la maison avec rapidité, et dit au petit gars qui jouait devant la porte : — Par où s'est dirigée la dame qui vient de sortir ?

Le fils de Galope-Chopine fit quelques pas avec Corentin pour lui montrer la rue en pente qui menait à la porte Saint-Léonard.

— C'est par là, dit-il, sans hésiter en obéissant à la vengeance que sa mère lui avait soufflée au cœur.

En ce moment, quatre hommes déguisés entrèrent

chez mademoiselle de Verneuil sans avoir été vus ni par le petit gars ni par Corentin.

— Retourne à ton poste, répondit l'espion. Aie l'air de t'amuser à faire tourner le loqueteau des persiennes, mais veille bien, et regarde partout, même sur les toits.

Corentin s'élança rapidement dans la direction indiquée par le petit gars, crut reconnaître mademoiselle de Verneuil au milieu du brouillard, et la rejoignit effectivement au moment où elle atteignait le poste Saint-Léonard.

— Où allez-vous ? dit-il en lui offrant le bras, vous êtes pâle, qu'est-il donc arrivé ? Est-il convenable de sortir ainsi toute seule, prenez mon bras.

— Où est le commandant ? lui demanda-t-elle

A peine mademoiselle de Verneuil avait-elle achevé sa phrase, qu'elle entendit le mouvement d'une reconnaissance militaire en dehors de la porte Saint-Léonard, et distingua bientôt la grosse voix de Hulot au milieu du tumulte.

— Tonnerre de Dieu ! s'écria-t-il, jamais je n'ai vu moins clair qu'en ce moment à faire la ronde. Ce ci-devant a commandé le temps.

— De quoi vous plaignez-vous, répondit mademoiselle de Verneuil en lui serrant fortement le bras, ce brouillard peut cacher la vengeance aussi bien que la perfidie. Commandant, ajouta-t-elle à voix basse, il s'agit de prendre avec moi des mesures telles que le Gars ne puisse pas échapper aujourd'hui.

— Est-il chez vous ? lui demanda-t-il d'une voix dont l'émotion accusait son étonnement.

— Non, répondit-elle, mais vous me donnerez un homme sûr, et je l'enverrai vous avertir de l'arrivée de ce marquis.

— Qu'allez-vous faire ? dit Corentin avec empressement à Marie, un soldat chez vous l'effaroucherait, mais un enfant, et j'en trouverai un, n'inspirera pas de défiance...

— Commandant, reprit mademoiselle de Verneuil, grâce à ce brouillard que vous maudissez, vous

pouvez, dès à présent, cerner ma maison. Mettez des
soldats partout. Placez un poste dans l'église Saint-
Léonard pour vous assurer de l'esplanade sur laquelle
donnent les fenêtres de mon salon. Apostez des
hommes sur la promenade ; car, quoique la fenêtre de
ma chambre soit à vingt pieds du sol, le désespoir
prête quelquefois la force de franchir les distances les
plus périlleuses. Écoutez ! Je ferai probablement sortir
ce monsieur par la porte de ma maison ; ainsi, ne
donnez qu'à un homme courageux la mission de la
surveiller ; car, dit-elle en poussant un soupir, on ne
peut pas lui refuser de la bravoure, et il se défendra !

— Gudin ! s'écria le commandant.

Aussitôt le jeune Fougerais s'élança du milieu de la
troupe revenue avec Hulot et qui avait gardé ses rangs
à une certaine distance.

— Écoute, mon garçon, lui dit le vieux militaire à
voix basse, ce tonnerre de fille nous livre le Gars sans
que je sache pourquoi, c'est égal, ça n'est pas notre
affaire. Tu prendras dix hommes avec toi et tu te
placeras de manière à garder le cul-de-sac au fond
duquel est la maison de cette fille ; mais arrange-toi
pour qu'on ne voie ni toi ni tes hommes.

— Oui, mon commandant, je connais le terrain.

— Eh ! bien, mon enfant, reprit Hulot, Beaupied
viendra t'avertir de ma part du moment où il faudra
jouer du bancal [97]. Tâche de joindre toi-même le
marquis, et si tu peux le tuer, afin que je n'aie pas à le
fusiller juridiquement, tu seras lieutenant dans quinze
jours, ou je ne me nomme pas Hulot. — Tenez,
mademoiselle, voici un lapin qui ne boudera pas, dit-il
à la jeune fille en lui montrant Gudin. Il fera bonne
garde devant votre maison, et si le ci-devant en sort ou
veut y entrer, il ne le manquera pas.

Gudin partit avec une dizaine de soldats.

— Savez-vous bien ce que vous faites ? disait tout
bas Corentin à mademoiselle de Verneuil.

Elle ne lui répondit pas, et vit partir avec une sorte
de contentement les hommes qui, sous les ordres du
sous-lieutenant, allèrent se placer sur la Promenade, et

ceux qui, suivant les instructions de Hulot, se postè-
rent le long des flancs obscurs de l'église Saint-
Léonard.

— Il y a des maisons qui tiennent à la mienne, dit-
elle au commandant, cernez-les aussi. Ne nous prépa-
rons pas de repentir en négligeant une seule des
précautions à prendre.

— Elle est enragée, pensa Hulot.

— Ne suis-je pas prophète, lui dit Corentin à
l'oreille. Quant à celui que je vais mettre chez elle,
c'est le petit gars au pied sanglant ; ainsi...

Il n'acheva pas. Mademoiselle de Verneuil s'était
par un mouvement soudain élancée vers sa maison, où
il la suivit en sifflant comme un homme heureux ;
quand il la rejoignit, elle avait déjà atteint le seuil de la
porte où Corentin retrouva le fils de Galope-chopine.

— Mademoiselle, lui dit-il, prenez avec vous ce
petit garçon, vous ne pouvez pas avoir d'émissaire
plus innocent ni plus actif que lui. — Quand tu auras
vu le Gars entré, quelque chose qu'on te dise, sauve-
toi, viens me trouver au corps de garde, je te donnerai
de quoi manger de la galette pendant toute ta vie.

A ces mots, soufflés pour ainsi dire dans l'oreille du
petit gars, Corentin se sentit presser fortement la main
par le jeune Breton, qui suivit mademoiselle de
Verneuil.

— Maintenant, mes bons amis, expliquez-vous
quand vous voudrez ! s'écria Corentin lorsque la porte
se ferma, si tu fais l'amour, mon petit marquis, ce sera
sur ton suaire.

Mais Corentin, qui ne put se résoudre à quitter de
vue cette maison fatale, se rendit sur la Promenade, où
il trouva le commandant occupé à donner quelques
ordres. Bientôt la nuit vint. Deux heures s'écoulèrent
sans que les différentes sentinelles placées de distance
en distance, eussent rien aperçu qui pût faire soupçonner que le marquis avait franchi la triple enceinte
d'hommes attentifs et cachés qui cernaient les trois
côtés par lesquels la tour du Papegaut était accessible.
Vingt fois Corentin était allé de la Promenade au corps

de garde, vingt fois son attente avait été trompée, et
son jeune émissaire n'était pas encore venu le trouver.
Abîmé dans ses pensées, l'espion marchait lentement
sur la Promenade en éprouvant le martyre que lui
faisaient subir trois passions terribles dans leur choc :
l'amour, l'avarice, l'ambition. Huit heures sonnèrent
à toutes les horloges. La lune se levait fort tard. Le
brouillard et la nuit enveloppaient donc dans d'effroyables ténèbres les lieux où le drame conçu par cet
homme allait se dénouer. L'agent supérieur de la
police sut imposer silence à ses passions, il se croisa
fortement les bras sur la poitrine, et ne quitta pas des
yeux la fenêtre qui s'élevait comme un fantôme
lumineux au-dessus de cette tour. Quand sa marche le
conduisait du côté des vallées au bord des précipices,
il épiait machinalement le brouillard sillonné par les
lueurs pâles de quelques lumières qui brillaient çà et là
dans les maisons de la ville ou des faubourgs, au-
dessus et au-dessous du rempart. Le silence profond
qui régnait n'était troublé que par le murmure du
Nançon, par les coups lugubres et périodiques du
beffroi, par les pas lourds des sentinelles, ou par le
bruit des armes, quand on venait d'heure en heure
relever les postes. Tout était devenu solennel, les
hommes et la Nature.

— Il fait noir comme dans la gueule d'un loup, dit
en ce moment Pille-miche.

— Va toujours, répondit Marche-à-terre, et ne
parle pas plus qu'un chien mort.

— J'ose à peine respirer, répliqua le Chouan.

— Si celui qui vient de laisser rouler une pierre
veut que son cœur serve de gaine à mon couteau, il n'a
qu'à recommencer, dit Marche-à-terre d'une voix si
basse qu'elle se confondait avec le frissonnement des
eaux du Nançon.

— Mais c'est moi, dit Pille-miche.

— Eh ! bien, vieux sac à sous, reprit le chef, glisse
sur ton ventre comme une anguille de haie, sinon nous
allons laisser là nos carcasses plutôt qu'il ne le faudra.

— Hé ! Marche-à-terre, dit en continuant l'incorri-

gible Pille-miche, qui s'aida de ses mains pour se
hisser sur le ventre et arriva sur la ligne où se trouvait
son camarade à l'oreille duquel il parla d'une voix si
étouffée que les Chouans par lesquels ils étaient suivis
n'entendirent pas une syllabe. — Hé ! Marche-à-terre,
s'il faut en croire notre Grande Garce, il doit y avoir
un fier butin là-haut. Veux-tu faire part à nous deux ?

— Écoute, Pille-miche ! dit Marche-à-terre en s'ar-
rêtant à plat ventre.

Toute la troupe imita ce mouvement, tant les
Chouans étaient excédés par les difficultés que le
précipice opposait à leur marche.

— Je te connais, reprit Marche-à-terre, pour être
un de ces bons Jean-prend-tout, qui aiment autant
donner des coups que d'en recevoir, quand il n'y a que
cela à choisir. Nous ne venons pas ici pour chausser les
souliers des morts, nous sommes diables contre diables, et malheur à ceux qui auront les griffes courtes.
La Grande Garce nous envoie ici pour sauver le Gars.
Il est là, tiens, lève ton nez de chien et regarde cette
fenêtre, au-dessus de la tour ?

En ce moment minuit sonna. La lune se leva et
donna au brouillard l'apparence d'une fumée blanche.
Pille-miche serra violemment le bras de Marche-
à-terre et lui montra silencieusement, à dix pieds au-
dessus d'eux, le fer triangulaire de quelques baïonnettes luisantes.

— Les Bleus y sont déjà, dit Pille-miche, nous
n'aurons rien de force.

— Patience, répondit Marche-à-terre, si j'ai bien
tout examiné ce matin, nous devons trouver au bas de
la tour du Papegaut, entre les remparts et la Promenade, une petite place où l'on met toujours du fumier,
et l'on peut se laisser tomber là-dessus comme sur un
lit.

— Si saint Labre, dit Pille-miche, voulait changer
en bon cidre le sang qui va couler, les Fougerais en
trouveraient demain une bien bonne provision.

Marche-à-terre couvrit de sa large main la bouche
de son ami ; puis, un avis sourdement donné par lui

courut de rang en rang jusqu'au dernier des Chouans suspendus dans les airs sur les bruyères des schistes. En effet, Corentin avait une oreille trop exercée pour n'avoir pas entendu le froissement de quelques arbustes tourmentés par les Chouans, ou le bruit léger des cailloux qui roulèrent au bas du précipice, et il était au bord de l'esplanade. Marche-à-terre, qui semblait posséder le don de voir dans l'obscurité, ou dont les sens continuellement en mouvement devaient avoir acquis la finesse de ceux des Sauvages, avait entrevu Corentin ; comme un chien bien dressé, peut-être l'avait-il senti. Le diplomate de la police eut beau écouter le silence et regarder le mur naturel formé par les schistes, il n'y put rien découvrir. Si la lueur douteuse du brouillard lui permit d'apercevoir quelques Chouans, il les prit pour des fragments du rocher, tant ces corps humains gardèrent bien l'apparence d'une nature inerte. Le danger de la troupe dura peu. Corentin fut attiré par un bruit très distinct qui se fit entendre à l'autre extrémité de la Promenade, au point où cessait le mur de soutènement et où commençait la pente rapide du rocher. Un sentier tracé sur le bord des schistes et qui communiquait à l'escalier de la Reine aboutissait précisément à ce point d'intersection. Au moment où Corentin y arriva, il vit une figure s'élevant comme par enchantement, et quand il avança la main pour s'emparer de cet être fantastique ou réel auquel il ne supposait pas de bonnes intentions, il rencontra les formes rondes et moelleuses d'une femme.

— Que le diable vous emporte, ma bonne ! dit-il en murmurant. Si vous n'aviez pas eu affaire à moi, vous auriez pu attraper une balle dans la tête... Mais d'où venez-vous et où allez-vous à cette heure-ci ? Êtes-vous muette ? — C'est cependant bien une femme, se dit-il à lui-même.

Le silence devenant suspect, l'inconnue répondit d'une voix qui annonçait un grand effroi : — Ah ! mon bon homme, je revenons de la veillée.

— C'est la prétendue mère du marquis, se dit Corentin. Voyons ce qu'elle va faire.

— Eh ! bien, allez par là, la vieille, reprit-il à haute voix, en feignant de ne pas la reconnaître. A gauche donc, si vous ne voulez pas être fusillée !

Il resta immobile ; mais en voyant madame du Gua qui se dirigea vers la tour du Papegaut, il la suivit de loin avec une adresse diabolique. Pendant cette fatale rencontre, les Chouans s'étaient très habilement postés sur les tas de fumier vers lesquels Marche-à-terre les avait guidés.

— Voilà la Grande Garce ! se dit tout bas Marche-à-terre en se dressant sur ses pieds le long de la tour comme aurait pu faire un ours.

— Nous sommes là, dit-il à la dame.

— Bien ! répondit madame du Gua. Si tu peux trouver une échelle dans la maison dont le jardin aboutit à six pieds au-dessous du fumier, le Gars serait sauvé. Vois-tu cet œil-de-bœuf là-haut ? il donne dans un cabinet de toilette attenant à la chambre à coucher, c'est là qu'il faut arriver. Ce pan de la tour au bas duquel vous êtes, est le seul qui ne soit pas cerné. Les chevaux sont prêts, et si tu as gardé le passage du Nançon, en un quart d'heure nous devons le mettre hors de danger, malgré sa folie. Mais si cette catin veut le suivre, poignardez-la.

Corentin, apercevant dans l'ombre quelques-unes des formes indistinctes qu'il avait d'abord prises pour des pierres, se mouvoir avec adresse, alla sur-le-champ au poste de la porte Saint-Léonard, où il trouva le commandant dormant tout habillé sur le lit de camp.

— Laissez-le donc, dit brutalement Beau-pied à Corentin, il ne fait que de se poser là.

— Les Chouans sont ici, cria Corentin dans l'oreille de Hulot.

— Impossible, mais tant mieux ! s'écria le commandant tout endormi qu'il était, au moins l'on se battra.

Lorsque Hulot arriva sur la Promenade, Corentin lui montra dans l'ombre la singulière position occupée par les Chouans.

— Ils auront trompé ou étouffé les sentinelles que

j'ai placées entre l'escalier de la Reine et le château, s'écria le commandant. Ah! quel tonnerre de brouillard. Mais patience! je vais envoyer, au pied du rocher, une cinquantaine d'hommes, sous la conduite d'un lieutenant. Il ne faut pas les attaquer là, car ces animaux-là sont si durs qu'ils se laisseraient rouler jusqu'en bas du précipice comme des pierres sans se casser un membre.

La cloche fêlée du beffroi sonna deux heures lorsque le commandant revint sur la Promenade, après avoir pris les précautions militaires les plus sévères, afin de se saisir des Chouans commandés par Marche-à-terre. En ce moment, tous les postes ayant été doublés, la maison de mademoiselle de Verneuil était devenue le centre d'une petite armée. Le commandant trouva Corentin absorbé dans la contemplation de la fenêtre qui dominait la tour du Papegaut.

— Citoyen, lui dit Hulot, je crois que le ci-devant nous embête, car rien n'a encore bougé.

— Il est là, s'écria Corentin en montrant la fenêtre. J'ai vu l'ombre d'un homme sur les rideaux! Je ne comprends pas ce qu'est devenu mon petit gars. Ils l'auront tué ou séduit. Tiens, commandant, vois-tu? Voici un homme! marchons!

— Je n'irai pas le saisir au lit, tonnerre de Dieu! Il sortira, s'il est entré; Gudin ne le manquera pas, s'écria Hulot, qui avait ses raisons pour attendre.

— Allons, commandant, je t'enjoins, au nom de la loi, de marcher à l'instant sur cette maison.

— Tu es encore un joli coco pour vouloir me faire aller.

Sans s'émouvoir de la colère du commandant, Corentin lui dit froidement : — Tu m'obéiras! Voici un ordre en bonne forme, signé du ministre de la Guerre, qui t'y forcera, reprit-il, en tirant de sa poche un papier. Est-ce que tu t'imagines que nous sommes assez simples pour laisser cette fille agir comme elle l'entend. C'est la guerre civile que nous étouffons, et la grandeur du résultat absout la petitesse des moyens.

— Je prends la liberté, citoyen, de t'envoyer

faire... tu me comprends? Suffit. Pars du pied
gauche, laisse-moi tranquille et plus vite que ça.

— Mais lis, dit Corentin.

— Ne m'embête pas de tes fonctions, s'écria Hulot
indigné de recevoir des ordres d'un être qu'il trouvait
si méprisable.

En ce moment, le fils de Galope-chopine se trouva
au milieu d'eux comme un rat qui serait sorti de terre.

— Le Gars est en route, s'écria-t-il.

— Par où...

— Par la rue Saint-Léonard.

— Beau-pied, dit Hulot à l'oreille du caporal qui se
trouvait auprès de lui, cours prévenir ton lieutenant de
s'avancer sur la maison et de faire un joli petit feu de
file, tu m'entends! — Par file à gauche, en avant sur la
tour, vous autres, s'écria le commandant.

Pour la parfaite intelligence du dénouement, il est
nécessaire de rentrer dans la maison de mademoiselle
de Verneuil avec elle.

Quand les passions arrivent à une catastrophe, elles
nous soumettent à une puissance d'enivrement bien
supérieure aux mesquines irritations du vin ou de
l'opium. La lucidité que contractent alors les idées, la
délicatesse des sens trop exaltés, produisent les effets
les plus étranges et les plus inattendus. En se trouvant
sous la tyrannie d'une même pensée, certaines personnes aperçoivent clairement les objets les moins
perceptibles, tandis que les choses les plus palpables
sont pour elles comme si elles n'existaient pas. Mademoiselle de Verneuil était en proie à cette espèce
d'ivresse qui fait de la vie réelle une vie semblable à
celle des somnambules, lorsqu'après avoir lu la lettre
du marquis elle s'empressa de tout ordonner pour
qu'il ne pût échapper à sa vengeance, comme naguère
elle avait tout préparé pour la première fête de son
amour. Mais quand elle vit sa maison soigneusement
entourée par ses ordres d'un triple rang de baïonnettes, une lueur soudaine brilla dans son âme. Elle
jugea sa propre conduite et pensa avec une sorte
d'horreur qu'elle venait de commettre un crime. Dans

un premier mouvement d'anxiété, elle s'élança vivement vers le seuil de sa porte, et y resta pendant un
moment immobile, en s'efforçant de réfléchir sans
pouvoir achever un raisonnement. Elle doutait si
complètement de ce qu'elle venait de faire, qu'elle
chercha pourquoi elle se trouvait dans l'antichambre
de sa maison, en tenant un enfant inconnu par la
main. Devant elle, des milliers d'étincelles nageaient
en l'air comme des langues de feu. Elle se mit à
marcher pour secouer l'horrible torpeur dont elle était
enveloppée ; mais, semblable à une personne qui
sommeille, aucun objet ne lui apparaissait avec sa
forme ou sous ses couleurs vraies. Elle serrait la main
du petit garçon avec une violence qui ne lui était pas
ordinaire, et l'entraînait par une marche si précipitée,
qu'elle semblait avoir l'activité d'une folle. Elle ne vit
rien de tout ce qui était dans le salon quand elle le
traversa, et cependant elle y fut saluée par trois
hommes qui se séparèrent pour lui donner passage.

— La voici, dit l'un d'eux.

— Elle est bien belle, s'écria le prêtre.

— Oui, répondit le premier ; mais comme elle est
pâle et agitée...

— Et distraite, ajouta le troisième, elle ne nous voit
pas.

A la porte de sa chambre, mademoiselle de Verneuil
aperçut la figure douce et joyeuse de Francine qui lui
dit à l'oreille : — Il est là, Marie.

Mademoiselle de Verneuil se réveilla, put réfléchir,
regarda l'enfant qu'elle tenait, le reconnut et répondit
à Francine : — Enferme ce petit garçon, et, si tu veux
que je vive, garde-toi bien de le laisser s'évader.

En prononçant ces paroles avec lenteur, elle avait
fixé les yeux sur la porte de sa chambre, où ils
restèrent attachés avec une si effrayante immobilité,
qu'on eût dit qu'elle voyait sa victime à travers
l'épaisseur des panneaux. Elle poussa doucement la
porte, et la ferma sans se retourner, car elle aperçut le
marquis debout devant la cheminée. Sans être trop
recherchée, la toilette du gentilhomme avait un certain

air de fête et de parure qui ajoutait encore à l'éclat que toutes les femmes trouvent à leurs amants. A cet aspect, mademoiselle de Verneuil retrouva toute sa présence d'esprit. Ses lèvres, fortement contractées quoique entrouvertes, laissèrent voir l'émail de ses dents blanches et dessinèrent un sourire arrêté dont l'expression était plus terrible que voluptueuse. Elle marcha d'un pas lent vers le jeune homme, et lui montrant du doigt la pendule :

— Un homme digne d'amour vaut bien la peine qu'on l'attende, dit-elle avec une fausse gaieté.

Mais, abattue par la violence de ses sentiments, elle tomba sur le sopha qui se trouvait auprès de la cheminée.

— Ma chère Marie, vous êtes bien séduisante quand vous êtes en colère ! dit le marquis en s'asseyant auprès d'elle, lui prenant une main qu'elle laissa prendre et implorant un regard qu'elle refusait. J'espère, continua-t-il d'une voix tendre et caressante, que Marie sera dans un instant bien chagrine d'avoir dérobé sa tête à son heureux mari.

En entendant ces mots, elle se tourna brusquement et le regarda dans les yeux.

— Que signifie ce regard terrible ? reprit-il en riant. Mais ta main est brûlante ! mon amour, qu'as-tu ?

— Mon amour ! répondit-elle d'une voix sourde et altérée.

— Oui, dit-il en se mettant à genoux devant elle et lui prenant les deux mains qu'il couvrit de baisers, oui, mon amour, je suis à toi pour la vie.

Elle le poussa violemment et se leva. Ses traits se contractèrent, elle rit comme rient les fous et lui dit :

— Tu n'en crois pas un mot, homme plus fourbe que le plus ignoble scélérat. Elle sauta vivement sur le poignard qui se trouvait auprès d'un vase de fleurs, et le fit briller à deux doigts de la poitrine du jeune homme surpris. — Bah ! dit-elle en jetant cette arme, je ne t'estime pas assez pour te tuer ! Ton sang est même trop vil pour être versé par des soldats, et je ne vois pour toi que le bourreau.

Ces paroles furent péniblement prononcées d'un ton bas, et elle trépignait des pieds comme un enfant gâté qui s'impatiente. Le marquis s'approcha d'elle en cherchant à la saisir.

— Ne me touchez pas ! s'écria-t-elle en se reculant par un mouvement d'horreur.

— Elle est folle, se dit le marquis au désespoir.

— Oui, folle, répéta-t-elle, mais pas encore assez pour être ton jouet. Que ne pardonnerais-je pas à la passion ; mais vouloir me posséder sans amour, et l'écrire à cette...

— A qui donc ai-je écrit ? demanda-t-il avec un étonnement qui certes n'était pas joué.

— A cette femme chaste qui voulait me tuer.

Là, le marquis pâlit, serra le dos du fauteuil qu'il tenait, de manière à le briser, et s'écria : — Si madame du Gua a été capable de quelque noirceur...

Mademoiselle de Verneuil chercha la lettre, ne la retrouva plus, appela Francine, et la Bretonne vint.

— Où est cette lettre ?

— Monsieur Corentin l'a prise.

— Corentin ! Ah ! je comprends tout, il a fait la lettre, et m'a trompée comme il trompe, avec un art diabolique.

Après avoir jeté un cri perçant, elle alla tomber sur le sopha, et un déluge de larmes sortit de ses yeux. Le doute comme la certitude était horrible. Le marquis se précipita aux pieds de sa maîtresse, la serra contre son cœur en lui répétant dix fois ces mots, les seuls qu'il pût prononcer : — Pourquoi pleurer, mon ange ? où est le mal ? Tes injures sont pleines d'amour. Ne pleure donc pas, je t'aime ! je t'aime toujours.

Tout à coup il se sentit presser par elle avec une force surnaturelle, et, au milieu de ses sanglots : — Tu m'aimes encore ?... dit-elle.

— Tu en doutes, répondit-il d'un ton presque mélancolique.

Elle se dégagea brusquement de ses bras et se sauva, comme effrayée et confuse, à deux pas de lui.

— Si j'en doute ?... s'écria-t-elle.

Elle vit le marquis souriant avec une si douce ironie, que les paroles expirèrent sur ses lèvres. Elle se laissa prendre par la main et conduire jusque sur le seuil de la porte. Marie aperçut au fond du salon un autel dressé à la hâte pendant son absence. Le prêtre était en ce moment revêtu de son costume sacerdotal. Des cierges allumés jetaient sur le plafond un éclat aussi doux que l'espérance. Elle reconnut, dans les deux hommes qui l'avaient saluée, le comte de Bauvan et le baron du Guénic, deux témoins choisis par Montauran.

— Me refuseras-tu toujours ? lui dit tout bas le marquis.

A cet aspect elle fit tout à coup un pas en arrière pour regagner sa chambre, tomba sur les genoux, leva les mains vers le marquis et lui cria : — Ah ! pardon ! pardon ! pardon !

Sa voix s'éteignit, sa tête se pencha en arrière, ses yeux se fermèrent, et elle resta entre les bras du marquis et de Francine comme si elle eût expiré. Quand elle ouvrit les yeux, elle rencontra le regard du jeune chef, un regard plein d'une amoureuse bonté.

— Marie, patience ! cet orage est le dernier, dit-il.

— Le dernier ! répéta-t-elle.

Francine et le marquis se regardèrent avec surprise, mais elle leur imposa silence par un geste.

— Appelez le prêtre, dit-elle, et laissez-moi seule avec lui.

Ils se retirèrent.

— Mon père, dit-elle au prêtre qui apparut soudain devant elle, mon père, dans mon enfance, un vieillard à cheveux blancs, semblable à vous, me répétait souvent qu'avec une foi bien vive on obtenait tout de Dieu, est-ce vrai ?

— C'est vrai, répondit le prêtre. Tout est possible à celui qui a tout créé.

Mademoiselle de Verneuil se précipita à genoux

avec un incroyable enthousiasme : — Ô mon Dieu !
dit-elle dans son extase, ma foi en toi est égale à mon
amour pour lui ! inspire-moi ! Fais ici un miracle ou
prends ma vie.

— Vous serez exaucée, dit le prêtre.

Mademoiselle de Verneuil vint s'offrir à tous les
regards en s'appuyant sur le bras de ce vieux prêtre à
cheveux blancs. Une émotion profonde et secrète la
livrait à l'amour d'un amant, plus brillante qu'en
aucun jour passé, car une sérénité pareille à celle que
les peintres se plaisent à donner aux martyrs imprimait à sa figure un caractère imposant. Elle tendit la
main au marquis, et ils s'avancèrent ensemble vers
l'autel, où ils s'agenouillèrent. Ce mariage qui allait
être béni à deux pas du lit nuptial, cet autel élevé à la
hâte, cette croix, ces vases, ce calice apportés secrètement par un prêtre, cette fumée d'encens répandue
sous des corniches qui n'avaient encore vu que la
fumée des repas ; ce prêtre qui ne portait qu'une étole
par-dessus sa soutane ; ces cierges dans un salon, tout
formait une scène touchante et bizarre qui achève de
peindre ces temps de triste mémoire où la discorde
civile avait renversé les institutions les plus saintes.
Les cérémonies religieuses avaient alors toute la grâce
des mystères. Les enfants étaient ondoyés dans les
chambres où gémissaient encore les mères. Comme
autrefois, le Seigneur allait, simple et pauvre, consoler
les mourants. Enfin les jeunes filles recevaient pour la
première fois le pain sacré dans le lieu même où elles
jouaient la veille. L'union du marquis et de mademoiselle de Verneuil allait être consacrée, comme tant
d'autres unions, par un acte contraire à la législation
nouvelle ; mais plus tard, ces mariages, bénis pour la
plupart au pied des chênes, furent tous scrupuleuse-
ment reconnus. Le prêtre qui conservait ainsi les
anciens usages jusqu'au dernier moment, était un de
ces hommes fidèles à leurs principes au fort des
orages. Sa voix, pure du serment exigé par la République, ne répandait à travers la tempête que des paroles
de paix. Il n'attisait pas, comme l'avait fait l'abbé

Gudin, le feu de l'incendie ; mais il s'était, avec beaucoup d'autres, voué à la dangereuse mission d'accomplir les devoirs du sacerdoce pour les âmes restées catholiques. Afin de réussir dans ce périlleux ministère, il usait de tous les pieux artifices nécessités par la persécution, et le marquis n'avait pu le trouver que dans une de ces excavations qui, de nos jours encore, portent le nom de *la cachette du prêtre*. La vue de cette figure pâle et souffrante inspirait si bien la prière et le respect, qu'elle suffisait pour donner à cette salle mondaine l'aspect d'un saint lieu. L'acte de malheur et de joie était tout prêt. Avant de commencer la cérémonie, le prêtre demanda, au milieu d'un profond silence, les noms de la fiancée.

— Marie-Nathalie, fille de mademoiselle Blanche de Castéran, décédée abbesse de Notre-Dame de Sées et de Victor-Amédée, duc de Verneuil.

— Née ?

— A La Chasterie, près d'Alençon.

— Je ne croyais pas, dit tout bas le baron au comte, que Montauran ferait la sottise de l'épouser ! La fille naturelle d'un duc, fi donc !

— Si c'était du roi, encore passe, répondit le comte de Bauvan en souriant, mais ce n'est pas moi qui le blâmerai ; l'autre me plaît, et ce sera sur cette *Jument de Charrette* que je vais maintenant faire la guerre. Elle ne roucoule pas, celle-là !...

Les noms du marquis avaient été remplis à l'avance, les deux amants signèrent et les témoins après. La cérémonie commença. En ce moment, Marie entendit seule le bruit des fusils et celui de la marche lourde et régulière des soldats qui venaient sans doute relever le poste de Bleus qu'elle avait fait placer dans l'église. Elle tressaillit et leva les yeux sur la croix de l'autel.

— La voilà une sainte, dit tout bas Francine.

— Qu'on me donne de ces saintes-là, et je serai diablement dévot, ajouta le comte à voix basse.

Lorsque le prêtre fit à mademoiselle de Verneuil la question d'usage, elle répondit par un oui accompagné d'un soupir profond. Elle se pencha à l'oreille de son

mari et lui dit : — Dans peu vous saurez pourquoi je
manque au serment que j'avais fait de ne jamais vous
épouser.

Lorsqu'après la cérémonie, l'assemblée passa dans
une salle où le dîner avait été servi, et au moment où
les convives s'assirent, Jérémie arriva tout épouvanté.
La pauvre mariée se leva brusquement, alla au-devant
de lui, suivie de Francine, et, sur un de ces prétextes
que les femmes savent si bien trouver, elle pria le
marquis de faire tout seul pendant un moment les
honneurs du repas, et emmena le domestique avant
qu'il eût commis une indiscrétion qui serait devenue
fatale.

— Ah ! Francine, se sentir mourir, et ne pas
pouvoir dire : Je meurs !... s'écria mademoiselle de
Verneuil qui ne reparut plus.

Cette absence pouvait trouver sa justification dans
la cérémonie qui venait d'avoir lieu. A la fin du repas,
et au moment où l'inquiétude du marquis était au
comble, Marie revint dans tout l'éclat du vêtement des
mariées. Sa figure était joyeuse et calme, tandis que
Francine qui l'accompagnait avait une terreur si
profonde empreinte sur tous les traits, qu'il semblait
aux convives voir dans ces deux figures un tableau
bizarre où l'extravagant pinceau de Salvator Rosa[98]
aurait représenté la vie et la mort se tenant par la
main.

— Messieurs, dit-elle au prêtre, au baron, au
comte, vous serez mes hôtes pour ce soir, car il y
aurait trop de danger pour vous à sortir de Fougères.
Cette bonne fille a mes instructions et conduira
chacun de vous dans son appartement.

— Pas de rébellion, dit-elle au prêtre qui allait
parler, j'espère que vous ne désobéirez pas à une
femme le jour de ses noces.

Une heure après, elle se trouva seule avec son amant
dans la chambre voluptueuse qu'elle avait si gracieusement disposée. Ils arrivèrent enfin à ce lit fatal où,
comme dans un tombeau, se brisent tant d'espérances,
où le réveil à une belle vie est si incertain, où meurt,

où naît l'amour, suivant la portée des caractères qui ne s'éprouvent que là. Marie regarda la pendule, et se dit : Six heures à vivre.

— J'ai donc pu dormir, s'écria-t-elle vers le matin réveillée en sursaut par un de ces mouvements soudains qui nous font tressaillir lorsqu'on a fait la veille un pacte en soi-même afin de s'éveiller le lendemain à une certaine heure. — Oui, j'ai dormi, répéta-t-elle en voyant à la lueur des bougies que l'aiguille de la pendule allait bientôt marquer deux heures du matin. Elle se retourna et contempla le marquis endormi, la tête appuyée sur une de ses mains, à la manière des enfants, et de l'autre serrant celle de sa femme en souriant à demi, comme s'il se fût endormi au milieu d'un baiser.

— Ah ! se dit-elle à voix basse, il a le sommeil d'un enfant ! Mais pouvait-il se défier de moi, de moi qui lui dois un bonheur sans nom ?

Elle le poussa légèrement, il se réveilla et acheva de sourire. Il baisa la main qu'il tenait, et regarda cette malheureuse femme avec des yeux si étincelants, que, n'en pouvant soutenir le voluptueux éclat, elle déroula lentement ses larges paupières, comme pour s'interdire à elle-même une dangereuse contemplation ; mais en voilant ainsi le feu de ses regards, elle excitait si bien le désir en paraissant s'y refuser, que si elle n'avait pas eu de profondes terreurs à cacher, son mari aurait pu l'accuser d'une trop grande coquetterie. Ils relevèrent ensemble leurs têtes charmantes, et se firent mutuellement un signe de reconnaissance plein des plaisirs qu'ils avaient goûtés ; mais après un rapide examen du délicieux tableau que lui offrait la figure de sa femme, le marquis, attribuant à un sentiment de mélancolie les nuages répandus sur le front de Marie, lui dit d'une voix douce : — Pourquoi cette ombre de tristesse, mon amour ?

— Pauvre Alphonse, où crois-tu donc que je t'aie mené, demanda-t-elle en tremblant.

— Au bonheur.

— A la mort.

Et tressaillant d'horreur, elle s'élança hors du lit ; le marquis étonné la suivit, sa femme l'amena près de la fenêtre. Après un geste délirant qui lui échappa, Marie releva les rideaux de la croisée, et lui montra du doigt sur la place une vingtaine de soldats. La lune, ayant dissipé le brouillard, éclairait de sa blanche lumière les habits, les fusils, l'impassible Corentin qui allait et venait comme un chacal attendant sa proie, et le commandant, les bras croisés, immobile, le nez en l'air, les lèvres retroussées, attentif et chagrin.

— Eh ! laissons-les, Marie, et reviens.

— Pourquoi ris-tu, Alphonse ? c'est moi qui les ai placés là.

— Tu rêves ?

— Non !

Ils se regardèrent un moment, le marquis devina tout, et la serrant dans ses bras : — Va ! je t'aime toujours, dit-il.

— Tout n'est donc pas perdu, s'écria Marie.

— Alphonse, dit-elle après une pause, il y a de l'espoir.

En ce moment, ils entendirent distinctement le cri sourd de la chouette, et Francine sortit tout à coup du cabinet de toilette.

— Pierre est là, dit-elle avec une joie qui tenait du délire.

La marquise et Francine revêtirent Montauran d'un costume de Chouan, avec cette étonnante promptitude qui n'appartient qu'aux femmes. Lorsque la marquise vit son mari occupé à charger les armes que Francine apporta, elle s'esquiva lestement après avoir fait un signe d'intelligence à sa fidèle Bretonne. Francine conduisit alors le marquis dans le cabinet de toilette attenant à la chambre. Le jeune chef, en voyant une grande quantité de draps fortement attachés, put se convaincre de l'active sollicitude avec laquelle la Bretonne avait travaillé à tromper la vigilance des soldats.

— Jamais je ne pourrai passer par là, dit le marquis en examinant l'étroite baie de l'œil-de-bœuf.

En ce moment une grosse figure noire en remplit entièrement l'ovale, et une voix rauque, bien connue de Francine, cria doucement : — Dépêchez-vous, mon général, ces crapauds de Bleus se remuent.

— Oh ! encore un baiser, dit une voix tremblante et douce.

Le marquis, dont les pieds atteignaient l'échelle libératrice, mais qui avait encore une partie du corps engagée dans l'œil-de-bœuf, se sentit pressé par une étreinte de désespoir. Il jeta un cri en reconnaissant ainsi que sa femme avait pris ses habits ; il voulut la retenir, mais elle s'arracha brusquement de ses bras, et il se trouva forcé de descendre. Il gardait à la main un lambeau d'étoffe, et la lueur de la lune venant à l'éclairer soudain, il s'aperçut que ce lambeau devait appartenir au gilet qu'il avait porté la veille.

— Halte ! feu de peloton.

Ces mots, prononcés par Hulot au milieu d'un silence qui avait quelque chose d'horrible, rompirent le charme sous l'empire duquel semblaient être les hommes et les lieux. Une salve de balles arrivant du fond de la vallée jusqu'au pied de la tour succéda aux décharges que firent les Bleus placés sur la Promenade. Le feu des Républicains n'offrit aucune interruption et fut horrible, impitoyable. Les victimes ne jetèrent pas un cri. Entre chaque décharge le silence était effrayant.

Cependant Corentin, ayant entendu tomber du haut de l'échelle un des personnages aériens qu'il avait signalés au commandant, soupçonna quelque piège.

— Pas un de ces animaux-là ne chante, dit-il à Hulot, nos deux amants sont bien capables de nous amuser ici par quelque ruse, tandis qu'ils se sauvent peut-être par un autre côté...

L'espion, impatient d'éclaircir le mystère, envoya le fils de Galope-chopine chercher des torches. La supposition de Corentin avait été si bien comprise de Hulot, que le vieux soldat, préoccupé par le bruit d'un engagement très sérieux qui avait lieu devant le poste de Saint-Léonard, s'écria : — C'est vrai, ils ne peuvent pas être deux.

Et il s'élança vers le corps de garde.

— On lui a lavé la tête avec du plomb, mon commandant, lui dit Beau-pied qui venait à la rencontre de Hulot ; mais il a tué Gudin et blessé deux hommes. Ah ! l'enragé ! il avait enfoncé trois rangées de nos lapins, et aurait gagné les champs sans le factionnaire de la porte Saint-Léonard qui l'a embroché avec sa baïonnette.

En entendant ces paroles, le commandant se précipita dans le corps de garde, et vit sur le lit de camp un corps ensanglanté que l'on venait d'y placer ; il s'approcha du prétendu marquis, leva le chapeau qui en couvrait la figure, et tomba sur une chaise.

— Je m'en doutais, s'écria-t-il en se croisant les bras avec force ; elle l'avait, sacré tonnerre, gardé trop longtemps.

Tous les soldats restèrent immobiles. Le commandant avait fait dérouler les longs cheveux noirs d'une femme. Tout à coup le silence fut interrompu par le bruit d'une multitude armée. Corentin entra dans le corps de garde en précédant quatre soldats qui, sur leurs fusils placés en forme de civière, portaient Montauran, auquel plusieurs coups de feu avaient cassé les deux cuisses et les bras. Le marquis fut déposé sur le lit de camp auprès de sa femme, il l'aperçut et trouva la force de lui prendre la main par un geste convulsif. La mourante tourna péniblement la tête, reconnut son mari, frissonna par une secousse horrible à voir, et murmura ces paroles d'une voix presque éteinte : — Un jour sans lendemain !... Dieu m'a trop bien exaucée.

— Commandant, dit le marquis en rassemblant toutes ses forces et sans quitter la main de Marie, je compte sur votre probité pour annoncer ma mort à mon jeune frère qui se trouve à Londres, écrivez-lui que s'il veut obéir à mes dernières paroles, il ne portera pas les armes contre la France, sans néanmoins abandonner le service du Roi.

— Ce sera fait, dit Hulot en serrant la main du mourant.

— Portez-les à l'hôpital voisin, s'écria Corentin.

Hulot prit l'espion par le bras, de manière à lui laisser l'empreinte de ses ongles dans la chair, et lui dit : — Puisque ta besogne est finie par ici, fiche-moi le camp, et regarde bien la figure du commandant Hulot, pour ne jamais te trouver sur son passage, si tu ne veux pas qu'il fasse de ton ventre le fourreau de son bancal.

Et déjà le vieux soldat tirait son sabre.

— Voilà encore un de mes honnêtes gens qui ne feront jamais fortune, se dit Corentin quand il fut loin du corps de garde.

Le marquis put encore remercier par un signe de tête son adversaire, en lui témoignant cette estime que les soldats ont pour de loyaux ennemis.

En 1827, un vieil homme accompagné de sa femme marchandait des bestiaux sur le marché de Fougères, et personne ne lui disait rien quoiqu'il eût tué plus de cent personnes, on ne lui rappelait même point son surnom de Marche-à-terre ; la personne à qui l'on doit de précieux renseignements sur tous les personnages de cette Scène, le vit emmenant une vache et allant de cet air simple, ingénu qui fait dire : — Voilà un bien brave homme !

Quant à Cibot, dit Pille-miche, on a déjà vu comment il a fini. Peut-être Marche-à-terre essaya-t-il, mais vainement, d'arracher son compagnon à l'échafaud, et se trouvait-il sur la place d'Alençon, lors de l'effroyable tumulte qui fut un des événements du fameux procès Rifoël, Bryond et La Chanterie [99].

Fougères, août 1827.

NOTES

1. Balzac avait d'abord envisagé d'intituler son roman *Le Gars*, puis *Les Chouans ou la Bretagne il y a trente ans*. Il le publia en 1829 sous le titre *Le Dernier Chouan ou la Bretagne en 1800*. En 1834, le titre devint *Les Chouans ou la Bretagne en 1799 :* l'accent y est mis sur l'Histoire et la date est rectifiée, plus conforme à la réalité historique, puisque les hostilités avaient repris en 1799, et non en 1800.

2. Théodore Dablin (1783-1861), ancien quincaillier, collectionneur d'objets d'art, était un vieil ami de la famille Balzac. Balzac eut maintes fois recours à son obligeance.

3. La Pellerine est un village de Mayenne. Balzac recourt à l'orthographe usuelle à son époque : « La Pèlerine ». La « montagne » est située à une altitude de 238 mètres.

4. La « carmagnole », veste étroite à revers très courts, était portée par les fédérés marseillais venus à Paris en 1792. Le nom venait de la ville italienne de Carmagnola et les ouvriers piémontais la portaient depuis le XVIIᵉ siècle. Par extension, le nom fut donné à la ronde, chantée et dansée par les révolutionnaires.

5. Le 28 juin 1799.

6. Hoche avait signé la fin de la lutte avec les insurgés le 15 juillet 1796.

7. Le 19 septembre 1799.

8. Le mot désignait couramment les conscrits. La loi du 10 messidor an VII (28 juin 1799) n'usait pas du mot « réquisitionnaire », mais du mot « conscrit ». Balzac a écrit en 1831 un court récit *Le Réquisitionnaire*, qui figure dans *La Comédie humaine* parmi les *Études philosophiques*.

9. Le nom de *muscadins* fut donné aux jeunes gens qui, en 1793, affectaient une mise élégante et des opinions royalistes, et qui parfumaient leurs cheveux au musc. Ils reparurent après la Terreur,

organisés en bandes dont le quartier général se trouvait au Palais-Royal.

10. Ouvrir ou fermer le « compas » signifie, dans le langage familier, marcher vite ou lentement.

11. Nous disons aujourd'hui : « un archéologue ».

12. Le personnage de Marche-à-terre s'apparente visiblement aux Mohicans rendus populaires par *Le Dernier des Mohicans* de Fenimore Cooper (1826). Balzac s'y réfère explicitement p. 63.

13. Parmi les quatre frères Cottereau, paroissiens de Saint-Ouen-des-Toits, près de Laval, qui avaient pris les armes contre la République dès 1792, Jean, dit Jean Chouan, fut tué en 1794.

14. Les brigandages et les pillages, en fait, n'avaient pas manqué pendant ces trois années, mais tous les historiens s'accordent sur cette recrudescence de l'année 1799.

15. Il s'agit des cinq membres du *Directoire,* gouvernement qui a succédé à celui de la Convention nationale le 5 brumaire an IV (27 octobre 1795) et dont la formule a duré jusqu'au 18 brumaire an VIII (9 novembre 1799). A partir de cette date, le pouvoir exécutif est confié à trois consuls : ce fut le *Consulat,* qui dura jusqu'au 18 mai 1804.

16. Dans *La Cousine Bette,* en 1841, Balzac fait retrouver à Hulot, devenu maréchal, cette « expression républicaine qu'il avait souvent à la bouche jadis ».

17. C'est une expression qui vient du jeu de paume. « Prendre sa bisque », c'est « prendre son avantage » : il s'agissait de l'avantage de 15 points qu'un joueur pouvait concéder à un autre.

18. « Filer le câble » ou « filer du câble », c'est lâcher peu à peu le câble d'une ancre.

19. Dumouriez avait remporté la victoire sur les Autrichiens à Jemmapes, le 6 novembre 1792. Mais la bataille avait été particulièrement meurtrière pour chaque camp.

20. Terme d'argot militaire : comprenons « du grabuge », comme Balzac l'avait du reste écrit dans l'édition originale.

21. Le désastre de la Trebia date des 17-18 juin 1799 ; la bataille de Novi était du 15 août 1799. La victoire de Masséna sur Souvarov a eu lieu à Zurich le 26 septembre 1799, soit dans le temps où Hulot en formule le souhait près de La Pellerine.

22. C'est-à-dire : « pourvu qu'elle ne trahisse pas ».

23. Montauran, aperçu ici par Hulot, porte en écharpe le ruban de la croix de Saint-Louis : il est « cordon rouge » ou « grand-croix » de l'ordre royal et militaire de Saint-Louis.

24. M. de Lescure, général vendéen surnommé « Le Saint du

Poitou », mourut le 4 novembre 1793 devant le village des Besnardières entre Ernée et La Pellerine.

25. Les Bretons de la région de Fougères ne parlent pas le bas-breton, mais le *gallo*, un français parsemé de mots dialectaux.

26. C'est le roi de France en exil en Angleterre, qui s'est proclamé Louis XVIII en apprenant, le 21 juin 1795, la mort de Louis XVII.

27. Gudin, républicain, se moque de son oncle, qui parle encore de « parlements », alors que la Révolution les a supprimés.

28. La principale affaire d'attaque de diligence pour voler les fonds de l'État a eu lieu le 7 juin 1807 et Balzac en a utilisé différents éléments dans *L'Envers de l'histoire contemporaine*. Lucienne Frappier-Mazur signale dans son édition que les Archives de l'Orne conservent trace d'une attaque de malle-poste entre Mortagne et Alençon, près de Mesnil-Brout, le 16 octobre 1799.

29. Ces « oui-dire » correspondaient à la réalité. Il y eut bien une insurrection généralisée dans l'Ouest.

30. Des sept noms cités par Balzac, seuls ceux de Suzannet et de Châtillon sont des noms d'authentiques chefs chouans. Le comte de Fontaine sera le père d'Émilie de Fontaine, principal personnage du *Bal de Sceaux* ; le chevalier de Valois et les Troisville des personnages de *La Vieille Fille* ; le comte d'Esgrignon du *Cabinet des Antiques*.

31. Cette proclamation, comme la précédente, reproduit en partie une proclamation authentique. Ces deux proclamations ont été faites respectivement le 7 nivôse an VIII (28 décembre 1799) et le 15 nivôse (5 janvier 1800). Dans la deuxième proclamation citée par Balzac se trouvent incorporés des passages d'une proclamation de Bonaparte aux départements de l'Ouest du 21 nivôse (11 janvier 1800). Toutes ces dates sont postérieures à celle de la fin du roman (fin novembre 1799).

32. Nom donné sous Louis XIII à la longue mèche de cheveux que les hommes laissaient pendre, à gauche ou à droite, selon l'habitude du sire de Cadenet, frère du duc de Luynes. Au XVIIIe siècle, tresses de cheveux portées par certains corps de troupes. Remises à la mode après le 9 thermidor par les muscadins. Hulot, fidèle à de vieilles habitudes de corps, se trouve donc à la mode malgré lui.

33. Nom familier donné aux corvées auxquelles étaient astreints les citoyens.

34. L'Incroyable se signalait à la fois par l'extravagance de son costume et par le ridicule de sa prononciation, qui, en particulier, supprimait tous les *r*.

35. Balzac, dans la description qui suit, rivalise avec les caricatu-

ristes de cette mode et, en particulier, avec Antoine-Charles-Horace dit Carle Vernet.

36. Cravate, pantalon et bottes sont les éléments marquants du costume de l'Incroyable.

37. Les tempes.

38. « L'empirique », c'est d'abord le médecin charlatan, uniquement « praticien ». C'est ici l'homme qui suit sans réflexion ni goût personnel la pratique ambiante, la mode.

39. Marie, dans le dialogue avec Francine qui précède, a déclaré : « Je n'ai pas encore vécu. » Elle ne connaît encore ni la plénitude du corps, ni celle du sentiment, ni celle de l'âme.

40. L'expression « fille d'Ève » sera reprise par Balzac. Il avait songé donner ce titre à sa *Femme abandonnée*. Il l'a finalement donné à un autre des romans des *Scènes de la vie privée : Une fille d'Ève* conte l'histoire de la tentation de Marie, femme de Félix de Vandenesse.

41. La femme du premier consul est Joséphine de Beauharnais, alors âgée de trente-six ans.

42. Les « chauffeurs » pratiquaient leur supplice non seulement pour punir les traîtres, mais pour se procurer de l'argent : c'est ainsi qu'en usent les Chouans, dans la suite du roman, avec l'usurier d'Orgemont.

43. L'École polytechnique fut créée en 1795.

44. Détaché.

45. La petite Provence était un coin du jardin des Tuileries abrité et bien exposé au soleil où les rentiers aimaient à se rencontrer.

46. Chanson populaire dont l'air figurait sur la liste de ceux qui devaient être joués dans les théâtres avant le début de la pièce, selon un arrêté du Directoire en date du 8 juillet 1796.

47. Selon Mme du Gua, il y a dans les propos de Mlle de Verneuil trop de signes cumulés d'aristocratie pour que cela soit vrai (langage littéraire, moral, social).

48. Dans le même sens qu'à la note précédente, on peut supposer que Balzac fait pour la première fois appeler Hulot « mon colonel » par Mlle de Verneuil, c'est-à-dire la fait user d'un titre « ancien régime », pour mieux convaincre ses deux interlocuteurs de son origine aristocratique.

49. Selon la terminologie du temps, le capitaine Merle était déjà « adjudant-major ». Sa promotion au grade de Hulot aurait dû lui valoir le titre d'adjudant général.

50. Pulvérisent.

51. Énigmes.

52. On songe à la définition de la mélancolie par Mme de Staël : « le sentiment douloureux de l'incomplet de la destinée humaine ».

53. Charles-Maurice de Talleyrand-Périgord (1754-1838), promu évêque d'Autun en 1788, s'était démis de son évêché pour prêter serment à la Constitution civile du clergé en 1790.

54. La liste des émigrés, qui les dénonçait à la vindicte républicaine.

55. Balzac avait souligné, en présentant Francine, son teint frais de Normande et précisé qu'elle portait un « petit bonnet à la mode cauchoise ». Il la désigne toutefois, en mainte occasion, comme « Bretonne ».

56. De pair à compagnon ; jeu égal.

57. Le 31 août 1799.

58. Pour le château de la Vivetière, Balzac a pris pour modèle le château de Marigny, propriété des Pommereul, situé à 9 kilomètres au nord-ouest de Fougères. C'est là qu'il avait séjourné en 1828. C'était l'ancienne propriété de la sœur aînée de Chateaubriand, Marie-Anne-Françoise.

59. Selon les suggestions de Lucienne Frappier-Mazur, soit « souches d'arbres abandonnés », soit « têtards » (arbres taillés de manière à former une touffe au sommet du tronc).

60. Il peut s'agir de *Madame de La Chanterie*, premier épisode de *L'Envers de l'histoire contemporaine*, ou bien de *Mademoiselle du Vissard*, œuvre demeurée inachevée.

61. « Avouer » dans le sens de « reconnaître comme sien ». Montauran a dit à Mme du Gua : « Je veux que mademoiselle soit traitée avec les plus grands égards et comme une femme qui m'appartient. Nous sommes, je crois, alliés aux Verneuil. »

62. Le major Brigaut est un personnage fictif ; Mercier, dit La-Vendée, un personnage réel, lieutenant de Cadoudal.

63. En 1829, *Le Dernier Chouan* portait en épigraphe une citation de la Bible : « Elle était parfaitement belle./Elle lui dit : Qui suis-je pour résister aux désirs de mon Seigneur ? Faire votre volonté sera un sujet de joie jusqu'à ma mort./Elle frappa fortement deux fois son cou et lui sépara la tête du corps. »/Judith, chap. 8, 12, 13.

64. On retrouve ce personnage surtout dans *César Birotteau* et dans *Les Employés*.

65. Terme vieilli de mépris : un rustre.

66. Il s'agit sans doute ici de Cadoudal.

67. Allusion transparente à Jeanne d'Arc.

68. L'allusion est explicitée dans *Les Employés* : le débarquement à Quiberon du 25 juin 1795 avait été un désastre complet et La

Billardière avait « tout pris sur lui », ce dont le comte d'Artois lui restait fort reconnaissant.

69. Une catin.

70. En termes militaires, front de bandière signifie rangée et alignement des drapeaux et des étendards en tête d'une armée, d'un camp. Ici, rangée des armes en faisceaux.

71. Il faut considérer que La-clef-des-cœurs confond ici l'Institut national de France et le Théâtre de l'opéra national.

72. Terme d'artificier : artifice de garniture pour les pots des fusées volantes ; les serpenteaux se détachent d'une fusée plus grosse qui crève en l'air, et ils voltigent en serpentant.

73. « Flottant comme des galiotes sur l'étang » : les galiotes sont de longs bateaux couverts dont on se sert pour voyager sur les rivières.

74. En fait, les responsables chouans cités ici allaient se soumettre peu de temps après (d'Autichamp et Suzannet le 18 janvier 1800). L'abbé Bernier, *l'apôtre de la Vendée*, qui avait refusé de signer la Constitution civile, joua les médiateurs après le 18 brumaire et devint évêque d'Orléans en 1802.

75. Cet escalier s'appelle en réalité l'Escalier de la duchesse Anne.

76. Balzac parle volontiers de « sommets » ou, comme ici, de « montagnes », alors qu'il s'agit, dans la réalité, d'altitudes plus modestes. Ces « montagnes de Saint-Sulpice » sont des carrières.

77. Peut-être rappel du titre de Bernardin de Saint-Pierre : *Harmonies de la nature* (1796).

78. Cette référence au grotesque germanique représente une addition de l'édition Vimont (1834). Cela n'est sans doute pas étranger à la lecture d'Hoffmann par Balzac entre 1829 et 1834.

79. Cet escalier à vis est ainsi nommé parce qu'on peut trouver au prieuré de Saint-Gilles en Languedoc un bel exemple de ces marches qui, par un système de voûtes particulier, semblent être suspendues dans les airs.

80. On n'a pas retrouvé trace d'un tel journal.

81. Danse sur un air de chaconne, en vogue au XVIIIe siècle.

82. Association où se regroupèrent les Jésuites après la suppression de leur Compagnie par le pape Clément XIV, en 1773.

83. Rifoel, chevalier du Vissard, personnage à l'esprit aventureux, sera l'instigateur de l'attaque du fourgon transportant la recette de Caen en 1808 (voir *L'Envers de l'histoire contemporaine*).

84. Benoît-Joseph Labre, né dans le Pas-de-Calais en 1748 et mort à Rome en 1783, fut canonisé seulement en 1881, mais il était considéré de son vivant comme un saint par les pauvres de Rome et

sa renommée comme saint des pauvres et des vagabonds était restée grande. Cela peut justifier la présence d'une image de ce saint chez Galope-chopine, bien qu'il ne s'agisse pas d'un saint « breton ».

85. Les ajustements, les parures à la mode.

86. Armand-Louis de Gontaut, duc de Biron et de Lauzun, né en 1747 et exécuté en 1793, était célèbre par sa beauté et par ses conquêtes féminines, dont celle d'Aimée de Coigny, la « Belle Captive » d'André Chénier. L'allusion à Adhémar est plus obscure : on s'accorde (M. Bouteron, H. Longnon, M. Regard, L. Frappier-Mazur) à y voir François-Louis d'Adhémar, mort en émigration en 1792. Quant à Franquetot de Coigny (1737-1821), le père d'Aimée, il fut le dernier gouverneur du château de Fougères, dont une des tours s'appelle tour de Coigny.

87. On possède actuellement deux « Fuite en Égypte » de Rembrandt : un tableau se trouve au Musée des beaux-arts de Tours, l'autre à la Collection Wharton de Londres. Le sujet est le même : Matthieu, 2, 13-15.

88. Il n'existe pas de Marignay ; c'est peut-être la contamination de Marigny et de Martigné.

89. Tourner de travers.

90. Longue épée ; cf. bretteur.

91. Ou bien il s'agit de la future princesse de Cadignan, mais celle-ci, dans la biographie imaginaire que lui donne ailleurs Balzac, est née en 1796 ; ou bien il s'agit d'une autre Diane d'Uxelles, dont c'est ici la seule apparition dans La Comédie humaine.

92. Corentin.

93. Seul endroit du roman où le nom de Charette soit correctement orthographié.

94. Lieu de réunion de royalistes et de contre-révolutionnaires créé après le 9 thermidor et qui cessa d'exister le 18 fructidor an V (3 septembre 1797).

95. Il s'agit sans doute de Fleurigné, village situé entre Fougères et La Pellerine.

96. M'enfermeriez à clé.

97. Sabre de forme recourbée, par analogie de forme avec une personne bancale, c'est-à-dire « qui a une jambe ou les jambes tortues » (Littré).

98. Peintre, graveur, poète et musicien, né près de Naples en 1615, mort à Rome en 1673. Balzac le prend comme référence du « bizarre » et de « l'extravagance ».

99. Ce dernier paragraphe ajouté, ainsi que le précédent, en 1845, rattache Les Chouans à L'Envers de l'histoire contemporaine, où est contée l'affaire des chauffeurs de Mortagne.

DOCUMENTS

1. Le texte de *Tableaux d'une vie privée* que nous proposons est celui de la première version d'un projet de pièce de théâtre, écrite par Balzac en 1828, datée du « dimanche 18 », c'est-à-dire « dimanche 18 mai », dont le manuscrit se trouve à la Bibliothèque Spoelberch de Lovenjoul sous la cote A 215. Madeleine Ambrière-Fargeaud a montré les liens étroits de cette ébauche mélodramatique avec *Les Chouans* (« Sur la route des *Chouans* et de *La Femme abandonnée* », *L'Année balzacienne 1962.*)

2. Le texte de cet « Avertissement du *Gars* », que l'on peut dater de 1828, est la présentation d'un roman, *Le Gars,* qui n'a pas été écrit, et dont l'auteur supposé est appelé par Balzac « Victor Morillon ». Le grand intérêt de ce texte est de proposer pour la première fois quelques éléments essentiels de la pensée de Balzac sur la double vue (la « Spécialité »), sur l'Histoire et sur la création romanesque.

3. La préface du *Dernier Chouan* est importante : en 1829, lors de la publication de ce premier roman signé de son nom, Balzac appelle à réfléchir sur la notion de « fait », dans le roman et dans l'Histoire, sur sa conception de « l'exactitude ».

4. Dans cette préface de l'édition Furne, en 1845, Balzac place *Les Chouans* dans la perspective de l'ensemble des *Scènes de la vie militaire*. *Les Chouans* devaient représenter l'une des faces de la guerre civile au XIXe siècle, l'autre face correspond au projet des *Vendéens*, si souvent envisagé par l'auteur entre 1835 et 1846, mais jamais réalisé. Il nous reste cependant le manuscrit d'une ébauche de « suite » aux *Chouans*, *Mademoiselle du Vissard ou la France sous le Consulat*, qui devait appartenir non plus aux *Scènes de la vie militaire* mais aux *Scènes de la vie politique*.

1

TABLEAUX D'UNE VIE PRIVÉE

Mme Blanche (barré : d'Hautefeuille), 32 ans
Nathalie (barré : d'Hautefeuille), sa fille, 15 ans
Fanchette Lenoir, paysanne à leur service
M. le (barré : vicomte de Richelieu [?]) duc
d'Aumale
M. le Marquis de Bellemare
Danton
Mme Bernard
Jules d'Orgemont fils
Le Ministre de la police
d'Orgemont le père
Pinau, un paysan breton.

[PROLOGUE SURAJOUTÉ]

Alençon, 1778.

— Nata, pourquoi prends-tu cette pièce-là ?
— Oh ! maman, elle est bien plus brillante que les
autres.
— Elle vaut moins.
— Impossible, il y a de l'or.
— Oh, petite fille, que seras-tu un jour ?
— Bien belle, maman.

— Bien bonne, ma fille, voilà ce qu'il faut être.
— Mais pourquoi pleures-tu toujours ?
— Ma fille, j'ai fait comme toi, un peu d'or m'a
séduite.

INTRODUCTION

Scène 1re

Le jardin d'une maison
dans un faubourg d'Alençon en 1788.

NATHALIE D'HAUTEFEUILLE, FANCHETTE LENOIR.

Elles sont assises à l'ombre d'une petite charmille de tilleuls et chacune tient sur ses genoux un tambour à dentelle.

NATHALIE

Que je m'ennuie à faire cette dentelle ! Vous avez donc du lait dans les veines pour travailler ainsi jour et nuit, Fanchette.

FANCHETTE

Eh ! Mademoiselle, comment pourrions-nous sans cela fournir tout ce qu'il faut à Madame ? Quand j'étais petite, j'allais bien ramasser du bois mort dans la forêt pour chauffer le four.

NATHALIE

Eh bien, ma pauvre Fanchette, j'aimerais mieux fermer les yeux et tendre une bonne fois mon cou à la hache pour sauver la vie de ma mère que de me consumer à faire de la dentelle ! Dis-moi donc, tu ne te sens pas dans les mains la démangeaison de brouiller tous les fils et de laisser là ce tas de bobines ?

FANCHETTE *(stupéfaite)*

Avec quoi payerions-nous demain le médecin?
Grand Dieu!

NATHALIE

Je ne sais — je me vendrai, je demanderai l'aumône,
ou je mourrai, mais je ne resterai pas ici sur une chaise
des heures entières à remuer ces bobines dont le bruit
maigre et pauvre me prophétise la misère et me
rapetisse l'âme *(elle jette son tambour sur une chaise)*.
Que tout est rétréci autour de moi! Si je lève les yeux,
je vois ces carrés bien égaux, symétriquement arrondis
et découpés dont la terre noire est retenue par ce buis
stérile et triste. Tiens, Fanchette, mon tambour borne
mes pensées et les retient à je ne sais quoi d'ignoble
comme ces pauvres terres et ces fleurs bornées par
leurs sinistres lisières de buis. Ce buis qui ne produit
rien et arrête le développement de tout ce qui veut
grandir dans sa sombre enceinte. Tout cela est à mon
image — il n'y a pas jusqu'à ces tilleuls taillés et gênés,
triste cadre de cette manière de jardin, qui ne
m'oppressent aussi et j'étouffe en contemplant le ciel
et l'espace par le trou de cette cheminée de noir
feuillage et de murs plus noirs encore. Lorsque je vois
un nuage d'argent courir sous ce ciel bleu, alors je
voudrais prendre mon essor dans le monde comme lui
dans les cieux, quitte à me dissiper en fumée légère
comme lui. En voici un qui passe, vois-le, il est noir
comme mes cheveux, il se dore à ses extrémités,
comme il se balance, le voilà rouge foncé, violet, et le
blanc commence à pénétrer dans sa masse, il éclate
maintenant de blancheur, comme une voile neuve de
vaisseau. Il s'enfuit et va réjouir le firmament et
régner dans les airs — quelles admirables nuances. Un
rayon bleu perce le sommet et pare sa tête joyeuse —
quelle belle vie!... je voudrais être ce nuage.

FANCHETTE

Où prenez-vous tout ça, Mademoiselle? En vérité,
quand je vous vis pour la première fois, je n'aurais

jamais imaginé que votre esprit fût comme un cheval échappé.

NATHALIE

Que croyais-tu donc de moi ?

FANCHETTE

J'ai été ensorcelée ! Vous ressembliez tant à la Sainte Vierge peinte sur l'autel de Formigny que je me croyais dans le ciel. Tenez, Mademoiselle, quand je fis ma première communion et qu'on mit l'hostie sur ma langue, je sentis en moi un frémissement qui me coupa la respiration, eh bien ! lorsque vous vîntes avec votre douce voix me demander du lait, j'éprouvai le même tressaillement. C'était une musique d'église. Je regardai comme un miracle de nature vos brillants cheveux, vos yeux lumineux, votre teint éclatant, encore embelli par l'air qui les caressait, et votre attitude si chaste et si pudique me fit voir en un clin d'œil tout ce que M. le curé nous contait dans ses prônes de la Vierge Marie. Vous souvenez-vous que je restai comme hébétée ?

NATHALIE, *pensive*.

Et maintenant, je n'ai plus l'esprit comme la figure.

FANCHETTE

Oh non ! — par moments, vous me faites peur avec vos idées, mais je vous aime tant. J'ai été tout étonnée de voir que vous vous déplaisiez dans cette petite maison si propre et si coite, dans ce jardin si gentil, à ce silence si doux, à cette vie si égale, si tranquille, à cette obscurité de vie qui ressemble au jour tendre que vous procurez à la chambre de votre mère quand vous étendez les rideaux sur la fenêtre. Tout cela me ravit et je me suis surprise à désirer être comme Madame, couchée et malade, pour vous voir penchée vers moi, tenant un livre et pour entendre les accents de votre voix prêter leur charme à ces histoires que vous lisez à la lueur de la lampe pour endormir Madame. Oh! Mademoiselle, que j'ai été heureuse de vous servir pendant les premiers mois!... mais quand j'ai vu que la Colombe, comme vous nomme ma mère, avait des ailes d'épervier, j'ai frissonné, car j'ai senti que j'étais à vous pour toujours, vous m'avez jeté un sort et si vous alliez à la perdition, Fanchette Lenoir vous suivrait et *(elle pleure)* vous irez, Mademoiselle; quand je vous entends à quinze ans parler comme vous parlez quelquefois, j'imagine qu'il y a en vous un malin esprit et cependant... vous êtes si souvent un ange!... oh, ma chère demoiselle, restez ici, vivez ici, je ferai votre dentelle la nuit, et la mienne le jour.

NATHALIE

Pauvre Fanchette!... *(elle l'embrasse)*. Que veux-tu! tiens, regarde mon bras.

FANCHETTE

Il est bien beau et blanc comme la première neige, aussi beau que votre front à travers lequel on croit voir du lait.

NATHALIE

Tout cela n'appelle-t-il pas l'or et les diamants, les fleurs et le bonheur, le mouvement, les plaisirs, les hommages? Mes cheveux noirs demandent des perles et mes yeux cherchent à voir au-delà de cette modeste enceinte et j'ai soif du monde; tout ce qui m'est inconnu m'attire et quand je te disais que j'éprouvais le désir de briser mes bobines, ce n'est pas que la dentelle m'ennuie à faire, Fanchette, tout m'ennuie, je voudrais quelquefois rompre ces arbres, il me semble que j'en aurais la force. Et je sens bien que tout cela est mal.. jusqu'ici j'ai été douce et modeste, mais depuis quelque temps il me vient de singulières idées   je suis fière de moi... j'entends comme le roulement des carrosses et les applaudissements de la foule dans le lointain. J'éprouve le besoin de commander et je me rêve parée, brillante — [tu ne saurais croire combien j'ai réfléchi à ce passage de la messe *et Dieu s'est fait homme*]. Je me surprends plus souvent encore prête à pleurer, alors je n'ai plus de ces idées dévorantes, je suis disposée à m'humilier, je prie Dieu, je vais contempler avec recueillement le visage souffrant de ma mère, je lui baise les mains, je caresse son front pesant et je voudrais tout endurer pour elle, et puis, après avoir bien éprouvé ces tumultes intellectuels qui me dégoûtent de ma vie présente, je suis toute confuse de n[e plus] sentir, il me semble que rien au monde ne puisse plus animer mon cœur et les flambeaux qui éclairaient ma nuit sont éteints, je suis seule dans l'obscurité. Oh, Fanchette, que je voudrais être toujours remuée comme tu l'étais en communiant. Il y a des gens qui vont et viennent, ce mouvement fait vivre leurs corps, mais je sens qu'il y a encore un autre mouvement et une autre vie et il y a de cette vie que je devine, même quand je souffre ou quand je me lance à corps perdu dans le tourbillon de mes désirs. [J'aime l'avenir parce qu'il est caché, j'aime le luxe parce qu'il est inépuisable.]

FANCHETTE

Oh, Mademoiselle taisez-vous, votre voix me trouble, baissez vos yeux, je vous en prie, ils semblent lire dans l'avenir. Oui, quand je vous ai vu[e], vous étiez comme la mer quand je l'ai admirée à Port-en-Bessin, unie comme une glace et vous m'avez, comme elle, caché vos terribles orages — allons, nous sommes après tout deux pauvres jeunes filles qui veulent aller à bien et il n'est pas entré, que je sache, de démon ici — reprenez votre tambour et achevez votre dentelle, songez que vous n'avez plus d'argenterie à vendre et que, pendant que votre mère dort, il nous faut travailler pour qu'elle ne s'aperçoive pas de la détresse

— pauvre dame, comme elle souffre, sans se plaindre, ça tire le cœur !

NATHALIE

Ma mère !... oh oui, tu as raison, Fanchette, tu es meilleure que moi, tu ne parles pas et tu agis... — Va, si je suis riche, et je le serai, ne hoche pas la tête, tu le verras, nous partagerons, comme deux sœurs, oui, je veux l'être à tout prix !... pour nous tirer de cette noire prison.

FANCHETTE

Oh ! Mademoiselle, comment pouvez-vous appeler prison une maison couverte en ardoise...

Suite

1799

LE MINISTRE DE LA POLICE, NATHALIE

LE MINISTRE

Bonjour, ma chère enfant ; si j'avais appris plutôt [sic] ta détresse momentanée, je t'aurais secourue, mais je n'ai jamais pensé qu'une personne aussi ravissante pût avoir quelque chose à souhaiter.

NATHALIE

Je n'ai chargé personne de mendier pour moi. Si je suis dans un grenier, c'est que je m'y plais. Si je suis mal vêtue, cela me convient et si je vis de peu, c'est que j'ai peu à vivre, ainsi je vous prie de ne pas troubler la solitude dans laquelle je suis.

LE MINISTRE

Comment, aussi sauvage que belle...

NATHALIE

Votre présence m'est aussi insupportable que mes souvenirs. Ainsi, dites promptement ce que vous me voulez pour que je rentre dans la paix silencieuse que vous avez troublée. Vous plairais-je aujourd'hui après vous avoir déplu il y a un an, est-ce un caprice, alors retirez-vous promptement, je ne suis plus un crible ; allons, parlez, vous n'êtes pas homme à quitter votre bureau pour ma chambre à coucher sans avoir une idée quelconque.

LE MINISTRE

Avez-vous entendu parler de la guerre de la Vendée ?

NATHALIE

Oui, on meurt encore, comme on mourait ici naguère, mais les victimes y sont plus pures et les débats plus nobles.

LE MINISTRE

La république ne peut pas triompher dans ce pays-là. Nous avons abattu des royaumes, et nous ne pouvons pas brûler les haies de la Bretagne. Le sol produit là des soldats aux Bourbons, nous avons eu beau tuer tous les chefs, il s'en présente sans cesse.

NATHALIE

Que signifient vos lamentations politiques, me prenez-v[ous pour] une tribune ?

LE MINISTRE

D'Orgemont ne vous a donc pas parlé...

BALZAC.

2

AVERTISSEMENT
DU GARS

> *Il y a une incommensurable distance du*
> *siècle de l'esprit à l'époque où nous vivons ;*
> *et nous avons vu passer tant de grands*
> *hommes oubliés qu'il faut entreprendre*
> *aujourd'hui quelque chose de monumental*
> *pour vivre dans la mémoire des hommes.*
>
> RIVAROL

Le public a été tant de fois surpris dans les pièges tendus à sa bonne foi par des auteurs dont l'amour-propre et la vanité croissent, chose difficile, aussitôt qu'il s'agit de livrer un nom à sa curiosité, que nous croyons bien mériter de lui en suivant une marche toute contraire.

Nous sommes heureux de pouvoir avouer que notre sentiment a été partagé par l'auteur de cet ouvrage — il manifesta toujours une aversion profonde pour ces préfaces, semblables à des parades où l'on s'efforce de faire croire à l'existence d'abbés, de militaires, de sacristains, de gens morts dans les cachots, et à des trouvailles de manuscrits, qui font épancher sur des créatures postiches tous les trésors de la sympathie. Sir Walter Scott a eu cette manie, mais il a eu le bon esprit de se moquer lui-même de ces superfétations qui ôtent de la vérité à un livre. Si l'on est condamné à monter sur les tréteaux, il faut se résoudre, il est vrai, à y faire le charlatan, mais sans emprunter de mannequin. Nous accueillons avec plus de gravité et d'estime, un homme qui se présente modestement en disant son nom et aujourd'hui il y a de la modestie à se nommer, il y a une certaine noblesse à offrir à la Critique et à ses concitoyens une vie réelle, un gage, un homme et non une ombre, et sous ce rapport jamais victime plus résignée ne fut amenée aux haches de la Critique. S'il a pu exister quelque grâce dans le mystère dont un écrivain s'enveloppe, si le public a respecté son voile comme le linceul d'un mort, tant de barbouilleurs ont usé du rideau qu'à cette heure il est sali, chiffonné et qu'il n'appartient plus qu'à un homme d'esprit de trouver une ruse nouvelle contre cette prostitution de la pensée qu'on nomme : *la publication.*

L'auteur de l'ouvrage que nous publions a donc consenti de bonne grâce à entrer dans la compagnie des illustres danseurs de corde qui, dit-il, s'efforcent, *pour de l'argent*, d'amuser le public par leurs tours. Les images qui ne devaient pas sortir de son âme, les tableaux au trait, aussitôt effacés que dessinés qui passaient rapidement dans sa pensée secrète empreints de la grâce des aurores, il les a décrits, et en les exposant aux regards de tous, il leur verra perdre leur fleur virginale. Cette imagination, nous écrit-il, la vraie et fidèle compagne des hommes puissants de *volonté,* cette épouse dont nous devrions ne recevoir que mystérieusement les caresses, va rendre ses épanchements publics : ses images, ses créations, sa vie, gardées pour l'amitié ou réservées à la constante et égoïste amour d'un maître vont devenir banales comme les carrefours et chercheront à plaire sans succès peut-être. Un seul connaisseur ou des milliers, la honte ou le succès vont consommer également un crime et l'on ne sait, tant l'infamie est profonde et inexplicable, quel est le plus déshonorant de un ou de mille, pour ce commerce de l'esprit. N'est-ce pas une antiphrase que de surnommer *vierges* ces muses courant l'Europe et les âges, montrant publiquement leurs nudités et vendant leurs trésors à toutes les imaginations. Combien est plus ravissante et plus belle, la muse chaste dont les pieds délicats ne sont pas sortis de l'enceinte des cœurs ! Avec quel bonheur les esprits recherchés ne pensent-ils pas à ces saintes poésies échappées à mille poètes inconnus ! Qui n'a vu souvent dans ses rêves soit la Canadienne exhalant sans autres témoins que le ciel un chant de douleur confié à une tombe aérienne ! Soit une maîtresse abandonnée, soupirant une sauvage élégie, et des mourants disant adieu à la vie ! Que de sons sublimes, que d'accords fiers, que de célestes musiques se perdent entre la terre et le ciel ! Quelle supériorité a, sur la création entière, cet oiseau qui chante pour lui seul une ravissante mélodie et meurt entouré de parfums inconnus dérobant sa vie mystérieuse au monde et reportant, sans tache, son âme divine au sein d'un jaloux Créateur. Ceux-là seuls qui vivent de ces idées riches et suaves comprennent les mystères de l'autel sur lequel les Athéniens avaient gravé : *diis ignotis.*

Mais lorsqu'un homme a l'ingratitude de mener à travers les dangers du monde une jeune fille joyeusement résignée à lui verser les trésors d'un bonheur renaissant dans la solitude, s'il ébauche ainsi un adultère, il recueille au moins, avant ce fruit amer de son orgueil, les fleurs qu'il a semées et respire quelques moments de bonheur. Alors si une jolie figure, les formes ravissantes victorieuses des préoccupations de ce monde insouciant font murmurer les vieillards, rendent les femmes jalouses, remuent le cœur des adolescents, il a dit avec une vanité délirante : c'est ma femme !... il se nomme avidement, oubliant l'avenir. Ainsi, mes chers messieurs, il faut être conséquent avec soi-même, comme ces bourgeois de Paris qui, sortant leur chien favori, lui mettent un petit collier sur lequel un graveur inscrivit le nom du maître. — Je suis pour les tableaux signés, la littérature est une arène où l'on ne veut plus de visières baissées.

L'auteur de ce livre, longtemps partisan des amants

qui poignardent ceux qui regardent trop leurs maîtresses, n'a pas consenti sans de longs débats, et ces
raisons forcées en font preuve, à se laisser imprimer —
l'indigence est le secret du sacrifice. Quand on se livre
à un tribunal, il est plus courageux de dire la cause du
crime. Aussi l'auteur en exposant plus que sa vie a
senti que son entreprise deviendrait respectable par la
franchise avec laquelle il présente sur les grandes
planches une actrice nouvelle et il a fait comprendre à
son impatiente et curieuse épouse qu'un mariage
heureux justifiait le sacrifice, que de glorieux plaisirs
légitimaient la honte, que la gloire pouvait être le
lustre des vertus à défaut de la pudeur, que personne
n'avait encore décidé s'il fallait condamner ou admirer
la femme qui déchire sa robe en sauvant son époux, et
que s'il était plus beau de mourir avec lui, il était
meilleur de le faire vivre en l'aidant des sentiments
que Judith manifeste dans l'épigraphe de ce livre
quand elle s'écrie : — « Je ne me suis point souillée
avec lui ! » mais hélas ! il vaut mieux n'être pas réduit
à des exclamations aussi douloureuses et qui amènent
souvent nos fronts à demeurer appuyés dans nos
mains.

Ces pensées, extraites d'une lettre écrite par l'auteur
à un ami, venu à Paris *pour vendre les enfants,* ami que
l'on va reconnaître sans peine, justifient les détails que
nous nous permettons de donner sur la vie et les
opinions de ce nouveau venu sur la scène littéraire en
livrant son nom, à l'insouciance ou au dédain.

M. Victor Morillon, auteur du *Gars,* est né en 1788,
à Mondoubleau, petite ville du Vendômois. Ses études
faites avec une rare imperfection sous la férule d'un
ex-Oratorien, caché pendant la Révolution, chez ses
parents, honnêtes tanneurs de la ville, ne l'auraient
pas mené loin, sans un goût immodéré pour la lecture
et la méditation. La riche bibliothèque de M. le
Marquis de Saint-Herem, sauvée par les soins du
citoyen Morillon, devenu le président du district de
Mondoubleau, nourrit la passion du jeune Victor
Morillon pour la lecture et la solitude ; chassé de la

maison paternelle par l'odeur du tan, pour laquelle il avait une répugnance invincible, il allait à travers la campagne, muni de livres, se livrer à de longues rêveries. Ce fait est une preuve de plus de la puissante influence des moindres actions du jeune âge sur les destinées à venir de la vie humaine ; c'est un nouveau conseil, donné aux parents par le hasard, de veiller avec scrupule aux jeux et aux caprices de l'enfant pour y deviner la route tracée par la Nature à l'homme.

Orphelin de bonne heure, M. Victor Morillon végétait, pour ceux qui vivent exclusivement de ce qu'ils digèrent, dans un état voisin de l'indigence. N'importunant personne du spectacle de sa misère, il *poussait* comme une plante, s'abandonnant à une contemplation perpétuelle, possédé d'une haine curieuse pour les réalités et les corps, ignorant sa propre existence physique ; vivant, pour ainsi dire, par les seules forces de ces sens intérieurs qui constituent, selon lui, un double être en l'homme, mais épuisé par cette intuition profonde des choses. Un professeur du Collège de Vendôme le rencontra, par hasard, dans la campagne, en 1814, au temps des vendanges — ils causèrent ensemble et l'humaniste fut étonné de trouver un jeune homme en haillons, plus savant que lui en poésie et en littérature, qui, aux premiers mots, déploya le luxe d'une imagination bizarre et déréglée. L'enfant des campagnes montrait précisément assez de folie pour faire croire à quelque chose d'original ; la boîte était assez curieusement travaillée pour inspirer le désir de tourner la clef — tantôt abondant en images comme un poète, tantôt sec comme un avocat, tour à tour plein de logique, paradoxal, ou concis comme une sentence, il surprenait par la confusion des matériaux et se présentait dans le désordre apparent pour l'homme d'une nature où l'on va prendre les éléments d'une maison.

Le jeune paysan s'efforça dans cette conversation de persuader au professeur qu'au milieu des champs et sous le chaume de sa cabane, il avait la conscience, la possession, les jouissances d'une vie opulente. Il lui décrivit les plaisirs d'une immense fortune avec une étonnante vivacité de couleur ; lui parla des ivresses ressenties au sein des bals où il avait admiré la nudité des femmes, leurs toilettes, leurs fleurs, leurs diamants, leurs danses et leurs regards enivrés, lui peignit le luxe des appartements qu'il habita, leurs ameublements, la richesse des porcelaines, la beauté des tableaux, les dessins de la soie et des tapis, entra dans le détail des voitures somptueuses, des chevaux arabes ou autres qu'il avait possédés, des modes suivies par les fashionables et du choix des étoffes, des cannes et des bijoux dont il avait usé, sans avoir rien vu de tout cela par sa prunelle extérieure et visible : il sut empreindre d'une teinte si vigoureuse de réalité la description des paysages et de ses parcs, les récits des fêtes de l'Empire, des batailles de Napoléon, des pompes nationales de la Révolution, et des accidents de la vie sociale que le Professeur, un de ces hommes spirituels et pleins de bon sens que l'on rencontre dans les provinces, ne douta nullement qu'il était le jouet d'un homme habile ayant beaucoup vu et beaucoup voyagé, car pour le soupçonner de folie, sa folie aurait peut-être demandé un autre nom.

La conversation changea et le jeune homme se montra particulièrement versé dans la connaissance des langues mortes et principalement des langues orientales : il parlait parfaitement hébreu ; mais il était surtout riche d'observations fines et morales sur les hommes qu'il assurait ne jamais avoir fréquentés, et il dévoila une rare connaissance des mystères de la beauté des femmes qu'il n'avait jamais vues. Le professeur l'étudiait en secret et le trouvait, sans modestie mais sans vanité, parlant de soi comme s'il possédait la faculté de s'observer lui-même à distance, grave et léger, exalté et gai, il était enfin lui-même, semblable aux ronces qui l'entouraient ; portant un fruit bon ou mauvais, présenté par ses branches sauvages avec autant de grâces que trois pas plus loin, le fraisier ses fruits odorants. L'arbuste appelait la culture.

Cette imagination fantasmagorique séduisit le vieux Professeur. Sa curiosité était piquée, il ne voulut pas être pris pour dupe, et resta bientôt stupéfait lorsque de sévères informations lui apprirent la vérité. M. V. Morillon n'était jamais sorti du village de Saumarys que pour aller chez le Maire de Mondoubleau, M. de Veyne. Cet honorable administrateur, héritier de M. le Marquis de Saint-Herem, avait pris plaisir, en reconnaissance des services rendus à sa famille par M. Morillon père, à procurer au fils les livres et les journaux dont il paraissait curieux et qui lui étaient fidèlement rendus. Il se gardait avec cette délicatesse rare chez les bienfaiteurs, de pénétrer les mystères de cette vie orageuse quoique simple et cachée, et il attendait les désirs de son protégé, sans les prévenir, lui laissant ainsi toute l'ardeur de la poursuite. Alors le vieux Professeur expliqua le don particulier de cet être merveilleux pour lui, comme les athées et les médecins philosophes expliquèrent la tentation de saint Antoine, l'apocalypse de saint Jean, et les extases de sainte Thérèse, par les ameublissements dont la chasteté enrichissait leurs cerveaux.

M. de Veyne sourit et acheva de donner les détails demandés par le professeur. Une difformité des pieds avait sauvé M. Victor Morillon de la conscription et il vivait de pain et d'eau, satisfaisant à tous ses besoins au moyen de cent livres de rente qui composent encore aujourd'hui toute sa fortune. C'était un solitaire de la Thébaïde, un vrai chartreux mais de religion ?... pas l'ombre, en ce sens qu'il n'allait pas à la messe.

L'homme qui n'a d'imagination que ce qu'il en faut pour faire le soir ou le matin, en se couchant ou s'éveillant, cette rêverie délicieuse nommée *un château en Espagne,* doit concevoir cette suave et mensongère existence plus brillante mille fois qu'une vie réelle et importune. Ces lignes contiennent toute l'histoire de M. Victor Morillon. Les gens excentriques, cherchant toujours à sortir d'un logis vide et querellant l'existence de ce qu'elle ne leur fournit pas assez d'événements ne trouveront dans cette biographie de l'auteur ni faits ni aventures. Il a eu cinq, sept, quinze, vingt-cinq ans, trente-neuf ans et pas une pierre jetée dans l'eau n'a troublé la surface de cette vie pleine, limpide et profonde, semblable à un lac tranquille et inconnu où viennent se réfléchir des milliers d'images, et où s'élèvent aussi les vagues de la tempête. Cette âme était enfin, selon la magnifique expression de Leibnitz, *un miroir concentrique de l'univers.*

M. Buet, ce digne et honorable professeur qui rencontra M. Morillon, l'engagea par des efforts continus et désapprouvés de M. de Veyne, à venir au Collège de Vendôme. M. de Veyne aura, peut-être aujourd'hui, raison dans le sage égoïsme dont il était animé au profit de son jeune ami. Quoi qu'il en soit, M. Buet finit par triompher de cette âme enfantine. On créa pour M. Morillon, une chaire de langues orientales au Collège de Vendôme, et il put se livrer, sans de grands dérangements, à son amour immodéré pour l'étude et la contemplation.

Qu'il nous soit permis de rendre hommage à cette bienfaisance continue et de tous les moments, dont M. et madame Buet, peu favorisés de la fortune, pratiquent depuis douze ans envers l'auteur, les enseignements les plus délicats. Ils en prennent soin comme d'un enfant et madame Buet surtout veille à ce que M. Morillon, longtemps privé des ressources généreuses d'une nourriture domestique, et des agréments sociaux, participe à ces fruits de la civilisation contre lesquels sa distraction regimbe, et aux bienfaits desquels les spéculations de l'intelligence sont intimement liées.

Cependant M. et madame Buet regrettaient de voir un amas de connaissances et des travaux inouïs rester sans emploi, ne partageant guère les opinions de l'auteur sur l'usage *saturnien* de la pensée. Enfin ils eurent la joie de voir cette étude opiniâtre prendre, un peu plus tard, il est vrai, une direction longtemps souhaitée. Qu'on leur pardonne d'avoir jeté un auteur de plus dans la circulation littéraire, mais il leur était bien naturel de désirer voir l'enfant de leur adoption un peu plus fortuné. Ils espèrent encore au moment critique de l'épreuve, avec une simplicité et une candeur qui appellent le succès, que le public de Paris partagera leurs sentiments pour un être, objet de leurs affections, auquel ils prêtent du talent, oubliant que le héros d'un cercle rétréci ne porte pas toujours son piédestal avec lui, comme une jeune et jolie femme.

Un roman de Sir Walter Scott tomba entre les mains de M. Victor Morillon, et il demeura ravi de cette composition dans le secret de laquelle il était pleinement entré. Il assura avoir vu plus d'une fois des hommes aussi et quelquefois plus curieux que Wamba et Gurth, Daddy Rat et Caleb et connaître si familièrement les temps et les mœurs du Moyen Age qu'il raconta le soir même où il finit de lire l'ouvrage, une histoire dans laquelle il encadra le duc de Bourgogne, et le roi Charles VI avec tant de vérité que M. Buet, resta frappé d'un nouvel étonnement. M. Victor Morillon imita les gestes, et peignit les costumes des seigneurs, dessina l'université, les bourgeois, les quarteniers, les soudards, les gens d'église, les usages et les monuments de Paris, sa populace et ses libertés avec des couleurs si vives que M. et madame Buet unirent leurs efforts pour l'engager à lire les œuvres de Sir Walter Scott pour marcher sur ses traces, et « se pénétrer de la *poétique* et des règles de ce genre de composition, disait M. Buet, dont les idées appartiennent à la faction des classiques ; et, ajoutait-il, en croyant faire impression sur son pensionnaire, un livre comme ça, doit bien rapporter deux cents écus !... »

Quoi qu'il en soit madame Buet répéta si souvent la même chose aux oreilles de M. Morillon qu'il mit à écrire ses rêves, au grand contentement de ceux qui prenaient intérêt à lui dans la ville. M. de Veyne seul manifesta des doutes et il découvrit dans les intentions des personnes qui aiguillonnaient M. Morillon quelques sentiments de vanité et d'avarice dont son ami était loin d'être complice — « ce sont, disait-il à l'auteur, des gens qui ne cultivent les fleurs que pour les cueillir !

— Mais madame Buet m'a tant tourmenté ! que c'est uniquement pour lui faire plaisir que j'ai écrit, répondit naïvement M. Morillon. M. de Veyne haussa les épaules et lui déclara qu'il ne ferait pas la moindre démarche dans cette affaire ; — s'il ne s'agissait que de fortune, ajouta-t-il, ne pouvait-on pas venir me trouver...

— Mais n'ai-je pas cent vingt livres de rente, repartit M. Morillon avec surprise... »

L'ouvrage que nous publions est un des premiers que M. Morillon ait composés. Nous croyons qu'il n'est pas d'un médiocre intérêt de terminer cet avertissement en donnant quelques réflexions extraites d'une lettre écrite par l'auteur et dont nous avons déjà cité des passages afin de concevoir cette espèce de préface qu'il s'était refusé à faire, dans le genre de son esprit et y répandre une teinte des couleurs qui lui sont familières. Nous avions été engagés, circonstance qui n'est plus inconnue à M. Morillon, à lui écrire pour lui représenter les dangers de son entreprise et la personne honorable qui se servait de notre nom, avait réussi à nous désintéresser dans cette affaire.

« Je ne crois pas, nous répondit-il, qu'une nation soit assez injuste pour repousser comme imitateur l'homme courageux qui prend pour sujet de ses compositions l'histoire et la Nature de son pays parce qu'il essayera de les peindre dans une forme nouvellement consacrée. Je ne sache pas qu'en Allemagne les critiques aient arrêté M. de Goethe en lui opposant qu'il ne serait que le singe de Shakespeare. *La Métromanie, les Plaideurs, le Joueur*, etc., ne seraient-ils pas, par hasard, des chefs-d'œuvre pour avoir été composés, dans le système des Comédies de Molière ? Le poète qui compose le second quatrain ou la seconde églogue a-t-il été accablé sous cette effrayante raison qu'il marchait dans un chemin tracé par un autre ? De ce qu'on ne réunit pas le double instinct de celui qui enferme ses créations dans un nouveau cercle convenu nommé système, manière, école, s'ensuit-il que l'on doive s'abstenir de créer ? Existe-t-il une *école* pour ceux qui veulent peindre des paysages, des costumes et des hommes réels et parce que Téniers a montré le peuple hollandais fumant du tabac et buvant de la bière, est-il interdit à un peintre de représenter le retour des vendanges du peuple napolitain ? Enfin en quoi la France généreuse, chantante, rieuse et guerrière, ressemble-t-elle à l'astucieuse et antipoétique Angleterre, vaudrait autant prétendre qu'un coq est un renard ? Quant à moi, messieurs, je ne prétends attaquer en aucune manière sir Walter Scott. C'est pour moi un homme de génie, il connaît le cœur humain, et s'il manque à sa lyre les cordes sur lesquelles on peut chanter l'amour qu'il nous présente tout venu et qu'il ne montre jamais naissant et grandissant, l'histoire devient domestique sous ses pinceaux ; après l'avoir lu, on comprend mieux un siècle, il en évoque l'esprit et dans une seule scène en exprime le génie et la physionomie. Cependant, comme créateur d'un genre, je pense que certaines conversations de Chamfort, quelques pages de Pigault-Lebrun, homme auquel on ne rend pas assez de justice, des descriptions d'Anne Radcliffe, Cervantes et Beaumarchais, la vue de ce tableau de Vandyck où Charles Ier est représenté sous les formes choisies dont la succession habilement conçue est devenue sous les doigts et la pensée de l'ébéniste écossais une riche Marqueterie. Sa manière est une heureuse mosaïque, le peintre était en lui supérieur à l'ouvrier et il a laissé d'admirables tableaux — les couleurs sont là pour tout le monde, car, après tout l'homme ne peut mettre que la nature en œuvre et le problème résolu qui constitue l'homme de génie, est de sertir mieux que les autres.

Vos craintes, Messieurs, ont produit sur moi des effets tout contraires à ceux que vous attendiez. J'abhorre les épigraphes. Elles me coupent ma satisfaction, pour me servir d'une expression parisienne, mais j'ai voulu défier l'imitation et tout en ayant soin de ne leur rien faire annoncer au lecteur, j'en ai poussé

le luxe jusqu'au ridicule, elles sont les premières et les
dernières dont j'embarrasserai mes narrations.

Ces réflexions, Messieurs, pourront prouver à certains esprits dédaigneux avec quelle impertinence j'ai
écarté tous ces fantômes de grands hommes, et ces
scrupules odieux dont on se plaît à assaillir des
imaginations faibles. Je jette à la tête des critiques tous
ces morts célèbres et ces réputations acquises sous
lesquelles ils veulent étouffer les vivants — il est
cependant quelques esprits rares et inconnus avec
lesquels je n'ai d'autres sympathies que mes plaisirs
d'imagination, esprits trop élevés pour concevoir les
vulgaires besoins de leur siècle et qui proscrivent ces
quatre éternels volumes au sein desquels meurent les
idées les plus généreuses, étouffées comme des nobles
dans une foule populaire ; à eux s'adresse l'épigraphe
du livre. Nous conviendrons par là une bonne fois
entre nous que l'on peut réduire à une page les plus
vastes conceptions. Quant à ceux qui se moquent de
ces sortes de compositions, donnent des recettes pour
les faire, quant à tous les critiques enfin, ils pourront,
en m'adressant des avis, me trouver dans mes posses-
sions d'Espagne où nulle voix ne parvient, et voici
quoi j'appuie mon humble dédain, sifflant à leurs
oreilles le *lilla burello* de mon oncle le capitaine Tobie
Shandy.

Un homme qui travaille consciencieusement à mettre l'histoire de son pays entre les mains de tout le
monde, à la rendre populaire par l'intérêt de la
composition secondaire, à inspirer le goût des études
historiques par l'attrait de livres qui satisferont, avant
tout au besoin renaissant qu'a créé la civilisation
actuelle, de nourrir l'esprit comme on nourrit le corps,
un homme qui essaye de servir à cette faim des mets
plus substantiels, qui tente de présenter à ces imaginations lassées du mauvais, des tableaux de genre où
l'histoire nationale soit peinte dans les faits ignorés de
nos mœurs et de nos usages, de rendre sensibles et
familiers à toutes les intelligences les contrecoups que
ressentaient les populations entières des discordes

royales, des débats de la féodalité, ou des vengeances populaires ; d'offrir les résultats d'institutions de lois érigées au profit d'intérêts particuliers, de besoins éphémères ou des systèmes royal et féodal aux prises, un homme qui tâche de configurer les rois par les peuples, les peuples par certaines figures plus fortement empreintes de leur esprit, de dessiner les immenses détails de la vie des siècles, de donner une idée des oscillations produites par le fanatisme des religions amplifiées, de ne plus faire enfin, de l'histoire un charnier, une gazette, un état civil de la nation, un squelette chronologique, cet homme-là, doit marcher longtemps, sans s'embarrasser des criailleries, jusqu'à ce qu'il ait été compris ; il lâchera prise en reconnaissant, à la voix de quelques amis fidèles, que la tâche est au-dessus de ses forces, et s'il a eu le courage d'entreprendre, il aura celui de sentir qu'une idée grande, et une volonté puissante, ne donnent pas toujours le talent de l'exécution.

L'histoire tragi-comique entreprise par lui, est assez vaste pour imposer le respect, assez noble dans son but pour n'être pas injuriée. Elle a des enseignements aussi majestueux, moins ennuyeux, plus pénétrants peut-être que ceux de la Clio classique et son œuvre a droit à l'estime publique tout autant que celles de ces courageux jeunes gens qui s'en vont à travers les mille écueils étudier l'esprit des époques les plus sombres de notre histoire, essayant de retrouver la vérité cachée par le sacerdoce, mutilée par l'aristocratie, frayant ainsi la route à ceux qui, avec une imagination plus hardie viennent sculpter et décorer le monument dont ils ont posé les premières pierres.

La solitude, le silence de la province, l'habitude que j'ai contractée de créer, pour mon plaisir, des personnages, et des événements au sein d'une imagination luxuriante, de longues études historiques faites avec bonheur, m'ont fait entreprendre l'œuvre immense dont voici une première assise. Nul mieux que moi n'en connaît les défauts : je n'ai pas eu peu à combattre dans mon penchant à ne quitter un tableau

qu'après avoir longtemps tourné autour, l'avoir léché
en tous sens, *comme un chien*, dit Rabelais, *suçant un os
médullaire*. Alors les imaginations ardentes me repro-
cheront de ne leur rien laisser à deviner ; mais cette
faute, car nous aimons à nous les justifier à nous-
mêmes, appartient peut-être à notre littérature
moderne ; elle n'a plus que l'immense vérité des
détails, l'idéalisation des formes, la longue concrétion
de ces œuvres sublimes où l'on a mis le germe de tout,
de ces situations fécondes à peine effleurées est hors de
notre portée. Dans ce genre, tout est dit.

Enfin, j'apprendrai bien vite, par la publication du
Gars et du *Capitaine des Boutefeux* si je ne suis qu'un
ménétrier de village ou un artiste digne de vos
concerts — une seule considération m'attirera quelqu'estime, même dans ma chute ; le Ménétrier doit
apprendre les mêmes éléments de science que les
Lafond, les Baillot et les Jarnovick, et ici la science est
l'histoire avec ses milliers de volumes contradictoires,
les éléments sont les hommes et les choses, ce sont les
costumes dans leurs modes les plus éphémères, la
langue avec le néologisme de chaque événement, les
meubles et l'architecture, les lois changeantes, les
coutumes, enfin il faut, pour une œuvre même
médiocre, avoir prodigieusement lu, étudié, réfléchi.
Quoique je sois assez éloigné du centre de la machine à
gouvernement, que vous nommez Paris, je sais que les
entraves apportées, par les Ministères qui après tout,
nous doivent la liberté en littérature comme en
politique, au développement des idées dramatiques
forcent une multitude d'esprits à prendre le mode de
composition que j'adopte, et j'espère que faute d'une
illustration capitale, les livres que vous avez la hardiesse d'imprimer ne me nuiront pas dans l'esprit des
personnes qui ont la bonté de s'intéresser à moi, et
peut-être ne détruirais-je pas les idées que l'on a
conçues de mes efforts. Le succès dans l'enceinte
modeste que j'habite sera la seule fiche de consolation
que je désirerais en livrant au public les secrètes
compositions que je ne destinais qu'aux plaisirs de

mon sérail, et que je confie à ces âmes heureuses qui
prennent comme moi leurs désirs pour des réalités. Au
reste, allez où vous voudrez, filles de mon âme ! je
vous ai tant possédées que vous pouvez bien passer
dans la circulation ; vous êtes pour moi des feux
d'artifices éteints, je vous abhorre ! et, semblable au
Hollandais qui se décide à vendre ses tulipes, les plus
belles resteront dans mon trésor.

*
* *

Nous croyons que ces renseignements sur un auteur
dont le mérite est un problème, que ces révélations
d'une pensée inconnue, que l'expression d'une situation périlleuse mais honorable, ne doivent pas être
indifférents à ces esprits attentifs aux développements
de littératures, qui cherchent les hommes et pèsent les
espérances, qui sont maîtres des succès et ne les
dispensent qu'avec mesure. Pour ces esprits généreux,
mettre en lumière un mérite réel est un devoir. Eux
seuls remplissent avec désintéressement la tâche de
lire un livre. — Ils se livrent à l'auteur, entrent dans
ses secrets, sachant que rien, même une description,
n'est risqué sans but, ils ont cette confiante patience
qui anime les Allemands et leur font s'enquérir
souvent à plusieurs reprises des idées de l'auteur. Pour
eux, notre reconnaissance est sans bornes, et si ces
nobles esprits, hauts justiciers de la littérature,
n'avaient par hasard sauvé ici qu'un singe, ils le
replongeront facilement dans la mer.

Un ouvrage consciencieux (*le Capitaine des Boutefeux*), dont le sujet était pris dans les temps les plus
orageux du XVe siècle nous était présenté en même
temps que celui-ci ; nous avons opté en faveur du
Gars. Il contient les événements de l'histoire contemporaine — ils nous ont paru devoir exciter plus
d'intérêt et contrasteront avec ceux du *Capitaine des
Boutefeux*. La guerre civile à deux époques aussi
différentes, l'une en rase campagne, l'autre au sein de

Paris forment deux tableaux à mettre en regard, le public jugera sur les deux.

— Jamais ouvrier du XVIe siècle, nous dit l'auteur, n'a été blâmé d'apporter deux chefs de ses œuvres pour être admis dans la corporation.

Maintenant les éditeurs désirent bien vivement n'être pas rangés parmi les maladroits qui disent à un auditoire blasé : — Je vais vous conter une histoire qui va bien vous faire rire.

3

INTRODUCTION
DE LA PREMIÈRE ÉDITION, 1829

En prenant le sujet de son ouvrage dans la partie la plus grave et aujourd'hui la plus délicate de l'histoire contemporaine, l'auteur s'est trouvé dans la nécessité de déclarer ici, avec une sorte de solennité, qu'il n'a jamais eu l'intention de livrer au ridicule ou au mépris les opinions et les personnes. Il respecte les convictions ; et, pour la plupart, les personnes lui sont inconnues. Ce ne sera pas sa faute si les choses parlent d'elles-mêmes et parlent si haut. Il ne les a ni créées ni révélées. Il n'a rien demandé à son imagination de tout ce qu'il a traduit sur cette espèce de scène, la seule où un auteur puisse trouver la liberté de la pensée pour exposer un drame dans toute sa vérité. Ici le pays est le pays, les hommes sont les hommes, les paroles sont les paroles mêmes ; et les faits n'ont été reniés ni par les Mémoires publiés aux diverses époques de la Restauration ni par la République française. L'Empire seul les a ensevelis dans les ténèbres de la censure ; et dire que cet ouvrage n'eût pas vu le jour sous le règne de Napoléon, c'est honorer l'opinion publique qui nous a conquis la liberté.

L'auteur a essayé d'exprimer un de ces événements tristement instructifs dont la révolution française a été si féconde.

La présence de quelques intéressés lui a prescrit d'en accuser la physionomie avec une rigoureuse exactitude et de n'avoir que la passion permise au peintre : celle de bien présenter un portrait, de distribuer naturellement la lumière et de tâcher de faire croire à la vie des personnages. Mais ce mot d'exactitude veut une explication. L'auteur n'a pas entendu ainsi contracter l'obligation de donner les faits un à un, sèchement et de manière à montrer jusqu'à quel point on peut faire arriver l'histoire à la condition d'un squelette dont les os sont soigneusement numérotés. Aujourd'hui, les grands enseignements que l'histoire déroule dans ses pages doivent devenir populaires. D'après ce système, suivi depuis quelques années par des hommes de talent, l'auteur a tenté de mettre dans ce livre l'esprit d'une époque et d'un fait, préférant la discussion au procès-verbal, la bataille au bulletin, le drame au récit. Donc, nul des événements de cette nationale discorde, si *petit* qu'il soit, nulle des catastrophes qui ensanglantèrent tant de champs maintenant paisibles, n'ont été oubliés : les personnages s'y verront de face ou de profil dans l'ombre ou au jour, et les moindres malheurs y seront en action ou en principe.

Cependant, par respect pour beaucoup de gens dont il est inutile d'indiquer les hautes positions sociales et qui ont miraculeusement reparu sur la scène politique, l'auteur a eu soin d'atténuer l'horreur d'une multitude de faits. Il a singulièrement négligé de montrer la part que le clergé a eue dans ces entreprises désastreuses et inutiles. Cette timidité et ce respect sont nés à la lecture des procédures de quelques tribunaux révolutionnaires de l'Ouest, dont les débats, tout succincts qu'ils soient, fourmillent de preuves légales qu'il eût été odieux de faire sortir de l'enceinte des greffes ; quoique pour plusieurs familles, certains jugements soient devenus des témoignages de dévouement et des titres de gloire.

Le caractère donné au *Dernier Chouan* est tout à la fois un hommage et un vœu. Il déposera de ce respect pour les convictions dont l'auteur est pénétré. Si certaines personnes minutieuses veulent rechercher quelle est cette noble victime tombée dans l'Ouest sous les balles républicaines, elles auront à choisir entre plusieurs gentilshommes qui succombèrent en dirigeant les insurrections de 1799. Mais quoique les qualités privées d'un jeune seigneur et les renseignements donnés à l'auteur sur quelques chefs par un vieillard bien instruit des événements aient servi à perfectionner le caractère du *Dernier Chouan*, il se croit obligé d'avouer ici que le véritable chef ne ressemble pas tout à fait au héros de ce livre. En dénonçant ainsi les parties romanesques de l'ouvrage, il espère aider le lecteur à reconnaître la vérité des faits.

Les considérations politiques qui viennent d'être exposées ont engagé l'auteur à mettre son nom à un ouvrage qu'une défiance bien légitime pour un premier livre lui eût conseillé de cacher. Sous le rapport littéraire, il a réfléchi qu'il y a peut-être aujourd'hui de la modestie à signer un livre, lorsque tant de gens ont fait de l'anonyme une spéculation d'orgueil.

Quant à la fable du livre, il ne la donne pas comme bien neuve, l'épigraphe en fait foi, mais elle est déplorablement vraie ; à cette différence près, que la réalité est odieuse, et que l'événement qui emploie ici quatre à cinq jours, s'est passé en quarante-huit heures. La précipitation de la véritable catastrophe n'aura peut-être pas encore été assez adoucie ; mais la nature s'est chargée d'excuser l'auteur.

Ignorant, au moment où il écrivait, les destinées de quelques acteurs de son drame, il a déguisé certains noms. Cette précaution, dictée par la délicatesse, a été étendue aux localités.

Le *district* de Fougères ne lui sera pas assez hostile pour venir l'accuser de l'avoir rendu le théâtre d'événements qui se sont passés à quelques lieues de là. N'était-il pas tout naturel de choisir pour type de la *Bretagne en 1800* un des berceaux de la chouannerie, et le site le plus pittoresque peut-être de ces belles contrées ?

Beaucoup de personnes de goût et de petites maîtresses regretteront sans doute que l'auteur ne leur ait pas fait des Chouans et des soldats républicains costumés et parlant comme les sauvages de la tragédie d'*Alzire* ou de l'opéra-comique d'*Azémia* sont vêtus et s'expriment, relativement aux vrais sauvages ; mais il avait des problèmes plus sérieux à résoudre que celui de chercher à passer une robe à la Vérité.

Puisse cet ouvrage rendre efficaces les vœux formés par tous les amis du pays pour l'amélioration physique et morale de la Bretagne ! Depuis trente ans environ la guerre civile a cessé d'y régner, mais non pas l'ignorance. L'agriculture, l'instruction, le commerce, n'ont pas fait un seul pas depuis un demi-siècle. La misère des campagnes est digne des temps de la féodalité, et la superstition y remplace la morale du Christ.

L'entêtement du caractère breton est un des plus puissants obstacles à l'accomplissement des plus généreux projets. La prospérité de la Bretagne n'est pas une question nouvelle. Elle était le fond du procès entre La Chalotais et le duc d'Aiguillon.

Le mouvement rapide des esprits vers la révolution a empêché jusqu'ici la révision de ce célèbre procès ; mais lorsqu'un ami de la vérité jettera quelque lumière sur cette lutte, les physionomies historiques de l'oppresseur et de l'opprimé prendront des aspects bien différents de ceux que leur a donnés l'opinion des contemporains. Le patriotisme national d'un homme qui ne cherchait peut-être à faire le bien qu'au profit du fisc et de la royauté rencontra cet étroit patriotisme de localité si funeste au progrès des lumières. Le ministre avait raison, mais il opprimait ; la victime avait tort, mais elle était dans les fers ; et en France le sentiment de la générosité étouffe même la raison. L'oppression est aussi odieuse au nom de la vérité qu'au nom de l'erreur.

M. d'Aiguillon avait tenté d'abattre les haies de la Bretagne, de lui donner du pain en introduisant la culture du blé, d'y tracer des chemins, des canaux, d'y faire parler le français, d'y perfectionner le commerce et l'agriculture, enfin d'y mettre le germe de l'aisance pour le plus grand nombre et la lumière pour tous :

tels étaient les résultats éloignés des mesures dont la pensée donna lieu à ce grand débat. L'avenir du pays devenait une riche et féconde espérance.

Que de gens de bonne foi seraient étonnés d'apprendre que la victime défendait les abus, l'ignorance, la féodalité, l'aristocratie, et n'invoquait la tolérance que pour perpétuer le mal dans son pays ! Il y avait deux hommes dans cet homme : le Français qui, dans les hautes questions d'intérêt national, proclamait, d'une voix généreuse, les plus salutaires principes ; le Breton, auquel d'antiques préjugés étaient si chers, que, semblable au héros de Cervantes, il déraisonnait avec éloquence et fermeté aussitôt qu'il s'agissait de guérir les plaies de la Bretagne. La Chalotais Breton a trouvé des successeurs dans quelques hommes qui se sont récemment déclarés les protecteurs de l'ignorance de ce déplorable pays. Mais aussi M. Kératry a représenté l'autre La Chalotais pour l'honneur de l'homme, de sorte que cet illustre Breton ne pouvait être reconstruit qu'avec les deux opinions extrêmes de la Chambre.

Aujourd'hui, en 1829, un journal annonçait qu'un régiment français, composé de Bretons, était débarqué à Nantes, après avoir traversé la France et occupé l'Espagne sans qu'aucun des hommes sût un mot de français ou d'espagnol. C'était la Bretagne ambulante, traversant l'Europe comme une peuplade gallique.

Voilà un des résultats de la victoire de M. de La Chalotais sur le duc d'Aiguillon.

L'auteur arrêtera là cette observation. Elle n'était pas de nature à entrer dans le livre, et ses développements auraient trop d'étendue pour une introduction.

Si quelques considérations matérielles peuvent trouver place après tous ces *credo* politiques et littéraires, l'auteur prévient ici le lecteur qu'il a essayé d'importer dans notre littérature le petit artifice typographique par lequel les romanciers anglais expriment certains accidents du dialogue.

Dans la nature, un personnage fait souvent un geste, il lui échappe un mouvement de physionomie, ou il place un léger signe de tête entre un mot et un autre de la même phrase, entre deux phrases et même entre des mots qui ne semblent pas devoir être séparés. Jusqu'ici ces petites finesses de conversation avaient été abandonnées à l'intelligence du lecteur. La ponctuation lui était d'un faible secours pour deviner les intentions de l'auteur. Enfin, pour tout dire, les points, qui suppléaient à bien des choses, ont été complètement discrédités par l'abus que certains auteurs en ont fait dans ces derniers temps. Une nouvelle expression des sentiments de la lecture orale était donc généralement souhaitée.

Dans ces extrémités, ce signe — qui, chez nous, précède déjà l'interlocution — a été destiné chez nos voisins à peindre ces hésitations, ces gestes, ces repos qui ajoutent quelque fidélité à une conversation que le lecteur accentue alors beaucoup mieux et à sa guise.

Ainsi, pour en donner ici un exemple, l'auteur pourrait faire ce soliloque :

— J'aurais bien fait un errata pour les fautes qu'une impression achevée en hâte a laissées dans mon livre ; mais — qui est-ce qui lit un errata ? — personne.

4

PRÉFACE
DE L'ÉDITION FURNE, 1845

Cet ouvrage est mon premier, et lent fut son succès ; je ne pouvais le protéger d'aucune manière, occupé comme je le suis de la vaste entreprise où il tient si peu de place. Aujourd'hui, je ne veux faire que deux remarques.

La Bretagne connaît le fait qui sert de base au drame ; mais ce qui se passe en quelques mois fut consommé en vingt-quatre heures. A part cette poétique infidélité faite à l'histoire, tous les événements de ce livre, même les moindres, sont entièrement historiques ; quant aux descriptions, elles sont d'une vérité minutieuse.

Le style, d'abord entortillé, hérissé de fautes, est maintenant à l'état de perfection relative qui permet à un auteur de présenter son ouvrage sans en être par trop mécontent.

Des *Scènes de la vie militaire* que je prépare, c'est la seule qui soit terminée, elle présente une des faces de la guerre civile au XIXe siècle, celle de partisan ; l'autre, la guerre civile régulière, sera le sujet des VENDÉENS.

Paris, janvier 1845.

NOTE BIBLIOGRAPHIQUE

I. *TEXTES :*

— *Œuvres de Balzac*, Formes et reflets (Club français du livre), 1952, t. II.
— *Les Chouans*, Garnier frères, 1957 (Introduction, notes et choix de variantes par Maurice Regard).
— *La Comédie humaine*, Éditions Rencontre, 1958, t. I (Préface et notes de Roland Chollet).
— *La Comédie humaine*, Éditions du Seuil, 1966, t. V (Notice de Pierre Citron).
— *Œuvres complètes illustrées*, Bibliophiles de l'Originale, 1967, t. XIII.
— *Œuvres complètes*, Club de l'Honnête Homme, 1969, t. XII (Introduction de Maurice Bardèche).
— *Les Chouans*, Gallimard, Folio, 1972 (Préface de Pierre Gascar. Notice de Roger Pierrot).
— *La Comédie humaine*, Bibliothèque de la Pléiade (édition Pierre-Georges Castex), 1977, t. VIII (Introduction, histoire du texte, notes et variantes de Lucienne Frappier-Mazur).
— *Les Chouans*, Le Livre de Poche, 1983 (Préface, commentaires et notes de René Guise).

II. OUVRAGES ET ARTICLES :

A. Sur la chouannerie et les sources de Balzac :

— AMBRIÈRE-FARGEAUD (Madeleine), « Sur la route des *Chouans* et de *La Femme abandonnée* », *L'Année balzacienne 1962*.

— ARLETTAZ (Renée), « Balzac, la duchesse d'Abrantès et les romans chouans de *La Comédie humaine* », *L'Année balzacienne 1975*.

— AUBRÉE (Étienne), *Balzac à Fougères*, Perrin, 1939.

— BÉRARD (Suzanne J.), « A propos des *Chouans* », *Revue d'histoire littéraire de la France*, octobre-décembre 1956.

— LEBÈGUE (Raymond), « La Documentation de Balzac pour *Les Chouans* », *Balzac et la Touraine*, Tours, 1949.

— « Esquisse d'une étude sur Balzac et la Bretagne », *Revue d'histoire littéraire de la France*, avril-juin 1950.

— « L'Exécution de Galope-chopine », *Missions et démarches de la critique*, Mélanges offerts au professeur J.-A. Vier, Klincksieck, 1973.

— PONTAVICE DE HEUSSEY (Robert du), *Balzac en Bretagne*, Caillière, Rennes, 1885.

— SERVAL (Maurice), *Autour d'un roman de Balzac, « Les Chouans »*, Conard, 1921.

B. Sur « Les Chouans » :

— BARBÉRIS (Pierre), *Balzac et le mal du siècle* (t. I, 1799-1829), Gallimard, Bibliothèque des idées, 1970.

— « Lecture et contre-lecture : l'exemple des *Chouans* de Balzac », *Pratiques*, septembre 1974.

— « Roman historique et roman d'amour. Lecture du *Dernier Chouan* », *Revue d'histoire littéraire de la France*, mars-juin 1975.

Ces trois titres concernent particulièrement les rapports entre le roman, l'Histoire et l'idéologie.

— BARDÈCHE (Maurice), *Balzac, romancier*, Plon, 1940.

— *Une lecture de Balzac*, Les Sept Couleurs, 1964.

Dans ces deux ouvrages, l'auteur insiste surtout sur le roman d'amour.

— GRACQ (Julien), *Les Eaux étroites*, José Corti, 1976.

— *En lisant en écrivant*, José Corti, 1981.

La lecture des *Chouans* a inspiré à Julien Gracq quelques-unes de ses plus belles pages.

— MÉNARD (Maurice), *Balzac et le comique dans « La Comédie humaine »*, Presses Universitaires de France, 1983.

Quelques pages sur les rires et sur le grotesque dans le roman.

— MICHEL (Arlette), *Le mariage et l'amour dans l'œuvre romanesque d'Honoré de Balzac* (t. I), Lille-Paris, Champion, 1976.

— *Le mariage chez Honoré de Balzac. Amour et féminisme*, Les Belles Lettres, 1978.

Un éclairage essentiel sur le personnage de Marie de Verneuil.

— MOZET (Nicole), *La ville de province dans l'œuvre de Balzac*, SEDES-CDU, 1982.

Cet ouvrage s'attache aux problèmes du décor et de l'espace.

— TROUBETSKOY (Vladimir), « *Les Chouans* de Balzac. Essai de lecture idéologique », *Pluriel*, n° 10, juin 1977.

Cet article s'en prend au « truquage idéologique » d'un roman qui « dénigre les Bretons ».

— *Vendée, chouannerie, littérature*, Actes du Colloque d'Angers (12-15 décembre 1985), Presses de l'Université d'Angers, 1986. Ce volume comprend huit articles qui concernent *Les Chouans* de Balzac.

SOMMAIRE BIOGRAPHIQUE

1799 : Naissance à Tours, le 20 mai, d'Honoré Balzac, fils de Bernard-François Balzac (lui-même né Balssa en 1746, dans le Tarn) et d'Anne-Charlotte-Laure Sallambier, son épouse (née à Paris en 1778). Il sera mis en nourrice à Saint-Cyr-sur-Loire jusqu'à l'âge de quatre ans. Il aura deux sœurs : Laure (1800-1871) et Laurence (1802-1825); un frère, Henry, enfant probablement adultérin (1807-1858).

1804 : Il entre à la pension Le Guay, à Tours, et il y demeure jusqu'en 1807.

1807 : Il entre, le 22 juin, au collège des Oratoriens de Vendôme, où il passera six ans d'internat.

1813 : En été, il reste quelques mois pensionnaire dans l'institution Ganser, à Paris.

1814 : En été, il fréquente le collège de Tours, comme externe. En novembre, il suit sa famille à Paris, rue du Temple.

1815 : Dans le quartier du Marais, il fréquente successivement l'Institution Lepître et l'Institution Ganser; il suit vraisemblablement les cours du collège Charlemagne.

1816 : Il entre comme clerc chez l'avoué J.-B. Guillonnet-Merville, s'inscrit à la Faculté de droit et suit des cours à la Sorbonne et au Muséum.

1818 : Il quitte en mars l'étude de Me Guillonnet-Merville et devient clerc de notaire chez Me Passez. Il rédige des notes en vue d'un essai sur l'*Immortalité de l'âme*.

1819 : Bernard-François et sa famille se retirent à Villeparisis. Honoré, bachelier en droit, s'installe à Paris dans un logis mansardé rue Lesdiguières, près de l'Arsenal, décidé à devenir écrivain. Il rédige une *Dissertation sur l'homme* et écrit une tragédie *Cromwell*, qui ne sera pas jouée.

1820 : Il commence *Falthurne*, récit qui restera inachevé. Sa sœur Laure épouse Eugène Surville, ingénieur des Ponts et Chaussées. Il quitte la rue Lesdiguières avant la fin de l'année.

1821 : Il commence un roman par lettres, *Sténie*, qui demeure inachevé. Sa sœur Laurence épouse M. de Montzaigle.

1822 : Début de sa liaison avec Laure de Berny, âgée de quarante-cinq ans. Pendant l'été, séjour à Bayeux chez les Surville. Sous le pseudonyme de Lord R'Hoone, il publie, en collaboration avec A. de Viellerglé, *L'Héritière de Birague*, et *Jean-Louis*, puis, seul, *Clotilde de Lusignan ;* sous le pseudonyme d'Horace de Saint-Aubin, il publie *Le Centenaire* et *Le Vicaire des Ardennes*.

1823 : Durant l'été, séjour en Touraine. Publication de *La Dernière Fée*, par Horace de Saint-Aubin. Il esquisse un *Traité de la prière*.

1824 : Il s'installe rue de Tournon. Publication d'*Annette et le criminel (Argow le Pirate)*, par Horace de Saint-Aubin. Sous l'anonymat : *Du droit d'aînesse ; Histoire impartiale des Jésuites*.

1825 : Il devient éditeur. En association avec Urbain Canel, il publie les *Œuvres complètes* de Molière et de La Fontaine. Publication de *Wann Chlore* par Horace de Saint-Aubin. Sous l'anonymat : *Code des gens honnêtes*. Il se lie avec la duchesse d'Abrantès.

1826 : Il devient imprimeur, associé avec Barbier, rue Visconti (ancienne rue des Marais-Saint-Germain).

1827 : Il crée une société pour l'exploitation d'une fonderie de caractères d'imprimerie en association avec Laurent et Barbier.

1828 : Il s'installe rue Cassini. Les affaires ayant périclité, il revient à la littérature. En vue d'écrire un roman sur la chouannerie, il séjourne du 15 septembre à la fin d'octobre chez le général de Pommereul, à Fougères.

1829 : Ami de l'éditeur et romancier Latouche, il est en relation avec Hugo et le Cénacle et fréquente divers salons (Sophie Gay, le baron Gérard, Mme Hamelin, la princesse Bagration, Mme Récamier). Il commence à correspondre avec Zulma Carraud. Mort du père de Balzac. Premier ouvrage signé Balzac : *Le Dernier Chouan ou La Bretagne en 1800*, qui deviendra *Les Chouans* en 1834. En décembre, *Physiologie du mariage*, « par un jeune célibataire ».

1830 : Il s'est lié avec Émile de Girardin et fréquente la bohème littéraire. Il collabore à la *Revue de Paris* et à la *Revue des Deux Mondes*, ainsi qu'à de nombreux journaux : le *Feuilleton des Journaux politiques*, *La Mode*, *La Silhouette*, *La Caricature*. L'été, il séjourne avec Mme de Berny à la Grenadière, à Saint-Cyr-sur-Loire, et voyage avec elle au Croisic et à Guérande. A l'automne, familier de Charles Nodier et de son salon à l'Arsenal. Il signe dorénavant « de Balzac ».

Premières « Scènes de la vie privée » : *La Vendetta ; Les Dangers de l'inconduite (Gobseck) ; Le Bal de Sceaux ; Gloire et Malheur (La Maison du chat-qui-pelote) ; La Femme vertueuse (Une double famille) ; La Paix du ménage*. Premiers « contes philosophiques », dont *Les Deux Rêves, L'Elixir de longue vie*.

1831 : Il mène à la fois une vie mondaine et studieuse. Il fait la connaissance de Jules Sandeau et de George

Sand, entre en relation avec la marquise de Castries.
La Peau de chagrin, « roman philosophique ». Sous
le titre « Romans et contes philosophiques » : *Les
Proscrits; Le Chef-d'œuvre inconnu...* Un conte
drolatique : *La Belle Impéria.*

1832 : Il entre en relation avec Mme Hanska,
« l'Étrangère », riche propriétaire d'Ukraine.
Désillusion amoureuse avec Mme de Castries, à
Genève. Il est absent de Paris une grande partie de
l'année (Saché, Angoulême chez les Carraud, La
Bouleaunière avec Mme de Berny). Il adhère au
parti néo-légitimiste.

   *Madame Firmiani; La Transaction (Le Colonel
Chabert).* Parmi de nouvelles « Scènes de la vie
privée » : *Les Célibataires (Le Curé de Tours)* et cinq
« scènes » qui, regroupées deviendront plus tard *La
Femme de trente ans.* Parmi de nouveaux « contes
philosophiques » : *Louis Lambert.* Premier dixain
des *Contes drolatiques.*

1833 : Il commence à correspondre avec Mme Hanska
et la rencontre en septembre à Neuchâtel et à
Genève pour la Noël. Il a une liaison avec Maria du
Fresnay. Il signe en octobre avec Mme Béchet un
contrat pour la publication des *Études de mœurs au
XIXe siècle* (12 volumes divisés en trois séries :
*Scènes de la vie privée, Scènes de la vie de province,
Scènes de la vie parisienne,* parus de 1833 à 1837).

   Le Médecin de campagne. Parmi les premières
« Scènes de la vie de province » : *La Femme
abandonnée; La Grenadière; L'Illustre Gaudissart;
Eugénie Grandet* (décembre).

1834 : Il revient de Suisse en février. Le 4 juin naît
Maria du Fresnay, sa fille présumée. Il fait la
connaissance de la comtesse Guidoboni-Visconti,
née Frances Sarah Lovell. Dans une lettre à
Mme Hanska du 26 octobre, il expose la structure
d'ensemble de son « œuvre gigantesque » : à la
base, une première assise, les *Études de mœurs* (« les
effets sociaux »); seconde assise, les *Études philoso-*

phiques (« après les *effets* viendront les *causes* ») ;
dernier étage, les *Études analytiques* (« les *principes* ») ; il conclut : « Et, sur les bases de ce palais,
moi *enfant et rieur*, j'aurai tracé l'immense arabesque des *Cent Contes drolatiques* ». Il commence à
appliquer le retour systématique des mêmes personnages d'un roman à l'autre.

La Recherche de l'Absolu. Parmi les premières
« Scènes de la vie parisienne » : *Histoire des Treize*
(I. *Ferragus*, 1833. II. *Ne touchez pas la hache* (*La
Duchesse de Langeais*), 1833-1834. III. *La Fille aux
yeux d'or*, 1834-1835). Dans la *Revue de Paris* (14 et
28 décembre) paraissent les deux premières parties
du *Père Goriot*.

1835 : Au printemps, il s'installe en secret rue des
Batailles, à Chaillot. Au mois de mai, il rejoint
Mme Hanska à Vienne, passe trois semaines avec
elle ; il ne la reverra plus pendant huit ans.

*Le Père Goriot. Melmoth réconcilié. La Fleur des
pois (Le Contrat de mariage). Séraphîta.*

1836 : L'année est marquée par l'entreprise malheureuse de la *Chronique de Paris,* par le long procès
contre Buloz et la *Revue de Paris* au sujet du *Lys
dans la vallée,* par la naissance de Lionel-Richard
Guidoboni-Visconti, qui est peut-être son fils naturel, par le voyage en Piémont, par la mort de
Mme de Berny.

*Le Lys dans la vallée. L'Interdiction. La Messe de
l'athée. Facino Cane. L'Enfant maudit* (1831-1836).
Le Secret des Ruggieri (La Confidence des Ruggieri).

1837 : Il fait un nouveau voyage en Italie et en Suisse
(février-mai) et s'installe à Sèvres (septembre).

La Vieille Fille. Illusions perdues (1re partie). *César
Birotteau.*

1838 : Après un séjour à Frapesle, près d'Issoudun,
chez les Carraud, et un bref séjour à Nohant chez
George Sand, il voyage en Corse, en Sardaigne, en
Italie (avril-mai). Le 7 juin, meurt la duchesse

d'Abrantès. En juillet, il s'installe aux Jardies, à Sèvres.

La Femme supérieure (Les Employés). La Maison Nucingen. La Torpille (qui sera le début de *Splendeurs et misères des courtisanes*).

1839 : Le 16 août, il est élu président de la Société des Gens de Lettres. En septembre-octobre, il fait campagne, sans succès, en faveur du notaire Peytel, ancien codirecteur du *Voleur,* accusé du meurtre de sa femme et d'un domestique et qui est condamné à mort par les assises de Bourg. Il écrit pour le théâtre : *L'École des ménages* et *Vautrin.* Le 2 décembre, candidat à l'Académie française, il se retire devant Victor Hugo, qui sera battu par Flourens.

Le Cabinet des Antiques. Gambara. Une fille d'Ève. Massimilla Doni. Béatrix ou les Amours forcés. Une princesse parisienne (Les Secrets de la princesse de Cadignan). Un grand homme de province à Paris (deuxième partie d'*Illusions perdues*).

1840 : *Vautrin,* créé à la Porte-Saint-Martin le 14 mars, est interdit le 16. La *Revue parisienne* qu'il dirige n'a que trois numéros (juillet-août-septembre) : dans le dernier, le célèbre article sur *La Chartreuse de Parme.* Poursuivi par les créanciers il quitte les Jardies et s'installe 19, rue Basse, à Passy (aujourd'hui la « Maison de Balzac », 47, rue Raynouard). Le titre *La Comédie humaine* est trouvé.

Pierrette. Pierre Grassou. Z. Marcas. Les Fantaisies de Claudine (Un prince de la bohème).

1841 : Le 2 octobre est signé avec Furne et un consortium de libraires le traité pour la publication de *La Comédie humaine* (17 volumes de 1842 à 1848, auxquels s'ajoutera un volume posthume, en 1855). Idylle avec Hélène de Valette. Le 10 novembre, mort de M. Hanski, que Balzac apprendra seulement le 5 janvier 1842.

Le Curé de village (1839-1841). *Les Lecamus (Le Martyr calviniste).*

1842 : Trois volumes de *La Comédie humaine* paraissent : l'*Avant-Propos* figure dans le tome II. Le 19 mars, création à l'Odéon des *Ressources de Quinola*.

Mémoires de deux jeunes mariées. Albert Savarus. La Fausse Maîtresse. Autre étude de femme. Ursule Mirouët. Un début dans la vie. Les Deux Frères (La Rabouilleuse).

1843 : De juillet à octobre, il séjourne à Saint-Pétersbourg avec Mme Hanska. Il revient par l'Allemagne. Le 26 septembre, création de *Paméla Giraud* à l'Odéon.

Une ténébreuse affaire. La Muse du département. Honorine. Illusions perdues (I, II, III).

1844 : C'est surtout une année de travail, mais la santé de Balzac est mauvaise (douleurs nerveuses, jaunisse, névralgies).

Modeste Mignon. Les Paysans (début). *Béatrix* (II. *La Lune de miel). Gaudissart II.*

1845 : Il quitte Paris à la fin d'avril pour Dresde, où il retrouve Mme Hanska, sa fille Anna et le fiancé de celle-ci, le comte Georges Mniszech ; il voyage avec eux en Allemagne jusqu'au 1er juillet. Après avoir amené ses amies à Paris, il les reconduit jusqu'à Bruxelles, en passant par la Hollande. En octobre-novembre, il retrouve Mme Hanska à Chalon-sur-Saône et se rend avec elle à Naples.

Un homme d'affaires. Les Comédiens sans le savoir.

1846 : Fin mars, il séjourne à Rome avec Mme Hanska ; il revient par la Suisse et l'Allemagne. Le 13 octobre, à Wiesbaden, il est témoin au mariage d'Anna Hanska avec le comte Mniszech. En vue du mariage qu'il espère avec Mme Hanska, il s'est rendu acquéreur en septembre d'une dépendance de la chartreuse Beaujon, située rue Fortunée (actuelle rue Balzac). Au début de novembre,

Mme Hanska met au monde un enfant mort-né, qui devait s'appeler Victor-Honoré. La publication de *La Comédie humaine* est provisoirement achevée avec seize volumes.

Petites misères de la vie conjugale (1845-1846). *L'Envers de l'histoire contemporaine* (premier épisode). *La Cousine Bette*.

1847 : De février à mai, Mme Hanska séjourne à Paris et Balzac s'installe rue Fortunée. Le 28 juin, il rédige son testament, qui fait de Mme Hanska sa légataire universelle. Le 5 septembre, il quitte Paris pour rejoindre Mme Hanska à Wierzchownia.

Le Cousin Pons. *La Dernière Incarnation de Vautrin* (quatrième et dernière partie des *Splendeurs et misères des courtisanes* dont les trois premières ont paru depuis 1843).

1848 : Il revient à Paris le 15 février. La Révolution éclate le 23. *La Marâtre* est créée en mai au Théâtre historique ; retirée après six représentations, la pièce est reprise en juillet et en août. *Mercadet* (devenu depuis *Le Faiseur*) est reçu à la Comédie-Française, mais n'y sera pas représenté. A la fin de septembre, il retrouve Mme Hanska en Ukraine et il y reste jusqu'au printemps de 1850.

L'Initié (second épisode de *L'Envers de l'histoire contemporaine*). Le tome XVII de *La Comédie humaine* contient *La Cousine Bette* et *Le Cousin Pons*, réunis sous le titre des *Parents pauvres*.

1849 : La santé de Balzac se détériore ; il souffre d'une « hypertrophie du cœur ». Deux fois encore il est sans succès candidat à l'Académie française.

1850 : Le 14 mars, il épouse Mme Hanska à Berditcheff, en Ukraine. Il rentre à Paris, malade, le 20 mai. Il meurt le 18 août. Le 21 août, il est inhumé au cimetière du Père-Lachaise ; Victor Hugo prononce l'éloge funèbre.

1854 : Publication posthume du *Député d'Arcis*, terminé par Charles Rabou. Mort de la mère de Balzac.

1855 : Publication posthume des *Paysans*, terminés sur l'initiative de Mme Honoré de Balzac. Édition, commencée en 1853, des *Œuvres complètes* en vingt volumes par Houssiaux, qui prend la suite de Furne (T. I à XVIII. *La Comédie humaine*. T. XIX. *Théâtre*. T. XX. *Contes drolatiques*).

1856-1857 : Publication posthume des *Paysans*, terminés par Charles Rabou.

1869-1876 : « Édition définitive » des *Œuvres complètes* en vingt-quatre volumes chez Michel Lévy, puis Calmann-Lévy, première édition réunissant les Œuvres diverses et la Correspondance. Parmi les « Scènes de la vie parisienne » sont réunies pour la première fois les quatre parties de *Splendeurs et misères des courtisanes*.

1882 : Mort de Mme Honoré de Balzac.

TABLE

Introduction 7
Note sur la présente édition 43

LES CHOUANS OU LA BRETAGNE EN 1799 45

Notes 395
Documents 402

    1. Tableaux d'une vie privée 404
    2. Avertissement du *Gars* 413
    3. Introduction de la première édition ... 429
    4. Préface de l'édition Furne 435

Note bibliographique 436
Sommaire biographique 439

GF Flammarion

07/11/133712-XI-2007 – Impr. MAURY Imprimeur, 45330 Malesherbes.
N° d'édition LO1EHPNFG0459C009. – Janvier 1988. – Printed in France.